D0024950

Contents of the Series

1. Theoretical Debates in Spanish American Literature
2. Writers of the Spanish Colonial Period
3. From Romanticism to *Modernismo* in Latin America
4. Twentieth-Century Spanish American Literature to 1960
5. Twentieth-Century Spanish American Literature since 1960

Spanish American Literature

A Collection of Essays

A GARLAND SERIES

Twentieth-Century Spanish American Literature to 1960

Edited with introductions by

David William Foster
Arizona State University

Daniel Altamiranda
Universidad de Buenos Aires

GARLAND PUBLISHING, INC.
A MEMBER OF THE TAYLOR & FRANCIS GROUP
New York & London
1997

Library of Congress Cataloging-in-Publication Data

Twentieth-century Spanish American literature to 1960 / edited with introductions by David William Foster and Daniel Altamiranda.

v. cm. — (Spanish American literature : a collection of essays ; 4)

English and Spanish.

Includes bibliographical references.

ISBN 0-8153-2677-7 (set : alk. paper). — ISBN 0-8153-2680-7 (v. 4 : alk. paper)

1. Spanish American literature—20th century—History and criticism. I. Foster, David William. II. Altamiranda, Daniel. III. Series: Spanish American literature ; 4.

PQ7081.A1T842 1997

860.9'98'09041—dc21 97-41683

CIP

Printed on acid-free, 250-year-life paper

Manufactured in the United States of America

Contents

ix Series Introduction
xi Volume Introduction

Mariano Azuela (1873–1952)

1 *Los de abajo* y sus contemporáneos: Mariano Azuela y los límites del liberalismo
Jorge Ruffinelli

25 The Structure of *Los de abajo*
Clive Griffin

Horacio Quiroga (1878–1937)

43 Horacio Quiroga: el juicio del futuro
César Leante

58 Horacio Quiroga's Obsessions with Abnormal Psychology and Medicine as Reflected in "La Gallina Degollada"
Lon Pearson

Gabriela Mistral (1889–1957)

73 Hacia la determinación del *Arte poética* de Gabriela Mistral: el origen del canto poético
Ana María Cuneo Macchiavello

85 Matrilineage, Matrilanguage: Gabriela Mistral's Intimate Audience of Women
Elizabeth Rosa Horan

César Vallejo (1892–1938)

97 The World Upside-Down in the Work of César Vallejo
Stephen Hart

113 Poética del intersticio
Enrique Ballón Aguirre

Vicente Huidobro (1893–1948)

137 Metalanguage in Huidobro's *Altazor*
Lee H. Dowling

151 Sobre la vanguardia en América Latina: Vicente Huidobro
Ana Pizarro

Miquel Angel Asturias (1899–1974)

165 The New American Idiom of Miguel Ángel Asturias
René Prieto

Jorge Luis Borges (1899–1986)

183 Borges, the Reader
Emir Rodríguez Monegal

193 Borges, Postcolonial Precursor
Edna Aizenberg

199 Jorge Luis Borges's "Tlön, Uqbar, Orbis Tertius": Epistemology and History; Language and Literary Creation
Kern L. Lunsford

209 The Mask of the Phallus: Homoerotic Desire in Borges's "La forma de la espada"
Herbert J. Brant

Nicolás Guillén (1902–1989)

223 Género e ideología en la poesía de Nicolás Gullén
Keith Ellis

Xavier Villaurrutia (1903–1950)

235 El fondo angustiado de los "Nocturnos" de Xavier Villaurrutia
Manuel Martín-Rodríguez

Pablo Neruda (1904–1973)

246 Pablo Neruda and the Avant-Garde
Merlin H. Forster

259 Generic Tradition and Innovation in the *Odas* of Pablo Neruda
David G. Anderson Jr.

272 Metaphorical *machismo*: Neruda's Love Poetry
Christopher Perriam

Alejo Carpentier (1904–1980)

292 The Parting of the Waters
R. González Echevarría

303 Sobre la teoría de la creación artística en *Los pasos perdidos*, de Alejo Carpentier
Irlemar Chiampi

Juan Carlos Onetti (1909–1994)

319 Onetti: "La novia (carta) robada (a Faulkner)"
Josefina Ludmer

337 Acknowledgments

Series Introduction

Many and varied are the factors that underlie the growing interest in recent decades in the literary production of Latin American writers, such as, for instance, the international recognition of several Latin American writers such as the Argentine Jorge Luis Borges, the Colombian Gabriel García Márquez, the Mexican Carlos Fuentes, and the Chilean Pablo Neruda, to name only a few of the most renowned figures. Out of these writers, two are Nobel Prize Literature winners: García Márquez and Neruda. Another factor that has fueled this interest is their commercial success and the accompanying cultural diffusion of the so-called Boom of Latin American fiction. And last but not least, is the new and vigorous feminist body of writing, quite unique in Hispanic letters for the richness and variety of its innovations.[1]

Despite the fact that the task of translating some authors into English, such as the Cuban Alejo Carpentier, had begun a little before the crucial decade of the 1960s, it is only beginning in this latter period that there arises an explosion of publishing activity oriented toward making Latin American texts known among English-speaking readers. Furthermore, the creation of Latin American studies programs in numerous North American universities resulted in the institution of a specific field of research that comes to be considered a natural adjunct of Spanish literature. It is evident that all of the interest is not an exclusive result of the internal development of literary history, as though such a thing could occur in the abstract, but rather it presupposes a concrete response to the sociopolitical circumstances of the period: the triumph of the Castro Revolution in 1959, which turned Cuba into a center of enormous political and cultural consequences and whose influence began to be felt early on in the farthest reaches of Latin America.

The factors mentioned above provided the context for the development of extensive research programs whose goals included the elaboration and periodic examination of the literary canon, the analysis of specific texts, authors, periods, and problems. All of this activity has resulted in innumerable dissertations, theses, and books published by academic and trade presses, as well as articles that appeared in journals traditionally devoted to literary history and philology, along with the flourishing of new specialized journals and the organization of national and international congresses on specific themes.

In the face of such an enormous proliferation of commentary and study, it is necessary to offer students undertaking the study of Latin American literature a body of basic texts to assist them in providing an initial orientation in the diverse research areas that have emerged. Consequently, we have chosen to include essays and articles that have appeared in periodical publications, some of which are difficult to obtain by the Anglo-American student. These articles are not limited to philological minutiae or the discussion of highly specific aspects. Rather, they address major texts and problems from an interpretive and critical point of view. Although principally directed toward neophyte students, the present selection will undoubtedly be useful to advanced students and researchers who find themselves in need of a quick source of reference or who wish to consult newer issues and approaches to Spanish American literary studies.

Notes

[1] Although the term "Latin America" will be used throughout as a synonym of "Spanish American," it should be noted that, in its most precise usage, the former includes the other non-Spanish but Romance language-speaking areas to the south of the United States and in the Caribbean. This collection has not sought to include a representation of Portuguese and French-speaking authors on the assumption that it will be used principally in nonresearch institutions where Brazilian and Francophone Caribbean literature is not customarily taught.

Volume Introduction

Without a doubt, the international interest in Latin American literature is a relatively recent phenomenon. If we take into consideration the historical developments of the region, it is clear that, despite intermittent manifestations of originality, the greater body of Spanish American letters stands in somewhat of an ancillary fashion to the traditions that arose in Europe. Only at the end of the nineteenth century, with the emergence of *Modernismo*, can one perceive the consolidation of an expressive tendency that, although linked to European aesthetic movements such as French Parnassianism and Symbolism, promises to advance enough innovative elements to allow for the effective translation into literary of the profound transformations of the period that we are accustomed to calling "modernity."

The emergence of this interest can be attributed to the general sensation of ennui and emptiness that marked European culture at the end of the last century and the horizons offered by the literature of the New World, conceptualized in terms of their exoticism.

Given the plurality and heterogeneity of the manifestations that twentieth-century literature has to offer, literary historians have experimented with a broad array of organizing criteria in order to provide it with an account. Our present intention is not to discuss the foundations and the utility of all of the forms of organization and periodization that have been proposed, but it would be worth the time to rapidly review those that have come to form part of the contemporary pedagogical discourse. On the one hand, there has been the attempt to apply the periods of political and institutional history to literary history, which turns out to be extremely complex, owing to the fact that Latin America, if it is true that it has experienced parallel historical processes, reveals national histories with differing internal features. Thus, for example, while Argentina enjoys up until the end of the 1920s a prosperous economy, with a certain degree of stability in its political institutions and with a clear hegemony of the agrarian, landowning aristocracy, Mexico embarks on a process of internal armed conflict that will only end with the establishment of a republic system that is essentially that of a single party. This resolution, in turn, will assure for the country a certain amount of institutional continuity interrupted by bloody episodes, such as the political repression of 1968 or the more recent Chiapas insurrection. Or turning once again to the case of Argentina, one notes that during the same period there were a number of military coups against democratically weak governments, a polarization of society took place against the backdrop of the emergence of Peronism, and an armed urban guerilla movement and unprecedented state repression took place. If the comparison were to be extended to other Latin American countries, it would be all that much more difficult to find labels that would allow for the establishment of somewhat precise general outlines.

Another organizational line involves the taking into consideration the succession of aesthetic movements. From this point of view, the historical sequence would be integrated with a succession of "isms" among which would figure principally turn-of-the-century *Modernismo* and its sequel, *Postmodernismo*, various vanguard manifestations that include Huidobro's *creacionismo* (creationism), Borges's *ultraísmo* (ultra-ism), Puerto Rican *atalayismo* (watchtower-ism), Mexican *estridentismo* (stridentism), along with *criollismo* (Creole-ism), Neo-Romanticism and Neo-Realism, Existentialism, the New Novel, and so on. The interplay of all of these modalities generates a complex configuration in which it is not always easy to establish the lines of descent, the dates of the latter, and the most representative works and features.

Another ordering criterion that has enjoyed an enormous popularity has been the so-called generational method. Beginning with historiographic notions in force in Germanic criticism at the outset of the century, notions that were introduced into the Hispanic context by Ortega y Gasset, there has been the attempt to establish the succession of literary generations that constitute a dynamic of historical change and transcendence. Yet as critics of this approach have observed, beyond a certain attractiveness of the theory (the idea that writers formed within the same historic coordinates share a certain world vision, due to a common cultural and historical experience), the mechanical application of such an apparatus has been perceived as highly problematical because it tends to sweep away features that are specifically individual and to situate in a second plane those writers and artists whose production does not correspond to the general tendencies of what is supposed a priori to be a generational constant.

In the face of this tentative theorizing, it would seem necessary to rethink the history of Latin American literature by taking into account criteria whose explanatory relevance would contribute to providing an account of the multiplicity of phenomena that did in effect take place. Without entering into details, one would like to mention briefly the idea of reconceptualizing literary history by taking into account the dynamics that cultural centers impose on literary production, that is, the impact that their emergence, history, and relative driving force come to have in the historical development in the construction of the Latin American symbolic capital. Such an effort would allow for the rethinking of territoriality in terms of the growing globalization to be found throughout the twentieth century and the consideration of the existence of internal cultural centers (the unquestionably major ones are Buenos Aires, Mexico City, Havana) as well as external ones that necessarily include Paris and U.S. cities like New York and Los Angeles.

For example, Buenos Aires begins the century as an already established cultural center. Local intellectuals, who already enjoyed a close relationship with international innovations via personal travels, imports, and the presence of European thinkers and artists, turned the city into a center for cultural experimentation and expression whose identity was strengthened thanks to certain international factors like the two great world wars. During the Spanish Civil War (1936–1939) the city welcomed a large number of exiled Spanish intellectuals who contributed actively to providing it with its definitive outlines. Mexico City, for its part, moves over the course of the century from possessing a regional attraction, as much for the interior of the country as for Central America, to being a center of cultural diffusion of vast dimensions, especially when it begins to receive a multitude of South American intellectuals who had been exiled by totalitarian regimes in their own countries. Finally, Havana becomes an important cultural center after the triumph of the Castro revolution thanks to the international support its socialist programs receive during the 1960s from Latin American intellectuals of the left.

With regard to international cultural centers, Paris has always exercised a powerful attraction for Latin American intellectuals, especially during the period between the wars and even more so since the 1950s. Paris is where one discovers, for example, the first attempts to recover the pre-Columbian and African past, a program that will be enthusiastically embraced by major Latin American literary figures. More recently, there can be little doubt that the interaction with Anglo-American literature within the United States of extensive and active Hispanic communities has begun to produce new manifestations that have transformed cities like New York, Miami, and Los Angeles into centers of Latin American cultural production.

Just on the basis of the issues that have been suggested here in their outlines, it would be possible to produce a Latin American literary history that is substantively different from those known to date. Nevertheless, it is not our intention here to undertake such a project, which would require a multiplicity of preliminary research. Therefore, we have chosen to organize volumes four and five of this bibliographical selection along purely chronological lines, basing ourselves on the birth dates of the authors considered. With respect to the necessarily incomplete choice of names, it is based principally on the recognition of those individuals at this time who figure prominently in international programs of study. This criterion has also determined the number of studies devoted to each author.

As a consequence of the chronological principle that has been adopted and the enormous quantity of writers that deserve recognition, the present volume includes those whose recognition was consolidated prior to the crucial decade of the sixties. The volume thus opens with studies on the Mexican Mariano Azuela, whose novel *Los de abajo* has become a classic of the 1910 Mexican revolution. Jorge Ruffinelli examines the reception of Azuela's novel from the time of its initial publication up to 1950, and he concludes by affirming the existence of historical and national readings that foreshadow and condition contemporary readings of works that have gone on to become classics of Latin American literature. In the specific case of *Los de abajo*, he points out that the various documented readings are contextual in nature. That is, they recognize in the cultural product its nature as an instrument of knowledge regarding reality, as well as a weapon for ideological confrontation in the construction of that reality. Clive Griffin studies the structure of the novel toward demonstrating that, contrary to the initial critical opinion that maintains that the novel is a series of casually connected vignettes, the text is constructed in terms of a detailed pattern of parallelism that reflects the attitude of the author with regard to the historical phenomenon he is fictionalizing.

In the fiction of the Southern Cone, the dominant figure during the early years of the twentieth century is the Uruguayan Horacio Quiroga. César Leante provides an introduction to a reading of his works that takes into account their play in the modern tradition of the short story, in addition to the special relationship between lived experience and literature that appears to attain in Quiroga a degree that is difficult to surpass. According to Leante, Quiroga's experiences in the subtropical jungles of South America constitute the driving force of his work beginning with *Cuentos de amor de locura y de muerte* (1917), a volume that can be considered the inauguration of "nativism" or of a literature of the land and perhaps the first of a series of Latin American literary works that sparked greater interest on the part of European and North American readers and intellectuals. Lon Pearson examines the fascination Quiroga had for the strange and marginal that is to be found in his first stories, in particular in "La gallina degollada," which was originally published in 1909. The critic proposes that narrative construction is based on data regarding autistic children drawn from some case study Quiroga must have discovered among publications on medical and psychological themes that were common in Buenos Aires at the time.

Gabriela Mistral, who won the Nobel Prize for Literature in 1945, is one of the several Chilean poets of international importance. Ana María Cúneo Macchiavello undertakes the study of Mistral's first books of poetry, *Desolación* (1922), *Tala* (1938) and *Ternura* (1946), toward pulling together metatextual references to poetic creation. The result is a demonstration of how Mistral adheres to one of the most venerable lines of Western poetry, one that affirms that the origin of poetic creation lies in something that is offered as a response of the creator to mankind or as a revelation. Elizabeth R. Horan proposes a feminist reading of Gabriela Mistral's writing on the basis of the latter's identification with women and, more specifically, with Latin American women as an oppressed class. Horan refutes traditional readings that characterized her poetry as the manifestation of a personal dissatisfaction and as the product of a tragic and ill-fated life. In the face of such an interpretation, Horan underscores the use of themes and expressive formulas that permit an appreciation of the representation of positive connections between women.

Another major poetic figure from the first half of the century is the Peruvian César Vallejo. Stephen Hart explores Vallejo's utilization of the commonplace of the world turned upside down that Vallejo could have drawn from his readings of European vanguard literature. Vallejo used this commonplace to express the primitive desire to return to paradise, especially in *Trilce* (1922) and in his prose poems and short stories. After his active political commitment to Communism, Vallejo continued to use the same commonplace, but for different expressive ends, both to reflect inadequate contemporary social circumstances and to describe a future utopia. Enrique Ballón Aguirre provides a close semiotic reading of the poem "Trilce," which was originally published in 1923 (it was not included in the 1922 book of the same title). This allows him to postulate an ordering of Vallejo's textual universe on the basis of the creative gesture of a semantic void.

Vicente Huidobro's *Altazor* (1931) occupies a place of privilege among examples of avant-garde poetry. Lee H. Dowling examines the long poem in the attempt to formulate in precise terms the procedures Huidobro employs in the construction of his poem, one of the metalinguistic and metaliterary high points of contemporary poetry. The ludic function of the linguistic innovations involve deepening the distance between the sign and its referent, which produces an alteration in meaning, thus originating a new and previously unknown signified. Herein lies, according to Dowling, the creative key of the "creationism" the author promotes. Ana Pizarro analyzes vanguard writing in Huidobro, and she underscores its cosmopolitan nature in which any direct referentiality to Latin America is completely absent.

A deliberate concern of the Guatemalan writer Miguel Angel Asturias, who won the Nobel Prize for Literature in 1967, was the development of a form of expression that could be properly identified as Latin American. René Prieto studies this goal by emphasizing the novel *Hombres de maíz* (1949), which defies the narrative conventions by employing a complex symbolic system that mingles elements, animals, colors, and numbers. This system, elaborated on the basis of the recovery of Meso-American myths and beliefs, is privileged at the expense of a chronological and linear narrative, a story that develops in accord with associations that endlessly multiply possibilities for meaning.

The Argentine Jorge Luis Borges is, without a doubt, the Latin American writer who has most influenced the course of contemporary world literature. Although he never won the Nobel Prize, it is in his short stories and essays where it is commonly believed are to be found the founding elements of postmodern literature: self-reflexivity, indeterminacy, the problematization of the categories of time and space, the inversion of causality, and the questioning of the boundaries between historical account and fictional tale. In the first of the studies devoted to Borges, Emir Rodríguez Monegal examines the biographical dimension to establish how the experiences of Borges's personal formation—the fact that he was raised in a home that was bilingual and bicultural and under a tutelage that was preeminently that of powerful feminine figures—relate to his subsequent creative fiction and possess an explanatory function.

Recent Borges criticism has sought to provide readings of the Argentine's work that, by taking advantage of recent theoretical developments, will emphasize aspects usually overlooked by traditional criticism. Edna Aizenberg claims that the appropriation of Borges's writing by European and North American intellectuals beginning in the 1960s is based on a misreading of his texts, one that a postcolonial stance can serve to correct. Thus, there emerges the conditions for a rereading of his essays and stories as cultural texts produced from the margin and therefore marked by a sharp awareness of their noncentrality. Aizenberg establishes a genealogy of postcolonial writers that take up the problematics, the narrative strategies, and even the historical figure of Borges to shape their own fictional universe. Kern L. Lunsford proposes a reading of Borges's "Tlön, Uqbar, Orbis Tertius" as a veiled commentary on and analysis of the historical and political situation at the beginning of World War II. In this sense, the short story has to be understood as a historical prophecy and not as an epistemological metaphor, the interpretive stand accepted by most critics. Along another line of inquiry, Herbert J. Brant offers a detailed exercise of close reading in the story "La forma de la espada" that puts forth considerable evidence for the existence of a latent homoerotic desire that could not be expressed in direct terms as a consequence, it is likely, of circumstances as much personal as part of the historical context that impinged on the author.

Among the many poets who begin to figure prominently in the history of Latin American literature beginning in the 1930s, there are three prominent names that are represented here: the Cuban Nicolás Guillén, the Mexican Xavier Villaurrutia, and the Chilean Pablo Neruda, who won the Nobel Prize for Literature in 1971. Keith Ellis examines Guillén poetic practice, which functions for him as a means of expressing an anticolonial posture, always alert to any possible manifestation of imperialism. Beginning with a reformulation of the three traditional genres as expressive modes available to the writer—the epic, the dramatic, and the lyrical—Ellis underscores the particular importance that the dramatic mode assumes in Guillén's poetry as an instrument for direct communication with the reader. Manuel Martín-Rodríguez, by contrast, undertakes an analysis of the "Nocturnos" by Villaurrutia included in his *Nostaliga de la muerte* (1938). Martín-Rodríguez asserts that in this series of poems, one can discern how the poet is ill at ease with his own life and times. As a result, the "Nocturnos" can be read as an anguished and painful manifestation of the effort to recover a lost original sense of wholeness that is a common experience of many contemporary poets.

Although the general image held about Pablo Neruda is that of the writer characterized by a completely independent development and free of literary schools and parochialism, Merlin H. Forster's study provides a better understanding of Neruda's place in the development of twentieth-century Latin American poetry. Forster examines in the first place Neruda's polemics with some of his contemporaries, such as Vicente Huidobro and the Spanish poet Juan Larrea. He then goes on to study Neruda's first major collections, the *Veinte poemas de amor y una canción desesperada* (1924), *Tentativa del hombre infinito* (1926), and *Residencia en la tierra* (1933, 1935), in which he finds a growing concern for the themes, structure, and figurative language that characterize vanguard experimental literature. David G. Anderson Jr. focuses on the four books of odes that Neruda wrote between 1954 and 1959. Despite the fact that the poetic form chosen by the poet could appear initially to be anachronistic as an expressive instrument, Anderson observes that, in the combination of a personal artistic perspective with a marked interest in representing everyday individuals and objects, Neruda redefines and expands the limits of the ode as a traditional genre. Finally, Christopher Perrian puts forth a panorama of Neruda's vast production of love poetry, reading it from the point of view of feminine sensibility. In the process, he is able to detect the inherent machismo of these texts, while at the same time recognizing the capacity of Neruda's poetic program to put this same machismo into perspective and, in the final analysis, to direct itself toward the destruction of the sociocultural structures that sustain it.

As Roberto González Echevarría observes, political and literary factors contributed to the discovery in many quarters of Alejo Carpentier's narrative in the 1960s. On the one hand, his outspoken support of the ideals of the Castro Revolution and, on the other hand, his repositioning as a precursor of the so-called "Boom" of the new Latin American novel made of him a central figure for Latin American readers as much as for those who underwrote the international diffusion and assimilation of the region's literature. González Echevarría studies in detail the genetic process that underlies *Los pasos perdidos* (1953) on the basis of the author's own declarations concerning the origins of the novel and the various existing testimonies that belong to different stages of his writing. In accord with his own observations, the autobiographical nature of the novel places it in a strategic position within Carpentier's production as the marker of a conversion that is both personal and literary. Irlemar Chiampi discovers in *Los pasos,* aside from its structural qualities—the updating of the myth of the search for origins, polyphony, intertextuality—that the problematics of artistic creation registered in his essays, especially in those involving a debate with surrealism, transforms the nativist posture of Carpentier into a sort of critical representation that is structured in accordance with a complex narrative symbolism.

Finally, Josefina Ludmer undertakes the study of "La novia robada" by Juan Carlos Onetti. In the first place, she establishes the relationship between Onetti's story and William Faulkner's "A Rose for Emily" in order to detect the pattern of repetitions, inversions, and displacements that are found in both texts. She goes on from there to reflect on two key elements—matrixes of logic, in her terminology—of literature: that of verbal chaining, which in this case allows for the embodiment of the logic of delirium, and the dream of desire, which appears to be the founding mechanism of the possible world presented by Onetti, as well also of the practice of writing. Intertextual interplay allows Onetti to engage in an experimental critical discursiveness that would appear to be the result of a conscious effort to free himself from the restrictions that academic discourse imposes.

Los de abajo y sus contemporáneos. Mariano Azuela y los límites del liberalismo

JORGE RUFFINELLI
Stanford University

Hacia 1924, Mariano Azuela (1873-1952) había publicado diez libros, y sin embargo era un desconocido. Entre esos libros, algunos cimentarían más tarde su prestigio: *María Luisa* (1907), *Los fracasados* (1908), *Mala yerba* (1909), *Andrés Pérez, maderista* (1911), *Sin amor* (1912), *Los de abajo* (1916), *Los caciques* (1917), *Las moscas* (1918), *Las tribulaciones de una familia decente* (1918), *La malhora* (1923). Si consideramos que Mariano Azuela fue "descubierto" en 1924 gracias a una polémica sobre la literatura mexicana, y que a esa fecha ya había publicado obras importantes (entre ellas, nada menos que *Los de abajo*), la reflexión se enfrenta con un enigma de recepción literaria.

Sin embargo, no es éste el único problema que la literatura de Azuela propone al lector activo. No menos arduo es el que se refiere a la recepción ideológica y política: ¿era *Los de abajo* "la" novela de la Revolución, o, por el contrario, una novela reaccionaria? ¿Representaba con fidelidad a la Revolución Mexicana, o bien se trataba de un retrato parcial y distorsionado? Hoy es posible formular esta pregunta porque la crítica mexicana no se ha puesto de acuerdo: hubo quienes consideraron a *Los de abajo* (y a su autor) por sus cualidades "revolucionarias" y quienes tacharon a ambos, obra y autor, con el estigma de la "reacción". La abundancia de documentos hace insoslayable el esfuerzo por dilucidar esa aparente (o real) contradicción.

El tercer aspecto interesante —y a veces apasionante— en la historia de la recepción crítica de *Los de abajo*, es la oportunidad de observar los modos sociales de negación o apropiación de las figuras culturales. Azuela pasó del anonimato a la glorificación y a ser el sujeto de una afirmación nacional. Visualizar este paso puede abrir avenidas singulares, paradigmáticas, para una futura historia de la institución literaria y sus relaciones con la sociedad y el estado.

En este ensayo me propongo revisar dichos aspectos, sin aislarlos artificialmente, al contrario, observándolos en su necesaria relación. Tomemos tres momentos importantes en la carrera literaria de Mariano Azuela: primero, el momento de la escritura de *Los de abajo*; segundo, el de su "redescubrimiento" (Englekirk), que es al mismo tiempo el inicio de la recuperación de Azuela, y tercero, el de su muerte, que finaliza el proceso de glorificación.

En junio de 1915 Obregón venció militarmente a Francisco Villa en Celaya, sellando la derrota y la dispersión del ejército del caudillo norteño. Azuela, que oficiaba de médico en las fuerzas villistas de Julián Medina, buscó asilo en El Paso, Texas. Allí acabó de escribir y publicó *Los de abajo*, libro que presentó, no como novela, sino como *Cuadros y escenas de la Revolución actual.*[1] Es interesante señalar esto por la ambigüedad genérica de *Los de abajo* desde su origen y porque a partir de 1925 la crítica señaló como defecto compositivo de la "novela" su fragmentariedad, sin advertir en todo caso que aportaba un novedoso estatuto novelístico, a medio camino entre un costumbrismo al que superaba ampliamente y una modalidad "testimonial", no muy bien formulada, pero pionera, si se considera el desarrollo de este género en la literatura hispanoamericana posterior.

El periplo de Azuela en esos meses gestores de *Los de abajo* ha sido estudiado con detalle (Robe). También fue objeto de

---

[1] Éste es el subtítulo de la novela en sus primeras ediciones. Más tarde se cambió —y así quedó en las *Obras completas*— a "Novela de la Revolución Mexicana".

algunos textos del propio autor dedicados a dar su testimonio contextual. En uno de ellos, titulado igual que su novela, "Los de abajo" (1960 1077 ss.), el autor dice: "Villista derrotado, llegué a El Paso, Texas, y en el diario subvencionado por don Venustiano Carranza, *El Paso del Norte*, se publicó por primera vez mi librito". El resto del artículo se dedica a establecer el contexto histórico, la situación personal del autor, las circunstancias de su viaje fuera de fronteras, y a responder a la recepción negativa que, a lo largo de varias décadas, había sufrido su "librito". En otro texto, "Cómo escribí *Los de abajo*" (1960 1267 ss.), Azuela sintetizó nuevamente el episodio de la escritura, mencionando su cualidad de "apuntes":

> Con el nombre de "Cuadros y escenas de la Revolución" he ordenado muchos apuntes recogidos al margen de los acontecimientos político-sociales desde la revolución maderista hasta la fecha. De tal serie forman parte los episodios de mi relato *Los de abajo*, escrito en plena lucha entre las dos grandes fracciones en que la ambición dividió a los revolucionarios, a raíz de su triunfo sobre Victoriano Huerta.

No es difícil, pues, imaginar a Mariano Azuela en El Paso, escribiendo *Los de abajo* en las condiciones más lamentables: con una máquina de escribir ajena, en la misma redacción del periódico en que la novela se publicaba por entregas, presionado por los plazos para acabar los capítulos aún no escritos, angustiado por la pobreza y por la situación de aislamiento, de exilio, de derrota militar y política. Con sus textos autobiográficos Azuela nos ha ayudado a imaginar esa escena, que tiene mucho de paradigmática sobre la escritura 'comprometida', la que se cumple casi simultánea a los hechos y para dar fe de ellos. Muy lejos del consejo becqueriano de dejar enfriar las pasiones antes de empuñar la pluma, Azuela escribió con pasión, y lo que en otro hubiese sido una mera efusión panfletaria, en su escritura tuvo mesura realista. Mesura que no implicaba la objetividad de la encuesta, sino un peculiar procesamiento ideológico de sus materiales.

No tengo el propósito de romantizar la escena de la 'escritura', ni abundar sobre las circunstancias de la génesis literaria que el propio novelista se encargó de reseñar; quiero en cambio advertir por un momento la absoluta unidad entre experiencia política y escritura, como dos instancias de una acción llamada a tener consecuencias en diferentes ámbitos, aunque siempre dentro de su misma cultura.

El 'discurso' de Azuela, paradójicamente, tuvo el silencio como respuesta. Durante casi diez años, desde la primera edición de *Los de abajo* en los folletines de *El Paso del Norte* y la primera en libro, de 1916 (por el mismo periódico), casi nadie escribió sobre la novela;[2] su recepción era el silencio cerrado, y una de sus consecuencias fue que Azuela decidiera dejar de escribir (S. Azuela 1952). Abandonar la escritura y dedicarse con exclusividad a la profesión médica era el equivalente literario de aquella derrota de Villa en Celaya; Azuela consideraba que el silencio sobre *Los de abajo*, así como las posteriores reacciones negativas, eran resultado directo de su capacidad de denuncia y se ubicaban en el mismo cuadro (y escena) del fracaso revolucionario:

> Duros días aquéllos, para los que vivíamos atenidos a nuestras propias fuerzas. Fue un tiempo en que el carrancismo victorioso había llevado al pueblo a la extrema miseria. Políticos rapaces y militares corrompidos inventaron algo diabólico [...]. Todos vimos cómo rateros de la víspera se convertían al día siguiente en dueños de automóviles, propietarios de suntuosas residencias, accionistas de las negociaciones más prósperas, y todo como el fruto de la miseria y del hambre de las clases laborantes. ¡Qué de extraño habría de parecerme entonces que cuando en mis libros señalé aquellas lacras, se me marcara con el hierro candente de 'reaccionario'! Los rateros y los asesinos no han podido encontrar defensa mejor que esa palabra hueca (1960 1090).

Podrían aventurarse algunas explicaciones para el silencio que siguió a *Los de abajo*. Dos, al menos, son pertinentes. La

---

[2] Debo consignar las dos 'primeras' reseñas de *Los de abajo*, aparecidas en el mismo periódico *El Paso del Norte* que dio a conocer la novela en 1915: Enrique Pérez Arce (10 de diciembre) y J. Jesús Valdez (21 de diciembre); estas dos reseñas fueron recuperadas por Stanley L. Robe (1979). Para mayores detalles sobre la génesis de *Los de abajo* y la historia de su recepción remito a Ruffinelli 1983 y 1988.

novela apareció por entregas en 1915 y en libro en 1916; los ejemplares del periódico no fueron conservados. Stanley Robe, quien siguió su pista, deseoso de encontrar una colección del mismo en los Estados Unidos, vio sus esfuerzos frustrados durante años. Finalmente halló una colección en el Fondo Basave de la Ciudad de México, cuando esa biblioteca se puso a disposición pública, pero la colección es incompleta y faltan dos entregas de la primera edición de *Los de abajo.* En cuanto a la primera impresión en libro, el propio Azuela confesó no conocer el destino de sus ejemplares. Hace algunos años unos pocos fueron detectados en librerías fronterizas, y hoy constituyen rarezas bibliográficas. Lo cierto es que la edición no alcanzó al público que merecía, por circunstancias explicables. Ante todo, porque la Revolución no salía de su etapa armada y trastornaba todas las dimensiones de la vida nacional. Otra explicación tiene que ver con el centralismo cultural mexicano, el hecho de que toda expresión literaria deba pasar, ritualísticamente, por la sanción de la capital para conocerse, reconocerse y proyectarse en el resto del país. Esta anomalía era tan cierta en 1915 como lo es hoy: la Ciudad de México es tan absorbente, que no sólo acabó constituyéndose en un monstruo demográfico, sino en un centro de dictadura cultural.

Estas explicaciones respondían a un presunto o real desconocimiento de la primera edición de *Los de abajo*; es menos explicable en términos de los diez libros ya publicados y de las varias ediciones (1915, 1916, 1917 y 1920) de la novela referida. La desestructuración de la cultura, la ignorancia, la desidia de sus críticos, eran explicaciones alternativas y relativamente válidas del silencio. Cuando se redescubrió la novela en 1924/5, tuvo origen un proceso muy interesante, que ilustra los modos en que la cultura mexicana reacciona para recuperar sus valores postergados.

El propio Azuela señaló —en términos de claro agradecimiento— que el "éxito que esta novela alcanzó después de diez años de publicada" se debía fundamentalmente a tres personas: Rafael López, quien la mencionó a fines de 1924 en una entrevista como "el esfuerzo más serio realizado en ese género literario" durante la última década; Francisco Monterde, quien empleó a la novela como ejemplo y arma de ataque en una polémica de 1925, y Gregorio Ortega, quien no sólo escribió en México sobre *Los de abajo*, sino que fue su promotor en Madrid y en París. Éste es el segundo momento que me propongo observar, por su gran interés para la historia de la literatura mexicana.

Poco antes de la referida polémica, hacia fines de 1924, apareció en *El Universal* un artículo titulado "La influencia de la Revolución en nuestra literatura". La firma de José Corral Raigán les pertenecía a tres escritores: Febronio Ortega, Carlos Noriega Hope y Arqueles Vela. Este artículo se inscribe en los inicios de la Vanguardia en México, cuando el estridentismo se encontraba en plena gestión. Noriega Hope respaldaba a los vanguardistas desde su cargo de responsabilidad en *El Universal*, y alentó la polémica poco después. En el artículo referido, los vanguardistas enfatizaban el carácter nacionalista de su discurso frente a la acusación de "europeísmo", su vinculación sustantiva con la Revolución mexicana y el carácter removedor de su proyecto. En cuanto a la renovación de la literatura mexicana, reconocían a un solo precursor: López Velarde. "La Revolución tiene un gran pintor: Diego Rivera. Un gran poeta: Maples Arce. Un futuro gran novelista: Mariano Azuela, cuando escriba la novela de la Revolución" (Schneider 161). Precisamente la polémica del año 1925 iba a traer como consecuencia la respuesta: Azuela *ya* había escrito esa novela.

Julio Jiménez Rueda, figura prestigiosa en la cultura mexicana, publicó en *El Universal* (1924) un artículo provocativamente titulado "El afeminamiento de la literatura mexicana", donde contrastaba la prosa de ayer ("chispazos de genio, pasiones turbulentas, aciertos indudables y frecuentes ponían en la obra un no sé qué, comprensión de la naturaleza circundante, amor, elegancia, pensamiento original") con la prosa 'afeminada' de hoy ("Pero hoy [...] hasta el tipo que piensa ha degenerado. Ya no somos gallardos, altivos, toscos [...]. Es que ahora suele encontrarse el éxito, más que en los puntos de la pluma, en las complicadas artes del tocador" (Schneider 162 ss.). El artículo lastimó un doble nervio: provocó al machismo y creó la oportunidad para expresarse sobre la situación (entonces) actual de la literatura, dos tópicos que continuamente han despertado el interés en los intelectuales hispanoamericanos. *El Universal* inició una encuesta sobre "¿Existe una literatura mexicana moderna?" a la cual contestaron varios escritores, entre ellos Azuela.

El nombre de Azuela salió a la palestra a través de Monterde, quien, al contestarle a Jiménez Rueda en similares términos sexistas ("Existe una literatura mexicana viril", diciembre 1924), y después de pasar a las penurias de la cultura nacional (críticos que prefieren lo extranjero a lo nacional, editores que les editan delgadas *plaquettes* a sus amigos, etc.), ejemplificó en Azuela la 'virilidad' de la literatura mexicana:

> Haciendo caso omiso de los poetas de calidad —no afeminados— que abundan y gozan de amplio prestigio fuera de su patria, podría señalar entre los novelistas apenas conocidos —y que merecen serlo— a Mariano Azuela. Quien busque el reflejo fiel de la hoguera de nuestras últimas revoluciones tiene que acudir a sus páginas. Por *Los de abajo* y otras novelas, puede figurar a la cabeza de esos escritores mal conocidos, por deficiencias editoriales —él mismo edita sus obras en imprentas económicas, para obsequiarlas—, que serían populares y renombrados si sus obras se hallaran, bien impresas, en ediciones modernas, en todas las librerías, y fueran convenientemente administradas por agentes en los estados. ¿Quién conoce a Mariano Azuela, aparte de unos cuantos literatos amigos suyos? Y, sin embargo, es el novelista mexicano de la Revolución, el que echa de menos Jiménez Rueda en la primera parte de su artículo (Monterde 13).

Me interesa destacar que Monterde llama aquí a Azuela "el novelista mexicano de la Revolución", carácter que posteriormente otros críticos le negarían. Este artículo sería clave para la revaloración de Azuela, al llamar la atención sobre el escritor olvidado, a quien *El Universal* de inmediato se encargaría de reeditar en 1925, al calor de la polémica. Así como Azuela había decidido dejar de escribir debido al silencio que rodeaba su obra entera, el redescubrimiento de *Los de abajo* en 1924 lo impulsó nuevamente a la escritura. Sin embargo, si bien escribió varias novelas más en los veintisiete años que aún faltaban para su muerte, hay que subrayar el fenómeno de que su celebridad estaría siempre anclada a *Los de abajo.* Éste es otro fenómeno que la crítica ha dejado pasar sin discusión.

A partir de este "momento" de recuperación de Azuela, la recepción de *Los de abajo* fue siempre polémica, la novela se haría difícilmente asible y catalogable, diríase escurridiza. En un primer momento, el llamado de atención sobre Azuela significó un desafío de cara a los críticos reconocidos. El 'olvido' de Azuela ponía en jaque al propio ejercicio crítico y al prestigio de los intelectuales. Uno de los primeros en reaccionar fue Eduardo Colín, en un artículo titulado "*Los de abajo*", en *El Universal*, el 30 de enero de 1925 (Colín); reseñó la novela, reconociendo que "es de la mejor literatura que se ha escrito de la Revolución". Logró ubicarla un paso más adelante del naturalismo francés, tan influyente en la época:

> Sigue el método objetivo, impresional, de los grandes maestros naturalistas (con un indiferentismo de lo humano en pasajes, a la Maupassant), pero con más expedición moderna. El autor no se siente en la acción. Cada personaje tiene vida propia, y, aunque a ratos demasiado directos, *nature*, cuando esto no es decisivo sirve a darles verdad simple y fuerte, que es lo que alcanza esta obra (Monterde 16).

En el capítulo de los defectos, la novela le merecía a Colín la observación de "breve y fragmentaria", y aunque reconoció que su subtítulo "Cuadros" implicaba la fragmentariedad del estilo, juzgó que "ha debido ser construida más en su conjunto". Por el momento, indicó Colín, Azuela "ha hecho una notable *esquisse*, que deseamos amplifique y le dé envergadura y proyecciones superiores" en obras futuras. Es la suya una crítica de buena fe, que observa con perspicacia lo que hoy, con Bajtín, podríamos llamar "polifonía" novelesca, pero deja pasar de largo, con su juicio positivo de la objetividad novelística ("El autor no se siente [...]. Cada personaje tiene vida propia"), la ideología que articula poderosamente su realismo.

Una crítica más dura y agresiva fue la de Salado Álvarez. El 4 de febrero, este crítico publicó en *Excélsior* su artículo "Las obras del doctor Azuela", donde comenzaba por reconocer no haber leído *Los de abajo* hasta entonces, aunque en cambio conocía a Azuela y le había elogiado en una carta (publicada) un relato anterior. Leída ahora, *Los de abajo* le provocaba muchas preguntas negativas. Por ejemplo, los personajes carecían de todo valor representativo del pueblo mexicano: "¿Por qué llamar *Los de abajo* a esta obra singular y espontánea? Acaso serán los de abajo todos esos tipos patibularios para los cuales parece débil y hasta galante el calificativo de lombrosianos?" Por ende, le negó a la novela el carácter revolucionario:

> ... esta novela no es revolucionaria, porque abomina de la Revolución; ni es reaccionaria, porque no añora ningún pasado y porque la reacción se llamaba Francisco Villa cuando la obra se escribió. Es neta y francamente nihilista. Si alguna enseñanza se desprendiera de ella (y Dios quiera no tenga razón al asentarlo) sería que el movimiento ha sido vano, que los famosos revolucionarios conscientes y de buena fe [no] existieron o están arrepentidos de su obra y detestándola más que sus mismos enemigos.

Y la dureza de su crítica acabó por lo gramatical: "Sus obras no están escritas; no sólo tienen concordancias gallegas, inútiles repeticiones, faltas garrafales de estilo, sino que carecen hasta de ortografía elemental que se aprende en tercer año de primaria".

Salado Álvarez inició históricamente la consideración crítica negativa de Azuela, y en parte le asistía la razón en sus observaciones. Comenzando por la última cita, era cierto que las primeras ediciones de Azuela estaban plagadas de incorrecciones ortográficas. El cotejo de las primeras ediciones muestra claramente que Azuela corrigió el texto en la medida de sus posibilidades, pero los errores persistieron en gran número, hasta desaparecer en las sucesivas ediciones, debido, sin duda, al empeño de los correctores. La edición "Razaster" (1920) fue clave en las variantes textuales: en ella Azuela introdujo cambios importantes, rescritura de amplios pasajes o de múltiples párrafos aislados, y ante todo la inclusión del personaje Valderrama en la Tercera Parte. Ésta era la edición que los críticos podían conocer en 1924, y sobre ella y sus persistentes fallas es que Salado Álvarez se explayó virulentamente. Sin embargo, más que el contenido de sus observaciones, lo que molestaba en su crítica era el tono ofensivo y presuntuoso, y el intento derogatorio. Ello motivó una rápida respuesta de Carlos Noriega Hope: llamó a la de Salado "crítica del punto y coma", propia del "domine pedante", en un artículo de *El Universal Ilustrado* titulado "El doctor Mariano Azuela y la crítica del punto y coma" (10 de febrero de 1925; Englekirk 62). Si las ortográficas eran obvias, las "faltas garrafales de estilo" pertenecían a un ámbito mucho más subjetivo. Tenían que ver con el gusto personal, no eran 'objetivas' ni palpables, dependían fuertemente de la recepción. En varios aspectos, el estilo escueto, directo, realista de Azuela contrastaba con el naturalismo todavía predominante y se encontraba totalmente al margen de las inflexiones parnasianas y modernistas.

Azuela resintió el terrorismo verbal de Salado Álvarez en este episodio; pasados muchos años, en una carta pública a Manuel Pedro González, se solidarizaría con este crítico por el silencio que rodeaba su *Trayectoria de la novela en México*, pero ante todo porque en las dos únicas y "brevísimas referencias a su libro", una le hiciera "el cargo de una falta de ortografía" (M. Azuela 1952 b).

De la polémica de 1924/5 sobre la novela mexicana, Azuela salió beneficiado: *Los de abajo* se reeditó, su carrera de escritor tomó un 'segundo aire', y el escritor comenzó a ingresar firmemente en la celebridad. Su opinión fue buscada a cada momento por los más disímiles motivos: "¿Existen autores teatrales en México?", "¿Con qué escriben nuestros escritores?", "Nuevos conceptos sobre el Ultrapelonismo" (la moda del pelo corto). Era irónico pensar que pocos meses antes Azuela era un desconocido, y de pronto comenzaba a existir y a recoger los laureles. En rigor, esta expresión es exacta. Pese a que la discusión en torno al carácter "revolucionario" de *Los de abajo* continuó y se extendió en las siguientes décadas, como veremos con algunos ejemplos, es también cierto que se inició para Azuela el proceso de su glorificación y, con poca resistencia, el de su institucionalización literaria dentro del dominio estatal.

En este proceso ("glorificación" es el término más preciso), la suerte de *Los de abajo* fuera de fronteras fue esencial. Por una parte, la sucesión de traducciones (por ejemplo, tres en 1929), por otra la recepción crítica y de público en España y Francia. Esto constituiría un nuevo capítulo en la recepción de *Los de abajo*, pero es importante implicar el ascendiente de la valoración extranjera en la recepción nacional. Vale la pena notar que los intelectuales españoles —Azaña, Valle Inclán, Díez Canedo— elogiaron *Los de abajo* sin reservas, paradójicamente sin pedirle nunca el casticismo que se le exigía en México. En general, se consideró a *Los de abajo* como una novela importante en sí misma, pero también como representativa de la Revolución mexicana y de una "América nueva".

Aunque no voy a abundar en la recepción 'extranjera' de *Los de abajo*, es preciso señalar otro hecho. A fines de los años veinte *Los de abajo* no sólo había salido de la sombra y el silencio en que naciera, sino que se reeditaba irregularmente en ediciones piratas, ante todo en Sudamérica. En una carta dirigida a Gregorio Ortega en julio de 1929, Azuela se quejó de esa situación, señalándola con ironía:

> Usted debe saber también que han hecho traducciones [de *Los de abajo*] a otros idiomas y se han hecho ediciones en Sudamérica; pero con todas esas buenas [personas] no he tenido la menor dificultad, pues ninguno se ha tomado siquiera la molestia, no sólo de solicitar el permiso, pero ni de avisármelo siquiera (1969 210).

De ignorada hasta 1924, la novela había pasado a ser objeto de saqueo.

Durante la década del treinta, toda la obra de Azuela, y en particular *Los de abajo*, se asumieron como valores reconocibles, nacionales. Era precisamente la época de la reflexión sobre el ser mexicano (Ramos y *El perfil del hombre y la cultura en México*, 1934); de la búsqueda de la afirmación nacional y de la identidad, ante un violento pasado inmediato que había encontrado cauces de pacificación, pero donde también había vuelto a explotar la revuelta (la Cristiada de 1926/9). En 1931, Xavier Villaurrutia reflexionó sobre Azuela aportando un argumento que correría con suerte en la crítica negativa de Azuela. Para Villaurrutia, Azuela era "revolucionario" en la estética, no en la ideología. Menos aún podía considerárselo "el novelista de la Revolución":

> *Los de abajo* y *La malhora*, de Azuela, son novelas revolucionarias en cuanto se oponen, más conscientemente la segunda que la primera, a las novelas mexicanas que las precedieron inmediatamente en el tiempo. Sólo en ese sentido Mariano Azuela, que no es el novelista de la Revolución mexicana, es un novelista mexicano revolucionario.

Abundando en esta distinción, Villaurrutia añadió:

> El último en creer que Mariano Azuela es el novelista de la Revolución ha de ser, sin duda, Mariano Azuela, que escogió ya, desde hace un buen número de años, su punto de vista de escritor de novelas y que, seguramente, no tratará ahora de conciliar el suyo con el punto de vista que, fuera de él, se le propone.

Hay en estos juicios una sagaz percepción del proceso ideológico que comenzaba a rodear a la novela (a *Los de abajo*) y al novelista, proceso que he llamado, ampliamente, 'glorificación'. Villaurrutia comenzó por señalar la presencia de lo "revolucionario" en un aspecto que nadie hasta entonces reconociera: el literario, su aporte nuevo a una tradición novelística. Lo que Colín reconocía apenas como un *surplus* estilístico sobre el naturalismo, para Villaurrutia adquiría primacía, importancia y carácter radical. Sin embargo, la crítica literaria posterior ha estado más del lado de Colín que de Villaurrutia; frente a los inmensos cambios literarios introducidos a la novela a principios del siglo veinte (Proust, Kafka, Woolf, Joyce, etc.), la 'superación del realismo' en Azuela era más bien tímida. Por ende, a lo largo del tiempo ha sido mucho más poderoso el movimiento que hace de Azuela un 'representante' genérico e ideológico de la Revolución mexicana, y que monta sobre esa representatividad su carácter 'revolucionario'. Aquí empieza a funcionar un instrumento de enorme influencia: la necesidad del Estado de integrar obras y escritores dentro de su sistema como un modo de impedir (o neutralizar) el antagonismo o la crítica, el cuestionamiento de su orden y la jerarquía de privilegios sociales y económicos implícitos en ese orden. En su artículo, Villaurrutia intentó separar el "punto de vista" de Azuela del "punto de vista que, fuera de él, se le propone". Aunque la glorificación a partir del Estado es comúnmente aceptada dentro del código cultural y nacionalista (premios, honores), resulta significativo, como veremos más adelante, el interés de Azuela y sus simpatizantes por señalar, en las ocasiones sensibles de recibir distinciones estatales, la "independencia" del escritor. Esto es especialmente importante en la historia cultural mexicana, desde que el Estado asume el discurso histórico de la Revolución y se define como el heredero y ejecutor permanente de sus principios.

Junto con la de Villaurrutia, hay otras reseñas interesantes en los años treinta. Importa destacar, por ejemplo, la de Jorge Ferretis (1902-1962), dado que, con *Tierra caliente* y otros libros narrativos, Ferretis integraba también la llamada "novela de la Revolución mexicana". Para Ferretis, Azuela era el "prototipo de autor nuestro", debido a la "potencialidad de su modestia y [...] la valentía de la oscuridad y de la persistencia" (Ferretis 154-158). Aunque la crítica mexicana no desarrolló nunca esta observación, importa reconocer en ella, no tanto una 'representatividad' de tipo patriótico, gloriosa, cuanto una manera de ser sufrido, y un modo de producción literaria tesonero y escueto. Ese modo sería prototípicamente mexicano en las primeras décadas del siglo, pero el mismo ejemplo de Azuela mostraría que la otra cara de la moneda era por igual cierta: el escritor mexicano trabaja en la sombra, sin reconocimientos, casi sin otro estímulo que el mismo esfuerzo, y asimismo puede llegar a ser el objeto de la glorificación y a gozar de innumerables privilegios.

A fines de los años treinta e inicio de la década siguiente, la obra de Azuela ingresó en una situación particular: se hizo objeto de estudio, no sólo de crítica periodística. El primer signo fue establecido por el acopio bibliográfico y los estudios académicos. En 1937 apareció la primera "Bibliografía de Mariano Azuela" (Villaseñor); en 1940, una exhaustiva "Biografía y bibliografía de don Mariano Azuela" hecha por un norteamericano (Moore); en 1938, un extenso ensayo por un académico de prestigio (Torres-Rioseco). De todos modos, como es característico en la crítica hispanoamericana, ésta continuó desarrollándose más abundantemente en el periodismo cultural.

La crítica de los años cuarenta intentó instalar la discusión literaria de Azuela en planos de reflexión política y de nacionalismo cultural, como planteos que interesaban en el contexto de otros discursos intelectuales de la época, ante todo cuando obras como las de Vasconcelos y Guzmán habían completado, junto con las de Azuela, el amplio fresco de la Revolución. Villaurrutia había localizado nominalmente un "punto de vista" (el de Azuela), sin analizarlo ni definirlo. Y parecía tiempo de hacerlo. Sin embargo, un ensayo como el de Francis M. Kercheville sobre "El liberalismo en Azuela" satisface escasamente el proyecto de su título. Kercheville utilizó el término "liberalismo" sin definir el concepto, y si bien señaló sin lugar a dudas que Azuela asumía "un punto de vista liberal con respecto a su pueblo y sus problemas" (Kercheville 381), sólo dejó inferir en la lectura que el referido liberalismo consistía en que Azuela distinguiese simultáneamente "dos aspectos de la revolución: [...] 'el triunfo sublime de la justicia'" y el empantanamiento de los ideales; glosando a un personaje de Azuela, para Kercheville éste creyó "ver 'una florida pradera al remate de un camino', [y en cambio] se encontró con un pantano". Es decir, su liberalismo se concentraba en observar el costado político del movimiento social, su ruta accidentada, su desvío, su freno. Es cierto que la obra escrita por Azuela en estos años implicaba una continua crítica negativa, a veces diatriba demoledora, de los "líderes falsos" (386), así como una "sátira contra los politicastros" (385). Pero Kercheville no observó, sin embargo, que la decepción de Azuela igualmente tomaba como objeto a "los de abajo", no sólo a los políticos de la superestructura, y que esa doble decepción era la que finalmente alentaba la crítica 'desde dos bandos': "Los radicales de izquierda, los de 'vanguardia', clasifican a Azuela como conservador y reaccionario; los conservadores extremados le consideran radical" (394). Azuela interpretaría este doble embate como signo de su independencia de criterio, sin considerar que podría leerse, por otro lado, como la reacción natural a sus dos decepciones, motivadas por la perspectiva liberal de su crítica, esto es, por las limitaciones de una visión de la realidad que fincaba su juicio histórico sólo en lo político.

En 1949, la crítica desde la izquierda fue asumida por José Mancisidor: "No es Azuela un novelista revolucionario, pero es, por antonomasia, el novelista de la Revolución. Su novela *Los de abajo* pone a la luz la dramática lucha de nuestro pueblo aunque no sea sino en forma parcial" (Mancisidor 1949). Pese a limitar la perspectiva literaria de Azuela ("en forma parcial"), Mancisidor reconoció su condición pionera: "Azuela fue el primero, quien enseñó un nuevo camino". Más tarde reiteraría esta doble y completa valoración en 1957 (Azuela había muerto cinco años antes, y hacía cuatro que Mancisidor había publicado su novela más destacada, *Frontera junto al mar*), en un artículo titulado generosamente "Mi deuda con Azuela". Este artículo es importante como perspectiva a la vez personal y generacional. Mancisidor habla allí por sí mismo y por los escritores que, aceptando las líneas trazadas por la "novela de la Revolución mexicana", trabajaban en ella con aportes personales. Por un lado, el reconocimiento de escribir desde el centro de una tradición aparece al glosar una famosa frase de Dostoievski. Del mismo modo que éste había señalado que "todos [los escritores rusos de su generación] procedemos" de *El capote* de Gogol, "nosotros, los novelistas llamados 'de la Revolución', podemos decir que todos procedemos de *Los de abajo* de Mariano Azuela" (Mancisidor 1957).

Dicho reconocimiento estableció un marco de respeto desde el cual hacer las salvedades críticas a la visión de Azuela. La recepción de Mancisidor fue una de las más elocuentes y sensibles; por un lado, se trataba de un novelista, como Azuela; por otro, de un intelectual, autor de una *Historia de la Revolución Mexicana* y de innumerables ensayos sobre las relaciones entre literatura y cambio social. La influencia de Azuela sobre

Mancisidor llegaría a ser dialéctica: Mancisidor escribió en 1940 una novela propia 'en respuesta' a *Los de abajo* —*En la rosa de los vientos*—, pero como podremos ver, la diferencia no era estética sino ideológica, entendiendo (Mancisidor) a la estética como la forma del contenido ideológico. Mancisidor hizo el reconocimiento de "deuda" en el párrafo arriba citado, pero añadió de inmediato: "Aunque algunos, como yo, hayamos procurado apartarnos de la 'línea' que el novelista jalisciense empleó para la creación de la más representativa de sus obras".

Esa 'línea' estaba representada, obviamente, no por la crítica de Azuela a los políticos que medraban con la Revolución (lo cual era compartible y poco debatible), sino por la omisión en reconocer la participación de los *otros*: la parte sana y positiva de la lucha.

> Leí *Los de abajo*, como la leyeron muchos mexicanos, cuando ya no fue posible ignorarla. Actor yo mismo en el escenario de la Revolución mexicana, algo se revolvió dentro de mí. Había en aquella novela que Azuela nos daba mucha verdad y no poca mentira. De ahí que *Los de abajo* no fuera a mis ojos sino una realidad fragmentada. Yo, que había vivido y vivía aún, junto al pueblo en armas, sabía bien que Demetrio Macías era sólo una parte de la verdad. Sí, yo había conocido, como Azuela, a muchos Demetrios Macías, a muchos Curros, a muchos Codornices, a muchos Venancios, a muchos Anastacios [. . .]. Pero, igualmente, yo había conocido a tantos hombres como yo mismo: jóvenes metidos en el vendaval revolucionario por causas que no eran las que Azuela, en *Los de abajo*, denunciaba (Mancisidor 1957).

De tal modo, "no: la Revolución no había sido sólo hurto, rapiña y anarquía". Mancisidor recibió y respondió a *Los de abajo* señalando una fragmentariedad que no era estilística sino de perspectiva política. En otros términos, la *limitación* de su liberalismo. Pero creyendo superar esa fragmentariedad con *otra* novela, *En la Rosa de los vientos* (1940), Mancisidor no hizo más que ingresar en el juego estético parcializado de Azuela. Dio la versión *positiva* de una Revolución que Azuela había visto sólo en su costado *negativo*. En ese sentido, la recepción de *Los de abajo*, en el diálogo intertextual que supone con *En la Rosa de los vientos*, simplemente modificó su signo.

> Yo no caí en el error de darle a mi novela una salida derrotista. El último capítulo de ella es una promesa. Y aquel Canteado, trabajando la tierra al calor de las viejas canciones del vivac, es una realidad que permite pensar en que el pueblo mexicano hallará, como siempre, su camino.

No obstante la voluntad ideológicamente positiva de Mancisidor, su imagen final no pudo sustituir ni superar la imagen *negativa* de Azuela: el final tantas veces citado de Demetrio Macías apuntando su fusil eternamente —con la eternidad del sacrificio y de la muerte.

La glorificación desde el Estado supone omitir la discusión de lo ideológico. Es también la constitución de una forma —o el trabajo sobre una forma—, que sin embargo implica un 'contenido' ideológico no expresado, pretendidamente 'neutro'. En ese proceso de glorificación se inscribió con facilidad la promoción de Azuela, hacia fines de 1949, para el Premio Nacional de Literatura y para el Premio Nobel, dos gestos que apuntaron a instalar al escritor en ambos ámbitos —nacional e internacional— a la vez. Pero la glorificación nacional era más accesible para el Estado. Éste la decide. En cambio la glorificación internacional es más esquiva, está sujeta a instancias supraestatales y, en el ejemplo del Premio Nobel de Literatura, a un equilibrio geopolítico no necesariamente coordinado con las necesidades nacionales. En 1949 se determinó que Azuela recibiría el Premio Nacional al año siguiente; para el Nobel, los tres nombres surgidos del consenso intelectual eran Alfonso Reyes, Azuela y Enrique González Martínez: un ensayista, un novelista y un poeta. Ninguno de los tres fue 'glorificado' internacionalmente en ese año o en otro. William Faulkner recibió el Premio Nobel en 1949, Bertrand Russell en 1950.

Los primeros años de la década del cincuenta, que serían los últimos en la vida de Azuela, cerraron el ciclo de la glorificación. Uno de los elementos importantes de la misma consistía en el reconcimiento de Azuela por parte de los norteamericanos. En la misma medida en que Azuela era estudiado por la academia de Estados Unidos, se incrementaba y confirmaba su *valor*. Antes había sucedido algo semejante con la recepción europea en los años treinta, cuando España y Francia otorgaban la medída de legitimación dentro del 'mundo de las letras'. Sin embargo, la labor académica norteamericana no estaba a salvo de errores y accidentes. Vale la pena señalarlos para el caso de Azuela, porque son paradigmáticos tanto del rigor como del descuido de los estudios. Los artículos y ensayos de escritores y académicos como Carleton Beals (1929), Ernest Moore (1940), Jefferson Rea Spell (1944), John Englekirk (1935) o el chileno Torres-Rioseco (1938), llamaban la atención sobre la obra de Azuela. En este contexto, es singular que Bernard M. Dulsey listara en *Hispania*, en 1952, muchos de los gruesos errores que se estaban cometiendo en la investigación en torno a Azuela. La crítica de Dulsey advertía contra una práctica lamentablemente reiterada hasta hoy: el citar datos o conceptos sin confirmar las fuentes. Un ejemplo referido por Dulsey: Carleton Beals había dicho (y Torres-Rioseco repetido) que Azuela "*owns a rambling house with an enormous back yard, where he passes a bucolic existence, raising chickens and rabbits*". Inquirido el propio Azuela, resultó que el escritor "odiaba a los conejos" y aquel cuadro de su existencia era sencillamente falso. Más importante que esa anécdota biográfica, resultaban los errores de lectura y de interpretación, que Dulsey encontró abundantes en J. R. Spell, a quien 'corrigió' con la ayuda de las aclaraciones del novelista.

A fines de 1949, una lacónica entrevista a Azuela hecha por Alberto Morales Jiménez aludía a la próxima entrega del Premio Nacional de Literatura "por el primer Magistrado del país"; en un artículo Fedro Guillén se refirió a Azuela como "una figura patriarcal" y admirada en México y marcó su cualidad de "viejo revolucionario independiente"; Antonio Acevedo Escobedo usó el mismo epíteto: "legítimo patriarca de las modernas letras mexicanas", así como el rasgo de "inquebrantable independencia"; Magaña Esquivel habló de Azuela como de un "escritor de absoluta independencia". La noción de escritor *independiente* era parte, asimismo, de la imagen que Azuela tenía de sí. En un texto sobre *Los de abajo*, incluido en sus *Obras completas* (1958/60), dice:

> Debo a mi novela *Los de abajo* una de las satisfacciones más grandes de que he disfrutado en mi vida de escritor. El célebre novelista francés Henri Barbusse, connotado comunista, la hizo traducir y publicar en la revista *Monde*, de París, que él dirigía. La *Acción Francesa*, órgano de los monarquistas y de la extrema derecha de Francia, acogió mi novela con elogio. Este hecho es muy significativo para un escritor independiente y no necesita comentario (1960 1977 ss.).

Aunque en este texto Azuela confundió independencia con equidistancia, lo que me interesa señalar ahora es la insistencia en el referido concepto. ¿Por qué? ¿Qué motiva que en los años cincuenta, tanto los críticos simpatizantes de Azuela como el mismo escritor insistieran en el rasgo de su 'independencia'? Pienso que, en gran medida, esa nota se introduce como salvaguarda del escritor en el voraz proceso de cooptación por parte del Estado. El gobierno de Alemán representaba lo contrario de las aspiraciones populares que tanta fuerza habían tenido en el proceso. Este gobierno promovió y protegió la inversión privada y el ingreso de capitales extranjeros. Al mismo tiempo, Azuela era considerado el escritor representativo de México, el prohombre de su cultura, y la función simbólica que debía encarnar en la cultura mexicana no quedaba a su elección. La glorificación jamás le había solicitado su acuerdo. El momento, entonces, era oportuno para plantear distancias entre "su visión" y la "visión" del Estado. (El intento no fue más allá de estas reclamaciones de 'independencia', sin embargo, y no hay constancia de que Azuela concibiese una diferenciación radical).

Cuando Azuela murió, en 1952, las exequias y honras fúnebres se llevaron a cabo con la pompa del caso. Sus restos fueron inhumados en la Rotonda de los Hombres Ilustres, y a su velatorio acudieron todos los secretarios de gobierno y las autoridades superiores del Partido Revolucionario Institucional. Para una lista exhaustiva de la concurrencia, véase la crónica de Juan Balbuena, "La Patria recogió el cadáver del ilustre Mariano Azuela. Sus funerales revistieron caracteres extraordinarios; imponente homenaje" (Balbuena 1952) o la de Salvador Calvillo Madrigal, "Enlutó a las Letras Mexicanas la muerte de

D. Mariano Azuela" (Calvillo Madrigal 1952a). El tono del homenaje puede recogerse también en la oración fúnebre dicha por Salvador Novo, que se publicó al día siguiente.

La muerte de Azuela no canceló la discusión sobre su obra, sus alcances, su representatividad. Pero tampoco la nutrió, más allá de los artículos periodísticos de ocasión, mas allá de las notas de aniversario. Varios de los problemas planteados por la obra de Azuela —problemas literarios o culturales— se quedaron sin resolver. No surgió en México el crítico que asumiera con osadía e imaginación la tarea de revisar a fondo el 'caso Azuela' y hacer la lectura que esa obra merecía. Por una parte, la obra —ante todo, *Los de abajo*— sería protegida, recuperada y difundida: la edición de las *Obras completas* entre 1958 y 1960 así lo comprueba; y la edición especial de *Los de abajo* (Tezontle 1983) conmemoró un millón de ejemplares de la novela publicados en las sucesivas ediciones de la Colección Popular del Fondo de Cultura Económica. En los años setenta *Los de abajo* ingresó metódicamente en el aula de la enseñanza media y en la universidad, y pareció desde entonces correr la suerte de los "clásicos" modernos hispanoamericanos, una vez acuñados los lugares comunes críticos para su lectura repetida.

En 1952, dije antes, varios problemas críticos no estaban resueltos y serían la base para seguir labrando la recepción de Azuela con ciertos márgenes interpretativos. Así, se renegó de la exclusiva atención crítica a *Los de abajo*, dado que Azuela había sido un escritor prolífico y diverso; pero al mismo tiempo no pudo dejar de reconocerse el hecho contradictorio de que Azuela seguía siendo para lectores y críticos el autor de 'una' novela, tal vez por la importancia que ella tenía para la literatura y la historia mexicanas. Una de las opiniones (de Alejandro Núñez Alonso) recogidas con motivo de la muerte de Azuela, pone en términos precisos y claros el punto que acabo de tratar: Azuela como novelista múltiple.

> El caso literario de Azuela ha dejado de ser desde hace mucho tiempo el caso suscitado por *Los de abajo*. No se puede ya hablar y juzgar de la obra de Azuela partiendo de un caso incidental y sobre el cual aún hoy parecen girar todas las referencias sobre el tema. La

> obra total de don Mariano, por lo que significa en el arte novelístico —técnica, censo de personajes, ambiente social de México, situaciones emocionales, léxico, etc.— rompe en mil añicos el halo glorioso de *Los de abajo*, para extenderse, dilatarse y engrandecerse en un mundo donde las particularidades comienzan a perder fisonomía e interés. Ya no se puede nombrar a Azuela y pensar en *Los de abajo* sin peligro de caer en la puerilidad y en la rutina, que es aún más pecaminosa. Hay que hablar de Azuela y abarcar con este nombre toda la creación, toda la vida, todo el arte, toda la literatura que hay en sus veintidós volúmenes (Calvillo Madrigal 1952a).

El reclamo era sensato y formaba parte de un sentimiento de 'crisis' en la recepción de la obra de Azuela. Pese a todo, como señalé antes, éste continuó siendo considerado "el autor de *Los de abajo*", y el propio Calvillo Madrigal, en un artículo sobre "La clase media y Azuela", acabó reconociendo que pensar en Azuela y en *Los de abajo* era un "automatismo de las leyes de asociación" (Calvillo Madrigal 1952b).

En 1952, y dentro de esta misma problemática, Jesús Romero Flores dio su respuesta. Dedicó dos artículos a Azuela, y en *ninguno* de ellos mencionó a *Los de abajo.* Esta actitud heterodoxa se correspondía con el reclamo antes mencionado, y puede decirse que lo llevó a la práctica. Más aún, Romero Flores se planteó provocativamente la situación hipotética siguiente:

> si alguien me preguntara cuál de los libros de Azuela me agrada más, no sabría responderle exactamente; me agradan todos; cada uno tiene su encanto particular [...]; pero para mis aficiones, la vida de Pedro Moreno el insurgente y su biografía dei doctor Agustín Rivera son de mi predilección; las he leído muchas veces (Romero Flores 1952b).

Los de abajo, como tantas otras novelas hispanoamericanas, puede comprobar la observación de que existen lecturas históricas y nacionales. La recepción actual de *Los de abajo*, así como la empecinada concentración en esta novela entre todas las de Azuela, es heredera de toda la recepción anterior. Si no es posible abstraer ("depurar") a la novela de las sucesivas lecturas que se han hecho de ella entre 1915 y el presente, en cambio podemos reconocer los tramos y características de esas lecturas en su evolución diacrónica. La fortuna crítica de *Los de abajo* fuera de México —en especial la recepción española y francesa que siguió a su 'descubrimiento' en 1924— hace patente la desideologización de esas lecturas en relación con la Revolución mexicana, pero al mismo tiempo, también muestra la necesidad de encontrar en la novela una 'imagen' representativa y aclaratoria de aquella realidad otra, tan diferente, que era la mexicana para los ojos europeos. Lo cual constituía otra forma de ideologización. En México, a su vez, *Los de abajo* fue leída *en su contexto*; la literatura es un instrumento de conocimiento de la realidad y también un arma de pugna ideológica en la construcción de esa realidad. Azuela no había sido —como él mismo reconoció— sino un "narrador parcial y apasionado" (M. Azuela 1959), y no podía esperar de los lectores una recepción en el vacío. De tal manera, *Los de abajo* se propuso activa, hasta violentamente, el 'diálogo' político y cultural en la difícil etapa de la reconstrucción institucional posbélica.

En este sentido, la propuesta de Azuela en *Los de abajo* fue original, poderosa y al mismo tiempo limitada. Original y poderosa por referirse con vivacidad polémica a los hechos aún dramáticos de la vida colectiva; limitada, porque su visión no fue más allá de los principios liberales, no pasó de proponerse la reivindicación política. No fue la suya una visión estructural y estructurada, profunda, orientada a la raíz. Azuela mostró, como ningún escritor antes (ni después), la aparición y el ascenso poderoso de los sectores medios en la vida mexicana. Dejó novelas inteligentes y bien armadas sobre la problemática contradictoria de estas clases. Fustigó los hábitos sociales desde un punto de vista muy personal, con honestidad, pero nunca se planteó el análisis o la pregunta por los orígenes de aquellos problemas sociales que podía lúcidamente, sin embargo, describir. No forjó, por eso, ninguna relación comprensiva con el pueblo, en particular los sectores más humildes, ese pueblo que antes de la Revolución no era dueño del poder económico y político del país y que después de la Revolución tampoco logró serlo.

BIBLIOGRAFÍA CITADA

ACEVEDO ESCOBEDO, ANTONIO. "El triunfo de don Mariano Azuela." *El Nacional* 3 feb. 1950.

AZUELA, MARIANO. "Azares de mi novela *Los de abajo*." *Revista de la Universidad de México* 1. 2 (1952): 55-56.

———. "A propósito de un libro sobre novela mexicana." *Universidad de México* 6.62 (1952): 9-10.

———. "El odio al caciquismo me convirtió en narrador parcial y apasionado." *La Gaceta* 5.60 (1959).

———. *Obras completas*. Vol. 3. México: FCE, 1960.

———. *Epistolario y archivo*. Ed. B. Berler. México: UNAM, 1969.

AZUELA, SALVADOR. "De la vida y pensamiento de Mariano Azuela." *Universidad de México* 6.66 (1952): 3-29.

BALBUENA, JUAN. Introduction to *The Underdogs*. New York: Brentano's, 1929.

———. "La Patria recogió el cadáver del ilustre Mariano Azuela." *El Nacional* 3 mar. 1952.

CALVILLO MADRIGAL, SALVADOR. "Enlutó a las letras mexicanas la muerte de D. Mariano Azuela." *El Nacional* 2 mar. 1952 (a).

———. "La clase media y Azuela." *El Nacional* 14 mayo 1952 (b).

COLÍN, EDUARDO. "*Los de abajo*." *Rasgos*. México: Manuel León Sánchez, 1934. 79-86.

DULSEY, BERNARD. "Azuela Revisited." *Hispania* 35 (1952): 335-340.

ENGLEKIRK, JOHN E. "The Discovery of *Los de abajo* by Mariano Azuela." *Hispania* 18 (1935): 53-62.

FERRETIS, JORGE. "Mariano Azuela." *Crisol* 13 (1935): 154-158.

GUILLÉN, FEDRO. "Mariano Azuela." *El Nacional* 28 ene. 1950.

KERCHEVILLE, FRANCIS, M. "El liberalismo de Azuela." *Revista Iberoamericana* 3 (1941): 381-398.

MAGAÑA ESQUIVEL, ANTONIO. "Mariano Azuela y el Premio Nacional de Literatura." *El Nacional* 6 feb. 1950.

MANCISIDOR, JOSÉ. "Azuela, el novelista." *El Nacional* 28 nov. 1949.

———. "Mi deuda con Azuela." *El Nacional* 25 ago. 1957.

MONTERDE, FRANCISCO. "*Los de abajo*." *Biblos* 29 feb. 1920.

———. Ed. *Mariano Azuela y la crítica mexicana*. México: Sep/Setentas, 1973.

MOORE, ERNEST R. "Biografía y bibliografía de don Mariano Azuela." *Ábside* 4.2,3 (1940). 3 (3 mar.).

MORALES JIMÉNEZ, ALBERTO. "El esfuerzo que se está haciendo por crear novela, acabará por hacerla, expresa Azuela." *El Nacional* 3 dic. 1949.

NORIEGA HOPE, CARLOS. "*Los de abajo*, el Dr. Mariano Azuela y la crítica del punto y coma." *El Universal* 10 feb. 1925.

NOVO, SALVADOR. "Despidiendo al gran novelista." *El Nacional* 4 mar. 1952.

ORTEGA, GREGORIO. "Azuela dijo..." *El Universal Ilustrado* 29 ene. 1925.

———. Nota preliminar a *Los de abajo*. Madrid: Biblos, 1927.

ROBE, STANLEY L. *Azuela and the Mexican Underdogs*. California: University of California Press, 1979.

ROMERO FLORES, JESÚS. "El novelista Mariano Azuela y los escritores lagunenses." *El Nacional* 19 ago. 1952. (a).

———. "La obra interesante y fecunda del novelista Mariano Azuela." *El Nacional* 26 ago. 1952. (b).

RUFFINELLI, JORGE. *Literatura e ideología: el primer Mariano Azuela (1896-1918)*. México: Premiá, 1983.

———. Ed. crítica de Mariano Azuela, *Los de abajo*. Colección Archivos. París, 1988.

SALADO ÁLVAREZ, VICTORIANO. "Las obras del doctor Azuela." *Excélsior* 4 feb. 1925.

SCHNEIDER, LUIS MARIO. *Ruptura y continuidad. La literatura mexicana en polémica*. México: FCE, 1975.

SPELL, JEFFERSON REA. "Mariano Azuela, Portrayer of the Mexican Revolution." *Contemporary Spanish American Fiction*. Chapel Hill: University of North Carolina Press, 1944. 49-61.

TORRES-RIOSECO, ARTURO. "Mariano Azuela." *Revista Cubana* 9 (1938).

VILLASEÑOR, RAMIRO. "Biografía y bibliografía de Mariano Azuela." *Letras de México* 1 (1937).

VILLAURRUTIA, XAVIER. "Sobre la novela, el relato y el novelista Mariano Azuela." *La Voz Nueva* I. 46 (1931).

CLIVE GRIFFIN

The Structure of *Los de abajo*

Varios críticos han escrito extensamente sobre la estructura de Los de abajo: *sobre todo si es arbitraria y fragmentada o coherente y organizada. Este análisis pretende hacer ver que la estructura de la novela sigue un esquema bien calculado de paralelismos entre los varios elementos ficticios en las tres partes de que consta la obra y también entre la ficción narrativa y los hechos históricos de la Revolución mexicana. El factor predominante de esta estructura es el programa didáctico de Azuela. Sin embargo,* Los de abajo *es esencialmente ambiguo: Azuela intenta enmascarar la estructura con que organiza la novela para dar la impresión de un reportaje objetivo y verídico y no la de un relato artístico y artificioso.*

Most critics who discuss the structure of Mariano Azuela's novel, *Los de abajo*, refer, on the one hand, to his own statement that the novel is "una serie de cuadros y escenas de la revolución constitucionalista, débilmente atados por un hilo novelesco"[1] and, on the other, to the novel's obviously circular pattern. There is, however, a discrepancy between the assertion that *Los de abajo* has an arbitrary and episodic structure, and the novel's circularity which necessarily supposes a predetermined plan. This discrepancy has given rise to considerable debate.[2] One source of confusion is Azuela's own writing about his fiction; he commented extensively upon his own novels, particularly upon his method of working, yet his overt statements often served to cloud, rather than to illuminate the problem of the structure of *Los de abajo*. Azuela, for instance, appears to have been particularly resentful of criticism, and his defences against his critics are liable to take contradictory forms. Replying, on the one hand, to those who claimed that he had distorted the truth of the Mexican Revolution and had written profoundly anti-revolutionary works, he claimed that *Los de abajo* was a faithful reproduction of his own experiences of the Revolution and that many of the events and characters were only lightly transmuted reality (III, p. 1124). On the other hand, replying to those who accused him of being nothing more than a reporter of the events he witnessed during his participation in the Revolution, he asserted that a writer, if he is to make his work aesthetically satisfying, must organise his material and give it a coherent structure (III, p. 1082). Similarly, on some occasions Azuela claimed to have no thesis to expound in his fiction and to have been an "objective" and "dispassionate" observer of the Revolution (not, perhaps, a surprising claim for a declared admirer of Zola and the brothers Goncourt [III, p. 1194]). At other times, he maintained that in his novels he could not but be a partial and passionate witness of events (III, p. 1287). It is, therefore, prudent not to attribute too much value to Azuela's own statements about his work; they are often either perfunctory or misleading.[3] If we want to examine the structure and its implications in *Los de abajo* we would be well advised to turn to the text itself.[4]

Two critics in particular, Seymour Menton and Richard Young, have concentrated upon the structure of *Los de abajo*.[5] Menton attacks those who find the novel episodic and fragmentary, alleging that it is carefully structured and that we become clearly aware of this if we consider the work to be an epic. More recently, Young has echoed Menton's belief in an ordered structure, and has compared it in this respect to Azuela's earlier novel, *Los caciques*. His major contention is that "it is important to acknowledge the quality of Azuela's episodic narrative and to understand that he exploited it deliberately as an appropriate structure within which to encompass a view of the significant 'episodes' of the Revolution as well as of the Revolution as a whole, a view, therefore, that is both fragmented and integrated."[6] Other writers, particularly Marxist critics such as Adalbert Dessau, have claimed that, while Part I of the novel is ordered, there is increasing incoherence in Part II.[7] They attribute this development to Azuela's bourgeois disillusion at the way the Revolution developed after the battle of Zacatecas when the peasantry went beyond the original liberal *maderista* aim of bringing to an end the rule of Porfirio Díaz. They contend that Azuela failed to understand fully the revolutionary process and was therefore incapable of giving anything more than an incoherent and fragmented structure to his work after the capture of Zacatecas, an event which takes place at the end of Part I of the novel.

I agree with Menton and Young that the novel is not incoherent and that, despite its evident shortcomings, a certain structure can be discerned.[8] However, I find Menton's major contention that the structure is "epic" improbable, for it is difficult to make Demetrio Macías in any meaningful sense into an epic hero and the events recounted in the novel are scarcely either epic or heroic. Young's observations are illuminating, but he appears to draw no overall conclusions from them for *Los de abajo*. I hope to show that Dessau's comments concerning the lack of organisation in Part II of the novel are based upon a particular interpretation of the history of the Revolution and that different conclusions about this Part can be reached if another interpretation of the historical events is adopted.

While not claiming that Azuela maintained a rigorous control over his narrative structure throughout *Los de abajo*, I wish in this article to draw the reader's attention to some details of patterning and development which have previously been overlooked, and to make some general observations based upon them. By the term "structure" I refer here both to the creation of some measure of unity between and within the three Parts and to the ordering of events in the novel. As structure is not an empty vessel into which content is poured, but plays an active part in carrying the message of a work, some general conclusions about the implications of *Los de abajo* may legitimately be drawn from an examination of this ordering.

Let us return to the circular nature of the structure. The novel ends where it began, in the canyon of Juchipila, where Demetrio Macías and his band are ambushed and killed by *carrancista* troops at the very same place in which they set their first ambush for the *federales*. The irony of this *dénouement* is obvious enough and it can be interpreted as a comment upon the futility of the Revolution, a point which Azuela stresses throughout the novel.[9] While pointing out this circularity, critics have been reluctant to draw wider conclusions for the rest of the novel, but this cyclical structure which implies a particular thesis should lead us to examine the whole of the novel's structure as a possible reflection of the author's didactic views on the Revolution. I shall examine the organisation of Part II in this light and then, in less detail, that of the whole novel.

In the final chapter of Part I, Azuela makes Solís pronounce a pessimistic, aphoristic judgement upon the genetic deficiencies of the Mexican "race," and here Azuela reflects some of the positivist racial ideas of his Mexican predecessors and of his favourite French authors. Solís comments, "la psicología de nuestra raza, condensada en dos palabras: ¡robar, matar!" (I, p. 368). Didactic works frequently employ the structural technique of introducing an aphorism and then illustrating it to "prove" the validity of the initial generalised comment by the use of particular pieces of evidence.[10] In the case of *Los de abajo*, Azuela's statement, placed in the mouth of Solís, is illustrated in Part II, and the structure of this section of the novel is determined to some extent by the aphorism. Chapter 1 is set in Zacatecas during the looting of that city by the revolutionaries who include Macías's band. One group sits drinking in a restaurant and the conversation soon turns to the subject of killing:

– Yo maté dos coroneles – clama con voz ríspida y gutural un sujeto pequeño y gordo [...]

– Yo, en Torreón, maté a una vieja que no quiso venderme un plato de enchiladas. [...]

– Yo maté a un tendajonero en el Parral porque me metió en un cambio dos billetes de Huerta [...]
– Yo, en Chihuahua, maté a un tío porque me lo topaba siempre en la mesma mesa y a la mesma hora, cuando yo iba a almorzar [...]
– ¡Hum! ... Yo maté ... [...]. (I, pp. 370–3)

The narrator then interrupts sententiously to add the statement, "El tema es inagotable" (I, p. 373). Predictably enough, the last chapter of Part II illustrates the other defect of the Mexican "race" mentioned by Solís: the love of robbery. Macías's band is travelling by train to the Aguascalientes Conference when an old woman appeals to them for alms because she has been robbed of her life savings. The conversation then turns to the subject of theft:

– [...] La purita verdá es que yo he robao [...]
– ¡Hum, pa las máquinas de coser que yo me robé en México! [...]
– Yo me robé en Zacatecas unos caballos tan finos [...]. Lo malo fue que mis caballos le cuadraron a mi general Limón y él me los robó a mí [...]
– [...] Yo también he robado [...]. (I, p. 403)

The narrator again steps in with, "El tema del "yo robé," aunque parece inagotable, se va extinguiendo cuando en cada banca aparecen tendidos de naipes" (I, p. 403). The similarity of these two passages which are to be found at the beginning and end of Part II of the novel, enables us to see this Part – which does, after all, deal in the main with looting and killing – as an illustration of Solís's, or Azuela's, judgement upon the Mexican "race." Far from being incoherent, as Dessau claims, this Part is rounded, as are some of its constituent chapters.[11]

This conscious patterning is not seen only in the illustration of Solís's aphorism in the first and last chapters of Part II. There is a similar balance in the second and penultimate chapters where the revolutionary band is described in the most unfavourable of lights as threatening normal, civilized life. In chapter 2, La Pintada, who has only recently joined the group, leads the search for booty in a wealthy mansion. Indeed, so soon after her appearance she is already the dominant force, even giving orders to the men. Azuela concentrates upon the gratuitous destruction of beautiful objects which culminates in the abuse of culture represented in the ripping apart by a young, syphilitic prostitute of a copy of Dante's *Divine Comedy*. It is no coincidence that, in the balancing penultimate chapter, it is La Pintada's companion, el Güero Margarito, who has now become the dominant force in the group. He shoots up a restaurant in Lagos and later endangers the life of an innocent shopkeeper who is going about his own business. The scenes of anarchy led by these two characters are carefully counterposed.

Nevertheless, it would be wrong to claim that Azuela neatly balances chapter against chapter throughout Part II; his structure is not this systematic or obvious. But a progression can be identified which tends again to argue against the claim that the Part is composed merely by stringing together unconnected episodes. This Part parallels Part I by setting the limited and private concerns of Macías and his band against the important historical events of the Revolution. In Part I the band is formed for parochial reasons (the persecution of Macías by Don Mónico and the *federales* etc.), yet it is sucked into major events at Zacatecas due to Cervantes' advice. In Part II there is a similar progression: the major event of the Part is the band's parochial concern to return to Moyahua in order to wreak revenge upon Don Mónico, but Macías is again drawn into the main events of the Revolution by being ordered to attend the Aguascalientes Conference. However, Part II is based not only upon the alternation of the parochial and the national, but also upon the alternation of aimless and purposeful activities. Thus, the aimless looting of Zacatecas (Chapters 1–4) is followed by the purposeful return to Moyahua (Chapters 5–7); the aimless wandering in a vain attempt to locate *orozquistas* (Chapters 8–11) is followed by the purposeful journey to Aguascalientes (Chapters 12–14). The burning of Don Mónico's house closes the cycle of parochial events opened at the very beginning of the novel. This is the only cycle of events which Macías is capable of understanding and it is therefore natural that he should be confused by all that follows and that the structure of the novel should reflect this confusion. This is made clear by the organisation of Part II after the scene of Macías's revenge on Don Mónico, for this Part does appear to become particularly fragmentary as the band wanders hither and thither looting and killing for no reason.[12] It is not Azuela who fails to understand the Revolution; rather, he is making the point that the revolutionaries were incapable of understanding it. This is made even more explicit by the final paragraph of Part II.

In a similar way, Part II chronicles a gradual process of degeneration; there is here a definite development rather than a simple accumulation of unrelated episodes. This Part witnesses the growing dominance over the band of the values of La Pintada and el Güero Margarito, two characters who appear in the first chapter of the Part and have disappeared by the beginning of Part III. The most graphic illustration of the group's degeneration is the death of Camila. Camila is the only character to plead for an end to merely gratuitous cruelty and she is killed by the evil La Pintada. So powerful is the influence of La Pintada, however, that Macías is unable to kill her as a punishment for the murder and she goes free. Similarly, in Part II, Macías's previous reluctance to take advantage of the weak peasants in the villages they encounter (I, p. 349) and his opposition to looting in his own region (I, p. 385) disappear and he will eventually approve the theft of the only sustenance of the family of a poor widower (I, p. 396). It is el Güero Margarito who is a prime mover of this cruelty shown to the poor by Macías's band. The degeneration which is depicted in this Part is emphasized by Cervantes' open declaration to Macías that their aim should be to make a quick profit from the Revolution and then leave Mexico; he ceases even to pretend that they are fighting for any ideals (I, p. 386).

Part II, then, is increasingly pessimistic, and the gradual process of degeneration which it portrays serves again to convey Azuela's thesis that the Revolution has been betrayed.

These examples may be sufficient to indicate that this Part of the novel has a certain unity and is structured to a particular end. However, it is true that Part II does *appear*, on a first reading, to be unstructured and fragmentary. Indeed, the whole book is built on a series of minor climaxes which occur at the end of many chapters and tend to make the novel seem disjointed.[13] Nevertheless, I do not agree with Dessau's view that this superficial impression of incoherence and fragmentation is necessarily the result of Azuela's ceasing to understand the Revolution at the point described at the beginning of Part II; indeed, if the historical events are interpreted in another way, it can be argued that this structure accurately reflects the course taken by the Revolution. Part I deals with the linear development of Macías's "revolutionary" activities as his band haphazardly fights its first skirmishes and is then drawn into the mainstream of the Revolution. This situation parallels the unfolding of the Mexican Revolution before the capture of Zacatecas in June 1914. The capture of that city is considered by some historians to be the climax of the Revolution as it was the result of the struggle of the combined revolutionary forces against Huerta and the *federales* who represented Porfirian Mexico. Therefore Azuela's placing of the battle of Zacatecas at the mid-point of the novel is not fortuitous. But, after the capture of Zacatecas, the revolutionaries fell out among themselves and polarised around the figures of Villa and Carranza respectively. This disintegration of the Revolution, due to some extent to the lack of any leadership from the middle-class intellectuals, is faithfully reflected by the structure of Part II of *Los de abajo*, for it is, at least apparently, chaotic.[14] Again Azuela is employing structure to reflect his view about the distortion and loss of the sort of ideals of which he, as a *maderista*, approved in the early stages of the Revolution, but which he thought were betrayed by squabbling opportunists after the battle of Zacatecas.

Therefore, Part II of *Los de abajo* is not simply a series of loosely-linked episodes; rather it can be seen on close scrutiny to possess a certain roundness, balance and development which are both aesthetically satisfying and pass a judgement on the Revolution. Nevertheless, it is superficially chaotic and this superficial chaos implies a particular interpretation of the Revolution.

Many of the features which I have identified in the structure of Part II have their parallels in the organisation of the whole novel. I shall elucidate two aspects of the overall structure much as I have done in my brief analysis of Part II: first, I shall give some selected examples of the aesthetically satisfying, if somewhat elusive, balance and unity in the novel; secondly, I shall examine how Azuela's pessimistic thesis is expounded in the development of the work.

Among the techniques employed to give the whole novel some measure of unity is the use of parallelism between and within the various Parts in the pattern of events, characters, repeated phrases, leitmotifs, themes and descriptions. Let us take a few examples to illustrate these various types of parallelism. Part I and Part II follow a similar pattern of events. Each contains an extensive sequence during which Macías's band is static – in Camila's village in Part I and in the looted Zacatecas in Part II.[15] This static sequence then gives way to movement in both Parts. Into village and town alike come characters from the outside who disrupt and corrupt: in Part I the outsider is Luis Cervantes; in Part II the outsiders are el Güero Margarito and La Pintada who represent the worst aspects of this Revolution. In the first chapter of Part I, Macías's domestic peace is shattered by a Federal soldier who claims to have known him in the Penetenciaría de Escobedo; in the first chapter of Part II, Macías's band is similarly disrupted by the introduction of el Güero Margarito who had known Anastasio Montañés in that same prison. At the beginning of Part I, the band sets out from its native region; in Part II it goes back there, only to leave again; in Part III it returns home definitively. There are three significant deaths and three survivals, one in each Part: at the end of Part I, Solís, the disillusioned idealist, is killed but Cervantes, who was inadvertently the cause of his death, survives. Near the end of Part II, Camila, the one kind and warmhearted character in the novel, is killed, yet the bestial whore, La Pintada, survives although she is Camila's murderess. At the end of Part III, Macías himself is killed, but the survival of Cervantes is ironically emphasized in the first chapter of that Part. In a similar way, Pancracio, a sadistic member of Macías's band, is associated with sordid killing in each Part. In Part I he kills the brother of a villager who helped Macías to defeat an enemy garrison; in Part II Pancracio gratuitously murders a sacristan; in Part III he kills a companion, and is killed himself, in a brawl. In Part I Macías's house is burnt down; in Part II he burns down that of Don Mónico. In Part I the *federales* are accused of a series of crimes; in Part II these same crimes are committed by Macías's band. The ambush of the *federales* by Macías in Part I is paralleled by that of Macías himself in Part III; not only do both actions take place in the same canyon, but they also have in common many similar descriptive details.[16] There are, therefore, many examples of events which unify the various Parts, and the whole, of the novel.

When we turn to an examination of Azuela's treatment of characters we again find him employing parallelism. In Part I Camila falls in love with Cervantes, but he later introduces her into the band to be seduced by Macías; in Part II Cervantes introduces a second girl, an unnamed and terrified fourteen-year-old, who will be seduced by el Güero Margarito. In Part I the dark and ugly Camila is used rather unsubtly to represent the goodness and innocence of the simple Mexican peasant woman. In Part II the blonde girl represents the innocence of the white city-dwelling middle-classes. Her purity is carefully stressed by the author, "su piel era fresca y suave como un pétalo de rosa; sus cabellos rubios" (I, p. 376); "la chiquilla de grandes ojos azules y semblante de virgen" (I, p. 380). A filthy rag is symbolically thrown over her shoulders after she has been raped by el Güero Margarito; after, that is, she has had contact with the revolutionaries who destroy her idealised beauty just as the middle-class ideals of the *maderistas* have been defiled by the Revolution. Cervantes is always the passive intermediary who interprets and yet avoids all direct involvement; in sexual relations he plays the role of conscious or unwitting pander. It is not insignificant that it is he who is the cause of the abasement of both girls: the intellectual is instrumental in the betrayal of both the peasantry and the middle-classes.

Leitmotifs, such as that of Macías remembering his wife or Camila at moments of disillusion (I, pp. 364, 383, 393, 410), and even entire phrases echo each other from Part to Part and thus endow the novel with a certain unity.[17]

Certain themes are also constantly echoed throughout the novel. In all three Parts the Revolution gathers its own irresistible momentum; in each there is a statement which indicates both this and the fact that, despite the enormous amount of energy expended, the hectic action of revolution will lead nowhere. Near the end of Part I, Solís points to this futile momentum, "La revolución es el huracán, y el hombre que se entrega a ella no es ya el hombre, es la miserable hoja seca arrebatada por el vendaval ..." (I, p. 362).

This image of the dry leaf at the mercy of an uncontrollable wind, a pessimistic and positivistic comparison, is one which recalls an earlier passage in the novel where such a leaf falls at the feet of Camila who will herself be swept up and destroyed by the violence of the Revolution (I, p. 350). At the end of Part II, we again witness this irresistible momentum taken on by the Revolution when Natera cheerfully informs the bewildered Macías, "¡Cierto como hay Dios, compañero; sigue la bola!" (I, p. 404) and, at the end of Part III there is the oft-quoted statement made by Macías when he is attempting to explain to his wife why he has to continue to fight: he throws a stone into a canyon and remarks, "Mira esa piedra cómo ya no se para ..." (I, p. 416).

Other simple, recurrent elements which endow the three Parts with a certain unity range from the evident idea of the futility of the Revolution to more complex ones such as the beauty of violence which is seen in both the first and last Parts and which might reflect the ambiguity of Azuela's view of the Revolution. This ambiguity seems to coexist with his predominantly didactic stance towards the Revolution which we have already seen. For Azuela, the Revolution meant freedom for the poor and oppressed with whom he sympathised, but it also unleashed a huge wave of ignorant and powerful peasants whose violence he found fascinating yet terrible. In the first Part it is Solís again who cries in the thick of battle, "¡Qué hermosa es la Revolución, aun en su misma barbarie!" (I, p. 368). In Part III, it is Solís's counterpart, Valderrama, who repeats the theme, "¡Amo la Revolución como amo al volcán que irrumpe! ¡Al volcán porque es volcán; a la Revolución porque es Revolución!" (I, p. 410). As so often in *Los de abajo*, violence exercises a strange attraction. Even more striking is the scene to be found in the last chapter of the book when Macías and all his men are mown down by machine guns. Here the violence is interwoven with a beautiful description of Nature in its gayest of moods, and Azuela employs a sustained and incongruous image of the dazzling whiteness of a wedding day, "Fue una verdadera mañana de nupcias" (I, p. 416); "La sierra está de gala; sobre sus cúspides inaccesibles cae la niebla albísima como un crespón de nieve sobre la cabeza de una novia" (I, p. 418).[18] In Part III of the novel a cockfight is arranged by some of the soldiers. The description of it begins with a much-quoted phrase which ironically likens the fight to that between humans during the Revolution, but what is often overlooked is the fact that the description of the cocks tearing each other to pieces is a carefully wrought piece of artistic prose in which Azuela employs recherché vocabulary, internal rhythms and alliteration:

> Sus cuellos crespos y encorvados, los ojos como corales, erectas las crestas, crispadas las patas, un instante se mantuvieron sin tocar el suelo siquiera, confundidos sus plumajes, picos y garras en uno solo. [...] Sus ojos de cinabrio se apagaron, cerráronse lentamente sus párpados coriáceos, y sus plumas esponjadas se estremecieron convulsas en un charco de sangre. (I, p. 411)

These descriptions emphasising the beauty of violence act like a leitmotif throughout the novel, again providing it with a sense of overall coherence. But other descriptive passages also fulfil this function. This is particularly true of the end of the novel where Azuela, by the use of such description, manages to build up an impression of inevitable doom which fits in well with his pessimistic and deterministic view of the Revolution. As the band arrives back in Juchipila, near which they will meet their end, Azuela inserts a very brief picture of a church: "Desembocaban en una plaza, frente a la iglesia octagonal, burda y maciza, reminiscencia de tiempos coloniales" (I, p. 414). This brings to mind another description of a church in the novel, that of the town in which they were ambushed by the *federales* in Part I: "Dominando el caserío, se alzaba la ancha cúpula cuadrangular de la iglesia. – Miren, siñores, al frente de la iglesia está la plaza. [...] De pronto desembocaron en una plazoleta" (I, p. 355). Similarly, as the band sets out optimistically for the Juchipila canyon, Azuela's description of their feeling of freedom (I, pp. 416–7) recalls a similar passage dealing with their departure for that same town in which they were almost to fall into the trap set by the *federales* (I, pp. 352–3). These reminders of the occasion, in Part I, when the band almost met its doom in an enemy trap, serve to prepare the reader for the ambush which will bring the novel to a close. Not only does this reinforce Azuela's determinism in *Los de abajo*, but it also provides an aesthetically pleasing sense of roundness to the work, despite the fact that this patterning may not be obvious on a first reading.

These few examples indicate that the whole book possesses a certain unity, but what of its overall development and the implications of this development? The work is certainly episodic; it is based upon a series of journeys and this tends to produce an apparently loose structure where a cumulative effect can be achieved by the linking together in a linear manner of various adventures.[19] However, although apparently loosely connected, they do follow a general development which reflects the author's thesis about the lack of ideals among those fighting in the Revolution: the gradual degeneration of some of the fighters and the opportunism of others. This process of degeneration has already been identified as a key element of the structure of Part II. But now let us examine some examples of this process throughout the whole novel.

Macías's gradual loss of scruple about robbery from the poor – a point which I referred to as a feature of Part II – is carefully developed in all three Parts. In Part I he promises the inhabitants of Camila's village that after the Revolution he will remember their kindness (I, p. 351); he is also anxious to avoid alienating them as the *federales* had done by their theft and abduction of a young girl (I, p. 349). However, when his men join the main revolutionary forces for the attack on Zacatecas, they witness the indiscriminate sacking of even the poorest dwellings by these forces (I, p. 363). In Part II, after the burning of Don Mónico's house, Macías is anxious, at least in his native region, not to give the impression that profit is his motive for fighting (I, p. 385), although he is not averse to allowing his troops to rob the poor in other regions (I, p. 396). In Part III Azuela again returns to this theme and depicts the band now attempting to loot the villages of their own region (I, p. 408). This degeneration is paralleled by the reception given to the revolutionaries in the villages through which they pass. In Part I they are well fed and cared for by the poor (I, p. 328), and, when they are ambushed by a *federal* garrison, one villager volunteers to help them although the more prosperous inhabitants support the garrison (I, p. 356). In Part II, when the band arrives in Moyahua, the poor now remain hidden in terror (I, pp. 381 and 388), but are not unwilling to profit from the presence of Macías's men in order to loot the homes of the rich (I, p. 383). In Part III Macías's men encounter only hostility from the poor who give them no food and mock their humiliation (I, p. 408). This process of the loss of the support of the poor due to the soldiers' excesses is pointed up sharply by Anastasio Montañés's nostalgic thoughts near the end of the novel:

> – Se me figura, compadre, que estamos allá en aquellos tiempos cuando apenas iba comenzando la revolución, cuando llegábamos a un pueblito y nos repicaban mucho, y salía la gente a encontrarnos con músicas, con banderas, y nos echaban muchos vivas y hasta cohetes nos tiraban. (I, p. 414)

A similar development is seen in the growth of Macías's band. As it increases its numbers it takes in members from outside the Juchipila region who introduce dissension and usurp power from Macías for their own ends. Cervantes does this in Part I where he begins to influence Macías's decisions while being resented by some of the men. In Part II the influence is more brutal when, as I have shown, La Pintada and el Güero Margarito become the dominant forces and threaten the group's unity by internal strife and indiscipline. In Part III ex-*federales* have become officers and even conceal information from Macías and some of the veteran members of the group.

Just as the wandering of the group is increasingly purposeless, so does the group itself begin to disintegrate; both Cervantes and Valderrama desert and, in Part III, even the faithful Anastasio Montañés momentarily becomes critical of Macías's leadership (I, p. 413). Solís's prophecy of Part I Chapter 18 is fulfilled: the Revolution is betrayed and the only future for the revolutionaries is to degenerate into simple banditry, as do Macías's men, or to desert, as do Cervantes and Valderrama.

A final example of such progressive loss of purpose can be seen in the band's growing aimlessness. I have already discussed this with regard to Parts I and II, but it is in Part III that Azuela now drives home his point. The troops range wide – we hear at one stage that they have been as far as Tepic in the province of Nayarit (I, p. 414) – and, until they return to Juchipila, the location of the action remains very vague. The narrator stresses the lack of purpose of their wandering: "Su marcha por los cañones era ahora la marcha de un ciego sin lazarillo; se sentía ya la amargura del éxodo" (I, p. 412). This deterioration where movement becomes an end in itself, just as fighting has become for Macías's men, clearly illustrates Azuela's thesis that the guiding ideals of the Revolution have been lost. As if this were not clear enough already, Azuela makes sure that the reader does not miss the message; when the ragged and demoralised revolutionaries return to Juchipila, Valderrama apostrophizes the town, praising it as the cradle of the Revolution, but his rhetoric is cynically deflated by an ex-*federal* officer and Valderrama leaves his lament in order to beg a drink of tequila (I, p. 412).

We have thus seen that the novel possesses a certain overall unity created through the use of balance, the fulfilment of prophecy, constant thematic concerns and repeated echoes of actions, characterisation, and description. Also, while its structure is clearly episodic, the novel is not arbitrarily ordered, but, rather, progressively develops a thesis: that the Revolution lost its ideals and gradually degenerated into gratuitous violence.

This didactic purpose now explains the way in which events such as the battle of Zacatecas, the Aguascalientes Conference and Villa's defeat at Celaya are portrayed. These three events, one seen in each part of the novel, are said by some historians to be the three most crucial events of the armed period of the Mexican Revolution referred to in *Los de abajo*. (The American occupation of Veracruz, which was also politically extremely important and took place during the period covered by the novel, is not even mentioned.[20]) Yet the early stages of the battle of Zacatecas are seen only very remotely in the final chapter of Part I. We have no depiction of the victory itself in this Part – even if the account of Macías's bravery suggests that the attack has been successful – and the first chapter of Part II is set after the victory has been won. In a similar manner, the final chapter of Part II does not portray the Aguascalientes Conference itself or its major historical protagonists, while, as Young points out, the first chapter of Part III deals with events taking place some six months after the conclusion of the Conference.[21] The battle of Celaya is narrated some weeks after it has taken place and then only by some deserters from Villa's defeated army whom Macías meets by chance. It comes as some surprise to us initially to find that Azuela places the climaxes of two major historical events in the gaps between the Parts of his novel and only alludes to a third in passing, yet this fits in well with his generally pessimistic view of the Revolution, a view which dwells upon sordid skirmishes, scarcely mentioning the major historical protagonists and events which have passed into modern Mexican folklore.[22] His particularly limited perspective of a single unimportant group of fighters who are merely on the fringe of only some of the major historical events allows us to relate the fictional action to its historical background but, at the same time, gives us a far more "typical" or "truthful" account of the Revolution than would a narrative which dwelt upon the historical climaxes, for these are, by definition, untypical. More importantly, Azuela never allows any optimism to creep in, for the victory at Zacatecas is juxtaposed with the death of Solís and the sordid looting of the town. This juxtaposition reflects the pessimistic thesis which is present throughout the novel.

I would conclude, therefore, that not only Part II, but also the other Parts possess an aesthetically pleasing, if somewhat elusive, unity, and that the structure conveys a message. If these conclusions are correct, we are obliged to offer some explanation why Azuela organises his novel with evident care and yet still manages to give the reader the initial impression that the work is somewhat disjointed, thus paralleling his own ambiguous comments about a writer's ordering of his material to which I made reference at the beginning of this article. A simple external reason for this structure could be that the author realised that *Los de abajo* might not be offered to the public only in the form of a novel, but might be serialised in a newspaper.[23] The results of this awareness might well have been that, with serialisation in mind, he wrote a number of episodes of approximately equal length which would maintain the interest of a popular readership from edition to edition of a newspaper. This might go some way to explain the way in which each episode would end on a climax and be virtually self-contained.[24] However, there might be more subtle explanations for this ambiguous structure. One such explanation could be that he believed that a situation such as that of the Mexican Revolution, was best depicted in a particular type of episodic narrative. A result of this belief, and of a desire for concision, might be that he wrote a series of representative cameos which would be seen to be linked only on careful examination and the effect of which would be cumulative. An episodic structure would have the virtue of presenting an impressionistic picture of the Revolution; this picture would persuade the reader by means other than argument to reach the same pessimistic conclusions about the Revolution and the Mexican "race" as did Solís, and it would do so by an identical process: that of providing apparently unconnected pieces of evidence which eventually present the reader with an inescapable conclusion. This process is described by Solís in Part I, Chapter 18:

> – ¿Hechos? ... Insignificancias, naderías: gestos inadvertidos para los más; la vida instantánea de una línea que se contrae, de unos ojos que brillan, de unos labios que se pliegan; el significado fugaz de una frase que se pierde. Pero hechos, gestos y expresiones que, agrupados en su lógica y natural expresión, constituyen e integran una mueca pavorosa y grotesca a la vez de una raza ... ¡De una raza irredenta! (I, p. 362)

Another explanation for the structure of *Los de abajo* is that Azuela possibly wanted to give the common revolutionary's view of events of a chaotic war. This results in the use of a structure which reflects the confusion which an isolated band of guerrillas must feel in any war and especially in a war as complex and fragmentary as the Mexican Revolution. Furthermore, the structure might well be Azuela's solution to the problem of presenting how the Revolution was seen by men who did not relate one experience to another discursively. Macías's band is composed of men of action, but of few words; in this they are constantly contrasted with Cervantes's verbal fluency.[25] The apparent fragmentation of the structure is thus a reflection of the peasants' lack of coherent appreciation and, especially, verbalisation of their experience. However, more enlightening as a source of explanation for Azuela's choice of structure is a passage which is again to be found in Part I, chapter 18. Macías and his band have reached Fresnillo just before the attack on Zacatecas and here they have met Solís. Solís proceeds to tell Macías the story of the latter's own heroic military exploits:

> Alberto Solís, con fácil palabra y acento de sinceridad profunda, lo felicitó efusivamente por sus hechos de armas, por sus aventuras, que lo habían hecho famoso, siendo conocidas hasta por los mismos hombres de la poderosa División del Norte.
>
> Y Demetrio, encantado, oía el relato de sus hazañas, compuestas y aderezadas de tal suerte, que él mismo no las conociera. Por lo demás, aquello tan bien sonaba a sus oídos, que acabó por contarlas más tarde en el mismo tono y aun por creer que así habíanse realizado. (I, p. 362)

As Bradley intimates, Azuela may here be making an important comment on the process of narration.[26] The writer, or story-teller, interprets events and distorts them beyond all recognition even for those who have been their protagonists. Yet, ironically, this mendacious version of events is the one which the listener wants to hear far more than he wants the truth (and Azuela's ironic style at this point clearly indicates his opinion of the sham with which Macías is being regaled). Both in *Los de abajo* and in some of his other fictional works Azuela describes how opportunists jump on to the bandwagon of the Revolution. In a similar way, he seems here to be prophesying how the official Mexican historians would, like Solís, order and embellish the events of the Revolution and, in so doing, would distort them into myths. If this is the case, he is telling his readers that in *his* narrative he cannot be accused of giving a neatly organised but false version of the Revolution.[27] Accordingly, he preserves the *illusion* of the disordered, fragmentary, and therefore "truthful" and unembellished "slice of life", yet, in order to convey a coherent message in an aesthetically satisfying work, he is obliged to order and structure the novel – albeit surreptitiously – in the ways I have suggested.

Los de abajo would thus appear to be a novel which is consciously if covertly structured by its author. Far from being his "serie de cuadros y escenas de la revolución constitucionalista, débilmente atados por un hilo novelesco", or the "Cuadros y escenas de la Revolución Mexicana" of his original subtitle, it is ordered and directed towards a particular goal, that of communicating Azuela's thesis about the corruption and failure of the Revolution, and of doing so in a form which is both persuasive and palatable.[28]

Trinity College, Oxford

NOTES

1 Mariano Azuela, *Obras completas*, 3 vols (Mexico, 1958–60), III, p. 1078. All references to Azuela's works will be to this edition; volume and page references will be inserted in parentheses.

2 E.g. "La organización material [de *Los de abajo*] no sigue un plan premeditado." (Luis Leal, *Mariano Azuela* [Buenos Aires, 1967], p. 25); "que no es una novela urdida y estructurada y que no sigue un plan premeditado son equivocaciones que ya no se deben repetir." (Seymour Menton, "La estructura épica de *Los de abajo* y un prólogo especulativo", *Hispania*, [1967], 1001–11 [p. 1011]).

3 L.B. Kiddle asked Azuela detailed questions about the extensive alterations which the author had made to the original text of *Los de abajo* for the edition published in 1920. Azuela replied with disarming brevity, "Los retoques y adiciones que le hice fueron sólo para vigorizar personajes o pasajes, pero no por razones de estilo." (Mariano Azuela, *Epistolario y archivo*, edited by Beatrice Berler [Mexico, 1969], p. 142).

4 While making many pertinent comments on the organisation of *Los de abajo*, D. Bradley uses Azuela's comments on his own novels as the major source for their interpretation: see his "Aspects of Realism in Azuela's *Los de abajo*", *Ibero-amerikanisches Archiv*, 4 (1978), 39–55; and "The Thematic Import of *Los de abajo*: A Defence", *Forum for Modern Language Studies*, 15 (1979), 14–25.

5 Menton, op. cit.; Richard Young, "Narrative Structure in Two Novels by Mariano Azuela: *Los caciques* and *Los de abajo*", *Revista canadiense de estudios hispánicos*, 2 (1978), 169–81. D. Bradley, in his "Patterns of Myth in *Los de abajo*", *Modern Language Review*, 75 (1980), 94–104, also examines the structure, but does so by imposing upon the novel an incongruous and unconvincing pattern of Greek myth.

6 Young, p. 173.

7 Adalbert Dessau, *La novela de la Revolución Mexicana* (Mexico, 1972), pp. 229–31.

8 These shortcomings take several forms. The characterization of even the major figures is sketchy. Occasionally there is a disconcerting change in tone as in the romantic interlude of Part II Chapter 10, where the narrator pretends an unaccustomed ignorance of the content of a conversation: "Demetrio estrechó a Camila amorosamente por la cintura, y quién sabe qué palabras susurró a su oído" (I, p. 393). Bradley rightly points out incongruities of style (see "Aspects of Realism in Azuela's *Los de abajo*", p. 44). Cervantes's letter in Part III Chapter 1, employs a clumsy technique of telling the reader a large number of events in a short-hand form. Azuela appears to be muddled about the time covered by the events of the novel: shortly before the battle of Zacatacas, Cervantes claims to have been a revolutionary for two months only (I, p. 361); on returning to Juchipila, Macías's band remembers that the victory at Zacatecas had been won exactly one year previously (I, p. 414); yet, in the next chapter Azuela tells us that Macías and his wife had not seen each other for almost two years (I, p. 415). This would presuppose that almost ten months had elapsed either between Macías's leaving his wife and Cervantes's joining the band, or

between Macías's return to Juchipila and his conversation with his wife. Neither can be true.

9 Azuela implies that those who profited from the Revolution were either unscrupulous thugs like La Pintada who voices her motives clearly, "Entonces ¿pa quén jue la revolución? ¿Pa los catrines? Si ahora nosotros vamos a ser los meros catrines" (I, p. 373), or they were the very people against whom the Revolution had been launched: Macías's general staff was eventually "integrado en su mayor parte por jóvenes ex federales" (I, p. 410).

10 This structure is fundamental to the works of seventeenth-century moralistic writers such as Calderón and Gracián. It is also to be found in works written closer to Azuela's own time such as Güiraldes's *Don Segundo Sombra.*

11 The last chapter of Part II reveals this roundness in the description of the train journey in which the same comparison is found at the beginning: "hacinamiento peor que el de un carro de cerdos" (I, p. 402), as at the end: "se respira ... hasta la zahurda". Similarly, the penultimate chapter of the Part begins and ends neatly with Macías quietly singing a popular song as he thinks of Camila.

12 The aimlessness of this section is emphasized by the fact that the band wanders in circles: Moyahua to Tepatitlán, back to Cuquío and then back to Tepatitlán again.

13 E.g. at the end of Part I, Chapter 3 we are left in doubt whether Macías has been killed by the *federales;* at the end of Part I, Chapter 5 we are left in the suspense of not knowing whether Luis Cervantes will be executed.

14 Solís is significantly killed at the battle of Zacatecas; Cervantes is not only an opportunistic hypocrite, but abandons Macías's men when he has acquired sufficient booty; Valderrama deserts when he hears of an impending confrontation with *carrancista* forces. As Venancio prophesies correctly early in the novel when Cervantes is beginning to be accepted as a member of the band, "Está bueno; pero hay que saber que los curros son como la humedad, por dondequiera se filtran. Por los curros se ha perdido el fruto de las revoluciones" (I, p. 341).

15 This sequence is longer in Part I than in Part II, reflecting the more rapid pace of the latter. The narration seems to speed up as the novel goes on, Part III being particularly brief and condensed. It has frequently been observed that the length of the Parts decreases regularly: Part I contains twenty-one chapters, Part II fourteen, and Part III seven.

16 E.g. both passages are introduced by a beautiful "literary" description; Macías recalls the earlier ambush as he is about to fall into the later one; some of the victims of each attack attempt to flee and are fired upon by their own officers; Macías's cries in the first ambush of "A los de abajo" are echoed in the second by his "¡A quitarles las alturas!" (I, pp. 325–327 and pp. 416–417).

17 In Part II Cervantes says of the Revolution, "esta bola va a seguir" (I, p. 386); Natera repeats the phrase at the end of the same Part, "sigue la bola" (I, p. 404). Macías thinks to himself in Part II, "A mí me va a suceder algo" (I, p. 393) and his wife echoes this warning at the end of Part III, "¡El corazón me avisa que ahora te va a suceder algo!" (I, p. 416). Macías's statement to the peasant of Tepatitlán in Part II, "A reniega y reniega, pero a trabaja y trabaja" (I, p. 393) is paralleled in a modified form by Macías's comment to Anastasio in Part III, "a reniega y reniega y a mátenos y mátenos" (I, p. 413).

18 This description is often said to show nature's indifference and to throw into relief the wasted effort, heroism and suffering of the Revolution. But the beautiful portrayal of Nature may also imply Azuela's ambiguous view of the Revolution and of Macías. The coincidence of this natural description with the time when the Revolution has reached its lowest ebb is not unequivocal: the beauty of Nature might symbolize the beauty of Macías's death as a soldier too pure to survive in a Revolution which has been taken over by cynical opportunists; Macías "sigue apuntando" (I, p. 418), continuing to point an

accusing finger at those who have corrupted the Revolution. Similarly, the description might reflect Azuela's view of the beauty of the original ideals of a Revolution which is said by Valderrama to have begun in the very place where the band is ambushed. On the other hand, Nature might be mocking Macías for his wrong decision to abandon his wife and family and continue living a destructive and violent life despite his constant nostalgia for the domestic peace which he attempted to achieve fleetingly with Camila, but to which he is unable to return when he is reunited with his wife.

19 Didactic works are often based on such a journey structure which allows a lesson to be taught by the accumulation of similar episodes or examples; Gracián's *El criticón*, for example, employs this structure.

20 John Rutherford, *Mexican Society During the Revolution: A Literary Approach* (Oxford, 1971), p. 200.

21 Young, p. 175.

22 This is another point at which I would take issue with Menton's label of "epic". A *Chanson de Roland* without Roncevaux or a *Poema de Mio Cid* without Valencia (to use the examples of epic which he mentions) would be inconceivable.

23 *Los de abajo* certainly first appeared in serial form in a Texas newspaper, *El Paso del Norte*, in October and November of 1915.

24 Although Azuela might have had serialization in mind when he ended many chapters on a note of climax or mystery, when it was first published the novel was divided into *folletines* simply to suit the printer's convenience with no regard to chapter divisions. On occasion, the instalments even break off in mid-sentence (see Stanley L. Robe, *Azuela and the Mexican Underdogs* [Berkeley and Los Angeles, 1979], pp. 121–2). My article is based on the revised version of *Los de abajo* which is found in the 1920 and later editions.

25 E.g. "¡Hum, este curro es repicolargo!" (I, p. 336); "Es ya mucha plática ... ¡Pa una docena de ratas aturdidas!" (I, p. 355); "¡Qué pico largo es usted, curro!" (I, p. 385).

26 Bradley, "Aspects of Realism in Azuela's *Los de abajo*", p. 53.

27 When Azuela ironically makes Venancio's claim to being an intellectual rest upon his having read novels written by Eugène Sue and Juan Antonio Mateos, he would appear to be attacking extravagant and sensational fiction which distorts reality (I, p. 328). It is perhaps no coincidence that Azuela should have selected Mateos for implicit criticism. The latter's *La majestad caída* (1911) was, with Azuela's own *Andrés Pérez maderista* (1911), one of the first novels of the Revolution and is a good example of the sentimental and evidently fictionalised accounts of the Revolution of which Azuela appears to have disapproved.

28 I would like to thank my colleagues, Dr. J.D. Rutherford of The Queen's College, Oxford, and Mr. E.A. Southworth of St. Peter's College, Oxford, for reading a first draft of this article and suggesting improvements.

Sección de notas

HORACIO QUIROGA: EL JUICIO DEL FUTURO

I

La referencia es de Emir Rodríguez Monegal y figura en su excelente ensayo «Horacio Quiroga: vida y creación», del libro *Narradores de esta América.* Según él, Borges dijo de Quiroga: «Escribió los cuentos que ya habían escrito mejor Poe o Kipling.» Monegal califica la frase de «lapidaria e injusta», y para él resume su «desinterés generacional (el de la generación de Borges) por Quiroga».

Cierto; el desinterés por la obra de Quiroga es palmario en la generación que hacia la década del treinta comienza a capitalizar las letras argentinas. Tanto es así, que al publicar las palabras que Ezequiel Martínez Estrada pronunció ante la tumba de su amigo, de su «hermano mayor», como él llamaba a Quiroga, la revista *Sur* adicionó esta apostilla: «Un criterio diferente del arte de escribir y el carácter general de las preocupaciones que creemos imprescindibles para la nutrición de ese arte nos separaban del excelente cuentista que acaba de morir en un hospital de Buenos Aires.» Aunque cortés, diplomática, la discrepancia muestra un rechazo. Y es posiblemente también a esta generación a la que se refieren Delgado y Brignole en su biografía de Quiroga cuando consignan: «Para agriarle más el humor aparecieron, en el campo literario, los revisionistas, plaga bien conocida de jóvenes inflados por la vanidad, hasta el punto de suponer que el mundo comienza con ellos. Los implacables ajusticiadores no dejaban una estatua en su pedestal y avergonzaban, enrostrándoles el epíteto de pasatistas, a cuantos manifestaban alguna simpatía por los ídolos perseguidos.» Por otro lado, el ensayista español Guillermo de Torre, en el prólogo a una selección de cuentos de Horacio Quiroga publicada por la editorial Aguilar, en Madrid, señalaba de su estilo: «Escribía, por momentos, una prosa que a fuerza de concisión resultaba confusa; a fuerza de desaliño, torpe y viciada. En rigor, no sentía la materia idiomática, no tenía el menor escrúpulo de pureza verbal.»

Como se ve, no fueron pocas las acusaciones que cayeron sobre

Quiroga en el orden literario, a lo que podría añadirse que desde su muerte en 1937 hasta aproximadamente la mitad del siglo, su obra fue remitida al silencio. Pero volvamos a la frase de Borges. Verdad que Quiroga sufrió la influencia de Poe y que esta influencia fue, especialmente en su juventud, avasalladora. El mismo lo ha confesado: «Poe era en aquella época —hacia 1900, cuando Quiroga tenía unos veinte años— el único escritor que yo leía. Ese maldito loco había llegado a dominarme por completo: no había sobre la mesa un solo libro que no fuera de él...» Tan total era el sometimiento, que un cuento suyo, *El crimen del otro,* no es sino una réplica de la narración de Poe *El barril de amontillado.* Posteriormente, relatos como *El almohadón de plumas* o *La gallina degollada,* insertos en *Cuentos de amor, de locura y de muerte* (1917), continúan mostrando la huella de Poe. Y aún es posible hallarla, fragmentariamente, en *La cámara oscura* (1926) o *Las moscas* (1934). Ahora bien, esa influencia, como visión del mundo e incluso como ejecución literaria, va menguando a partir de que Quiroga se establece en el norte argentino, primero como plantador de algodón en El Chaco (1907) y luego como estanciero en Misiones (1909). En la casi totalidad de sus cuentos que tienen por escenario a esta región —y que son los que verdaderamente importan en la narrativa quiroguiana—, no se percibe sino muy pálidamente.

Mas, regresando al joven Quiroga, quizá podría intentarse un acercamiento a la fascinación que Poe ejerció en él. A mi entender la explicación está muy vinculada a su vida. Quiroga, es posible que de un modo no advertido por él en esos años —los años de su formación anímica e intelectual—, descubre un semejante, espiritualmente, en Poe. Aparte de la maestría literaria del escritor norteamericano, su obra lo fascina por ese sentido fatídico, anormal, de la existencia que encuentra en ella y que se corresponde con algo que oscuramente late en él. Un hojeo a la biografía de Quiroga, a ciertos momentos decisivos de su vida, podrían tal vez darnos la clave de esta siniestra empatía. Siendo todavía un niño de brazos, su padre muere en un accidente: un arma de fuego le arranca la vida. También con un arma de fuego su padrastro se suicida, y con otra arma de fuego él, Quiroga, mata involuntariamente a su mejor amigo. Su primera esposa se quita la vida envenenándose, y él acabará sus días de igual forma. Aun en ese «más allá» que él quiso intuir en su último libro, la muerte seguirá persiguiéndolo con el suicidio de su hija Eglé. ¿Puede entonces resultar extraño que ese joven marcado ya por la desaparición violenta de su padre y de su padrastro y por el asesinato azaroso de un amigo entrañable, se sienta subyugado por la visión trágica, alucinante, que de la existencia le ofrece Poe? Es decir, que más que un magisterio artístico se trata de una afinidad consustancial la que somete a Quiroga a Poe. Los procedimientos estructurales del creador de la narrativa policíaca los irá abandonando Quiroga, pero restará, como la almendra en el corazón de un fruto, el sentimiento angustioso, aciago, que siempre tuvo de la vida.

Respecto a Kipling, los puntos de contacto son más tangenciales. Sencillamente, los dos vivieron en apretada unión con la naturaleza, la amaron poderosamente y escribieron sobre ella. Desde luego que sus *Cuentos de la selva* o relatos aislados, como *Anaconda* y *La patria*, no son ajenos a las soberbias historias de animales de los dos *Libro de la jungla*, de Kipling; pero ello en modo alguno supone en Quiroga un epígono del maestro inglés (a quien, entre paréntesis, Quiroga admiró profundamente, llegando a decir que podía alcanzar cualquier cumbre, excepto la que señoreaba él). Ya Paul Valéry hizo notar que el tigre estaba hecho de ciervo..., pero de ciervo digerido. En todo caso, las creaciones de Poe y Kipling —y puede agregarse las de Maupassant, Chéjov, Conrad, etc.— están de algún modo presentes también en los relatos de Quiroga. Pero la suya no es ni remotamente obra mimética. Hay en Quiroga una autenticidad que lo distancia largamente de cualquier servilismo, y la más somera lectura de sus cuentos lo pone de manifiesto. Y esta autenticidad nace de que Quiroga no marchó a esas regiones por motivos literarios; no se radicó en El Chaco o en San Ignacio buscando personajes o ambientes para sus obras. No, Quiroga fue un genuino pionero de las zonas subtropicales de Argentina, fue allí como un trabajador, casi como un mensú más de los que desfilan por sus historias. Oigamos esta descripción hecha en tercera persona de un solitario plantador de algodón que no es otro que él mismo:

> Durante largos meses ese hombre ha vidido miserablemente de lo que la naturaleza esquiva podía depararle: miel silvestre, cogollos de palma, caza —más acechada que lograda—. Tal vez llevó consigo un poco de harina y porotos, pero no más. En el transcurso de ese invierno ha picado, cortado y derribado, sin despegar una sola vez los labios, una hectárea de bosque.

O esta otra, ya declaradamente autobiográfica, tomada de una carta:

> Me levantaba tan temprano que, después de dormir en un galpón, hacerme el café, caminar media legua hasta mi futura plantación, donde comenzaba a levantar mi rancho, al llegar allá recién empezaba a aclarar. Comía allí mismo arroz con charque (nunca otra cosa), que ponía a hervir al llegar y retiraba a mediodía del fuego. El fondo de la olla tenía un dedo de pegote quemado. De noche, otra vez al galpón...

Aquí surge la primera incógnita, el primer asombro: ¿qué llevó a Quiroga a sumergirse en la selva si, como es palmario, no lo impulsó ningún afán literario? Hagamos un poco de historia: Quiroga desciende de una familia acomodada, ha vivido incluso en París, y a principios de siglo era un petimetre que paseaba, insolente y alegre, su barba bien tallada por salones y bailes en Montevideo. Su primer contacto con Misiones tuvo lugar en 1903, cuando se enroló como fotógrafo en una expedición dirigida por Leopoldo Lugones para estudiar las ruinas del antiguo imperio jesuítico. Tres años más tarde compra una parcela en El Chaco, la desmonta con sus propias manos y planta algodón. La empresa prácticamente lo arruina. No obstante, este fracaso no lo hace desistir de su empeño de asentarse en aquella comarca, y en 1909, ya casado, adquiere otro lote de tierra en San Ignacio, capital del departamento de Misiones, que vuelve a trabajar arduamente, levantando por sí mismo desde el cercado que delimita su terreno hasta el «bungalow» que cobija al matrimonio. ¿Qué pasó en Quiroga? ¿Qué ocurrió dentro de él para que tan radicalmente cambiara las placenteras reuniones del Círculo del Gay Saber, en Montevideo, o las tertulias en casa de Lugones, en Buenos Aires, o simplemente la muelle vida citadina por el rudo existir en la selvática provincia septentrional de Argentina? He aquí la explicación que aproximan Delgado y Brignole comentando la expedición de Lugones:

> Nunca ha respirado (Quiroga) en una atmósfera más suya, ni jamás las cosas que le rodean se le han mostrado tan sugestionantes. En ninguno del grupo aquella naturaleza baja a mayor hondura: lo que en otros es sólo un asombro pasajero que sólo dilata las pupilas y desata la admiración verbal, en él es un pasmo, pero que toca lo raigal, despertando los ancestros allí dormidos (por vía paterna Quiroga estaba emparentado con Facundo, el personaje que le inspirara a Sarmiento su famosa obra)... Y así fue como este viaje por las Misiones, emprendido por simple amor a la aventura, vendría a señalar, en la historia de Quiroga, el punto trascendental en que un hombre se encuentra con su alma.

Quiroga no aprobaría este lenguaje ni su tono, que roza lo folletinesco; pero sí la idea que encierra, pues no es ajena a él. Refiriendo la peripecia de un ingeniero y un contador que, obligados a visitar Misiones por unos días, prolongaron su estancia allí hasta su muerte, Quiroga desliza así su propio caso: «Puede objetarse con razón que ambos personajes llevaban ya, inadvertida por ellos mismos, la selva dentro. No de otro modo se explica la decisión brusca, como hipnótica, el rompimiento absoluto con los deberes, goces y convenciones de la civilización, que como invisible carga pesaba sobre ellos.» Y ya antes, en justificación no menos esotérica, había hablado de «... el ensalmo que el suelo, el paisaje y el clima de Misiones infiltran en un individuo hasta abolir totalmente en su voluntad toda ulterior tentativa de abandonar el país». De personajes semejantes, que sucumbieron al hechizo de Misiones o en los que se produjo como un encuentro consigo mismos, están colmados los cuentos de Quiroga: el holandés Van Houten, el químico Rivet, el médico francés Else, el estudiante de ingeniería Brown. En este sentido, el propio Quiroga es un personaje más de sus narraciones.

En suma, la residencia en Misiones fue para Quiroga, o bien una anagnórisis de su naturaleza más íntima, o un rechazo consciente de la civilización, pues un hombre que como él amaba el trabajo manual hasta el punto de equipararlo a la creación artística («tan bueno y digno es cantar como escardar», dijo), tenía indefectiblemente que hallar en la ardua supervivencia de Misiones un goce supremo que no podían ofrecerle ni Montevideo, ni París, ni Buenos Aires. Sea como fuere, lo que importa destacar aquí es que Quiroga no vio jamás con ojos turísticos o aventureros el suelo en que decidió radicarse; ni siquiera, exprofesamente, con los de un intelectual. Lo vio y lo vivió con la intensidad de un trabajador. Basta, para corroborarlo, la carta que le envía a Martínez Estrada pormenorizándole un día de su vida en San Ignacio. No hay un solo minuto de ese día, desde las seis de la mañana a la puesta del sol, que no esté dedicado al trabajo. La sinceridad y veracidad que transparentan los cuentos de Quiroga son el resultado de su acrisolada honestidad humana. Cuando se conoce su biografía, aun superficialmente, se percibe el vínculo indisoluble que hay entre su experiencia vital y su obra. Y no es que ésta sea obligadamente autobiografía —si bien algunos de sus relatos se apoyan en vivencias concretas, como, por ejemplo, *El techo de incienso*—, sino que lo es por esencia. Quiroga extrae de lo que observa o de lo que le toca vivir algo mucho más trascendente que la simple anécdota. Su experiencia y la de quienes le rodean no son más que puntos de partida de los cuales se puede concluir una lección aplicable a la vida en su totalidad, y en particular a la específicamente humana. El concepto dramático de la existencia que acarrea desde su juventud persiste aquí, y hasta probablemente se recrudece. Para él —Misiones se lo revela aún más— la vida sigue siendo algo precario, terriblemente vulnerable. Lo que más amamos puede ser destruido con facilidad o perderse en un instante, incluso del modo más absurdo, como se subraya en *El hombre muerto* o en esos dos estremecedores relatos que son *El desierto* y *El hijo*. Para Rodríguez Monegal estos dos últimos cuentos ejemplarizan lo que él define como «raíz subjetiva de este arte objetivo», ya que describen una tragedia que muy bien pudo haberle ocurrido al autor: su propia muerte en el primer cuento y la de su hijo en el segundo, pues, como se sabe, Quiroga quedó viudo cuando sus hijos Darío y Eglé prácticamente aprendían a caminar y él tuvo que desdoblarse en padre y madre de ellos, así como el desprecio por el peligro en que los crió, abandonándolos en el bosque durante horas enteras o dejándolos solos en la cabaña, aun de noche, mientras él bogaba por el Paraná o se internaba en la selva. Al situar la creación artística en este plano, en el de lo posible, Quiroga le está otorgando su verdadera realidad; pero hay que añadir que si esa posibilidad no se sustenta en una situación perfectamente factible y de intenso dramatismo, corre el riesgo de carecer de validez y eficacia literaria. Igualmente hay que aclarar que a la vulnerabilidad de la existencia, a esa perpetua y subterránea amenaza bajo la cual vive el hombre, opone Quiroga, como cualidades invictas, el coraje, la voluntad, la irrevocable capacidad humana de lucha. En consecuencia, para Quiroga la fatalidad es un combate, una agonía en la acepción griega del término; y en esta pugna inclina todo su amor del lado del ardiente anhelo del hombre por hallar la felicidad. En *El desierto* los hijos quedarán desamparados, mas el padre luchó por protegerlos hasta gastar la vida; el joven de *El hijo* perecerá de un balazo, pero el padre se esforzó hasta la tortura por imaginarle un retorno dichoso; los peones brasileños Joao Pedro y Tirofago, de *Los desterrados,* morirán sin ver cumplido su deseo de volver a su tierra natal, pero se extinguirán con la visión de ella en las pupilas; el seco golpecito de una bala desplomará la cabeza de *Anaconda,* pero su fe en la construcción de una empalizada que contenga el Paraná y desborde sus aguas ahuyentando de la selva al hombre, no habrá menguado un ápice; el toro «Barigüí» se destrozará la piel hasta desangrarse, pero embestirá *El alambre de púas.*

No, Quiroga no es un derrotista, y esta confianza que pone en las mejores virtudes humanas —la dignidad, el valor, la tenacidad—, y que hace extensivas a otras especies, lo corrobora. Pero hay también en él una severa honradez como artista y como hombre, y de ahí que no intente paliar con tonos románticos la oscura condición humana ni la inevitable crueldad a que obliga la supervivencia en un medio tan despiadado como el que él registra —aunque esta crueldad no es, por supuesto, privativa de las llamadas regiones salvajes: quizá en las civilizadas sea más despiadada, no obstante ejercerse con métodos más sutiles—. Así, la explotación que el colono practica contra el nativo, la injusticia que priva en las talas de bosques, la existencia miserable que llevan los mensú; en suma, la lucha social.

Mas esta lucha está dada de un modo indirecto, como marginal, pues a Quiroga le interesa más el ser humano individualmente, su personalidad, su singular manera de ser, que la esfera social en que está inscrito. Una venganza personal motiva el asesinato del colono alemán Korner a manos de un peón en *Una bofetada*, y en *Los mensú* Cayetano Maidana volverá a emborracharse en Posadas y a ser *firmado* después de haber logrado fugarse de un obraje; es decir, repetirá el ciclo de su vida infernal como si nada hubiera pasado. Sin embargo, el repudio que siempre le inspiró la injusticia, su respeto por el derecho del menesteroso, están en sus cuentos (y podrían citarse las peculiarísimas relaciones que mantuvo con sus peones en su etapa algodonera), así como la viva simpatía que sintió siempre por los hombres humildes y corajudos. Al respecto, vale la pena transcribir esta declaración de Quiroga en respuesta a un crítico del Uruguay que se refirió a la «vida de gran señor» que él había llevado en Misiones: «Mis personajes no respiran, por lo general, vida opulenta, y muchos de ellos, los de ambiente de desierto, no han conocido otra cosa que la lucha enérgica contra los elementos o la pobreza.»

II

Cuando Quiroga se traslada a Misiones tiene detrás de sí, como escritor, un primer tomo de poemas y cuentos publicado en 1900, *Los arrecifes de coral;* el volumen de cuentos *El crimen del otro;* un magnífico relato largo, *Los perseguidos*, sobre un tema que lo seducirá hasta el fin de su vida: la anormalidad; una novela que trasluce la doble huella de Poe y Dostoievski, *Historia de un amor turbio.* Eso es todo. Y hasta aquí son las suyas narraciones que ponen de relieve a un escritor seguro, que sabe contar una historia, explorar las singularidades de un personaje *(Los perseguidos)* o crear relaciones aberrantes que desembocan en una atmósfera insana *(Historia de un amor turbio)*, pero no manifiestan una personalidad artística propia. El Quiroga de los *Cuentos de amor, de locura y de muerte*, su primer libro realmente valioso y que origina una nueva corriente literaria en América Latina, está por nacer. Ocho años lo separan del alumbramiento. Pero no hay parto brusco, sino que se trata de una lenta gestación. Si durante su permanencia en El Chaco son conocidas las angustias de Quiroga frente a la página en blanco, sintiéndose incapaz de escribir una línea, en su segunda incursión al territorio de las Misiones —período que abarca de 1909 a 1915— comienzan a brotar los que él llamará después «cuentos de monte». Son historias completamente distintas a las que ha compuesto hasta entonces, a excepción de *Los cazadores de ratas, El monte negro* y *La insolación*, que escribe en Buenos Aires a su regreso de la aventura algodonera. En ellas se reflejan los tipos y el ambiente del norte argentino, y ya nada o muy poco le deben a la literatura practicada por él antes: están sacadas de sus vivencias, observaciones e impresiones de la realidad. En una carta que posteriormente Quiroga le dirige a su amigo José María Delgado, describe con estas palabras el vuelco que ha sufrido su obra:

> Cuando he escrito esta tanda de aventuras de vida intensa, vivía allá y pasaron dos años sin conocer la más mínima impresión sobre ellas. Dos años sin saber si una cosa que uno ha escrito gusta o no, no tienen nada de corto. Lo que me interesaba saber, sobre todo, es si se respiraba vida en eso... Sé también que para muchos lo que hacía antes (cuentos de efecto tipo *El almohadón)* gustaba más que las historias a puño limpio tipo *Meningitis*, o las de monte. Un buen día me he convencido de que el efecto no deja de ser efecto (salvo cuando la historia lo pide) y que es bastante más difícil meter un final que el lector ha adivinado ya...

¿Qué es lo distinto en estos cuentos? ¿En qué se diferencian de los que había escrito en su primera etapa? La propia carta de Quiroga, tan esclarecedora, nos da la medida para valorarlos. Repárese ante todo en la metáfora que usa para calificar su producción de Misiones: «historias a puño limpio», con lo cual, evidentemente, busca distanciarlas de todo artificio o sutileza literaria. Insiste en ello —agregando la dosis de anécdota que inevitablemente deben poseer— al conceptuarlas como «aventuras de vida intensa», y a continuación brinda la clave para entenderlas: «Lo que me interesaba saber, sobre todo, es si se respiraba vida en eso...» Es decir, que por encima de cualquier mérito artístico, lo que a Quiroga le preocupaba era que mostrasen la vida que lo rodeaba, el intenso y vigoroso mundo de Misiones. Atrás han quedado el mimetismo de *La muerte del otro*, la obsesión por lo anormal de *Los perseguidos* o *Historia de un amor turbio*, y aun la perfección técnica de ese estupendo relato que es *El almohadón de plumas*. Incluso lo psicológico (que no desdeñará del todo) ha cedido su lugar al *hecho*. Delgado y Brignole aciertan al enjuiciar de este modo el cambio que se ha operado en la narrativa quiroguiana:

> Es un tránsito del culto esteticista al sustancial, de lo artificioso a lo auténtico, de la decadencia a la vitalidad; pero no obediente a un cambio simple del concepto artístico. La transformación es mucho más profunda y orgánica: el dandy se ha convertido en proletario, el amante parisino en un devoto selvático, el extravagante en un hombre de gustos sencillos y recios...

Lo primero que resalta en los cuentos que Quiroga empieza a escribir señaladamente desde 1912 es el método casi impersonal que utiliza. Pocas veces se adentra en ellos, salvo en *El desierto* y en *El hijo*, y rehúye suplantar al protagonista o asumirlo psicológicamente; tampoco oculta al escritor ni que se está refiriendo una historia; enseña limpia y audazmente sus cartas. Y no obstante este distanciamiento, sus cuentos no padecen merma alguna en intensidad, emoción, ni siquiera en la participación afectiva del autor. Es la de Quiroga una objetividad cómplice y apasionada, sólo que sabiamente disimulada. ¿Cómo lo consigue? Ante todo seleccionando con sumo cuidado los datos que van a estructurar la historia y creyendo en ellos. Sabe que si los hechos elegidos están bien narrados y poseen en sí fuerza suficiente para sostener el relato, transmitirán al lector toda la emoción y el interés que en vano ensayaría inyectarle, interviniendo directamente o hinchándolo palabrescamente. De aquí que el arte de Quiroga sea sencillo y firme, que la acción en sus cuentos se desenvuelva progresiva y linealmente, buscando la mayor concreción y vigor, tal como él postulará teóricamente más tarde en su famoso *Decálogo:* como flechas que, sin desviarse una pulgada de su trayectoria, van a dar en el blanco. Quiroga desecha igualmente el efecto que marcaba sus narraciones iniciales («salvo —como aclara en su carta— cuando la historia lo pide»). Los finales sorpresivos no aparecen ya en sus cuentos de Misiones: son sucesos llanos que se deslizan de principio a fin sin solución de continuidad; a menudo escenas truncas, simples situaciones morales, sentimentales o espirituales, en las que Quiroga se basa para arquitecturar un relato; y en todos se cumplen los requisitos exigidos por él al autor de una narración corta: la transmisión viva y sin demoras de sus impresiones y el cargar al cuento de una fuerte tensión. En cambio, sí aparece ese *tour de force*, esa prueba de habilidad suprema, ese desafío que es el final anticipado (recuérdese que Quiroga ha dicho que un buen día se convenció de que era bastante más difícil meter un final que el lector había adivinado ya). Ejemplos de esta clase de narración son *El desierto* y *El hijo*, pero también se halla, si bien más veladamente, en *La insolación, El alambre de púas, El hombre muerto* y, obviamente (aunque es cuento de un período anterior y más efectista), en *La gallina degollada.* En todos el lector adelanta, desde que entra en posesión de los elementos principales del cuento, su conclusión. Y no habrá concesiones de última hora: ocurrirá exactamente lo previsto: el padre sucumbirá a la enfermedad que lo destruye, el hijo será encontrado con el cráneo destrozado por un balazo, Jones caminará sin remedio a fundirse con la sombra de su muerte, nadie vendrá en auxilio del hombre con el vientre traspasado por un machete, «Barigüí» se desangrará en la cerca de alambre. El final ya advertido, inexorable y terrible, golpeará la conciencia del lector. Empero éste no abandonará la lectura ni experimentará decepción alguna; en todo caso lo sacudirá un estremecimiento o lo recorrerá un escalofrío. Quizá hubiera preferido que el escritor lo engañase y el final no fuese tan abrumador para su sensibilidad. Parece un regodeo en la crueldad por parte de Quiroga. No lo es, sin embargo. Por el contrario, se trata de una prevención, de un toque de alerta que él quiere dar acerca de lo incierto de la existencia humana. Se aprecian más los sacrificios de los padres y se redobla la protección hacia la criatura a la que se le ha dado vida después de leer *El desierto* o *El hijo*. Hasta esta eticidad tan simple, tan común, es posible extraer de cuentos de Quiroga como los mencionados. Y si logra realizar la hazaña de interesar con una historia en la que su solución está dada casi desde los primeros renglones, es porque maneja sentimientos verídicos, sinceros y profundos, capaces de ser experimentados por cualquier hombre en no importa qué rincón del planeta. Unicamente así le es dable a un escritor alcanzar esta llaneza maestra.

Quiroga origina en América Latina un movimiento que hacia el término de los años veinte comenzará a designarse como nativismo, narrativa de la tierra, indigenismo. Aunque no necesariamente epígonos, Payró, Rivera, Amorín, Gallegos, son continuadores suyos. La importancia que este movimiento tuvo para Latinoamérica, pese a sus desmesuras, es innegable, pues gracias a él la realidad americana, la esencial —social, política, étnica y hasta geográfica—, no la rosácea y edulcorada de los costumbristas, cobró dimensión artística e histórica. Por encima de sus yerros fue un paso en firme en el desarrollo de la literatura latinoamericana y en el trazado de sus rasgos más definidores. Ahora bien, y no obstante su condición de precursor, Quiroga eludió —con seguridad de un modo intuitivo, pues carecía de puntos de comparación, guiado tan sólo por su sensibilidad de artista y su sagacidad— los desmanes que dañaron la labor de una gran parte de los escritores que alimentaron esta corriente. Era fácil caer en la trampa de la inflación verbal, dado el carácter épico de las acciones, los tipos y los ambientes que manejaba, y él la evitó: sus cuentos son modelos de sobriedad y síntesis idiomática; era fácil rodar por la ladera del romanticismo y él se afincó al suelo que pisaba. Toda retórica está ausente de su prosa, sencilla, flexible y de gran concreción; tan sencilla, que Guillermo de Torre lo confundió con desaliño y torpeza sin comprender que se insertaba en su *habla*, en la singular y enérgica manera de contar de Quiroga. Ese estilo suyo, nítido, de recia compactación emotiva, era posiblemente el rechazo de la prosa poetizada de los modernistas, que él había frecuentado en su juventud y que ya no soportaba. Además, le proporcionaba el tono justo en que debían ser relatados sus impactantes cuentos «a puño limpio». Pero en Quiroga hay un fino, sutil escritor, ducho en la manipulación de todas las posibilidades del idioma, como lo revela este párrafo de *El hombre muerto,* escrito mucho antes de que vieran la luz las ficciones de Borges y cuya manera de sugerir la muerte no desdeñaría el pulcro escritor bonaerense: «Mientras caía, el hombre tuvo la impresión sumamente lejana de no ver el machete de plano en el suelo.» Y no es éste el único ejemplo de esa forma elusiva de resolver las situaciones más agudas, más dramáticas, sino que el procedimiento figura como una de las constantes estilísticas de Quiroga. Lo aplica particularmente a los finales, donde el instante climático está como paliado por una descripción o explicación neutra que finge disminuir su impacto, pero que en el fondo lo acrecienta, como resulta transparente en *La insolación.* Asimismo, y a pesar de ser un narrador de ambiente, los modismos, las expresiones típicas, la jerga local, no militan en sus escritos sino muy dosificadamente. Sobre este punto Quiroga era concluyente:

> Cuando un escritor de ambiente —dijo, comentando la traducción de *El ombú,* de Guillermo Enrique Hudson— recurre a ella (la jerga) nace de inmediato la sospecha de que se trata de disimular la pobreza del verdadero sentimiento regional, porque la dominante psicología de un tipo la da su modo de proceder o de pensar, pero no la lengua que usa... La jerga sostenida desde el principio al fin de un relato lo desvanece en su pesada monotonía. No todo en tales lenguas es característico. Antes bien, en la expresión de cuatro o cinco giros locales específicos, en alguna torsión de la sintaxis, en una forma verbal peregrina, es donde el escritor de buen gusto encuentra color suficiente para matizar con ellos, cuando convenga y a tiempo, la lengua normal en que todo puede expresarse.

Creo que esta cita, que constituye no sólo el punto de vista de Quiroga respecto a la jerga, sino que equivale a una declaración de su estilística, a una exposición de su arte poética, es una prueba irrecusable de que Horacio Quiroga sentía en profundidad la materia idiomática, en contra de la injusta acusación que se lanzó contra él. Se ha señalado también que Quiroga es un escritor local, regionalista. Y es verdad. Pero lo es tanto como William Faulkner es el cronista del sur de los Estados Unidos y James Joyce el memorioso cartógrafo de Dublín. Es decir, que él, como ellos, se sustenta de una circunstancia humana, social y geográfica determinada; pero la rebasa, y con largueza, al conferirle una proyección universal. Lo demuestra, entre otras cosas, el papel secundario que le adjudica a la anécdota para situar en primer plano los valores espirituales, calando más en el conflicto interior del hombre que en el medio ambiente; y entre otras cosas lo demuestra también —y aquí en oposición a los narradores nativistas— que el paisaje no es capital en su obra. Ocupa, por supuesto, un lugar destacado, pero no suplanta al hombre, como ocurre a menudo en, por ejemplo, *La vorágine* o *Canaima*. La geografía de Misiones, el río Paraná, la selva, no están deificados, sino que son el escenario enemigo donde discurre la aventura humana; pero el hombre es siempre el eje de lo que allí acontece (incluso, alegóricamente, cuando le transfiere a los animales sus cualidades).

Quiroga tuvo que defenderse de no pocas agresiones dirigidas a su literatura y a su persona. Su amor por la soledad, su dedicación incansable al trabajo físico y artístico (escribió cerca de doscientos cuentos y la recopilación de sus trabajos no recogidos en libros —artículos, ensayos, comentarios, relatos— comprende ocho volúmenes de la editorial Arca, de Montevideo), su «albedrío selvático», como él se complacía en llamar a su independencia, la asunción de su *oficio* —y subrayo la palabra— de escritor «con una conciencia artesanal» (Ezequiel Martínez Estrada) dieron pie a que alrededor de él se tejiera una leyenda de hurañez y agresividad, llegando a motejársele «El Salvaje», nombre que él había utilizado para titular una de sus más bellas narraciones. Martínez Estrada ha pulverizado esta leyenda negra en su incisivo y conmovedor panegírico *El hermano Quiroga*, encontrando en él, por el contrario, «bondad, afectuosidad, sociabilidad», y debía conocerlo como pocos, pues frecuentó su amistad, su hermandad, desde 1929 hasta su fallecimiento. Delgado y Brignole, amigos íntimos de Quiroga, que lo conocían desde su más temprana juventud, también la han refutado: «Toda la leyenda de su hurañía, de su agresividad, de su misantropía —expresan en *Vida y obra de Quiroga*—, son reflejos de un yo profundo a quien provoca náuseas cuanto atente contra la sinceridad.» El ensañamiento contra Quiroga alcanzó argumentos tan ridículos como éste, en el que por boca de una célebre grafóloga de Buenos Aires se le presenta como un individuo «de moral inflexible para los demás y elástica consigo mismo, terco, mentiroso y lleno de una astucia maestra, verdaderamente animal, en la que se embosca silenciosamente».

En la arena literaria, los jóvenes que se agrupan en torno a la revista *Martín Fierro* no se ocultan para atacar la obra de Quiroga. De acuerdo con Rodríguez Monegal, «preparan el juicio del mañana» y están seguros de que este juicio «es adverso a Quiroga». Contra este proceso del futuro, contra esta sentencia de la historia que, según los martinfierristas, sería condenatoria para Quiroga, redactó él uno de los alegatos más impactantes que haya tenido que presentar escritor alguno en su defensa:

> Cada veinticinco o treinta años (expone Quiroga en *Ante el tribunal)* el arte sufre un choque revolucionario que la literatura, por su vasta influencia y vulnerabilidad, siente más rudamente que sus colegas. Estas rebeliones, asonadas, o como quiera llamárseles, poseen una característica dominante que consiste, para los insurrectos, en la convicción de que han resuelto por fin la fórmula del Arte Supremo.

Como se ve, el tono es irónico, pero a la vez veladamente patético. Como en sus historias, la desgarradura no le veda la objetividad, sino que toma distancia para hablar de sí mismo. Pero cuando lo hace su voz adquiere (no puede impedirlo) un registro doloroso y amargo: «Durante veinticinco años he luchado por conquistar, en la medida de mis fuerzas, cuanto hoy se me niega.» ¿En qué consistió esa lucha? En primer lugar, en «mi largo batallar contra la retórica, el adocenamiento, la cursilería y la mala fe artísticas»; en segundo,

> ... luché porque el cuento (ya que he de concretarme a mi sola actividad) tuviera una sola línea, trazada por una mano sin temblor desde el principio al fin. Ningún obstáculo ningún adorno o digresión debía acudir a aflojar la tensión de su hilo. El cuento era, para el fin que le es intrínseco, una flecha que, cuidadosamente apuntada, parte del arco para ir a dar directamente en el blanco. Cuantas mariposas trataran de posarse en ella para adornar su vuelo no conseguirían sino entorpecerlo.

Aquí están, en germen, las ideas o convicciones a que ha llegado, producto de su largo ejercicio en el cuento y que más tarde desarrollará y sistematizará en su *Decálogo del perfecto cuentista.*

Y, por último, «traté de probar finalmente que, así como la vida no es un juego cuando se tiene conciencia de ella, tampoco lo es la expresión artística». Podía haber agregado con todo derecho que si «...el concepto, el coraje para contar, la intensidad, la brevedad, son los mismos en todos los cuentistas de todas las edades», su creación exhibía esas cualidades. Ahora se las negaban, negándole el fruto de una victoria conseguida tras veinticinco años de esfuerzo. Quiroga no se encoleriza, ve en las acusaciones que le dirigen «las mismas causales por las que condené a los pasatistas de mi época cuando yo era joven y no el anciano decrépito de hoy». No le falta la lucidez suficiente para entender la revuelta como natural actitud generacional.

Pero el inculpado es él, su obra la que ocupa el banquillo de los acusados, y sería insensato pedirle una ecuanimidad mansa hasta el momento del fallo. De modo que, transformándose de acusado en acusador, no brusca pero sí amarga, ásperamente, remite a sus jueces al mismo proceso histórico que le están celebrando:

> Una idea, una esperanza, un pensamiento fugitivo viene de pronto a refrescar mi mente con hálito cordial. Esos jueces... Oh, no cuesta mucho prever decrepitud inminente en esos jóvenes que han borrado el ayer de una sola plumada, y que dentro de otros treinta años —acaso menos— deberán comparecer ante otro tribunal que juzgue de sus muchos yerros. Y entonces, si se me permite volver un instante del pasado, entonces tendré un poco de curiosidad por ver qué obras de esos jóvenes han logrado sobrevivir al dulce y natural olvido del tiempo.

Hoy ese tribunal de la historia, ese juicio del futuro, ha convalidado la obra de Quiroga. El tiempo no la ha olvidado ni, mucho menos, anulado. A pesar de su sabiduría, de su maestrazgo en las letras, de su incuestionable pericia para el aprecio de la literatura, la razón, esta vez, no ha estado de parte de Borges. Porque el Horacio Quiroga que nace con los *Cuentos de amor, de locura y de muerte*; el que le revela al mundo latinoamericano su esencia; el que exalta la valentía, la firmeza, la decisión de lucha en el hombre hasta convertirlas en un credo; el que se estremece ante la fragilidad humana y busca con inmensa piedad ampararla, aun a riesgo de parecer cruel; el que le otorga a todos los seres que comparten con el hombre la existencia sobre la tierra rasgos similares a éste; el que escribe historias con esa sinceridad que para él era «divina condición que es la primera en las obras de arte»; el que compuso cuentos admirables que, sin forzamientos de ningún tipo, caben en cualquier antología universal de la narración breve; el que se apasionó tanto por el cuento, que intentó el diseño de su posible perfección, y legó, siquiera como guía, como brújula en el laberinto de la creación, a subsiguientes narradores, la suma de sus observaciones, ese escritor no es ni remotamente —y resulta absurdo pensarlo— réplica o parodia de Poe o Kipling. Es, más probablemente, su igual.—*CESAR LEANTE (Residencial «Las Vegas». Paraguay, 4, bloque A. Coslada. MADRID).*

Horacio Quiroga's Obsessions with Abnormal Psychology and Medicine as Reflected in "La Gallina Degollada"

Lon Pearson

Horacio Quiroga is one of the most famous and colorful short story writers to come out of Spanish America during the early part of this century. His biography is nearly as intriguing as his stories, for his life was filled with as many tragedies as is the fiction of most authors:[1] his father accidentally set off a borrowed shotgun while stepping out of a boat after hunting, killing himself in the process;[2] a brother suffered a similar fate and a sister died before Quiroga was twenty two;[3] Quiroga's stepfather and first wife both committed suicide in a horrible fashion; and Quiroga accidentally shot and killed his poet friend, Federico Ferrando, as he was checking Ferrando's new pistol for him.[4] This propensity toward violence climaxes in Quiroga's suicide with cyanide in 1937 when he learned he had cancer of the prostate. An epilogue to this violent way to end life is the suicide of Quiroga's daughter Eglé in 1939 and of his son Darío in 1951.

Almost as if they were continuing this tragic course which his life epitomizes, several of Quiroga's stories emphasize a violent death.[5] Anderson Imbert calls these tales, "sus cuentos crueles, en . . . que se describe la enfermedad, la muerte, el fracaso, la alucinación, el miedo a lo sobrenatural, el alcoholismo."[6] Along with his writing about characters who fall victim to this same vein of erratic and abnormal behavior, Quiroga also became fascinated with medical, scientific and psychological problems that were stirred up during the first decade of the twentieth century.[7]

In this study my focus is on Quiroga's first writing period: his writings between about 1900 and 1910, a period in which his use of gruesome detail[8] and themes of abnormal psychology prevail.[9] I will not be examining Quiroga's psychological development of his characters; rather, this paper demonstrates how Quiroga's fascination with psychology and medicine led him to develop the short story "La gallina degollada," where he experimented with his ideas about abnormal psychology. In essence, it will be necessary to examine portions of Quiroga's biography to find the links between his feelings about abnormal medical and psychological problems and thus discover how he developed such situations in his writings of that period.[10]

Quiroga was fascinated by science[11] (once he blew up a room in the family home and nearly burned down the entire house with a chemistry experiment).[12] He was extremely interested in spiritualism[13] and in psychology,[14] and he was very well-versed in both subjects.[15] To be able to disseminate his newly-found concepts of psychology, Quiroga founded in September of 1899 the *Revista de Salto*, which had as a subtitle *(Semanario de literatura y ciencias sociales)*.[16] During its brief five-month existence, Quiroga published (besides some Poe-like tales he had written) his essays on topics as disperse as *Modernismo* and "Sadismo-masoquismo."[17] Also, writers in his group were fascinated by drugs, such as opium, chloroform,[18] morphine,[19] and hashish.[20] Quiroga was the most daring of his literary friends,[21] and he led the way for his group to examine the psychological effects that these drugs had on humans.[22] The young men often wrote on such topics and discussed the effects of hallucinogens in their literary sessions or "tertulias."[23] Quiroga's fascination with medicine and popular psychology led him to insert several of these topics as themes in his short stories. An Uruguayan compatriot of his, Alberto Zum Felde, relates to us this seldom-examined side of Quiroga's creative process:

> Sábese que era Quiroga un apasionado lector de libros y revistas científicas, sobre todo de ciencias psíquicas, aunque también naturales; que se nutría de ello más que de la literatura, que de ellos extraía inducciones y sugerencias. Puede suponerse lógicamente que lo que él buscaba en ese material científico era precisamente aquello que en la ciencia misma hay de misterioso, lo que está más allá de ella misma, pero se ve por sus ventanas.[24]

What one of these "windows of science" displayed to Quiroga was the rare and innovative subject matter which was to become the gruesome theme of "La gallina degollada." In this shocking story four unfortunate sons born to loving parents are suddenly afflicted with a strange congenital mental degeneracy. These four animal-like sons are harshly contrasted to the beautifully perfect daughter who was born after the four "monsters" causing their parents to ignore and neglect them because of their horrible condition.

"La gallina degollada" was published for the first time on July 10, 1909[25] (Quiroga's life changed drastically when he married his first wife on December 30, 1909). At this time he had gained enough of a reputation to be able to write for the popular magazine *Caras y caretas (Faces and masks)*, where he had to learn to limit the length of his short stories to one or two pages each.[26] Later he reworked and polished these stories from *Caras y caretas* for his books. "La gallina degollada" appeared in his most widely known book of stories, *Cuentos de amor, de locura y de muerte*, which was published in 1917 by the Argentine novelist, Manuel Gálvez. Since that time, "La gallina degollada" has been known as one of the most morbid and macabre stories to ever have been published in South America. Because it was only recently translated to English as "The Decapitated Chicken,"[27] it has not had a wide dissemination in English-speaking circles.

The beginning of the story, though it focuses briefly on morbidity, does not allow one to suspect the tragedy that will come later:

> Todo el día, sentados en el patio, en un banco estaban los cuatro hijos idiotas del matrimonia Mazzini-Ferraz. Tenían la lengua entre los labios, los ojos estúpidos, y volvían la cabeza con toda la boca abierta.[28]

The mental image that Quiroga creates for the reader through the description of these four "slobbering idiots" appears at first to be one of "cretinism" or "mongolism." Today, society prefers to say that such children appear to suffer from Down's Syndrome instead of calling them Mongolian idiots, a term that is now passé. But if the reader sees these boys as "idiots," then something is wrong with his approach to the story, because Down's Syndrome develops before birth, and these four children were all healthy at birth, continuing so until they were nearly two years old:

> La criatura creció bella y radiante hasta que tuvo año y medio. Pero en el vigésimo mes sacudiéronlo una noche convulsiones terribles y a la mañana siguiente no conocía más a sus padres. . . .
>
> Después de algunos días los miembros paralizados de la criatura recobraron el movimiento, pero la inteligencia, el alma, aun el instinto, se habían ido del todo. Había quedado profundamente idiota, baboso, colgante, muerto para siempre sobre las rodillas de su madre. (p. 47).

It should be noted that Quiroga never uses the terms "cretino" nor "mongoloide" in this story, yet critics might be tempted to fall back on such terms referring to the four boys whose brains were virtually destroyed by high fevers and convulsions.[29]

Quiroga loves to play at being doctor during the narration.[30] He proposes different hypotheses for the illnesses, most of them based on genetic inheritance (which reminds one of Emile Zola's theses concerning Naturalism). Quiroga also mentions tuberculosis and menengitis as possible debilitating microbes which could have led to the boys' pathetic mental state. This confusion of idiocy and mental retardation with another mental disease called *autism* has been very common.

Autism was chosen as the name for this unusual children's disease because it means "extreme loneliness." Infantile autism denotes the withdrawal of a child from any group, as well as a loss of speech, and an obsessive desire for sameness and repetition.[31] It occurs in about one birth per every 2,500[32] (there are approximately 100,000 autistic children in the United States). Not all symptoms are found in every child, who run the gamut from deaf mutes to *idiots savants*.[33]

Because Infantile Autism was officially discovered only forty years ago, Quiroga appears to be among the first to have detailed many of the symptoms of the malady in literature. One of my objectives here is to define autism and show how it develops in "La gallina degollada." By approaching Quiroga's work in this way, I hope to make his story more acceptable to the skeptical reader, and I would like to demonstrate another aspect of his broad humanistic approach to literature.

Autism was discovered in 1943 by Leo Kanner, who worked with eleven autistic children at John Hopkins University. For this reason it is also known as Kanner's Syndrome. The disease has no etiology — that is to say, no discernible cause — nor has any cure yet been discovered. Autism can also be brought on by or aggravated by birth injuries, cerebral palsy, viruses (such as meningitis), tuberose sclerosis, epilepsy, congenital rubella, infantile spasms, and the like:[34]

> Autism is a disorder beginning in the first two and a half years of life; characterised by a defect in the development of social relationships, a global language impairment and rigid or ritualistic patterns of behaviour; not primarily caused by psychogenic influences; and probably due to some variety of cognitive, perceptual or language deficit.[35]

In Quiroga's story, each of the four healty boys suffer convulsions before they turn two, and, because of this unforseen attack on their normal brain functions, they forget all they had learned, becoming animal-like in their behavior. After the first child becomes an "idiot," a second child is born who suffers an identical trauma:

> Como es natural, el matrimonio puso todo su amor en la esperanza de otro hijo. Nació éste, y su salud y limpidez de risa reencendieron el porvenir extinguido. Pero a los dieciocho meses las convulsiones del primogénito se repetían, y al día signiente el segundo hijo amanecía idiota. (48)

After this second disastrous infancy, twins are born with the same congenital disorder. Finally Mazzini-Ferraz has a daughter who does not succumb to the same debilitating illness. The little girl turns four without suffering the convulsions that afflicted her brothers; however, the tragic conclusion of the story come about because the four boys imitate the maid who earlier that day had beheaded a chicken, bleeding it slowly to prepare it for the meal. The young boys' shocking imitative action comes about at a moment when the parents have gone for a walk. Something clicks in the boys' minds; they grab their little sister and cut off her head.

The many times I previously reached this shocking ending to the story and read Quiroga's careful detailing of the similarity and coincidence of the four brothers' illnesses, I had difficulty accepting the plausibility of the story. It did not seem likely that a daughter who was completely normal could be born into such a family. I wondered if Quiroga had not stretched his narrative credibility a bit too far, and the idea that four idiots could slaughter their little sister was adding insult to my badly injured reader's ego. Did Quiroga believe that all readers were naïve?

Then one day I was introduced to autism through an article in a local newspaper which outlined the similarities and differences between Down's syndrome and autism. Suddenly the four mentally retarded Mazzini-Ferraz boys came to life in my mind. The reality of their illness was as plausible to me now as if it had been an electrical shock that had awakened me to the possibility that it was so. I learned through subsequent research that, like Quiroga's fictive couple, many parents of autistic children insist that their infants were normal until they reached their eighteenth to twenty-fourth month. At that time, many parents state they underwent a personality and behavior change (similar to the Mazzini-Ferraz boys).[36] For example, when a child is autistic, it often rejects cuddling or holding, and the parent realizes that something serious has happened to the infant, especially if it was previously cuddly and alert. Before his crisis or trauma that brought on autism, the child may have talked, yet, immediately after, it could no longer speak. As many as half of all autistic children remain mute the rest of their lives.[37] A large middle group of autistic children (especially those who are trained early enough) may speak a few words, but they are mostly echolalic in their communication skills and cannot create with language. They merely repeat back what their interlocutor has said to them.[38] Some autistic children are flappers, twiddlers, twirlers, or rockers — seeking some form of self-stimulation — because they do not receive brain messages in the same way that normal humans do.[39] Some autistic children that I have personally observed slobber, and they can become self-destructive — banging their heads against objects — or they can cause danger to others because they have no concept of cause and effect.

In reference to autism in "La gallina degollada," we find that Mazzini and his wife, Berta, do not give up hope of having normal children, something they have longed for, especially after their first two boys were born diseased:

> Del nuevo desastre brotaron nuevas llamaradas de dolorido amor, un loco anhelo de redimir de una vez para siempre la santidad de su ternura. Sobrevinieron mellizos, y punto por punto repitióse el proceso de los dos mayores. (p. 48)

That the third and fourth boys — twins — should also suffer from an inherited or congenital deficiency is important in establishing autism as the disease that plagues the Mazzini-Ferraz children. Autism occurs much more frequently in boys than in girls, at a ratio of nearly four or five to one. It also appears most often in first-born children, but it can and does affect siblings, as in this story. Of great interest to researchers has been the high incidence of autism in twins; it is such a strange illness that when autism attacks one twin, it generally will attack the other soon after.[40] This gene-related phenomenon makes the study of the disease of great interest to geneticists who are anxious to examine the hereditary factors of the disease in hopes of discovering a cause or cure.

Research on autism was held back more than twenty years, because several of the leading psychiatrists in the field believed that it was a form of self-willed schizophrenia,[41] caused or aggravated by parents who could not relate to their children.[42] Many mothers of autistic children who were brought to clinics for help were well-educated, middle-class women with careers — factors which blinded would-be objective researchers. More recently that particular idea concerning lack of attention has been rejected, but psychologists have also discovered that when children lack love or understanding, because parents fail to pay attention to the child's needs, then that child suffers a severe inability to progress within the limitations of the three groupings in which autistic children seem to fall.[43]

Even though the parents may not be to blame, most feel a great frustration in being totally unable to do anything constructive with their children.[44] Occasionally only professionals can handle autistics, especially the most severely handicapped, and in any case it is frustrating to parents and upsetting to a marriage to have an autistic child.[45]

Through Mazzini's comments, Quiroga portrays Berta's ambivalence toward her demented children together with her inability to love them, for she sees them as monsters:

> — Me parece — díjola una noche Mazzini, que acababa de entrar y se lavaba las manos — que podrías tener más limpios a los muchachos.
> Berta continuó leyendo como si no hubiera oído. (p. 49)

The couple then begins a heated discussion where the two each avoid the responsibility for their sons' births. Berta says, "tus hijos", but Mazzini corrects her, "nuestros hijos." Berta also contrasts the lack of affection she has for the boys with the great love she can freely express for her perfect daughter, Bertita:

> Si aun en los últimos tiempos Berta cuidaba siempre de sus hijos, al nacer Bertita olvidóse casi del todo de los ostros. Su solo recuerdo la horrorizaba como algo atroz que la hubieran obligado a cometer. A Mazzini, bien que en menor grado, pasábale lo mismo. (p. 50)

The more that Berta's love grows for her husband and four-year-old Bertita, "the greater her loathing for the monsters." Her husband is duly concerned about her attitude, and it becomes a point of contention between them:

> Con estos sentimientos, no hubo ya para los cuatro hijos mayores afecto posible. La sirvienta los vestía, les daba de comer, los acostaba, con visible brutalidad. No los lavaban casi nunca. Pasaban casi todo el día sentados frente al cerco, abandonados de toda remota caricia. (p. 51)

Berta's personal frustrations with the boys' pitiful condition eventually make things worse for the children, with the result that the boys are treated little better than animals because Berta prefers to ignore them.

By the time little Bertita turns four, the twins are seven, the second son is about nine, and the oldest boy is approximately twelve years old. Such are the ages of the children when the tragical murder takes place at the end of the story.

Mazzini and Berta both feel that their children's disorders have been passed on to them through their genes (and recent research into autism seems to substantiate this hypothesis). Mostly it is Mazzini's father who is blamed as the weak link in the genetic chain:

> — Pero dígame (doctor): ¿Usted cree que es herencia, que . . .?
> — En cuanto a la herencia paterna, ya le dije lo que creía cuando vi a su hijo. Respecto a la madre, hay allí un pulmón que so sopla bien. No veo nada más, pero hay un soplo un poco rudo. Hágala examinar detenidamente. (p. 47)

This problem of blame for their children's defects is also a constant sore point between Mazzini and Berta, who fight until they realize that their daughter Bertita has become ill. Berta retorts:

> — ¡Pero yo he tenido padres sanos!, ¿oyes? ¡sanos! ¡Mi padre no ha muerto del delirio! ¡Yo hubiera tenido hijos como los de todo el mundo! ¡Esos son hijos tuyos, los cuatro tuyos!
> Mazzini explotó a su vez.
> — ¡Víbora tísica! ¡Eso es lo que te dije, lo que te quiero decir! ¡Pregúntale, pregúntale al médico quién tiene la mayor culpa de la meningitis de tus hijos; mi padre o tu pulmón picado, víbora!
> Continuaron cada vez con mayor violencia, hasta que un gemido de Bertita selló instantáneamente sus bocas. (pp. 51-52).

Quiroga has given the mother's possible tuberculosis as one potential cause of the boys' disorders; Mazzini's father's alcoholism is another; and Quiroga's diagnosis of the disease through Mazzini's dialogue is meningitis, though it is not totally accurate.

Recent research at UCLA has led to the discovery that autistic children suffer from limited signals sent to their brains from the ears, eyes, and other sensory receptors (a disorder of sensorimotor integration).[46] Quiroga demonstrates this characteristic of autism in the boys in several passages, explaining that the boys were aware only of bright colors, like reds, and things like food or loud thunder:

> No sabían deglutir, cambiar de sitio, ni aun sentarse. Aprendieron al fin caminar, pero chocaban contra tudo, por no darse cuenta de los obstáculos. Cuando los lavaban mugían hasta inyectarse de sangre el rostro. Animábanse sólo al comer o cuando veían colores brillantes u oían truenos. Se reían entonces, echando afuera lengua y ríos de baba, radiantes de frenesí bestial. Tenían, en cambio, cierta facultad imitativa; pero no se pudo obtener nada más. (pp. 48-49)

These boys had no awareness of objects or obstacles; they ran into things.[47] An autistic child runs into objects in the same way and would readily walk into a busy street, unaware of the dangers there of being hit by a car. The autistic child has a nonfunctional use of objects and cannot see his hand connected to his body. He observes it with curiosity as if it were detached from him. Given a toy car, he would likely turn it over and spin the wheels, unaware that it had functionability.

For the Mazzini boys, food becomes a major reward, just as it does in training schools today (especially M&Ms candy, which is commonly used with autistics as a positive reinforcement by way of reward for proper responses and actions).[48] Food as a reward in this story is a major motif, for it leads to the final outcome of the plot.

The last point in the quotation before — the boys' "certain imitative facility" — reads as if Quiroga took it from a psychology text on autism. Often autistic children are limited to little more than imitation: they mirror actions and they mimic speech. Those who parrot language commonly repeat the second-person pronoun (you — a pathognomonic response) instead of transferring it to a first-person reply, or they will call themselves by their own name and repeat what others say (echolalia). Occasionally there are autistic children who can repeat an entire television advertisement or one side of a telephone conversation without comprehending what was said. Young autistic children love to do routines where they imitate the hand actions of others.[49] Moreover, this element of autistic-like imitation is essential for the culmination of the story:

> Entre tanto los idiotas no se habían movido en todo el día de su banco . . . y ellos continuaban mirando los ladrillos, más inertes que nunca.
>
> De pronto algo se interpuso entre su mirada y el cerco. Su hermana, cansada de cinco horas paternales, quería observar por su cuenta. Detenida al pie del cerco, miraba pensativa la cresta. Quería trepar, eso no ofrecía duda. . . .
>
> Los cuatro idiotas, la mirada indiferente, vieron cómo su hermana lograba pacientemente dominar el equilibrio y cómo en puntas de pie apoyaba la garanta sobre la cresta del cerro, entre sus manos tirantes. Viéronla mirar a todos lados y buscar apoyo con el pie para alzarse más.
>
> Pero la mirada de los idiotas se había animado; una misma luz insistente estaba fija en sus pupilas. No apartaban los ojos de su hermana mientras creciente sensación de gula bestial iba cambiando cada línea de sus rostros. (p. 53)

As the little girl unwittingly imitated the chicken by putting her head on a block of sorts, thus awakening the boys' awareness of her as an object and stimulating their hunger, the boys imitated the maid, María, by decapitating and bleeding the girl with the same deliberate slowness the maid had been taught to show.

In the title of his book *Cuentos de amor, de locura y de muerte,* the volume where "La gallina degollada" was published, Quiroga establishes an evolution that his story will also follow: "love" can lead to "insanity," which in turn can end in "death."[50] Mazzini and his wife were madly in love, so much so that the only goal they had was to produce perfect fruits of their intense love. The "insanity" of the story is to be found in the demented state of the boys, and it was a condition that put to test and nearly destroyed the love the couple had so intensely insisted that they shared. The "death" in the story is a product of both conditions, love and insanity, but it causes a shocking conclusion, because it comes about through a sacrifice of the youngest and most cherished child.

Another important point for a proper interpretation of the story is to reiterate that either death or suicide was a favorite ending for Quiroga's fiction.

Moreover, toward the end of his life Quiroga even began to promulgate his obsession with suicide.[51] In respect to this matter it should be pointed out that both the words "idiot" and "suicide" have similar Latin etymologies connoting "without oneself."[52]

If the reader still has any doubt that an autistic child might be able to accomplish such a hideous murder as the little boys in Quiroga's story carried out through imitation, let me give one more example of an autistic act. An autistic child has no ability to connect objects logically. One child, as an example of horrible imitation, was riding with his mother in a car. When he saw his mother light a cigarette with a lighter in the dashboard, he seized this lighter and burnt his mouth without seeming to feel anything.[53] He could imitate but not realize the consequences of his actions.

Now that we understand the genetic problems involved in autism we can accept the likelihood that a normal girl could be born in such a family. Also we should realize that it is impossible to define and categorize autism completely. Horacio Quiroga apparently came across a primitive but interesting case study published about autistic children in a family with several boys. He then modified it to fit his need for the interesting plot of "La gallina degollada." It is likely that what Quiroga read was a very early clinical study from Europe or the United States, where medical research was more advanced. The likelihood that it was a case study is supported by the inclusion of twins in the story, just as there often are in modern studies of autism. Should such a clinical study ever be discovered among the publications that reached Buenos Aires at the first of the century, the researcher who comes across it will have made quite a find.

Some elements that are found in the story, such as the slobbering-idiot look may have been added for effect by Quiroga, because most autistic children look very normal (though some do not). Down's syndrome children, however, do commonly tend to show such weaknesses as slobbering, yet, as has been shown, they do not have the other characteristics of the boys in the story.

Structuring his story on a scientific base of a psychological case study, Quiroga may then have mixed in elements that he had observed in real-life cases of demented individuals. The most important element is the weaving of the story, which Quiroga handled masterfully, and to drive home his experiment in portraying boys with an abnormal psychological makeup, he added a grotesque ending to shock readers, which causes them to remember the story.

In Quiroga's theory of literature, man is an animal — at times barely above the level of the beasts[54] — and these boys reflect well his thesis for they live on the margin of human and animal. The boys succumb to human (and animal) frailties such as hunger and imitation, and, because of these weaknesses, they rise up against their parents at an unexpected moment venting nature's vengeance on them. The parents, who had not counted on nature reacting against them in such a way, were the greatest losers because they had never solidified their love in the first place.

In "La gallina degollada" the parents had placed excessive importance on the perfection of their daughter; then, when she was taken from them, they did not know how to react. The shocking conclusion which is handled most dramatically by Quiroga makes one realize that without love, even the most abject and demented being can rise in a moment of power and wreak havoc on the unsuspecting, the helpless, on those who were too selfish to share with them just a small portion of love and understanding.

Department of Arts and Cultural Studies
University of Missouri
Rollo, MO 65401

Notes

[1]Quiroga's many financial reverses tended to make him reserved and humble, but the accidental deaths and suicides that came down around his head during his early years produced in him a feeling of "innocent blame" ("culpabilidad inocente"), which was a psychological handicap to him throughout his life. For example, his mother in his youth blamed him for his father's death, even though he was merely an infant in her arms suffering from whooping cough.

[2]José M. Delgado and Alberto J. Brignole, *Vida y obra de Horacio Quiroga* (Montevideo: Claudio García y Cía., 1939), 22-23. Quiroga's friend, Elias Castelnuovo, in "La tragedia de Horacio Quiroga," *Claridad* (Buenos Aires), March, 1937, adds doubts to the accidental nature of the father's death when he says that they brought Quiroga's mother the father's body with three shotgun wounds in it. Cited in John A. Crow, "La locura de Horacio Quiroga," *Revista Iberoamericana*, 1:1 (May, 1939), 33-45.

[3]Pedro G. Orgambide, *Horacio Quiroga: El hombre y su obra* (Buenos Aires: Editorial Stilcograf, 1954), 65. Cf. Delgado and Brignole, 140.

[4]Compare the versions of the incident given in Delgado and Brignole, 138, and Orgambide, 65. The most accurate and the clearest information about the case seems to have been achieved through the research of Emir Rodríguez Monegal, *Genio y figura de Horacio Quiroga* (Montevideo: Editorial Universitaria de Buenos Aires, 1967), 32-34.

[5]Leonardo Garet, *Obra de Horacio Quiroga* (Montevideo: Ministerio de Educación y Cultura, 1978), 13, interprets this violent depiction of death as Quiroga in a self-confrontation with death each time he narrates such a scene. See also Crow, note 1, above.

[6]Enrique Anderson Imbert, *Historia de la literatura hispanoamericana*, (Mexico: Fondo de Cultura Económica, 1967), I, 412. Cf. also, Emir Rodríguez Monegal, *Las raíces de Horacio Quiroga: Ensayos* (Montevideo: Ediciones Asir, 1961), 153: "Es claro que hay relatos de esplendorosa crueldad. Hay relatos de horror. Quizá el más típico sea "La gallina degollada."

[7]This was the decade that saw the establishment of pediatrics and children's hospitals. Psychology and psychiatry were also becoming popular even though they were still new fields in their formative years between the careers of their respective founders, William James and Sigmund Freud.

[8]María E Rodés de Clérico and Ramón Bordoli Dolci, *Horacio Quiroga: Antología, estudio crítico y notas* (Montevideo: Arca, 1977), 25: "En los cuentos anteriores a esta época y principalmente en los iniciales, Quiroga hace uso y abuso de la descripción macabra . . . para suscitar el horror."

[9]Juan Carlos Ghiano, "Temática y recursos expresivos: Los temas," *Aproximaciones a Horacio Quiroga*, ed. Angel Flores (Caracas: Monte Avila Editores, 1976), 83-85: "A Quiroga lo tentaban las referencias patológicas, de dudosa procedencia cienfífica" 85)..

[10]Hanne Gabriele Reck, *Horacio Quiroga: Biografía y crítica* (Mexico: Ediciones De Andrea, 1966), 5: "Durante toda la vida de Quiroga hay una estrecha relación entre sus experiencias y sus obras. . . ." Rodríguez Monegal, *Raíces*, 157: "La obra de Quiroga está enraizada en su vida."

[11]He loved photography and did well in that field. (Delgado and Brignole, 58). He also came up with numerous scientific schemes during his lifetime to make himself wealthy, among them a charcoal plant (that burned down during its first operation), and an orange liquor operation. See also, Delgado and Brignole, 248, 299, 302, 351-52.

[12]Delgado and Brignole, 57-58, 70.

[13]Delgado and Brignole, 62-63.

[14]Quiroga's best friend of that period and first biographer, the physician Alberto J. Brignole, says of Quiroga, "Buen psicólogo como era." Delgado and Brignole, 77.

[15]Examples of Quiroga's caricaturization of psychology are found in Rodríguez Monegal, Las raíces de Horadio Quiroga, 44:

"Dos o tres definiciones:

'Genio	—	Neurosis intensa
'Amor	—	Crisis histérica
'Inspiración	—	Un trago más de agua ó un bocado más
'Amargura	—	Pobrez de glóbulos rojos
'Inteligencia	—	Más o menos fósforo
'Goce	—	Crispación de la médula espinal (Bartrina)
'Soñar	—	Rozamiento del cuerpo contra las sábanas.' "

[16]Delgado and Brignole, 93-95.

[17]Rodríguez Monegal, *Raíces*, 48-50, and Angel Flores, "Cronología," *Aproximaciones a Horacio Quiroga*, 278.

[18]See Quiroga's autobiographical story, "El haschich," *El crimen del otro* (1904), *Cuentos completos*, I (Montevideo: Ediciones de la Plaza, 1967), 95-98; and Delgado and Brignole, 74-75. Quiroga would take chloroform to alleviate his asthma, and once it nearly killed him when he fell asleep with it spilled all over his pillow. See note 20, below.

[19]Rodés de Clérico and Bordoli Dolci, 13.

[20]Quiroga, "El haschich," 95-98.

[21]Rodríguez Monegal, *Genio y figura*, 22.

[22]Delgado and Brignole, 114-15, 272-73, 309. See also 86: The young poet's first love, María Esther, whom Quiroga attempted to elope with because her family felt he was too poor, eventually became a drug addict.

[23]The group — the earliest "modernista" gathering in Uruguay — was known as the "Consistorio del Gay Saber." Brignole, a leader in the group says of it, "Fue sólo una especie de cantina psíquica . . . " Delgado and Brignole, 111.

[24]Alberto Zum Felde, *La narrativa en Hispanoamérica* (Madrid: Aguilar, 1964), 298. Cf. Reck, 84: "Los casos psicológicos parencen haber ejercido una extraña fascinación sobre Quiroga. Su fértil y viva imaginación, inspirada por algunos casos reales que conoció personalmente o a través de informes médicos o reportajes de diarios, lo llevó a componer algunos relatos sumamente sugestivos."

[25]*Caras y caretas*, 562, Vol. 12:5.

[26]Jaime Alazraki, "Variaciones del tema de la muerte," *Aproximaciones a Horacio Quiroga*, ed. Angel Flores (Caracas: Monte Avila Editores, 1976), 160.

[27]Horacio Quiroga, *The Decapitated Chicken and Other Stories*, trans. Margaret Sayers Peden (Austin: University of Texas, 1976), 56-67.

[28]Horacio Quiroga, *Cuentos de amor, de locura y de muerte*, (Buenos Aires: Losada, 1954), 43-50. Subsequent references to this edition will be listed in parentheses in the body of the text.

[29]Note the error in Leonardo Garet, 44: " 'La gallina degollada' explicita el afán de conmover: desgracia hereditaria, derrumbe del matrimonio y esperanza febril, animalización y trato despersonalizado los *mongoloides*, detalles de la muerte y reacción de los padres." (Italics are mine.)

[30]Quiroga's closest friend, Alberto J. Brignole, was a medical student when they were in Montevideo around the turn of the century. After Brignole obtained his medical degree in Paris, Quiroga lived with him in Buenos Aires much of the time between 1905 and 1907. When Brignole married in 1907 and Quiroga returned from the Chaco, Quiroga had to

move to another house, but he still kept his tools and books at Brignole's house and ate supper most evenings there. Delgado and Brignole, 167-173.

[31]Brian Roberts, "Description of the Condition of Autism and Theories of Causation," *Autistic Children: Teaching, Community and Research Approaches,* ed. Barbara Furneaux and Brian Roberts (London and Boston: Routledge and Kegan Paul, 1977), 21-42; cf., especially 39-41 concerning "The Kanner Criteria." Michael Rutter, "Diagnosis and Definition," *Autism: A Reappraisal of Concepts and Treatment,* ed. Michael Rutter and Eric Schopler (New York and London: Plenum press, 1978), 1-25.

[32]Bruce Balow, "Research on Autism and Childhood Schizophrenia," *Autism: Diagnosis, Instruction, Management and Research,* ed. James E. Gilliam (Springfield, Illinois: Charles A. Thomas, Publisher, 1981), 241.

[33]Joseph P. Blank, "The Miracle of May Lemke's Love," *Reader's Digest* Vol. 121, No. 726 (October, 1982), 86: "For nearly two centuries authorities have puzzled over the phenomenon of the autistic savant (often called idiot savant) — a person, who, though mentally retarded by brain damage, is capable of an extraordinary specific talent." Cf. also, Bernard Rimland, "Inside the Autistic Savant," *Psychology Today,* 12 (August, 1978), 68-80.

[34]W(ayne) S(age), "Making Sense of Autism," *The UCLA Monthly,* 10:6 (July-August, 1980), 3. Susan Folstein and Michael Rutter, "A Twin Study of Individuals with Infantile Autism," *Autism: A Reappraisal of Concepts and Treatment,* ed. Michael Rutter and Eric Schopler (New York and London: Plenum press, 1978), 219-242.

[35]Michael Rutter, *Infantile Autism: Concepts, Characteristics, and Treatment. Study Group No. 1* (Edinburgh and London: Churchill Livingston, 1971, vii.

[36]Several articles referred to here state this phenomenon, as also does the film cited on the next page in footnote 49.

[37]Michael Rutter, "Language Disorder and Infantile Autism," *Autism: A Reappraisal of Concepts and Treatment,* ed. Michael Rutter and Eric Schopler (New York and London: Plenum press, 1978), 85-86, 90.

[38]Harriett Slife Kaberline, "A Process for Assessing the Functional Hearing of the Autistic Child," *Autism,* ed. Gilliam (note 31 above), p. 84: "Many autistic children demonstrate an echolalic quality in their language. They fail to generate any of their own language and instead respond with various degrees of imitation to questions and answers. If a child is echolalic, he is able to hear well enough to develop language. If a child appears mute, a language sample can sometimes be obtained by putting a tape recorder in the child's room at night. Some autistic children verbalize when not in the presence of adults.

[39]This "faulty modulation of sensory input" has been researched at UCLA by Edward M. Ornitz, "Childhood Autism: A Disorder of Sensorimotor Integration," *Infantile Autism: Concepts, Characteristics, and Treatment. Study Group No. 1,* ed. Michael Rutter (Edinburgh and London: Churchill Livingston, 1971), 50-68. See especially the section on "Nystagmus," 62-66.

[40]Leo Kanner had pairs of twins in his original group of autistic and schizophrenic children, and several groups studied have had autistic twins. This concern with genetic factors led to the study by Susan Folstein and Michael Rutter, "A Twin Study of Individuals with Infantile Autism," *Autism: A Reappraisal of Concepts and Treatment,* ed. Michael Rutter and Eric Schopler (New York and London: Plenum press, 1978), 219-242. This article was extracted by the authors from their more extensive study, "Infantile Autism: A Genetic Study of 211 Twin Pairs," *Journal of Child Psychology and Psychiatry,* 18 (1977), 297-321. This study of twins was followed up by Edward M. Ornitz, "Biological

Homogeneity or Heterogeneity?" *Autism: A Reappraisal of Concepts and Treatment*, ed. Michael Rutter and Eric Schopler (New York and London: Plenum press, 1978), 243-250.

[41]Michael Rutter, Lawrence Bartak, and Steven Newman, "Autism — A Central Disorder of Cognition and Language? *Infantile Autism: Concepts, Characteristics, and Treatment, Study Group No. 1*, ed. Michael Rutter (Edinburgh and London: Churchill Livingston, 1971, 150.

[42]Alan J. Ward, *Childhood Autism and Structural Therapy: Selected Papers on Early Childhood Autism* (Chicago: Nelson-Hall, 1976), 61-72. C. B. Ferster, "The Autistic Child," *Readings in Psychology Today*, 2nd ed. (Del Mar, California: Communications Research Machines Books, 1972), 187-91. Much of Bruno Bettelheim's *The Empty Fortress; Infantile Autism and the Birth of the Self* (New York: The Free press, 1967), attempts to fortify this stand. Cf. also Mary Harrington Hall, "A Conversation with Bruno Bettelheim: The Pychology of Involvement," *Readings in Psychology Today*, 2nd ed. (Del Mar, California: Communications Research Machines Books, 1972), 513-14 (originally published in *Psychology Today* 2 (12 [1969]):21. Much of Ward's and Rimland's writings attempt to refute Bettelheim's "psychogenesis hypothesis." Cf., for example, Bernard Rimland, *Infantile Autism: The Syndrome and Its Implications for a Neural Theory of Behavior* (New York: Appleton-Century-Crofts, 1964), 61.

[43]The lowest group is mute and virtually untrainable; the second is the one who has been diagnosed as autistic at an early age and has some language, though with little functionalability; the upper group apparently never received as severe brain damage as the others and can function in society, although occasionally as *idiots savants*.

[44]An excellent book that develops the anguish of the parents (to the point of placing a great strain on their marital relationship) but discovers that a child previously diagnosed as autistic was not is Virginia M. Axline, *Dibs in Search of Self* (New York: Ballantine Books, 1967). Dibs's father was a famous scientist and his mother a physician.

[45]Josh Greenfield (co-author of *Harry and Tonto*) as a frustrated father of a mute autistic boy has written two books about his pathetic personal situation: *A Child Called Noah: A Family Journey* (New York: Holt, Rinehart and Winston, 1972), a less pessimistic book written when Noah was still young, and *A Place for Noah* (New York: Holt, Rinehart and Winston, 1978). The passage that touched me was the statement that "other parents walk their dogs; I have to walk my son!"

[46]Maria J. Paluszny, *Autism: A Practical Guide for Parents and Professionals* (Syracuse: Syracuse University press, 1979), 59-61. Edward M. Ornitz, "Neurophysiologic Studies," *Autism: A Reappraisal of Concepts and Treatment*, ed. Michael Rutter and Eric Schopler (New York and London: Plenum press, 1978), 117-139.

[47]Ward, p. 147. Autistic children seem to be blind to obstacles; they run into obvious things that other people see. They would have no fear of an automobile coming down the street.

[48]Because some autistics do not like food this produces problems with reinforcement. Barbara Furneaux, "Working With The Youngest Children," *Autistic Children: Teaching, Community and Research Approaches*, ed. Barbara Furneaux and Brian Roberts (London and Boston: Routledge and Kegan Paul, 1977), 94.

[49]This aspect of imitation and ritualistic behavior is shown in the film, "Straight Talk," with Phyllis Haynes, interviewing Stella Chess (NYU Professor of Child Psychiatry), Tape No. 1537, aired 9 Aug 1975 on National Public Television.

[50]Hiber Conteris, "El amor, la locura, la muerte," *Aproximaciones a Horacio Quiroga*, ed. Angel Flores (Caracas: Monte Avila Editores, 1976), 151-56.

[51]Rodríguez Monegal, *Raíces*, 124-25.

[52]*Webster's Third New International Dictionary of the English Language (Unabridged)* (Springfield, Massachusetts: G. & C. Merriam Company, 1968), 1124: "Idiot": . . . fr. Gk *idiōtēs* person in a private station . . . fr. *idios* one's own, private, peculiar; akin to L *sed, se* without, *sui* of oneself — more at SUICIDE, and p. 2286: "Suicide": [L *sui* (gen), *sibi* (dat., *se* (accus. & abl.) oneself + E-cide; akin to OE *sīn* his . . . L *suus* one's own, Gk *he* (accus.) oneself. . . .

[53]Cyrille Koupernik, "A Pathogenic Approach to Infantile Autism," *Infantile Autism: Concepts, Characteristics, and Treatment. Study Group No. 1,* ed. Michael Rutter (Edinburgh and London: Churchill Livingston, 1971, 38, who is citing M. S. Mahler, "On Child Psychosis in Schizophrenia: Autistic and Symbiotic Infantile Psychoses," *Psychoanalitical Study of the Child,* 12 (1952), 286.

[54]Jean Franco, ed. *Horacio Quiroga: Cuentos escogidos* (London: Pergamon press, 1968), 7.

HACIA LA DETERMINACIÓN DEL *ARTE POÉTICA*, DE GABRIELA MISTRAL: EL ORIGEN DEL CANTO POÉTICO

Ana María Cuneo Macchiavello
Universidad de Chile

El título de esta presentación pone de manifiesto que en ella se desarrollará un aspecto específico de una investigación más amplia a la cual esta reflexión pertenece. Investigación que tiene por objeto determinar el "arte poética" de Gabriela Mistral, no la que podría deducirse del estudio cuidadoso de sus múltiples artículos que tocan el tema, sino el pensamiento mistraliano acerca del origen de la creación poética que ha quedado inscrito en el interior de sus propios textos poéticos.

El estudio sobre el concepto de arte expuesto en cartas, artículos y ensayos fue iniciado en 1982 por Onilda Jiménez en su tesis doctoral[1]. En el capítulo II n° 4 de ésta, se aborda el tema de la "Elaboración de una Poética" desde las perspectivas de la naturaleza y función de la poesía, el proceso de creación y el ritmo.

Nuestro intento es diferente. Consiste en revisar el metalenguaje poético presente en los textos mistralianos, aquel que se incluyen en el interior de los poemas. Parte de esta investigación ya fue expuesta en mi artículo: "Hacia la determinación del "Arte poética", de Gabriela Mistral[2]. En dicho artículo se recogió las definiciones descriptivas y esenciales de poemas que quedaban registradas en los textos poéticos. Los resultados otorgaban a la poética mistraliana un carácter no normativo y hacían manifiesta una lucidez teórica notable absolutamente actual. Así, por ejemplo, la concepción del carácter ficticio del discurso literario y el hecho de que todo lo representado en el poema se funda en su propia referencia. El discurso poético ha transmutado la realidad del mundo y ha constituido su propio consistir. El poeta trabaja con la

[1]Jiménez, Onilda: *La crítica literaria en la obra de Gabriela Mistral.* Miami, Ediciones Universal, 1982, Paper 303. En este libro la autora se refiere a la formación intelectual de Gabriela Mistral, a su concepto de los géneros, al americanismo, a la literatura femenina; y, fundamentalmente, a sus críticas literarias publicadas en revistas y diarios de la época.

[2]Cuneo, M., Ana María: *Hacia la determinación del Arte poética* de Gabriela Mistral. En: *Revista Chilena de Literatura* N° 26, Santiago, Editorial Universitaria, 1985.

materia alucinada que es la poesía, no lo hace con objetos normales. Emisor y mundo se substancian en las palabras.

Es necesario, además, hacer presente que continuando con la perspectiva adoptada en el trabajo anterior, el corpus se mantiene delimitado en el marco que denominamos: etapa de formación, e incluye los libros *Desolación, Ternura* y *Tala*[3].

Para el desarrollo del análisis tendiente a determinar el "arte poética" inscrita al interior de los textos, nos serán de extrema utilidad los conceptos de metatexto y metalengua, en el sentido que Walter Mignolo[4] les asigna. El receptor en el acto de lectura no sólo encuentra un texto, sino también el metatexto. Este define la actividad realizada y también los rasgos o propiedades de ese texto en relación a su pertenencia a determinada clase. "Las Poéticas, para el caso de la literatura, y los tratados historiográficos para el caso de la historiografía ilustran lo que llamamos metatexto"[5]. Es desde este último que se puede comprender el ámbito de producción e interpretación de los textos. En ellos están incluidas las expectativas reales en que se inscribe una obra poética, es decir, el hecho de que el fenómeno literario depende de un mundo cultural. En el metatexto están los principios que definen y delimitan el dominio de los objetos y los requisitos que deben cumplir los textos. Las formaciones discursivas se autodefinen y no es necesario recalificarlas extrínsecamente ya que el discurso literario se autoclasifica por medio de su propio metalenguaje: "La histórica tiene la tarea de preceptuar el discurso del historiador, de la misma manera que la poética y la retórica lo hacen con el discurso del poeta y del orador"[6].

Por último, es necesario tener presente que puede haber metalenguajes explícitos o implícitos. Las observaciones que se registran en esta presentación serán resultado del fruto que puede obtenerse de ambas instancias.

1. Retomemos ahora el objeto de este trabajo. En mi artículo ya citado se afirmaba a título de hipótesis que uno de los hitos en torno al cual la investigación debía proseguir era: "La concepción del poema

[3]Mistral, Gabriela: *Desolación*, Ed. del Pacífico, 1957; *Ternura*, Buenos Aires, Espasa-Calpe, 1959; *Tala*, Buenos Aires, Losada, 1972. Más adelante se avanzará en la indagación hasta cubrir *Lagar*, Santiago, Ed. del Pacífico, 1954; y, *Poema de Chile*, Santiago, Pomaire, 1967.

[4]Mignolo, Walter: *El Metatexto Historiográfico y la Historiografía Indiana MLN*. Vol. 96, pp. 358-402; 1981 by Johns Hopkens University Press; *Elementos para una teoría del texto literario*. Barcelona, Ed. Crítica.

[5]______ ______ "El Metatexto...", pág. 361.

[6]Op. cit., pág. 368.

como algo que, en importante medida, llega al hombre desde fuera". Hecho que revestía "la forma de revelación, gracia o don que se lleva por la vida en 'vaso' o 'extraña copa' ". Si sometemos esto a un análisis estricto es posible observar que la afirmación "en importante medida" resulta inexacta. El origen del poema es algo dado, pero no siempre es algo sobrenatural, debe entenderse primero como la respuesta al impacto que los objetos producen en el creador; y en segundo lugar, aunque predominante como un don recibido de orden sobrenatural, iluminación de la divinidad.

1.1. La primera alusión al origen del canto poético se encuentra en "El niño solo" (*Des.* pág. 42). El canto es algo que surge desde la interioridad del hablante y junto con nacer, lo inunda, lo enriquece y transforma: "y una canción *me subió* temblorosa (...) El niño ya dormía y *la canción bañaba,/* como otro resplandor, mi *pecho enriquecido*" (*Des.*, pág. 42)[7].

1.2. Un segundo rasgo que aparece en el análisis textual es que el decir surge espontáneamente: "Padre has de oír/ este decir/ *que se me abre* en los labios como flor" ("Hablando al Padre" *Des.*, pág. 97).

"*Entre las entrañas/ se hace la canción/* y un hombre la vierte/ blanco de pasión (...) Alabo *las bocas/ que dieron canción/* la de Omar Kayyan/ la de Salomón (...) Amad al que trae boca de canción" ("Elogio de la canción" *Des.*, pág. 63).

1.3. El efecto de la canción que surge misteriosamente en el interior del poeta tiene el poder de transformar a quien la escucha: "Y cuando te pones/ su canto a escuchar/ tus entrañas *se hacen/ vivas* como el mar" (Elogio... *Des.*, pág. 63).

En esta estrofa se subraya el resultado que produce la canción en aquél que la escucha, resultado que es resonancia del temple de quien la emite. La canción es algo que se da a otros y contagia: "Ahora estoy dando verso y llanto/ a la lumbre de tu mirar" (A la Virgen de la Colina. *Des.*, pág. 49).

1.4. El carácter de algo que no nace por voluntad del sujeto es metatexto explícito en "El suplicio" de *Desolación* (pág. 45). El verso es "enorme" tiene "cimeras del pleamar", algo que no cabe en la interioridad del hablante. Es un algo clavado, "suplicio" como afirma el título: "Tengo ha veinte años en la carne hundido (...) un verso...". Hay un

[7]El subrayado es nuestro y así lo será en adelante en los textos citados.

tipo de palabras que son "caducas", pero hay otras que el yo no se siente digno de cantar: un verso hecho de lengua de fuego. Alusión bíblica evidente: el Espíritu bajó sobre los hombres para que accediesen a un decir de todos comprensible. Lenguas de fuego que tienen por efecto una Anti-Babel. El verso recibido es el Verbo, la palabra verdadera, mensaje eficaz para todo receptor. Don de lenguas que quemando transforma: "¿con esta boca que ha mentido/ se ha de cantar?...".

1.5. La recepción del don exige purificación previa y se sustenta en la experiencia del sujeto que lo enuncia: "como un hijo, con cuajo de su sangre/ se sustenta él"[8].

1.6. Un rasgo que se desprende de los textos es que el canto es siempre inferior "al que debió ser entregado" ("Gotas de hiel". *Des.*, pág. 58). La lengua de quien canta tiene mayor carga de ser de la que se logra plasmar en poema. El decir es siempre imperfecto.

1.7. Una nueva especificación respecto del origen del canto, la encontramos en el poema Ixtlazihuatl (*Des.*, pág. 190). El canto es don de la naturaleza. El acto de enunciación se concreta en un hablar fuera de sí, alucinado y que le fue dicho por la montaña, es decir, por un objeto natural que se eleva a lo alto: "que aquí a sus pies (a los pies de la montaña) me reclinó la suerte/ y en su luz hablo como alucinada".

La montaña dijo la armonía a sus gentes. La naturaleza imprime al hombre sus propios ritmos y lo lleva a fijarlos en texto. "*Ella a sus gentes dijo la armonía/ la depurada curva hizo su alma;/* les ha vertido cada medio día/ en la canción el óleo de su calma (...) más tú la andina, la de greña oscura/ mi Cordillera, la Judith tremenda/ *hiciste mi alma* cual la zarpa dura/ y la empapaste en tu sangrienta venda./ Y yo te llevo cual tu criatura./ Te llevo en mi corazón tajeado/ que me crié en tus pechos de amargura/ ¡y derramé mi vida en tus costados!" (*Des.*, pág. 190).

Imágenes que se unen a las de "Cima", poema en que el canto se produce siempre en una hora especial: al atardecer. En el cual no se define si el rojo de la montaña viene de la hora de la tarde o del dolor del que canta. Ambigüedad que se cierra en definitiva, porque el costado del yo del discurso, mana.

También el canto proviene del orden de lo natural en "Imagen de la tierra": "voy conociendo el sentido maternal de las cosas. La montaña que me mira, también es madre (...) Yo soy como la quebrada; siento

[8]En este sentido atraer como contexto "El Voto" de *Desolación*, texto sometido a análisis en mi trabajo ya citado.

cantar en mi hondura este pequeño arroyo y le he atado mi carne por breña hasta que suba hacia la luz" (*Des.*, pág. 204).

En *Ternura* no hay metatextos explícitos que se refieran al origen del canto poético. Sin embargo, es posible gracias a las relaciones intertextuales reconocerlos implícitos. Así en los poemas "Alondras" (*Ter.*, pág. 114) y "Carro del cielo" (*Ter.*, pág. 118).

Si se analiza el poema "Alondras" como texto cerrado no parece legítimo vincularlo al origen de la creación poética, pero a la luz del poema "La Gracia" (de *Tala*, pág. 40), su sentido se amplifica y se abre como alusión al poetizar constituyéndose en un antecedente textual de este último. La alondra es en la tradición, símbolo del canto poético. En el poema de *Ternura* las alondras bajan al trigo y vuelan cuando sienten la presencia humana, "y la alondra se quedó/ del azoro como rasgada".

Toda referencia al mundo externo queda anulada: "parecen fuego/ cuando suben, plata lanzada". La anulación de la referencia a alondras, simples aves, se intensifica cuando lo expresado se hace contradictorio y en verdadero oxímoron se enuncia "y pasan antes de que pasen/ y te rebanan la alabanza". El espectador del hecho no puede sino alabar y se torna en emisor de gritos y receptor del canto. Los testigos "gritando llaman ¡alondras!/ a lo que sube se pierde y canta".

Destaco como marca textual, el *lo*, ya no se nombra a las alondras, sino que se utiliza el pronombre como si el objeto no pudiese en verdad ser nombrado, pero eso "se pierde y canta". El aire queda malherido, el emisor del discurso lleno de ansia, asombro y temblor "a mitad del cuerpo y del alma", en un lugar en que se podría ubicar el origen del canto poético.

De manera semejante en "Carro del cielo" (*Ter.*, pág. 118) hay un algo que viene de lo alto, que hace feliz al hombre cuando se acerca y llorar al alejarse, pero "un día", el carro desciende "y sientes que toca tu pecho". En ese momento el emisor del discurso, dirigiéndose a su hijo le dice que debe subir a ese carro: "¡cantando y llorando!".

La agudización de la percepción para recibir los ritmos naturales está presente en el libro *Tala* en poemas como "La medianoche" (pág. 34): "Oigo los nudos del rosal/ La savia empuja subiendo a la rosa/ Oigo...".

El despliegue lingüístico del texto se realiza a partir del modelo "oigo". Este oír es fuente del poetizar, lo oído es la estrofa: "Oigo/ la estrofa de uno/ y le crece en la noche/ como la duna (...) y después nada oigo/ sino que voy cayendo...".

La posibilidad de creación desaparece, el yo vuelve al lado de acá, vuelve a estar tras el muro. Antecedente de este texto es "La tierra" de *Ternura* (pág. 123): "Se oyen cosas maravillosas/ al tambor indio de la Tierra/ se oye el fuego que sube y baja/ buscando el cielo y no sosiega./ Rueda y rueda, se oyen los ríos/ en cascadas que no se cuentan./ Se oye mugir los animales./ Se oye el hacha comer la selva/ Se oyen sonar telares indios/ Se oyen trillas, se oyen fiestas".

En este poema el modelo lingüístico que se desarrolla en texto es una palabra: "oye" apuntando a una capacidad de percibir más allá de toda posibilidad normal.

1.8. También los seres humanos dan sus ritmos al poeta, así el leñador que es un ser sin nombre pierde su transitoriedad y se hace permanente en el hálito del poeta ("Leñador". *Tala*, pág. 118).

Un texto muy notable para determinar lo específico del fenómeno que da origen al canto poético es el poema "Cosas" (*Tala*, pág. 96). Poema que se abre con dos dísticos que sintetizan el modo de representación de mundo más reiterado en la poesía mistraliana: la nostalgia. "Amo las cosas que nunca tuve/ como las otras que ya no tengo". El sujeto de la enunciación, en un viaje de regreso al pasado busca: "Un verso que he perdido/ que a los siete años *me dijeron*/ Fue una mujer haciendo el pan/ y *yo su santa boca veo*".

Pérdida prefigurada en el texto en un agua no fluyente y silenciosa, agua que es signo reiterado del fluir creador en la obra mistraliana. Un silencio que es el canto perdido, canto escuchado a mujer de boca transfigurada, cuyo quehacer era hacer el pan que mantiene la vida. El pan que es paradigma del alimento humano. Sin embargo, el don perdido le es devuelto al emisor del discurso en un "aroma roto en ráfagas", transitorio, amenazado por la destrucción: "de tan delgado no es aroma". En la intertextualidad es posible reconocer el don poético que pasa, pero que también devuelve a lo original "vuelve niños los sentidos", produce la capacidad de ver, de escuchar lo que el poeta ha de transmitir. En el despliegue del texto, el sentido se va cerrando: "Un río suena siempre cerca/ Ha cuarenta años que lo siento/ Es canturía de mi sangre/ o bien un río que me dieron".

El ritmo es dado por el entorno del hombre, pero a la vez nace de lo más profundo de él. Canto que proviene de paisajes de infancia y de ciertos lugares americanos. Quizá, incluso en el contexto biográfico el verso perdido que le dejara la abuela Isabel Villanueva a los siete años.

1.9. La tarea de crear aparece especificada en otros metatextos como algo que se aprende de aquél que la realiza. Respecto de esta caracterización hay algunos metatextos explícitos no miméticos, incluidos al interior de los poemas y señalados por medio de paréntesis, lo que evidencia la clara conciencia que tiene el creador del cambio de niveles en el acto de la enunciación: ("con la greda purpurina/ me enseñaste tú a crear/ y me diste en tus canciones/ todo el valle y todo el mar") (Obrerito. *Des.*, pág. 107); "De las greñas (al espino) le nacen flores/ (Así el verso le nació a Job/ y como el salmo del leproso/ es de agudo su intenso dolor") ("El espino". *Des.*, pág. 176).

La creación nace espontáneamente, su aparición es provocada por las circunstancias en que se despliega la vida.

2. El canto surge por gracia o don extranatural. La palabra que reiteradamente apunta a este hecho, es la palabra *gracia*, la cual incluso es marcada en los textos, en repetidas ocasiones, por la mayúscula (Ej.: *Tala*, pág. 141). Gracia que en algunos poemas toma la forma de visión platónica; y, en otros, se resuelve como una forma de experiencia religiosa que debe distinguirse de la visión mística propiamente tal.

2.1. Los primeros antecedentes de este modo se encuentran en la poética que acompaña a los textos de *Desolación* bajo el título: "El arte". Estas reflexiones son metatextos explícitos, verdadera "arte poética", con precisiones acerca del quehacer creador y normas sintetizadas en el "Decálogo del artista". El título Decálogo... atrae el intertexto del Decálogo entregado por Dios a Moisés, lo cual es una marca del sentido religioso de la creación artística.

En "El arte" se afirma: "Dios me dijo: lo único que te he dejado es una lámpara para tu noche (...) Te he dejado la lámpara del ensueño y tú vivirás a su manso resplandor (...). Cuando hables, tus palabras bajarán con más suavidad de la que tienen las palabras que se piensan a la luz brutal del día (...). Los demás se preguntarán: ¿Qué llama lleva ésta que no la afiebra ni la consume?" (*Des.*, pág. 226).

"Dios me dijo": El sujeto que enuncia ha recibido un mensaje, cuyo contenido es llevar a los hombres la lámpara del Ensueño que Él le ha otorgado. Esa lámpara será como una llama que no se consume e iluminará misteriosamente las palabras que él entregue. La acción verbal que especifica el decir es "bajarán", lo cual implica que las palabras vienen de lo alto y carecen del carácter racional que "tienen las palabras que se piensan en la luz brutal del día".

En "Lecturas espirituales IV. El arpa de Dios" (*Des.*, pág. 234) se dice que Dios tañe "un arpa inmensa cuyas cuerdas son las entrañas de los hombres". Dios, de sol a sol, desprende melodías a sus creaturas.

Música cósmica constante cuyo transtexto es, sin lugar a dudas, el de las esferas pitagóricas. El hombre ignora que "el Señor al que a veces niega está pulsando sus entrañas"... "sólo el místico lo supo, y de oír esta arpa rasgó sus heridas para dar más, para cantar infinitamente en los campos del cielo" (*Des.*, pág. 235).

2.2. El hombre del lado de acá, el que permanece tras el muro y no ha sido objeto de revelación vive en el ámbito de la desolación o de la nostalgia. Así, en "Nocturno de la consumación" (*Tala*, pág. 13) "no te cobro la inmensa promesa de un cielo", porque ya no es posible "reaprender" la dicha... el ahora es "mascar tinieblas" "rebanada de Jerusalem". El intertexto bíblico de la Pasión en el Huerto rige las derivaciones hipogramaticales de este texto[9]. Nostalgia de esos momentos en que el Padre puso en su boca la canción "por la sola merced", es decir, como don gratuito, enseñado por Dios. Lo que en el hoy del poema es posible es "cantar tus olvidos", los de Dios, para hincar en Él "mi grito otra vez".

En "Nocturno de la derrota" se apela a Jesucristo, reclamándole el no envío de la gracia. La imagen bajo la cual ésta aparece es la de un viento divino. Forma que se reitera en la diacronía de la obra mistraliana y que también aparece como aire: "Viento tuyo no vino a ayudarme/ y blanqueo antes de perecer (...) he cantado corriendo los cerros/ por cogerte en el grito los pies" (*Tala*, pág. 16).

2.3. El ciclo "Alucinación" de *Tala* incluye los poemas más encifrados, sin embargo, a la luz del contexto total de la poesía mistraliana es posible hacer de ellos una lectura en la cual se reiteran ciertos indicios metatextuales implícitos que apuntan a la experiencia de creación poética. Así, en "La memoria divina" (*Tala*, pág. 29) el discurso del yo alude a la posibilidad de recibir como dones: "una estrella" "la gruta maravillosa" "vaso (...) capaces de aromar", y a la reacción frente a ellos. Los dones fueron otorgados, pero el sujeto del discurso no supo guardarlos. El poema "La ley del tesoro" también despliega una pérdida, la de un tesoro que consiste en "temblor de ángeles en coro", en algo que al igual que la gracia pasa por la vida y se aleja dejando un "mundo hueco" A diferencia de los poemas anteriores, en éste el discurso del hablante se abre a la esperanza y se cierra con el anuncio profético de la recuperación del don por medio de un soplo divino en la boca emisora del canto: "Algún día ha de venir/ el Dios verdadero/ a

[9]Véase Riffaterre *Semantic overdetermination in Poetry*. En: *P.T.L.* A Journal for Descriptive Poeties and Theory of Literature, Holanda, North Holland Publishing Company, 1977.

su hija robada mofa/ de hombre pregonero/. *Me soplará entre la boca/* beso que espero".

Poemas como "Memoria divina", "La ley del tesoro" y otros, son poemas cuya lectura debe ser iluminada por el transtexto cultural platónico. El hombre perdió la contemplación del Bien máximo, que le fuera propia en el tiempo original mítico. En el presente debe conformarse con el conocimiento de las apariencias, de la sombra de los seres. El poeta gracias a la revelación puede decir palabras inspiradas en la verdadera realidad, dar testimonio del ser en sí.

2.4. Una nueva instancia del poeta como objeto de revelación se despliega en el poema "La copa" (*Tala*, pág. 33). Dicho poema se configura en dos ámbitos temporales: pasado y presente. En el pasado se recorre diversos lugares llevando una copa que debe ser entregada. El presente se constituye como la angustia posterior a la entrega. La plenitud no ha sido lograda, desprovista de su tesoro "callada voy" "camino lenta sin diamante de agua". Portadora de un don especial que le es otorgado sólo a algunos elegidos no ha logrado concretarlo en verdadera comunicación.

2.5. En estos poemas del ciclo "Alucinación" de *Tala* se ha configurado una nueva especificidad en relación al origen del poema. La inspiración le es dada al hablante, pero éste puede perderla, olvidarla o serle robada, es decir, existe la posiblidad de que se frustre en el acto de entrega del objeto poema al cual ella debiera dar origen.

En el poema "La copa", el don explícitamente consiste en un decir: "Pero entregando la copa, yo dije". Copa es en la simbología tradicional "un símbolo del contenido por excelencia. En cierto modo es la materialización de la envoltura del centro"[10]. El entregar la copa es la entrega de un don, don que es lo esencial, el centro. Así "La riqueza del centro de la rosa/ es la riqueza de tu corazón/ Desátala como ella (...) Desátala en un canto/ o en un tremento amor" (*Tala.*, "La rosa", pág. 41).

El don no es algo personal, que se cumpla en la interioridad del ser, sino que es algo que se recibe para ser entregado en un decir, es tarea del oficio poder desplegarla adecuadamente; es "el sol nuevo sobre mi garganta", y, es estrofa en el poema "La medianoche" (*Tala*, pág. 34). El llevar y entregar la copa son formas rituales, se la lleva cuidadosa-

[10]Cirlot, Juan Eduardo: *Diccionario de Símbolos Tradicionales.* Barcelona, Luis Miracle Editor, 1958, pág. 148.

mente y hay palabras que acompañan el gesto: "Mentira fue mi aleluya" "callada voy y no llevo tesoro", nueva constatación de la incapacidad de las palabras para transmitirlo.

2.6. La entrega del don puede verse frustrada por razones externas, por ejemplo, la incapacidad de los receptores para acogerlas, así en "La extranjera" (*Tala*, pág. 91): "hablando lengua que jadea y gime/ y que la entienden sólo bestezuelas".

2.7. En "Paraíso" (*Tala*, pág. 36) surge la posibilidad de que en otro nivel de realidad, cuando ya no se viva afligido por el tiempo entonces será posible la comunicación verdadera, comunicación de la cual el poetizar es nostalgia, signo sensible de su imposibilidad plena.

"Acordarse del triste tiempo/ en que los dos tenían tiempo/ y de él vivían afligidos (...) Un cuerpo glorioso *que oyó/* y un cuerpo glorioso *que habla/* (...) Un aliento que va al aliento".

Al mismo ciclo pertenece el poema "La gracia". La "gracia" es algo que pasa por la vida del hombre, es como el viento, es dura fuerza capaz de transformar a aquél que está en disposición de recibirla: "yo me alcé". Es un momento especial y mágico. Dura un instante y desaparece, pero deja "temblando" a quien la acoge... los demás "duermen a sábana/ pegada". Para la recepción del don es condición necesaria el estar alerta. Un metatexto explícito, acompaña en nota a este poema y se refiere a la palabra "albricia", la cual es usada por la autora en el sentido que se le da en Chile de *suerte, hallazgo o regalo.*

2.8. La poesía en cuanto es don procede de una instancia ajena al sujeto que emite el discurso. Este último juega el rol de canal o puente por el cual el don recibido fluye hasta los receptores del mensaje. En "La copa" lo llevado es un "diamante de agua". "Agua", porque poetizar es un hacer que fluye y "diamante" en cuanto lo fluyente se materializa y fija en poema. En el mismo sentido, poemas como "Agua" (*Tala*, pág. 59), "Cascada en Sequedad" (*Tala*, pág. 60), en los cuales un agua extraña detiene el aliento, rompe "mi vaso", se derrama y además transforma al yo de la enunciación en un ser en el que se instaura lo original primigenio:

"ganas tengo de cantar/ sin razón de mi algarada (...) sin poder cantar de lo alborotada (...) y un río que suena/ no se dónde, de aguas/ que me viene al pecho/ y que es cascada./ Me paro y escucho/ sin ir a buscarla/ ¡agua, madre mía/ e hija mía, el agua".

Reflexión metapoética acerca del origen de la canción. Nuevamente ésta, bajo el símbolo de agua fluyente que se hace presente "sin ir a buscarla". Nuevamente el sujeto del discurso se detiene para escucharla. Aguas que se instalan en su pecho y dan origen al poema. Aguas que son madre e hija a la vez[11].

2.9. En "Recado de Nacimiento para Chile" (*Tala*, pág. 131) se registran también afirmaciones explícitas sobre el quehacer poético, ahora, sobre la posibilidad de crear mundos: "y mire el mundo tan familiarmente/ como si ella lo hubiese creado, y por gracia...", pero a la niña recién nacida no deben mecerla con canto, sino "con el puro ritmo de las viejas estrellas". No debe ser distraída por cosas contingentes para que pueda escuchar el silencio y el ritmo cósmico... la música de las esferas[12].

El informe aquí presentado consiste en la recopilación, organización y primeros resultados a los que se puede llegar a partir del material metatextual referido a la creación poética en los libros del período de formación mistraliano. La observación de estos materiales hace presente un factor común en todos ellos: el origen de la obra poética está en un algo dado. Ello se manifiesta bajo dos formas: como respuesta del creador a los seres del mundo o como revelación. Pensamiento que no es en modo alguno original, sino que pertenece a la más antigua tradición occidental y que cobra vigencia en diversos períodos históricos. Ya Platón concibió la inspiración poética como la forma de locura que se produce al que contemplando la belleza de este mundo se acuerda de la verdadera Belleza. Pocos son los hombres que tienen ese

[11]Es preciso, sin embargo, tener presente que don y gracia no están en la poesía mistraliana referidas en forma exclusiva al don poético. Están unidas también a otra forma de contacto con el misterio que se revelará por momentos en el reconocimiento de la propia identidad y destino. Así entre otros, en el poema "Beber" (*Tala*, pág. 92), en los "Himnos Americanos" (*Tala*, pág. 67 y ss.) hay voces que pertenecen a un ámbito sagrado que llaman al hombre y lo orientan al cumplimiento de su destino. Así por ej.: "Y en un relámpago yo supe carne de Mitla ser mi casta" ("Beber", *Tala*, pág. 42).

[12]Un texto clave en relación a la inspiración poética es "La flor del aire" (*Tala*, pág. 44). Texto que tiene una nota a pie de página en la que la autora dice que el poema es su "aventura con la poesía". Varios autores han recogido este metatexto y lo han considerado una clave de sentido; otros deniegan su importancia y analizan el texto desde perspectivas diferentes. Para presentar, por tanto, este poema entre los contextos poéticos que permiten apoyar la presente investigación, sería imprescindible la revisión crítica de las interpretaciones existentes. Como ello alargaría notablemente esta ponencia se dejará para ser desarrollado en pasos posteriores de la investigación en curso. Sí, puedo adelantar que en ella el metatexto explícito será considerado como el lugar en que se incluye las expectativas reales en que se inscribe la obra, puesto que el metatexto define y delimita el dominio del objeto.

poder evocador. En el *Ión*[13] se atribuye a la Musa el poder de endiosar a los poetas. No es el hombre capaz de hacer por sí bellamente, sino que lo hace por gracia divina. "Fue posible ver la Belleza en todo su esplendor en aquella época en que en compañía de un coro feliz teníamos ante la vista un beatífico espectáculo, mientras íbamos nosotros en el séquito de Zeus, y los demás en el de los restantes dioses, éramos entonces iniciados en el que es lícito llamar el más bienaventurado de los misterios" (Fedro, pág. 250).

Veinticinco siglos más tarde Heidegger[14] afirma que todo ser creado implica una techné (sea creación del artista o del artesano). Techné no es una ejecución práctica sino un modo de saber que significa percibir lo presente en cuanto tal. La esencia del saber consiste en que al hacerse un claro en el bosque se produce el des-ocultamiento del ente.

[13]Platón. *Banquete & Ión*, México, Universidad Nacional Autónoma, 1944; *Fedro*, Madrid, Instituto de Estudios Políticos, 1957.

[14]Heidegger, Martin: *Arte y Poesía*, México F.C.E., 1958.

ELIZABETH ROSA HORAN

Matrilineage, Matrilanguage: Gabriela Mistral's Intimate Audience of Women

A través de las introducciones que escribió sobre su obra poética, sus discursos orales, y las notas a sus poemas en prosa, Gabriela Mistral se preocupa por un grupo de lectoras ideales e históricas a la vez, una comunidad de lectoras que ella califica como "las mujeres de mi sangre ... mi familia espiritual." Su declaración positiva de identidad con ellas sirve como una alternativa a "lo femenino," condición impuesta por el círculo de administradores y editores pedagógicos que la canonizaron como "escritora de niños." Dentro de las sanciones y restricciones que tal patrocinamiento la prestaba, la Mistral encontró temas y géneros más allá de los niños. Ya que los límites patriarcales la prohibían los temas serios que todavía pertenecían al espacio público masculino, ella enmarcó el silencio varonil sobre la familia, el hogar y la maternidad. Ella propuso que esos temas "marginales" deberían estar al centro de un proyecto que la preocupaba desde sus "poemas de las madres" (1921) hasta su "Colofón con cara de excusa" (1945). Buscaba la legitimación de las latinoiamericanas como sujetos poéticos e históricos.

In poetry and prose, Gabriela Mistral repeatedly observes that the identity of the artist is inseparable from the artist's role in the community. She expressed this concept in words now carved into her tombstone looking across the arid slope above her childhood village of Montegrande, in Chile's Valle de Elqui: "lo que el alma hace por el cuerpo es lo que el artista hace por su pueblo." Mistral's epitaph illustrates an attitude she held throughout her life: what the artist does for her people is what makes her an artist. She creates her audience, first of all by recognizing them as her own, declaring her identity as one woman among many, using the first person plural not as a king would, but to proclaim solidarity, as when she wrote that "las mujeres no podemos quedar mucho tiempo pasivas, aunque se hable de nuestro sedentarismo, y menos callarnos por años" (Colofón 184).

For Mistral the greatest allegiances derive from shared suffering as well as shared origins and shared joys. Dating from her early years

REVISTA CANADIENSE DE ESTUDIOS HISPÁNICOS Vol. XIV, No. 3 Primavera 1990 in Mexico (1922–1924) she felt a lifelong solidarity and identification with Latin America's struggle against conquest and domination. As various writers have noted, Mistral strongly identified with those parts of her heritage – Basque, Diaguita Indian, Jewish – that stood for resistance against oppression. Her more general, persistent identification with women and specifically Latin American women as an oppressed class is largely ignored by a simplistic historicist criticism that has read Mistral's work as expressive of Mistral's personal dissatisfaction, the consequence of an unfortunate and tragic life. She is viewed as an isolated and nearly heroic figure rather than as a writer who deliberately established herself as a spokeswoman, writing to and about Latin American women.

Mistral's orientation towards an audience of women is most manifest in her dedications, introductions and prefaces, where she repeatedly pays homage both to individual women as well as to a larger community that she terms "las mujeres de mi sangre" (*Lecturas* xx). By contrast, when she names men, her gratitude is directed towards them as individuals and as representatives of the state. Her relation to Pedro Aguirre Cerda or José Vasconcelos, powerful men who protected her work as a writer by bestowing specific gifts and favours, is one of writer to patron. This relationship of subordinate to the higher ups who grant her, in her own words, "el único período de descanso que ha tenido mi vida " (*Lecturas* xx) is far from the writer's tireless dedication to the Latin American women whom she describes, in her introduction to the volume *Lecturas para mujeres*, as "mi familia espiritual" (xv).

Born in 1889, Gabriela Mistral belonged to the first generation of literate women in Chile. Earlier women from the upper classes read, wrote, and published their work for an appreciative few within the "puertas adentro" protection of the salons. As a self-educated provincial schoolteacher, Gabriela Mistral represented a previously unrecognized audience: the women of Chile's newly-emergent middle-class, readers who could purchase books and use libraries made possible by Chile's new-found mineral wealth. These women organized reading clubs such as the "Círculos de Lectura de Señoras." Unlike their mothers and grandmothers, these women were literate; they attended secularized schools, and they could enter the professions, particularly teaching: working for the state offered the best wages that a woman could make in Chile. They made up an important and as yet unrecognized part of Mistral's constituency. In *Estudios sobre poesía chilena* (95–104), Juan Villegas has pointed out that state patronage was crucial to Mistral's career as a writer and professional educator, and contributed to her eventual receipt of the 1945 Nobel Prize. By placing Mistral's work in the context of "generations" of primarily male poets, however, Villegas downplays the emphasis, in Mistral's earlier work, on home, hearth, and motherhood. That emphasis was crucial to her popular success. The poet's dependence on government wages and well-connected patrons helps explain her close attention, in her earlier work, to the "women's concerns" of home and family. What conventional criticism has failed to note is that she used these terms metaphorically: home in particular is linked with a rhetoric of power, as when Mistral cites as her goal: "Desearía que se realizara en mi raza ... elevar lo doméstico a dominio" (*Lecturas* xv–xvi). Adopting a perspective that emphasized "lo doméstico" made her work seem, at first glance, acceptable to a male status quo. Educational administrators looked approvingly at this concentration on the "domestic" without asking what it would mean if the domestic were elevated to dominion.

As Mistral grew less dependent on governmental patrons, her expressions of gratitude to them became less frequent while her stated emphasis on writing for and about Latin American women remained constant. The approval of a small, male audience mattered less once her fame was established. That fame grew out of educational textbook markets in which men were the editors and distributors and women were the consumers, and it survived an endless series of compromises involving male editors appropriating her status as an "unknown" (as in the introduction to the 1922 edition of *Desolación*, entitled "Palabras preliminares," probably written by Federico de Onís). Her residence in Europe, her responses to the Spanish Civil War and to the Second World War propelled her work beyond both the school-based audience that had provided the basis of her readership in Chile, Mexico, and Argentina, and beyond "Los Diez," the tiny, Santiago-based intellectual elite that had grudgingly praised her sonnets. Writing specifically for schoolchildren was, at first, a bridge toward poetic recognition. In order to be regarded as a serious writer, in 1926 she began burning that bridge by publishing in separate volumes her purported children's poems.

While Mistral somewhat disavowed the school-based audience of her early success she nonetheless continued to justify her work in terms of a readership of Latinamerican women whom it was intended to serve. By claiming such an audience, Mistral was to a large extent setting up a defensive strategy. Explaining why she writes "canciones de cuna," for example, she described them as being for the women who will sing them, "y no al niño que nada puede entender" (Colofón 183). In distinction to Lorca, who proclaims the primacy of the male child-spectator (160–61; 168), her aim is to give voice and words and therefore power to women, for she threatens that "el amor sin palabras nudo es, y ahoga" (Colofón 187). As a compiler and inventor of folklore, she aimed to speak in the areas where history had been silent: what better than to seek out the contributions of women artists, and to participate, as a woman, in the shaping of Latin American identity in the 20th century?

In Chile and Mexico, prior to the international recognition of her work, Mistral legitimates herself as a women's writer by noting that men have been silent about the subjects she chooses and about the audiences she prefers. In the "Nota" to "Poemas de la madre," for example, she defends her decision to write about gestation, employing the euphemism "este estado divino y doloroso ... con intención casi religiosa ... ya que los hombres no lo han dicho" (*Desolación* 180). The failure to understand what Mistral pointedly terms her "*almost* religious intentions" is symptomatic of a well-meaning but inaccurate reading of Mistral's stance on the themes of home and family as contributing to women's oppression. In fact, Mistral exploits the recognizability of seemingly safe, harmless phrases derived from the common language of piety and sentimentalized domesticity; she fashions these phrases into a code-language that would be familiar to literate women across national boundaries and social classes. She names as her general audience these Latin American women who are her "family members." Never before had they been explicitly named as historical subjects; few other writers, and none of her stature, had regarded them as an intellectual community worth addressing. Mistral was the first to address them; she was one of them. In insisting that their existence is what permitted her to write, all else – state patronage and the rhetoric of religious piety – amounts to protective manoeuvring that she drops when she sees fit. While side-stepping the divisive issues of class and of race, her socially-acceptable phrases such as "mi familia espiritual" and "maternidad perfecta" are thinly-disguised passwords describing a utopian, gynocentric world made to women's measure.

Mistral's supposed glorification of physical maternity illustrates how superficial was her conformity to the patriarchal circumstances in which she wrote. In seeking to emphasize women's individual and social identities, for example, she dismisses the reductive biological argument, asserting instead that all women are mothers, whether they have children or not: "Y sea profesionista, obrera, campesina o simple dama, su única razón de ser sobre el mundo es la maternidad, la material y la espiritual juntas, o la última en las mujeres que no tenemos hijos" (*Lecturas* xv). Writers who tirelessly cite this line to suggest that Mistral was a traditionalist ignore the larger context of her argument: that the inferior quality of education and literature made available to Latin American women is a relic of colonization and that it perpetuates underdevelopment. Looking beyond the apparently "safe" idea of maternity as the beginning and end of women's existence, Mistral engages in a revolutionary rejection of the fortress-like boundaries of class, urban or rural origin, and marital status, as enumerated in the words "profesionista, obrera, campesina o simple dama." These boundaries divided women in Chile then as now. Mistral's ideal of the feminine pushes aside these distinctions in order to proclaim the greater importance of the social responsibilities of women, which she calls "maternity" to make it seem acceptable, but which reaches far beyond producing offspring, and has nothing to do with offspring for "las mujeres que no tenemos hijos."

To engage in variations on the themes of "perfect maternity," of domesticity, and of women's relationship to the sacred allows Mistral to communicate with a large readership of women without appearing to challenge patriarchical constraints. In the language of cliché, "perfect" maternity consists of a mother's rapt devotion to her male child, given a narrow convention in which literary babes, standing in for a presumably male beloved, are invariably male. Palma Guillén exposes critical fascination with the male lover/child as the vanity that it is, when she writes: "seguramente esos comentadores han soñado con un amor así para ellos mismos y han querido una mujer así que se destroza en un nudo fatal de amor y muerte del que ellos mismos son motivo y objeto" (Guillén de Nicolau x).

Despite the inordinate interest of critics who have singled out for endless commentary the fewer than twenty poems directed toward an ostensibly male lover/child, out of Mistral's thousands of published pages, her poetry's references to males are infrequent and unflattering. This is especially notable in the work that deals with maternity, such as the "Poemas de las madres." In addressing "el esposo," for example, the speaker begs for clemency and to be released, while she is pregnant, from marital duties that include sexual intimacy and waiting on her husband. The fear of male violence that pervades these prose poems has been strangely overlooked by critics who would rather codify the desire, in these poems, as desire for a male lover and/or child, rather than as a desire for refuge within a community of women. Hernán Díaz Arrieta, for example, refers to the "punzante melancolía de la esterilidad" of these poems (xvii), although neither sterility nor barrenness appear therein – quite the opposite. Neruda similarly reveals his own preoccupations by getting the title wrong, referring to them as "Poemas del Hijo" rather than as "Poemas de las madres" (305). Both Díaz Arrieta and Neruda assume that figure of the poet as grieving woman owes to her solitude and specifically her isolation from a maternal role. Neither writer notes the speaker's fear of male violence in these poems. No one, to my knowledge, has noted how sympathetic are the poet's representations of relationships between women in these poems and in her poetry over all.

The women-oriented side of Gabriela Mistral's work has been ignored for two reasons: one, because it can't be reduced to conventional romantic or political terms, and two, because critics disparage its audience, as in a recent writer's attitude towards the "poesías infantiles." In an otherwise superb article Schopf comments that "esos poemas deberían haber hecho llorar muchas madres, pero nada más" (165). The tendency to disparage the wider audience for Mistral's work reflects continuing patterns in the poet's reputation: only certain forms, such as her sonnets, and certain volumes, such as the second edition of *Desolación*, along with the elegiac and americanist poetry of *Tala* and *Lagar*, are studied seriously. Scholars rarely if ever study the longer, more wide-ranging and often narrative works directed toward a specific community – *Lecturas para mujeres*, the rondas, the canciones de cuna, the poesías infantiles and, it would seem, much of *Poema de Chile*.

Mistral's interest in maternity is a socially-sanctioned means to an end that critics have not been inclined to recognize: the representation of positive connections between women. Such relationships between comadres contrast with the troubled and distant relationships with men. This is especially strong in early works such as "Recuerdo de la madre ausente" or "La mujer fuerte," and throughout the introduction to *Lecturas para mujeres*. Positive relationships between women also figure in the numerous biographical and historical sketches that she began in *Lecturas para mujeres* and continued to publish until her death. The later poetic *recados*, published in *Tala* and elsewhere, are an attempt to write popular history by celebrating examples of women's heroism. Finally, women's community is crucial to *Poema de Chile* – that unfinished symphony in which the poet struggles to preserve, through elegy, dramatic dialogue, and understated narrative the living features of the land she knew so well.

In Mistral's later life, writing of, for and about women's community could counteract a sense of betrayal and increasing isolation. In her early correspondence with friends in Chile the poet was keenly aware of her status as an unwelcome or readily attacked outsider in terms of class and gender; she grew particularly sensitive to the accusation of "arribismo" (Epistolario 369–71). Oblique references to schemes against her, within Chile as well as abroad, are scattered throughout her letters.[1] Given that Mistral's anti-fascism began in resolutely americanist perspective compounded with a personal identification with Indians and Jews as racially oppressed, her perceptions of hostility from fascists or sympathizers clearly mix race with politics. Gender and class enter into attacks based in envy, given Mistral's unique, and lonely success as a woman with no ties of marriage, family, class or caste to have helped or hindered her. Laura Rodig's account of events preceding Mistral's pressured departure from Madrid in 1935 (occasioned by the unauthorized publication in Santiago of a private letter critical of the government of Primo de Rivera). The account is a useful example of how Mistral stood under fire in questions of race and gender:

> En una comida de intelectuales, en Madrid, a la cual fué invitada, hubo un discurso "muy especialmente endilgado a mí." Cuenta que, de pronto, oye que se está diciendo, que ella ha agradecido o alabado siempre el que los españoles conquistadores de América, mezclaran su sangre a la aborigen y "lo que sucede es que esta señora no sabe que, si los españoles tomaron indias, fué por que allá no había monas."
>
> El impacto fué terrible. Gabriela pretendió contestar, pero las risas, aplausos, comentarios, etc., y lo insólito de lo que oía no se lo permitió. Fuera de sí, levantandose, se fué a interpelar a Don Miguel de Unamuno exponiéndole lo ocurrido y apelando a él como a lo más puro de la conciencia de España y Don Miguel de Unamuno se plegó a su detractor. Gabriela, entonces, completamente anonadada le argumenta en favor del número de los indígenas y mestizos y él exclamó: "¡Que mueran!"
>
> Ella, que era hispanófila, se guardó, por años, esta amargura, decía que desde entonces le pareció habérsele cortado de España el cordón umbilical." (Rodig 290–91)

Mistral encountered such hostility because of her position; ironically, her "success," that is, her job as a consul, prevented her from responding. Just as the "poesías infantiles" had earlier allowed her to work toward public recognition without presenting a threat to men, constructing an audience of women allowed Mistral a positive alternative that the various prejudices of class, of race, and of gender would otherwise deny her. In the bitter years of the Second World War and immediately following, the utopian ideal of community offered an alternative to a world torn apart by the machinery of war and of industry. In *Lagar*, the last volume that Mistral wrote in her lifetime, the sense of loss goes far beyond the personal.

In much of her poetry, Mistral's central metaphor for community is an older woman-younger girl or boy. This unit of two with various associates or "comadres," human and animal is most extensively developed in the posthumously-published *Poema de Chile*. The "mother-singer" (a code-word for the woman poet, or artist) is at the poem's center, in "Elogio de la canción" (which appears in the third edition *Desolación*, and was written around 1922, in Mexico). Mistral celebrates the singer as "la madre de la creación" who carries on the universal tradition of sacred song. Her explorations of language as a system of signs within culture reflects reciprocity between individual women and continuity between generations of women . Her "Recuerdo de la madre ausente" describes the poetic vocation as arising from the shared identity of mother and daughter (*Lecturas* 11–13, a 1922 revision of a piece that appeared in *El Coquimbo*, 1911) . The "Recuerdo" contains Mistral's revision of the creation story from Genesis: the mother has the place of the deity and the daughter, of Adam. She puns on domesticity, replacing "dominar" with "domicilar" and rejecting the theme of man's domination over the world. In place of God bringing the animals to Adam to be named, the mother brings the child into the world, and makes her at home in it. Revising Adam's self-centered declaration that the woman is "carne de mi carne," Mistral repeats the phrase "préstamo de tu carne" to describe how the daughter perceives the world through the mother's eyes and vice-versa, in this mother-centered creation story, her rocking and singing, "el primer músico," parallels the music of the spheres.

In Mistral's "family of creation" the father's slightly absurd "afanes" are unfavourably contrasted with the mother's heroism. "Somos más hijos tuyos," she declares, "los padres están demasiado llenos de afanes para que puedan llevarnos de la mano por un camino o subirnos las cuestas" (*Lecturas* 12). In contrast to the community-of-two, the father lives alone and apart: "El padre anda en la locura heroíca de la vida y no sabemos lo que es su día." In all, Mistral revises the Biblically-based, hierarchical view with an ideal of reciprocity, of give and take between daughter and mother; this reciprocity is complete when the daughter grows up and declares her allegiance with the mother and with other women.

The mother's gift of language to the daughter is the greatest gift of all: "No hay palabrita nombradora de las criaturas que no aprendiera de ti," she declares (*Lecturas* 12). Language as mother tongue articulates familial, national, and racial bonds, a point developed at greater length in Mistral's "Colofón con cara de excusa." The "Colofón" describes the lullaby as a folkloric art form necessary to overcome the miserable poverty and enforced dependency of Latinamerican peoples. In Mistral's work, women have the primary responsibility for creating and maintaining tradition, thus her enjoiner that women be "la higuera de leche de los cuentos." Storytelling, singing, and educating children are three inseparable and intertwined branches of women's continuing the tree of life; nature is alive through efforts of women gardeners; cultural continuity is likewise a specifically feminine chore. This sisterhood of "comadres" is rooted in but grows beyond the strictly biological relationships of mother, daughter, sister.

Mistral continued to describe herself as impoverished, friendless and isolated long after this had ceased to be the case. Anecdotal accounts have suggested that Mistral had a tenacious memory for slights and misfortunes, but I ask whether this response may not have been her way of creating symbolic truth, be it about male irresponsibility, alcoholism, or violence, or be it about her encounters with racism both as a mestiza and as a representative of Latin American culture. Given the strictly European orientation of the editors and critics who originally promoted her work, it is no wonder that they would push aside her long-term interest in the problems of racial conflict. Her promoters simply could not understand her vulnerability, nor would they recognize her construction of a sympathetic, like-minded audience, an audience of Latin American women, as a form of solidarity and self-defense. Success, sponsorship and professional advancement could not protect her from the jealousy of individuals who felt that Mistral's achievements, as a self-educated, provincial woman, a mestiza and an outsider, retarded their own advancement and offended their sensibilities, especially their sensibilities about what constituted appropriate behaviour for women. Neruda's *Confieso que he vivido* (305) recounts without much compassion or sympathy Mistral's version of the hostile response of readers in his own frontier town of Temuco: they had been sufficiently socialized to be shocked by Mistral's use of religious language to describe, in the first person, the process of gestation, by an unmarried schoolteacher. Such responses were what led Mistral to defend herself by invoking the sanctity of motherhood in her notes to the "Poemas de las madres." This conventional term allows her to claim, in the name of "las mujeres capaces de ver" those areas in which men have been silent.

When Mistral identified her readership as Latin American women, this allowed her to describe what kind of writing and what subjects women ought to study. In arguing on behalf of women's education she adopted the apparently "safe" point of view that "es muy femenino el amor de la gracia" (*Lecturas* xv). Reading and writing may make women more feminine, but she wisely avoids specifying what constitutes being "very feminine." Her readers, be they hostile or sympathetic to her project, may supply their own definitions. By declaring that men are not interested in motherhood she indicates an apparent acceptance of traditional gender roles. As when she observes that "son muy diferentes los asuntos que interesan a niños y niñas" (*Lecturas* xv) apparent acceptance of these roles allows her to stake out a space, initially small but always growing, in which women may speak while men will remain silent.

On the whole, only those who are ignorant of Mistral's particular vulnerability, or those who dismiss as unimportant her choice of themes would fault this early work for being over-careful, too conscious of sanctions. Perhaps the greatest lesson that this work can teach us is that in the course of acknowledging the limitations not just of gender but also of race, and of class, she twisted her supposed helplessness to her own advantage, as when she asks, in the "Oración de la maestra:" "Hazme fuerte, aun en mi desvalimiento de mujer, y mujer pobre." This appearance of accepting her place is exactly what authorizes her to speak; it belongs to what Josefina Ludmer has called, in her essay on Sor Juana Inés de la Cruz, "Las tretas del débil" – the tricks of the weak. With Mistral as with Sor Juana, as with any woman who has been given leave to speak, patronage can be self-defeating. Unlike Sor Juana's freedom in negation, Mistral sought out a larger world in the community of women. Mistral's understanding of feminine identity as a social construct that is based in reciprocity diverges from the tradition of distinctly male individualism that reached its pinnacle in Neruda, Mistral's friend and contemporary. At the very least, Mistral's concept of woman-centered relationships speaks of a communal and ultimately national identity (evident in *Poema de Chile*) founded in symbiosis rather than in conflict.

Arizona State University

NOTE

1 The poet's self-consciousness of her position as a Chilean consul can account for the very generalized terms in which she refers to detractors and enemies; see, for example, her "carta en cuadrilatero" which Vargas Saavedra reprints in full. A number of writers have treated the poet's perceptions of hostility as largely justifiable, explicable in terms of the envy towards her, given her gender (F. Alegría 37–52), her status as an outsider (Guillén, Introducción, *Lecturas*), and her identification as a mestiza (C. Alegría 17–19; 28).

WORKS CITED

ALEGRÍA, CIRO. *Gabriela Mistral íntima*. Recopilada, seleccionada e interpretada ... por Dora Varona viuda de Alegría. Lima, 1968.

ALEGRÍA, FERNANDO. *Genio y figura de Gabriela Mistral*. Buenos Aires, 1966.

DÍAZ ARRIETA, HERNÁN. "Historia de Gabriela Mistral." Gabriela Mistral, *Antología*. Santiago, 1982. i–xxiv.

GARCÍA LORCA, FEDERICO. "Añada. Arrolo. Nana. Vou Veri Vou. Canciones de cuna españolas." *Conferencias*, tomo I. Ed. Christopher Maurer. Madrid, 1984. 147–81.

GUILLÉN DE NICOLAU, PALMA. "Introduccíon," Gabriela Mistral, *Desolación – Ternura – Tala – Lagar –*. México, 1973, 1986. ix–xxxix.

LUDMER, JOSEfiNA. "Tretas del débil." *La Sartén por el mango*. Ed. Patricia Elena González. Puerto Rico, 1984. 47–54.

MISTRAL, GABRIELA. "Colofón con cara de excusa." *Ternura*. Buenos Aires, 1946. 138–46.

——. *Desolación*. "Palabras Preliminares." New York: 1922.

——. *Desolación*. Prólogo de Roque Esteban Scarpa. Santiago, 1979.

——. Epistolario a Eugenio Labarca. Ed. Raúl Silva Castro. *Homenaje a Gabriela Mistral*, Santiago, 1958. 266–81.

——. *Poema de Chile*. Revisado por Doris Dana. Barcelona, 1967.

——. "Introducción a estas Lecturas para mujeres." *Lecturas para mujeres*. México, 1924, 1976. xv–xx.

NERUDA, PABLO. *Confieso que he vivido: memorias*. Barcelona, 1974.

RODIG, LAURA. "Presencia de Gabriela Mistral: Notas de un Cuaderno de Memorias." *Homenaje a Gabriela Mistral*, Santiago, 1958. 282–92.

SCHOPF, FEDERICO. "Reconocimiento de Gabriela Mistral." *ECO*, Bogotá, 1982. 152–71.

VARGAS SAAVEDRA, LUIS. *El otro suicida de Gabriela Mistral*. Santiago, 1985.

VILLEGAS MORALES, JUAN. *Estudios sobre la poesía chilena*, Santiago, 1980.

BHS, LXII (1985)

The World Upside-Down in the Work of César Vallejo

STEPHEN HART

Westfield College, London

The *topos* of the world upside-down in Vallejo's work has, with the possible exception of Julio Ortega's study,[1] received little critical attention. James Higgins,[2] Roberto Paoli,[3] and Américo Ferrari,[4] three outstanding *vallejistas*, have devoted no more than a few pages specifically to this topic. As I hope to show, this particular *topos* enjoyed a vigorous and varied life throughout Vallejo's work.

The idea of the world upside-down, implying the stringing together of impossibilities (*adynata* or *impossibilia*), is, as E. R. Curtius has demonstrated, 'of antique origin', enjoying popularity in medieval as well as classical writers.[5] Helen Grant has, for her part, studied the biblical thrust of this *topos*:

> In Western Europe from the Middle Ages to the present day behind the idea of a world upside-down lies that of a world the right way up, created divinely according to a rational order, and Christians looked back to the Bible and the Fathers of the Church for one created by God in beauty and harmony for the fulfilment of man. After the Fall of Lucifer and of Adam and Eve, sin, confusion, and disorder came into the world.[6]

Guiseppe Cocchiara has also seen that, behind the various artistic manifestations of the world upside-down, lies the basic human desire to body forth an ideal world:

> L'ansia dell'uomo, in fondo, è quella di aspirare ad un mondo migliore, il che significa ad un mondo ordinato secondo i propri desideri. E questa stessa ansia accompagna le immagini e le categorie concettuali relative a un mondo capovolto, insomma a un 'mondo alla rovescia'.[7]

Despite the universality of this *topos*, which exists in popular as well as cultured art,[8] Vallejo no doubt was inspired to exploit this idea through his reading of European avant-garde literature, notably in literary magazines such as *Cervantes* from January 1919 onwards, and possibly *Grecia* and *Ultra*. While it is impossible to be certain about which avant-garde works Vallejo read,[9] it is clear that there exists an affinity between Vallejo's *Trilce* and the avant-garde movements of the twenties.[10] Like the surrealists later on in France, Vallejo sought in *Trilce* to liberate the mind from the restrictions demanded by reason and logic, thus transforming our conception of the world.[11] Indeed, in *Ultra*, on 20 April 1921, there appeared a definition of the Spanish avant-garde movement *ultraísmo* which evoked precisely the idea of the world upside-down:

> El ultraísmo consiste en volver el mundo del revés, y en rasgar la originalidad del envés inmáculo.[12]

Vallejo might even have come across this definition of *ultraísmo* in one of his frequent visits to the Lima bookshop *La Aurora Literaria*, the only one of its kind in Lima which kept abreast of contemporary art movements, and which, as Ángela Ramos remembers, was 'el punto obligado de reunión de los escritores de aquella época'.[13] However, on this point as on many others, Vallejo's spiritual affinity with the European avant-garde must be viewed as a coincidence. For Vallejo's preoccupation with the hidden reverse of reality had surfaced earlier in his first collection of verse, *Los heraldos negros*, which he submitted for publication in 1918. As one of the stanzas of 'Santoral' runs:

> Soy la sombra, el reverso: todo va
> bajo mis pasos de columna eterna. (82)[14]

It is interesting that Vallejo should see himself in this poem not only as 'el reverso' but also as 'the shadow'. Here Vallejo is resuscitating the archetypal image of the soul as a shadow-reflection. As J. G. Frazer has suggested:

> As some peoples believe a man's soul to be in his shadow, so other (or the same) peoples believe it to be in his reflection in water or a mirror.[15]

The poetic subject described in 'Santoral', we might suggest, is like the reflection in water or a mirror—the reverse of our normal categories of thought. But whereas the poetic search for the other side of reality was sporadic in *Los heraldos negros*, it was to take on growing importance in *Trilce* (1922).

The desire to turn the world upside-down, as expressed in the *Trilce* poems, is to be viewed as a modern example of a *topos* that has enjoyed a rich and varied tradition in European literature, especially in the avant-garde. For the search is ultimately directed towards a prelapsarian state. But, as we find so often in Vallejo's poetry, this poetical device is used for specifically personal ends. In Vallejo's early work (up until about 1925), this *topos* is used to characterize a pre-edenic state in which the poet is fully integrated with his animal self or *anima* (soul). But later on, the same *topos*, through revitalization with the Marxian dialectic, is used to represent the world of capitalism as a political world the wrong way up. Towards the end of Vallejo's life, a means of escaping this impasse by reverting the world to its original harmony seemed possible through the heroic efforts of the Republicans during the Spanish Civil War.

The search for the other side of reality is present in the very first poem of *Trilce*, thus setting the mood for the whole collection. The fundamentally animal quality of the poetic experience expressed is evident if we consider that the poem is essentially about excrementation.[16] The epiphany achieved by means of full integration with the biological function of the body is equally one of silence:

> Y por la península párase
> por la espalda, abozaleada, impertérrita
> en la línea mortal del equilibrio. (101)

Poetic inscape, here symbolized by *península*, is muzzled (*abozaleada*), and therefore silent. It is equally backwards to our normal conception of reality ('por la espalda'). Epiphany, as we see, reveals the hidden reverse of reality, transporting the poetic subject into a prelapsarian bliss that is totally animal and silent.

It should be pointed out at this stage that for Vallejo to search for a pre-verbal state of animal simplicity by using words is, of course, a paradox in itself. Indeed, the frustration springing from this desire to express the inexpressible often leads Vallejo to turn his destructive energy on words themselves. He pulls them to bits, vents his anger on their inexpressive object-like opacity. The best example of this is, perhaps, *Trilce* IX, where the phrase 'busco volver de golpe el golpe' is massacred to produce respectively 'vusco volvvver de golpe el golpe (. . .) busco vol ver de golpe el golpe (. . .) fallo bolver de golpe el golpe' (109). Vallejo's friends remember him as taking a fiendish delight in annihilating words. Juan Espejo Asturrizaga recalls how Vallejo once read one of Francisco

Villaespesa's poems and began pulling it to pieces, changing the words in the poem: 'Era como meterse dentro del poema y jugar en su interior hasta dejarlo deshecho.'[17] Ernesto More, commenting on the same mannerism, concludes that 'Vallejo jugaba con las palabras igual que un muchacho con sus juguetes, hasta destrozarlas'.[18] Interestingly enough, the madman of Vallejo's short story *Los Caynas* (1923) has a very similar mannerism:

> Luis Urquizo habla y se arrebata, casi chorreando sangre el rostro rasurado, húmedos los ojos. Trepida; guillotina sílabas, suelda y enciende adjetivos.

He guillotines syllables, solders and lights up adjectives, treating language in a way similar to Vallejo himself. Luis Urquizo is also a man who sees the world upside-down:

> Aquel hombre continuó viendo las cosas al revés, trastrocándolo todo, a través de los cinco cristales ahumados de sus sentidos enfermos.

Not only does he destroy language, and see the world upside-down, but he is also totally at one with the animal side of human nature. He and his relatives 'eran víctimas de una obsesión común, de una misma idea, zoológica, grotesca, lastimosa, de un ridículo fenomenal; se creían monos, y como tales vivían'.[19] Luis Urquizo is, as it were, the paradigm of the other self which the poems of *Trilce* attempt to body forth—a human animal living in a world that is back to front and pre-verbal.

Often, this other mysterious self is suggested through the symbolic use of the mirror. In *Fabla salvaje*, a short story of the same period, the protagonist, Balta Espinar, is perpetually haunted by the eerie reflection of himself in mirrors and water. A similar desire to go through the magic looking-glass forms the core of a poem 'Hay un lugar que yo me sé' published in *España* in 1923:

> Mas el lugar que yo me sé
> en este mundo, nada menos
> hombreado va con los reversos.
> —Cerrad aquella puerta que
> está entreabierta en las entrañas
> de ese espejo . . .[20]

The mirror becomes symbolic of a door onto the beyond. A similar idea is expressed in *Trilce* VIII:

> Pero un mañana sin mañana
> entre los aros de que enviudemos,
> margen de espejo habrá
> donde traspasaré mi propio frente
> hasta perder el eco
> y quedar con el frente hacia la espalda. (108)

The poetic subject will pass through the looking-glass to become totally at one with the reverse image of the self contained in the mirror. That other realm behind the mirror defies the Kantian categories of time ('un mañana sin mañana') and space ('quedar con el frente hacia la espalda'). In its evocation of a silent and timeless immobility, this poem brings to mind the canvas *La Reproduction interdite* by the Belgian artist René Magritte, in which a man is gazing, into a mirror, at the back of his own head.[21] Vallejo's poem, like Magritte's canvas, shows us a topsy-turvy world that is strange and mysterious.

A preoccupation with the wonderland behind the mirror, evident in different writers such as Paul Valéry,[22] Paul Éluard,[23] and Julio Cortázar,[24] appears in others of the *Trilce* poems, particularly LXXV, LXVII and XL.

Just as the image reflected in the mirror seems to hint at a mysterious other world, so too does the sound of music. Thus, in *Trilce* XLIX, for example, the sound of a piano revolutionizes the poet's conception of reality:

> Piano oscuro ¿a qué atisbas
> con tu sordera que me oye,
> con tu mudez que me asorda?
> Oh pulso misterioso. (146)

The roles of the poet and piano have been exchanged. Rather than the more normal situation of the poet hearing the piano, we are presented with the piano which hears the poet. The second proposition of the stanza obeys, equally, the law by which all is rendered topsy-turvy. The *mudez* of the piano deafens the poet. Thus, not only is the piano–hearer relationship reversed, turning the piano from passive to active participant, but the realms of sound and silence are likewise interchanged. Silence takes some of the character of sound. It is deafening!

In other poems we find a similar reversal of the values of sound and silence. In *Trilce* XLVIII, for instance, the 'penultimate coin', itself a symbol of transcendence,[25] is evoked as a resonant silence:

> Ella, vibrando y forcejando
> pegando gritttos,
> soltando arduos, chisporroteantes silencios,
> orinándose de natural grandor,
> en unánimes postes surgentes,
> acaba por ser todos los guarismos,
> la vida entera. (150)

Those silences which encapsulate the brief transcendent glimpse of 'la vida entera' are 'chisporroteantes' and related to natural biological processes ('orinándose de natural grandor'). This realm of 'entire life' is strictly that of the inner world. In *Trilce* V, for example, the intense subjectivity of Vallejo's search is brought into focus. In the second stanza of this poem, Vallejo suggests how the transcendence of binary opposition leads to an inward kingdom, silent and invisible:

> A ver. Aquello sea sin ser más.
> A ver. No trascienda hacia afuera,
> y piense en són de no ser escuchado,
> y crome y no sea visto.
> Y no glise en el gran colapso. (105)

The poet wishes his experience to remain as it is, within the self as a thought which cannot be heard, as a colour which cannot be seen. If not, the experience of triunine epiphany will slip into the great collapse, the Fall of the objective world. The prelapsarian bliss which the poet longs to attain is, thus, situated not in a distant past but within the self. Paradise, Vallejo seems to be saying, is there if only we could see it. For it is the animal reality of man.

The paradox behind this insight—which is at once archetypal and local[26]—derives from the fact that, were man to become fully integrated with his animal self, then the world would surely be turned upside-down. Such, at any rate, seems to be the idea expressed in *Trilce* XIII. The poem concludes by exulting the epiphany of the sexual act, when man is at one with his animal destiny:

Oh Conciencia,
pienso, sí, en el bruto libre
que goza donde quiere, donde puede.
Oh, escándalo de miel de los crepúsculos.
Oh estruendo mudo.
¡Odumodnuertse! (113)

The sexual act is seen as a scandal which, in its total rejection of Consciousness, turns the world back to front. Thus Vallejo writes 'estruendo mudo' backwards in the final exclamation of the poem. This attitude of vital acceptance of the animal and sexual reality of mankind, so admirably expressed in this poem, may well have been catalyzed, if not inspired, by the poetry of Walt Whitman, whom Vallejo was reading from at least 1917 onwards.[27]

This full integration with the animal reality of the human psyche often leads, in Vallejo's prose and poetry of the early period, to an obsession with incest. On a subconscious level, this preoccupation is linked to silence since, as Claude Lévi-Strauss has shown, one of the basic desires of the primitive mind involves escaping the social laws controlling the exchange of women and words, thereby returning to incest and silence.[28] In *Muro antártico* (1923), for example, incestual desire is depicted as an idyllically pure emotion:

> ¡Oh carne de mi carne y hueso de mis huesos! . . . ¡Oh hermana mía, esposa mía, madre mía![29]

In one of his prose poems, 'El buen sentido', no doubt written shortly after his arrival in Paris in 1923, Vallejo describes with undeniably sexual overtones a future reunion with his mother:

> Mi adiós es un punto de su ser, más externo que el punto de su ser al que retorno. Soy, a causa del excesivo plazo de mi vuelta, más el hombre ante mi madre que el hijo ante mi madre.

In this Oedipal *regressus ad uterum*, the normal conception of linear time can have no place:

> La mujer de mi padre está enamorada de mí, viniendo y avanzando de espaldas a mi nacimiento y de pecho a mi muerte. Que soy dos veces suyo: por el adiós y por el regreso. (185–86)

Notice how the mother is described as 'advancing backwards'. This particular version of the world upside-down is, as we shall see, common in Vallejo's poetry.

A similar uncanny encounter with the mother figure is the central incident in another of Vallejo's short stories, *Más allá de la vida y la muerte* (1921). Vallejo sees the meeting with his dead mother as an event that elides the logical categories of space, life and death:

> ¡Meditad sobre este suceso increíble, rompedor de las leyes de la vida y de la muerte, superador de toda posibilidad; palabra de esperanza y de fe entre el absurdo y el infinito, innegable desconexión de lugar y de tiempo; nebulosa que hace llorar de inarmónicas armonías incognoscibles.

In this sudden unexpected visitation from beyond the grave, the world is turned back to front. The protagonist becomes as a father to his own mother:

> como si a fuerza de un fantástico trueque de destino, acabase mi madre de nacer y yo viniese, en cambio, desde tiempos viejos, que me daban una emoción paternal respecto de ella.[30]

In *Trilce* also, Vallejo often uses the image of a journey in a backward direction to express the eeriness of the poetic experience as life's secrets are suddenly revealed. In *Trilce* X, for example, Vallejo is desperately searching for a hidden transcendent meaning to his life:

> Cómo detrás desahucian juntas
> de contrarios. Cómo siempre asoma el guarismo
> bajo la línea de todo avatar.

Numerical harmony (*guarismo*) surfaces beneath what at first seemed like non-consequential events. In the following verse, this line of transformations ('línea de todo avatar') is seen as a gradual quintessentialization of life:

> Cómo escotan las ballenas a palomas.
> Cómo a su vez dejan el pico
> cubicado en tercera ala.
> Cómo arzonamos, cara a monótonas ancas. (110)

Whales are reduced to doves, themselves archetypal symbols of the Ideal. Then the doves' beaks are cubed to produce the third wing ('tercera ala')—again with implications of transcendence in the image of the trinity. The stanza concludes with the final stage of this series of transformations—a state in which our normal conceptions of reality are stood on their head. The poet is riding on a donkey's back, but he is facing in the direction of the rump![31] A similar image of inversion appears in *Trilce* LXXI, but here it is sexual experience which turns the world topsy-turvy:

> Vanse los carros flagelados por la tarde,
> y entre ellos los míos, cara atrás, a las riendas
> fatales de tus dedos. (175)

The *carros* which are a symbol of the linear consecutivity of events are different from those of the poet ('los míos'), which are facing in the opposite direction ('cara atrás').

In these two *Trilce* poems, Vallejo uses a spatial image to evoke the world upside-down. In the prose poem 'Lánguidamente su licor', however, Vallejo manages to suggest reversal on the temporal as well as the spatial level:

> Un tiempo de rúa, contuvo a mi familia. Mamá salió, avanzando inversamente y como si hubiera dicho: las partes.

As in 'El buen sentido', Vallejo's mother is 'advancing backwards'. This spatial reversal also implies the reversal of time, for the scene takes place in 'un tiempo de rúa'. Such is the meaning of the conclusion of the poem. The children, like the hen's eggs, go backwards in time. They return to their point of origin:

> Fue una gallina vieja, maternalmente viuda de unos pollos que no llegaron a incubarse. Origen olvidado de ese instante, la gallina era sus hijos. Fueron hallados vacíos todos los huevos. La clueca después tuvo el verbo. (188–89)

Vallejo subverts Euclidean space not only in a horizontal sense but in a vertical sense as well. Thus, in *Trilce* LXVIII, for example, it begins to rain not downwards but upwards:

> Y llueve más de abajo ay para arriba. (172)

Similarly, in *Trilce* LXXVI, Vallejo joins hands with Heraclitus,[32] Saint John of the Cross,[33] and the surrealists,[34] in seeing upward and downward movement as one and the same:

¿No subimos acaso para abajo? (181)

In the prose poem 'Existe un mutilado . . .', Vallejo clearly links the animal reality of man with the backward movement into a different spatio-temporal continuum already described. It is indeed in this prose poem that the difference between the 'otherness' experienced by Vallejo and that espoused by the Christian tradition is made most explicit. The *mutilado* is an invalid not because he is unable to grasp the intellectual meaning of the world but because his fundamentally animal reality is unable to find expression in the human world:

> El mutilado de la paz y del amor, del tronco y del orden y que lleva el rostro muerto sobre el tronco vivo, nació a la sombra de un árbol de espaldas y su existencia transcurre a lo largo de un camino de espaldas.

Human consciousness, symbolized by 'el rostro', is merely a dead outer growth of the inner animal reality of the body, in turn symbolized by 'el tronco vivo'. Notice how this deep animal reality of man is associated with an upside-down world. For this specific invalid was born in the shade of 'un árbol de *espaldas*', and his life continues along 'un camino de *espaldas*' (my emphasis). In the remainder of the poem, Vallejo explores poetically the duality of mind and body, ultimately ascribing value to the animal side of man, with images that echo closely one of Whitman's poems translated into Spanish as 'Canto el cuerpo eléctrico':[35]

> Como el rostro está yerto y difunto, toda la vida psíquica, toda la expresión animal de este hombre, se refugia, para traducirse al exterior, en el peludo cráneo, en el tórax y en las extremidades. Los impulsos de su ser profundo, al salir, retroceden del rostro y la respiración, el olfato, la vista, el oído, la palabra, el resplandor humano de su ser, funcionan y se expresan por el pecho, por los hombros, por el cabello, por las costillas, por los brazos y las piernas y los pies.

Despite the fact that this human animal is unable to find adequate expression in the higher human senses—smell, hearing, speech—nevertheless, he is complete in himself:

> Mutilado del rostro, tapado del rostro, cerrado del rostro, no obstante, está entero y nada le hace falta. No tiene ojos y ve y llora. No tiene narices y habla y sonríe. No tiene frente y piensa y se sume en sí mismo. No tiene mentón y quiere y subsiste. Jesús conocía al mutilado de la función, que tenía ojos y no veía y tenía orejas y no oía. Yo conozco al mutilado del órgano, que ve sin ojos y oye sin orejas. (201–02)

Christ's parable contains the implicit assumption that man, when looking at the world or listening to the Word, should be able to see a mystic meaning beneath the surface. The function required is an intellectual one—man's divine ability to perceive spiritual truth beneath the apparent. The man not blessed with this ability is a 'mutilado de la función'. The *mutilado* Vallejo is describing, however, is mutilated for very different reasons. For it is his deep animal being, rather than his intellectual faculties, which is unable to function freely. For this reason, he is a 'mutilado del órgano', like the poet himself.

The unanimous message, thus, which emerges from the early period (including the short stories, *Trilce* and the prose poems) is that Vallejo is searching for an inner experience that is at once intensely animal and characterized by silence. We have seen how, in order to give this radical insight the desired impact on the reader, Vallejo employs the *topos* of the world upside-down. Later on in Vallejo's poetic career, however, we find a new system of values emerging. While in 1926, Vallejo could still be regarded as an avant-garde writer (he contributed in the June and October issues of *Favorables París*

Poema[36]), by the following year, he had cut most of his ties with the avant-garde movement. Thus, on 7 May 1927, in an article published in *Variedades*, no. 1001, 'Contra el secreto profesional: a propósito de Pablo Abril de Vivero', Vallejo accused avant-garde artists of being so out of 'cowardice' or 'poverty'. Vallejo, at this time, was gaining interest in politics. By at least August 1927, he was reading *L'Humanité*, the official organ of the French Communist Party.[37] Further reading soon followed. Before long, Vallejo was quoting and discussing political thinkers such as Marx, Lenin, Trotsky, Stalin, Bukharin, Plekhanov, among others. Vallejo's political studies profoundly revolutionized his poetic style in one significant way, for they introduced him to the Hegelian-Marxian dialectic, and particularly its intuition of how each term or phenomenon destroys itself while changing into its opposite. Vallejo had an inkling of this idea by at least early 1927. In March of that year, Vallejo published an article which discusses the physical laws of the universe in dialectical terms:

> No hay que atribuir a las cosas un valor beligerante de mitad, sino que cada cosa contiene posiblemente virtualidad para jugar todos los roles, todos los contrarios, pudiendo suceder, en consecuencia, que el color negro simbolice a veces, según los hemisferios y las épocas, el dolor y el placer, la muerte y la epifanía (. . .) Y esto prueba que toda cosa posee una gran multiplicidad de valores vitales y que, por ejemplo, un frío puede llegar a ser tan fuerte que produciría la combustión. Cada cosa contiene en potencia a todas las energías del universo.[38]

When Vallejo came to introduce this revolutionary insight into his poetry, he did so through images that themselves encapsulate dialectical mobility. In this Vallejo was not alone. The politicization of surrealism led many French surrealists independently along a similar path of poetic experimentation.[39] One of the first examples of the dialectical image in Vallejo's poetry is to be found in 'Sombrero, abrigo, guantes', a poem written perhaps as early as late 1926. In the last stanza of the poem, Vallejo explores a train of thought in which opposites are presented dynamically:

> Importa oler a loco postulando
> ¡qué cálida es la nieve, qué fugaz la tortuga,
> el cómo qué sencillo, qué fulminante el cuándo! (218)

Not only do we meet with a logically impossible fusion of opposites ('qué fugaz la tortuga'), but also one of Vallejo's favourite antitheses (used as an example in the article quoted above) of hot and cold. 'How hot the snow is!', Vallejo exclaims. While the image of 'icy fire' is a traditional one,[40] Vallejo uses it here, as elsewhere, in a dialectical sense. Thus, in 'Salutación angélica', he speaks of the bolshevik's 'calor doctrinal, frío' (221), in 'Esto . . .' of a 'frío incendio' (239), and in 'Los desgraciados', he exhorts the socially deprived in the following terms—'atiza / tu frío, porque en él se integra mi calor' (283). In 'Sermón sobre la muerte', we hear of how 'se quema el precio de la nieve' (247), and in 'Despedida recordando un adiós' of the 'frío del frío y frío del calor' (278).

Though used sporadically in his earlier poetry, the dialectical image in which relations between things are reversed came to constitute a cornerstone of Vallejo's poetic style from about 1927 onwards. Thus, the antitheses between upward and downward movement, though in evidence in *Trilce* as we have seen, achieved greater flexibility in the post-vanguard period, through catalyzation by the Hegelian-Marxian dialectic. In 'Gleba', for instance, the labourers descend 'por etapas hasta el cielo' (229), and in '¡Y si después de tántas palabras . . .', we are presented with the possibility of '¡Levantarse del cielo hacia la tierra' (276). In 'Los mineros salieron de la mina . . .', the miners are able to climb down looking up and to climb up looking down (224), while, in 'Himno a los voluntarios de la República', Vallejo exclaims:

¡Unos mismos zapatos irán bien al que asciende
sin vías a su cuerpo
y al que baja hasta la forma de su alma! (324)

In a similar vein, Vallejo plays off dialectical pairs such as night/day, moon/sun and light/dark in 'Quedéme a calentar la tinta . . .', 'Tengo un miedo terrible . . .', 'Ello es el lugar . . .' and 'Algo te identifica . . .'. In other poems, such as 'Oye a tu masa . . .' and '¿Qué me da . . .', Vallejo explores the dialectical tension of death and life.

Just how deep-rooted the dialectical method became in Vallejo's poetic style is suggested by the frequency with which the rhetorical structure of the poem itself is of a dialectical kind, as in, for example, 'Confianza en el anteojo . . .', 'Un hombre pasa . . .', 'Cuídate, España . . .' and especially 'Yuntas', as the title indicates. Occasionally, the dialectical method informs the semantic pattern, image and rhythm of a poem, as is the case with '¡De puro calor . . .', which opens as follows:

¡De puro calor tengo frío,
hermana Envidia!
Lamen mi sombra leones
y el ratón me muerde el nombre,
¡madre alma mía!

Beginning with the hot-cold antithesis we have already met, Vallejo subsequently unfolds a train of thought in which everything calls forth its opposite. Lions do what mice usually do and vice-versa. This topsy-turvy world is further delineated in the following stanza:

¡Al borde del fondo voy,
cuñado Vicio!
La oruga tañe su voz,
y la voz tañe su oruga,
¡padre cuerpo mío! (262)

Of special interest are the third and fourth lines of the stanza where Vallejo reverses the order of the noun phrase and verb, thereby generating a totally new idea; 'caterpillar' and 'voice' exchange grammatical positions. Dialectical intertextuality works, indeed, not only within the stanza itself but also between the stanzas of the poem. Thus, *hermana* of the first verse is antithetical to *cuñado*, of the second, as *madre* is to *padre*, and *alma* to *cuerpo*. Constant oppositions such as these, in the post-vanguard poetry, tend to produce a dynamic and tightly woven poetic fabric which articulates a dialectical world-view.

An acquaintance with the Hegelian-Marxian dialectic apparently sharpened Vallejo's political vision. During those years in which Vallejo's political commitment deepened, from 1927 until the apex of enthusiasm for Soviet communism in 1930–31, he continued to view the world as the wrong way up. Whereas, before, in *Trilce*, Vallejo subverted the given in order to create a poetic universe unhampered by the straitjacket of reason, now he sought to uncover the workings of the world according to political rather than purely artistic formulae. Throughout the *Poemas humanos*, which were written over a period of roughly eleven years from 1926 until 1937, Vallejo portrayed, apart from isolated examples, a cruel inhuman world based on social injustice. Like Marx a century before, who regarded his contemporary world as a world the wrong way up,[41] Vallejo came more and more to see the political reality of his own era as a grotesque distortion of an ideal world. Such is the political meaning of the first stanza of 'Los desgraciados', a poem written in the midst of the economic despair of the thirties:

Ya va a venir el día; da
cuerda a tu brazo, búscate debajo
del colchón, vuelve a pararte
en tu cabeza, para andar derecho. (282)

These lines express the Marxian insight that alienated labour, in a capitalist society, 'alienates from man his own body'.[42] The worker feels his own body as something reified, a mere object. Like a machine, it must be wound up and, as an object separate from the worker's being, it must be looked for under the mattress. The injustice of the worker's plight is expressed neatly by the *topos* of the world upside-down, for, in order to walk straight, the *desgraciado* must stand on his head. In a politically unjust world, all is back to front.

This terrifying political vision of the world the wrong way round is nowhere better delineated than in 'Los nueve monstruos', a poem which was again written in the thirties. The suffering caused by social inequality produces a topsy-turvy world which borders on a nightmare:

crece el mal por razones que ignoramos
y es una inundación con propios líquidos,
con propio barro y propia nube sólida!
Invierte el sufrimiento posiciones, da función
en que el humor acuoso es vertical
al pavimento,
el ojo es visto y esta oreja oída,

The cloud becomes solid, water stands upright, the eye is seen and the ear is heard. As the poem goes on to suggest, one of the reasons for this topsy-turvy world is capitalism:

¡Cómo, hermanos humanos,
no deciros que ya no puedo y
ya no puedo con tánto cajón,
tánto minuto, tánta
inversión, tánto lejos y tánta sed de sed! (243–44)

The word *inversión* is a focal point of the whole poem. Apart from its obvious meaning of 'inversion', this word also has the meaning of 'investment'—a lexical item which is catalyzed into existence through proximity to the word *cajón* (safe). As a pun, *inversión* thereby identifies the inverted world with a political system based on safes, investments, in short, capitalism. As the character called 'La masa' makes quite clear in Vallejo's play *Lock-Out*, written some years before (in 1931), but relevant to the context of the later poem:

¡Hay una revolución! . . . ¡La revolución! . . . ¡Sí, la revolución! . . . ¡La revolución que invertirá todas esas injusticias! . . .[43]

Two poems collected in *Poemas humanos* are especially noteworthy in that they map out what such an ideal world would be like were it to come into being. They were typed up towards the end of Vallejo's life, barely six months before his death, on 19 November 1937, and are entitled 'Ande desnudo . . .' and 'Viniere el malo . . .'. In the first of these two poems, Vallejo projects a world in which misfortune belongs to the rich rather than the poor, and in which the poor give up their labours and rest:

¡Ande desnudo, en pelo, el millonario!
¡Desgracia al que edifica con tesoros su lecho de muerte!
¡Un mundo al que saluda;
un sillón al que siembra en el cielo; (308)

In 'Viniere el malo . . .', Vallejo imagines a world in which everything is reversed, even creation itself:

> Comenzare por monte la montaña,
> por remo el tallo, por timón el cedro
> y esperaren doscientos a sesenta
> y volviere la carne a sus tres títulos . . .

Our normal world in which mountains, through erosion, one day become hills, in which stalks grow to form trees which are eventually turned into oars, in which the wood of cedar trees is used to make tillers, is completely turned on its head in Vallejo's poem. Would that flesh itself, as Vallejo goes on to say, 'return to its three titles', the Father, the Son and the Holy Ghost. Perhaps most significant of all, the upside-down world is one in which death no longer holds sway. As we read in the following stanza:

> Sobrase nieve en la noción del fuego,
> se acostare el cadáver a mirarnos,
> la centella a ser trueno corpulento
> y se arquearan los saurios a ser aves . . . (311)

Beginning with the heat-cold antithesis familiar by now, Vallejo strives to will into being a world in which the 'corpse might lay down to watch us' rather than the reverse, the thunder precede the flash of lightning, and in which saurians, defying the deterministic laws of evolution, 'might arch to become birds'. The revolution at stake is, thus, not only political but one which would upturn the structure of the very universe. It is perhaps the truest kind of revolution since it would actually entail reversing evolution itself!

When the Spanish Civil War broke out in June 1936, Vallejo immediately understood that the Republican cause was a genuine grass roots revolution of the people.[44] In the sheaf of fifteen poems which composed *España, aparta de mí este cáliz*, Vallejo departed from rigid communist orthodoxy in depicting the revolution of the Spanish working class in religious terms. Again the *topos* of the world upside-down flowed freely from Vallejo's pen. The apocalyptic vision announced in 'Himno a los voluntarios de la República', especially, possesses great affinities with the prophecies of Isaiah who predicted that 'será el pueblo como el sacerdote, el siervo como el señor, la sierva como la señora, el vendedor como el comprador (. . .)' (24:2). Sometimes the language of Vallejo's poem follows Isaiah's text quite closely:

> Así tu criatura, miliciano, así tu exangüe criatura,
> agitada por una piedra inmóvil,
> se sacrifica, apártase,
> decae para arriba y por su llama incombustible sube,
> sube hasta los débiles,
> distribuyendo españas a los toros,
> toros a las palomas . . .

We notice immediately that the sacrifice of the *miliciano* leads to a reversal of the laws of gravity ('decae para arriba') in a way by now familiar. The evocation of bull and dove living in harmony can be compared to Isaiah's prophecy of eternal peace within the animal kingdom:

> El lobo habitará con el cordero, la pantera se tenderá con el cabrito, el novillo y el cachorro pacerán juntos. (11:6)

This future paradise of the world the right way up entails a miraculous transfiguration of earthly laws:

¡Entrelazándose hablarán los mudos, los tullidos andarán!
¡Verán, ya de regreso, los ciegos
y palpitando escucharán los sordos!

This fragment of Vallejo's poem is almost a *verbatim* transcription of Isaiah:

> Entonces se abrirán los ojos de los ciegos y los oídos de los sordos se abrirán, el cojo saltará como ciervo y la lengua del mudo gritará de gozo. (35: 5–6)

The following line of Vallejo's 'Himno a los voluntarios de la República' has a beautiful symmetrical grace about it:

¡Sabrán los ignorantes, ignorarán los sabios!

In the second clause, we detect once more the presence of the Jewish prophet, who predicted that 'fracasará la sabiduría de los sabios, se ocultará la inteligencia de los inteligentes' (26:14). In the bliss upon earth which the militiamen are struggling to body forth, death will not kill but itself will die:

¡Sólo la muerte morirá! (321–26)

This imminent topsy-turvy world is again a reminiscence of Isaiah who prophesied that the Lord 'destruirá la muerte por siempre' (25:8).

The Revolution which the Republicans stand for is, thus, as much a spiritual as a concrete social transformation. It comes as no surprise, therefore, that those poems composed in the last years of Vallejo's life chart a gradual movement away from the previous emphasis on animality. In 'Batallas II', for example, the animal plane is superseded by the strictly human plane. The poem calls for a humanization of everything—animals, trees and even the sky:

para que todo el mundo sea un hombre, y para
que hasta los animales sean hombres,
el caballo, un hombre,
el reptil, un hombre,
el buitre, un hombre honesto,
la mosca, un hombre, y el olivo, un hombre
y hasta el ribazo, un hombre
y el mismo cielo, todo un hombrecito. (328)

Perhaps the most striking and original use of the *topos* of the world upside-down occurs with reference to poetic creation itself. In 'Pequeño responso a un héroe de la República', we find an image that, in effect, turns the Creation back to front:

y un libro, yo lo vi sentidamente,
un libro, atrás un libro, arriba un libro
retoño del cadáver ex abrupto. (341)

From the Republican hero's body, there springs a book, thus reversing the Genesis when, according to St John, 'the Word became flesh' (1:14). The flesh of the *miliciano* is turned back into Word; his fame lives on in Vallejo's verse.

The *topos* of the world upside-down was used in a variety of ways by Vallejo throughout his life. In *Trilce*, the prose poems and the short stories, this poetic device is a sign connotative of Vallejo's desire to return to a silent paradise of animal simplicity. Later on, and specifically because of his political conversion to communism, the *topos* is employed either to depict the social *status quo* as a world the wrong way up, or to describe the future religious and political utopia of 'paz indolora' (326). Despite Vallejo's changing preoccupations, this particular poetic device remained with him throughout.

NOTES

1 *Figuración de la persona* (Barcelona: Edhasa, 1971), 15–86.

2 *Visión del hombre y de la vida en las últimas obras poéticas de César Vallejo* (Mexico: Siglo XXI Editores, 1970), 43–44.

3 *Mapas anatómicos de César Vallejo* (Florence: Casa Editrice D'Anna, 1981), 79.

4 *El universo poético de César Vallejo* (Caracas: Monte Avila, 1972), 165–67.

5 *European Literature and the Latin Middle Ages*, trans. Willard R. Trask (London: Routledge and Kegan Paul, 1953), 95.

6 *Studies in Spanish Literature of the Golden Age Presented to Edward M. Wilson*, ed. R. O. Jones (Madrid: Támesis, 1973), 106. See also her essays, 'El mundo al revés', *Hispanic Studies in Honour of Joseph Manson*, ed. Dorothy M. Atkinson and Anthony H. Clarke (Oxford: The Dolphin Book Co., 1972), 119–37; 'images et gravures du monde à l'envers dans leurs relations avec la pensée et la littérature espagnoles', *L'Image du monde renversé et ses représentations littéraires et para-littéraires de la fin du XVIe siècle au milieu du XVIIe. Colloque International Tours, 17–19 novembre 1977*, études réunies et présentées par Jean Lafond et Augustin Redondo (Paris: Vrin, 1979), 17–33.

7 *Il mondo alla rovescia* (Torino: Editore Boringhieri, 1972), 23.

8 It appears, for example, in the traditional verse of the Andes. As a stanza of one such typical lyric runs:

> Vi a un hombre andar de cabeza
> y a un toro morder a un perro,
> sobre una montaña un cerro
> y un fraile que nunca reza,
> también vide una princesa
> desnuda y a pie pela'o,
> a un santo lo vi "cura'o",
> las estrellas por el suelo
> y en las alturas del cielo
> EL MUNDO AL REVÉS PINTA'O.

Poésie populaire des Andes, trans. Fanchita González-Batlle (Paris: Maspéro, 1965), 52.

9 Roberto Paoli, 'En los orígenes de *Trilce*: Vallejo entre modernismo y vanguardia', *Mapas anatómicos de César Vallejo* (Florence: Casa Editrice D'Anna, 1981), 31–50. Juan Larrea, *César Vallejo y el surrealismo* (Madrid: Visor, 1976), is also helpful.

10 Saúl Yurkievich, 'En torno de *Trilce*', *César Vallejo. El escritor y la crítica*, ed. Julio Ortega (Madrid: Taurus, 1975), 245–64.

11 Ferdinand Alquié, *Philosophie du Surréalisme* (Paris: Flammarion, 1955), 45–61.

12 Gloria Videla, *El ultraísmo* (Madrid: Gredos, 1963), 68.

13 Ernesto More, *Vallejo en la encrucijada del drama peruano* (Lima: Gráfica Labor, 1968), 50.

14 All page references in the text apply to *Obra poética completa* (Lima: Mosca Azul, 1974).

15 *The Golden Bough. A Study in Magic and Religion* (London: Macmillan, 1974), 253.

16 Juan Espejo Asturrizaga, *César Vallejo. Itinerario del hombre* (Lima: Juan Mejía Baca, 1965), 123.

17 Espejo, 60.

18 Ernesto More, 21.

19 *Novelas y cuentos completos* (Lima: Moncloa, 1970), 46–48. Don Luis Urquizo, on whom this fictional character is based, told Francisco Izquierdo Ríos how funny he thought it was that Vallejo had depicted him with this strange obsession:

> —Dicen que César me menciona en uno de sus cuentos—prosigue el viejo Urquizo—. Y que afirma que soy medio loco (. . .) Y que también yo me creía mono . . . ¡Qué ocurrencia! . . . Yo le perdono todas esas mentiras al loco de César, pues él era el loco, yo no.

Francisco Izquierdo Ríos, *César Vallejo y su tierra* (Lima: Ediciones Selva, 1972), 50.

20 *Poesía completa*, ed. Juan Larrea (Barcelona: Barral, 1978), 527.

21 *Catalogue of an Exhibition of Paintings by René Magritte 1898–1967 Organized by the Arts Council at the Tate Gallery 14 February to 2 April 1969*, ed. D. Sylvester (London: The Arts Council of Great Britain, 1969), 118.

22 Elizabeth Sewell, *Paul Valéry. The Mind in the Mirror* (Cambridge: Bowes and Bowes, 1952), *passim.*

23 Jean-Pierre Richard, *Onze études sur la poésie moderne* (Paris: Seuil, 1964), 105–39.

24 Daniel R. Reedy, 'Through the Looking-glass: Aspects of Cortázar's Epiphanies of Reality', *BHS*, LIV (1977), 125–34.

25 In a passage from 'Sabiduría (capítulo de una novela inédita)', first published in *Amauta*, año II, no. 8, Lima in April 1927 (17–18), but probably written years before, we see how closely Vallejo identified transcendence with imminence/virtuality:

> ¡Felices las vísperas, por que (*sic*) no han llegado todavía y no han de llegar jamás a la hora de los días definibles! Felices las madrugadas, por que (*sic*) nadie puede tocarlas ni decir nada de ellas, aunque encoven soles maléficos! Yo pude ser solamente el óvulo, la nebulosa, el ritmo latente e inmanente, Dios! (18)

Both the 'penultimate coin' and the 'peninsular' of *Trilce* I are symbols of transcendence precisely because of their virtuality. In both words, we are made to glimpse the literal and etymological meaning of the prefix *pen-* (almost).

26 The kinship of human, animal and vegetal forms of life is an insight built deep into the mythic cosmology of especially the American Indian; see G. Brotherston, *Image of the New World* (London: Thames and Hudson, 1979), 148–59.

27 Espejo, 57. This can only have been in the translation by Armando Vasseur, *Walt Whitman. Poemas* (Valencia: F. Sempere y Compañía, 1912).

28 *Les Structures élémentaires de la parenté* (Paris: Presses Universitaires de France, 1949), 616–17.

29 *Novelas y cuentos completos*, 15.

30 *Novelas y cuentos completos*, 27–28.

31 Sitting backwards on a horse was a punishment often meted out in the days of the Inquisition; see Cocchiara, illustration no. 28. The sense of transgressing social and moral codes is intended in Vallejo's poem.

32 The pre-Socratic philosopher believed that 'the way up and down is one and the same', Charles Kahn, *The Art and Thought of Heraclitus* (Cambridge: Cambridge U.P., 1981), 75.

33 Saint John of the Cross wrote of how:

> Cuando más alto llegaba
> de este lance subido,
> tanto más bajo y rendido
> y abatido me hallaba.

('Tras de un amoroso lance . . .', *Poesías completas y otras páginas* [Zaragoza: Ebro, 1976], 43).

34 As André Breton stated:

> Tout porte à croire qu'il existe un certain point de l'esprit d'où la vie et la mort, le réel et l'imaginaire, le passé et le futur, le communicable et l'incommunicable, *le haut et le bas* cessent d'être perçus contradictoirement. Or c'est en vain qu'on chercherait à l'activité surréaliste un autre mobile que l'espoir de déterminer ce point.

See Marcel Raymond, *De Baudelaire au Surréalisme* (Paris: José Corti, 1940), 292–93, my emphasis.

35 In this poem which appeared in Vasseur's translation, 186–93, we find a remarkably similar plea on behalf of the expressiveness of the body:

> La expresión de un hombre gallardo no se manifiesta en
> su rostro solamente,
> Se revela en sus miembros y en sus movimientos, en sus
> calderas y en sus muñecas,
> Se revela en su andar, en la actitud de su cabeza, en su
> talle y en sus rodillas. (186)

36 See Robert Gurney, 'Vallejo, Juan Larrea and their avant-garde magazine FAVORABLES PARIS POEMA', *Bulletin of the Society for Latin American Studies* (Glasgow), no. 31 (1979), 56–76.

37 In his article 'El otro caso de Mr. Curwood', *Mundial*, no. 380, 27 September 1927, Vallejo quotes an opinion expressed in the communist paper. The article is dated August 1927.

38 'Ultimos descubrimientos científicos', *Mundial*, no. 352, 11 March 1927.

39 Mary Ann Caws, *The Poetry of Dada and Surrealism: Aragon, Breton, Éluard and Desnos* (Princeton, New Jersey: Princeton U.P., 1970), 14–20.

40 Leonard Forster, *The Icy Fire. Five Studies in European Petrarchism* (Cambridge: Cambridge U.P., 1969), esp. 1–60.

41 Christopher Hill, *The World Turned Upside Down* (Harmondsworth: Penguin, 1975), 385–86.

42 *Karl Marx. Selected Writings*, ed. David McLellan (Oxford: Oxford U.P., 1978), 83.

43 *César Vallejo. Teatro completo*, prólogo, traducciones y notas de Enrique Ballón Aguirre, 2 vols. (Lima: Pontificia Universidad Católica del Perú, 1979), I, 63.

44 'Los enunciados populares de la guerra española', *Enunciados de la guerra española*, selección, prólogo y notas de Armando Zárate (Barcelona: Rodolfo Alfonso Editor, 1975), 27–37.

POETICA DEL INTERSTICIO

I

Enrique Ballón Aguirre
Universidad Nacional Mayor de San Marcos

Sin duda alguna, hay versos en este maldito *Trilce* que, justamente por derrengados y absurdos, hallan su realización cuando menos se espera. Son realizaciones imprevistas y cómicas, pero espontáneas y vitales.

César Vallejo[1]

TEXTO

Trilce

1 Hay un lugar que yo me sé
en este mundo, nada menos,
adonde nunca llegaremos.

2 Donde, aun si nuestro pie
llegase a dar por un instante
será, en verdad, como no estarse.

3 Es ese un sitio que se ve
a cada rato en esta vida,
andando, andando de uno en fila.

4 Más acá de mí mismo y de
mi par de yemas, lo he entrevisto
siempre lejos de los destinos.

5 Ya podéis iros a pie
o a puro sentimiento en pelo,
que a él no arriban ni los sellos.

6 El horizonte color té
se muere por colonizarle
para su gran Cualquieraparte.

1. Art. "París en primavera", en el diario *El Norte*, Trujillo, 12 de junio de 1927.

7 Mas el lugar que yo me sé
en este mundo, nada menos,
hombreado va con los reversos.

8 —Cerrad aquella puerta que
está entreabierta en las entrañas
de ese espejo. —¿Esta? —No; su hermana.

9 —No se puede cerrar. No se
puede llegar nunca a aquel sitio
—do van en rama los pestillos.

10 Tal es el lugar que yo me sé.

II. INTRATEXTO

0. El poema *Trilce* fue publicado originalmente en *Alfar* No. 23, la Coruña (España), octubre de 1923 y en *España*, Madrid, 1923. Posteriormente, ha sido incluido, como *addenda*, en la *Obra Poética Completa* de César Vallejo[2].

En este sentido y teniendo en cuenta que la poesía de Vallejo, posterior al poemario *Los Heraldos Negros*, abandona las matrices convencionales del post-romanticismo en el nivel prosódico, el criterio de segmentación para el análisis considera tres secuencias y diez lexías, segmentos que delimitan, en el plano de la manifestación textual, los marcos mayores y menores del plano del contenido en los cuales opera el metalenguaje semiótico.

SECUENCIA A

1. El enunciado de la primera lexía plantea inmediatamente la instancia de la enunciación "este mundo". Así se designa la categoría espacial y con ella el espacio de enfoque de toda la enunciación del poema, el *embrague de la instancia espacial* desde la cual el enunciador dirige su discurso; todos los demás espacios se localizan por referencia a ese embragador inicial.

La instancia espacial configura, entonces, la isotopía temática o abstracta de base. A su vez, esta coherencia sintagmática fundadora del poema que designa la instancia de enunciación, identifica dos isotopías globales, la primera *cosmológica* cuya iconización lexemática en la lengua natural es el *aquí*, y la segunda *noológica*, el *allá* (o "en otra parte") que es el espacio llamado "objetivo" (GREIMAS–COURTES) desembragado en relación con el embragador inicial e iconizado por "un lugar".

2. Biblioteca Ayacucho, Caracas, Venezuela, 1979.

A nivel de la manifestación, se oponen dos enunciados espaciales:

espacio enunciativo	/	espacio enuncivo
"este mundo"		"un lugar"

que además de establecer la ilusión referencial dominante del poema, producen el efecto de sentido *realidad*.

1.1 Pero debe tenerse presente que esas localizaciones espaciales tienen un nexo común establecido por los conectores gramaticales "en" – "hay", lo cual determina la organización espacial siguiente:

circundante	/	circundado
"en este mundo"		"hay un lugar"

y el conector semántico *saber*, conector metafórico que asegura el paso de la isotopía abstracta *espacio* a las isotopías figurativas cosmológica (*aquí* = "mundo") / noológica (*allá* = "lugar").

1.2 Por el conector *saber* la enunciación del poema se define ya desde la primera lexía como *el enunciador que habla sobre su propio saber*, enunciación enunciada o referida que rige el simulacro del *hacer enunciativo*. En efecto, el valor modal *saber* es asumido por el enunciador ("el poeta" = S_{1a}) cuya competencia previa es el *hacer–saber;* este enunciador pasa del plano virtual al plano actual, se actualiza por medio del actante sincrético sujeto (S_{1b}) que desde luego se halla en relación de conjunción con el objeto de valor *lugar* (O_1). Todo esto puede ser formulado en un programa narrativo (PN) o performance donde la función (F) es:

$$PN: F\ [S_{1a} \rightarrow (S_{1b} \cap O_1)]$$

1.3 ¿Dónde se da el objeto de comunicación? Ciertamente en el discurso y fijado por los embragadores actancial, espacial y temporal otorgados a cada isotopía, cosmológica y noológica:

"mundo" = yo + aquí + concomitancia ("sé")

"lugar" = yo + allá + posterioridad ("sé")

Los enunciatarios ("los lectores" = S_2) en cambio están excluídos de ese saber, ya que el enunciador reserva para sí el conocimiento de O_1, revierte en él, una especie de corto circuito en que el propio destinador del objeto-valor es sincréticamente destinatario del mismo: hay una transformación, como se ha visto en 1.2, pero es una *transformación reflexiva* o apropiación. Por eso la transformación que corresponde a los enunciatarios en vez de ser una realización o adquisición del saber, es una virtualización, transformación privativa o desposesión:

$$PN : F [S_1 \rightarrow (S_2 \cup O_1)]$$

fórmula por la que desde la perspectiva de S_2 el O_1 es sólo un valor actualizado pero no realizado en el discurso.

1.4 La primera lexía contiene también un segundo conector semántico de orden matafórico, *llegar.* Del mismo modo que el anterior, éste asegura el paso de la isotopía temática o abstracta *espacio* a las isotopías figurativas *aquí / allá,* pero ahora se incluye un nuevo actor sincrético "nosotros" que comprende al enunciador y a los enunciatarios en el enunciado "nunca llegaremos". Si se compara la función del primer conector y la que desempeña este segundo conector, tenemos la oposición:

positivo	/	negativo
"yo me sé"		"nunca llegaremos"

Esta oposición pone en controversia sémica *permanencia / desplazamiento,* correspondiéndole el segundo término del paradigma a *llegar.* Ahora bien, vertiendo ese valor en *lugar* tenemos el mismo objeto de valor (O_1) cuya relación con el actante sincrético S_3 ("nosotros" $= S_1 + S_2$) es disjuntiva:

$$PN : F [S_1 \rightarrow (S_3 \cup O_1)]$$

La inclusión anafórica de los enunciatarios hace que compartan la misma disposición de los embragadores que el enunciatario:

"adonde nunca"= nosotros + de aquí a allá +
posterioridad ("llegaremos")

2. Por su parte la segunda lexía propone, gracias a sus enunciados descriptivos, la teatralización o espectáculo de la *adquisición* del saber, esto es, la transformación transitiva o atribución. A diferencia del contenido de la primera lexía en que el valor *hacer-saber* era la competencia previa del enunciador, en esta segunda lexía aparece el valor modal *saber-hacer* o competencia cognoscitiva que abarca al enunciador y a los enunciatarios: "aun si nuestro pie llegase a dar por un instante". ¿Cuál sería esta competencia? Simplemente una habilidad para prever programaciones de ese *valor-saber,* pero sin alcanzarlo.

2.1 Así, al fracasar la competencia programadora atribuida al enunciador y a los enunciatarios, éstos se hallan privados de la competencia epistémica que les permitiría *estar.* Por lo tanto, ambos poseen:

a) una competencia cognoscitiva que se transforma en

b) una competencia programadora, cuyo programa fracasa al no conseguir

c) una competencia epistémica que devele el contenido del objeto-saber o mensaje.

2.2 La función de *estar* es, como la de *saber* y *llegar*, una función de conexión matafórica pero subsecuente, pues implica las dos anteriores. En este sentido, *estar* articula siempre *espacio* con "mundo" y "lugar" pero el primero tácitamente (presuposición de implicación) y el segundo por medio del adverbio de lugar "donde":

estar	/	no-estar
("mundo")		"donde"

Mientras *saber* es un valor modal, *llegar* y *estar* son valores descriptivos que efectúan la función de conexión, pero negativa: "nunca llegaremos"; "será, en verdad, como no estarse". Sin embargo, se introduce el pretérito imperfecto del subjuntivo "llegase" en esta segunda lexía y con ello una *posibilidad:* O_1 no está conjunto ni disjunto de S_3, sino en *suspenso;* posibilidad que finalmente se inclina por su contradictorio, la *imposibilidad*, al "no estarse". El juego de estas coerciones semánticas puede ser vertido al cuadro semiótico:

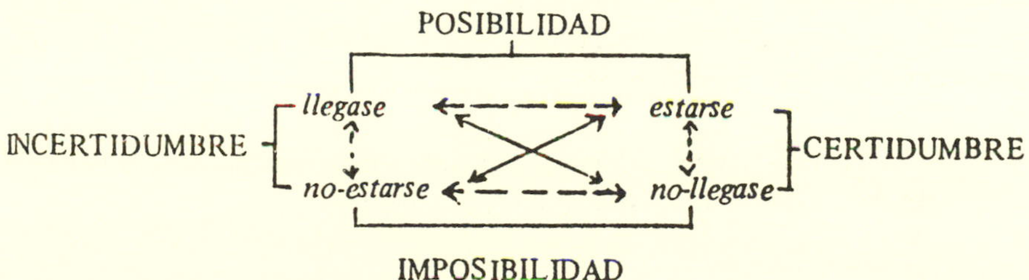

cuadro semiótico donde las relaciones son

– de contrariedad: ← – – – – – – – →
– de contradicción: ←————————→
– de implicación: ← · · · · · · · · →

Por esta estructura modal epistémica se explica claramente como la competencia del enunciador sanciona la posición cognoscitiva que se asigna a sí mismo y a los enunciatarios: la /incertidumbre/. La /incertidumbre/ finalmente opta por el término "no estarse" que resuelve negativamente la indecisión. Son, pues, dos programas narrativos, uno de indecisión y otro de resolución disjuntiva:

$$1\ PN : F\,[S_1 \rightarrow (S_3 \cap \cup O_1)]$$

$$2\ PN : F\,[S_1 \rightarrow (S_3 \cup O_1)]$$

Los embragadores respectivos se disponen del siguiente modo:
"aun si nuestro pie" = nosotros + de aquí a allá + anterioridad ("llegase")
"será, en verdad, como" = nosotros + allá + concomitancia ("no estarse")

2.3 El contrato enunciativo entre el enunciador y los enunciatarios se da, entonces, a partir del *hacer persuasivo* del primero sobre los segundos: proyecta un *hacer pragmático* "si nuestro pie llegase a dar por un instante", en que los valores son descriptivos y culturales. Efectivamente, "dar con el pie" o tropezar es un paralexema de amplio espectro semántico que toca directamente, a la vez, semas somáticos y gestuales que confirman este hacer pragmático dentro de la isotopía cosmológica del poema. Ahora bien, este hacer pragmático sirve de referente al hacer cognoscitivo o *saber-hacer* que, en este caso, no es emisivo, receptivo, activo, pasivo o interpretativo, sino un *hacer persuasivo e informativo* no-comunicativo.

3. La isotopía noológica encuentra en la tercera lexía un acodo parasinonímico de "lugar", "sitio", esta vez predicado por semas gestuales y somáticos en el enunciado "que se ve a cada rato". Otro tanto ocurre con la isotopía cosmológica: "mundo" se acoda en "vida" también predicado por semas gestuales y somáticos "andando, andando de uno en fila".

3.1 El hacer pragmático ordenado por los semas indicados, mantiene las posiciones espaciales correlativas a las de la primera lexía:

espacio enunciativo /	espacio enuncivo
"esta vida"	"un sitio"

pero aquí hay un cambio de sujeto, la no-persona iconizada por la impersonal transitiva "se" (S_4). El complemento directo "ver" constituye en el plano semántico un nuevo conector matafórico de valores descriptivos positivos: "se ve a cada rato en esta vida". Además, al embragarse la no-persona simultáneamente se desembragan al enunciador y a los enunciatarios que en las lexías anteriores operaban en su calidad de *embragadores enunciativos* tanto discretos como sincréticos, propios del discurso-enunciación. De esta manera, el embragador de la tercera lexía es un *embragador enuncivo* perteneciente al discurso-enunciado cuyo efecto también desembraga correlativamente a "mundo" y "lugar".

Al coincidir la misma afectación a las categorías de espacio (en las dos primeras lexías los embragadores enunciativos conectan con la categoría *espacio* tanto un espacio enunciativo como otro enuncivo, cosa que sucede igualmente en la tercera lexía) pero no de persona, podemos decir, entonces, que entre las dos primeras lexías y esta tercera se establecen embragues homocategóricos de espacio y heterocategóricos de persona.

3.2 Siguiendo el criterio homocategórico del espacio, el espacio se distribuye en:

circundante	/	circundado
"en esta vida"		"es ese un sitio"

espacios que se encuentran conectados de modo similar por el segundo conector de esta lexía, *andar*, y realiza la misma función en sincretismo con *ver*:

$$PN : F [S_1 \rightarrow (S_4 \cap O_1)]$$

El orden de los embragadores actancial, espacial y temporal es el siguiente:

"vida" = no-persona + aquí + intermitencia ("ve" – "andando")
"sitio" = no-persona + allá + intermitencia ("ve" – "andando")

3.3 Cabe observar que a pesar de haberse establecido una relación de conjunción entre la no-persona y el valor *ver*, ocurre lo mismo que en la lexía dos: siendo competente la no-persona para ver, no se enuncia lo que ve, y si puede andar,-no se indica hacia adonde. Por eso si bien se atribuye a la no-persona las competencias cognoscitiva y programadora, se le priva de la competencia epistémica que descubra el contenido del objeto-ver-andar.

3.4 Habiéndose suprimido la competencia epistémica de la no-persona, sin embargo los enunciados de la tercera lexía son afirmativos pues afirman la /certidumbre/ y niegan su término contradictorio, la /incertidumbre/. El hacer persuasivo del enunciador introduce la /certidumbre/ gracias al *discurso objetivo* que caracteriza a la no-persona, con lo cual el discurso de las primeras lexías se define como *subjetivo*. Si se homologa /subjetividad – incertidumbre/ de un lado y /objetividad – certidumbre/ del otro, observamos que son *posiciones intermedias* o graduales las que definen precisamente a toda la primera secuencia, por oposición a la segunda secuencia en que intervienen las modalidades aléticas, contradictorias a su vez con la intervención de las modalidades epistémicas en los enunciados de las seis primeras lexías.

4. Los clasemas contenidos en los enunciados de la cuarta lexía son interoceptivos y pertenecen a la isotopía noológica del poema. Como en la primera lexía, el enunciador toma para sí toda la enunciación del discurso, pero ahora con una finalidad precisa: determinar el *espacio congnoscitivo* del poema o "lugar de la manifestación del conjunto de las cualidades sensibles del mundo" (GREIMAS–COURTES). El enunciado "más acá de mí mismo y de mi par de yemas, lo he entrevisto" dispone las relaciones de orden proxémico precedentes en coordinación con aquellas que se encuentran en las lexías posteriores.

4.1 Prosiguiendo con las marcas homocategóricas del espacio, en esta lexía cuarta la isotopía noológica sustituye a la cosmológica referenciándola. Por su parte, el espacio enunciativo se bifurca desde la perspectiva central *aquí* (iconizada por "mí mismo") en dos posiciones periféricas, *acá* y *más acá;* correlativamente, el espacio enunciativo se bifurca desde su respectiva perspectiva *allá* en otras dos periféricas *allí* y *acullá:*

espacio enunciativo / espacio enuncivo
("acá") – "más acá" "destinos" – "lejos"

Estas posiciones periféricas no perturban, provisionalmente, la estructura espacial normativa ya descrita:

circundante / circundado
"más acá de mí mismo" "lejos de los destinos"

El enunciador que dirige nuevamente la enunciación desde el "yo" (S_{1a} = "mí mismo y de mi"; S_{1b} = "lo he"), considera un conector metafórico subsecuente que implica el *ver* de la tercera secuencia. Esto quiere decir que la competencia del enunciador-sujeto comprende el valor descriptivo *ver* que justamente le permite la performance del *entrever.* De este modo, *entrever* es un conector sincrético con *ver,* que también incluye a *andar.* El programa narrativo presenta la siguiente función:

$$PN : F\ [S_{1a} \rightarrow (S_{1b} \cap O_1)]$$

y los embragadores:

"más acá de mí mismo" = yo + acá y más acá + anterioridad

("entrevisto")

"lejos de los destinos" = yo + allí y acullá + anterioridad ("entrevisto")

Ahora bien, ¿qué espacio ocupa "mi par de yemas"? Por la preposición "de" que conecta "mí mismo" y "mi par de yemas", se produce una identificación en cuanto a la función gramatical, pero no así semántica: "yemas" contiene semas somáticos que incluyen al término en la isotopía cosmológica, mientras que en el primer caso se trata de la isotopía noológica. Es, pues, un espacio independiente, el *ahí*.

4.2 En vista de lo expuesto, el enunciado construido sobre la estructura espacial en el acápite anterior, se trastoca a partir del espacio primigenio iconizado por "mí mismo", espacio englobante o circundante que integra todos los demás espacios enunciados:

circundante /	1 circundado /	2 circundado /	3 circundado
"más acá"	("acá")	"destinos"	"lejos"

4.3 El orden temporal de los acontecimientos pone en relación las lexías segunda y cuarta. La programación temporal opone así dos localizaciones temporales extremas:

"un instante" / "siempre"

ambas en el *tiempo enuncivo* (entonces) correspondiente al espacio respectivo. El *tiempo enunciativo* (ahora) comprende, en el plano de la presuposición, la *concomitancia* que hemos visto intervenir en otras oportunidades.

4.4 El vertimiento de los valores o valores realizados en los conectores hasta la cuarta lexía, puede ser diagramado:

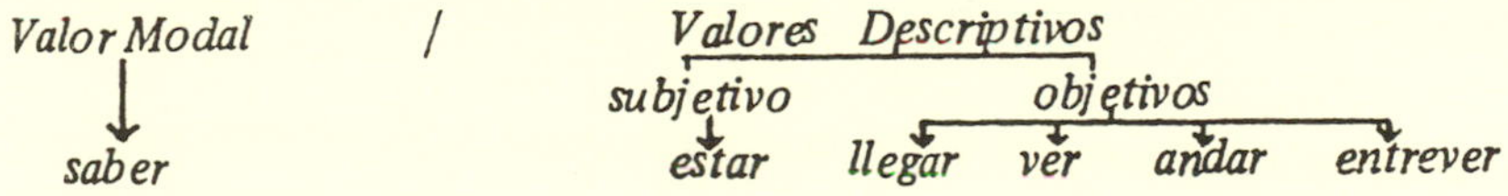

Valor Modal / *Valores Descriptivos*

Valor Modal ↓ *saber*

Valores Descriptivos: *subjetivo* ↓ *estar*; *objetivos* ↓ *llegar* *ver* *andar* *entrever*

5. En la quinta lexía se desembraga la enunciación en primera persona, para en su lugar embragar la segunda persona plural (los enunciatarios) y la tercera persona plural ("los sellos").

5.1 La isotopía noológica se configura con los semas interoceptivos de "sentimiento", imbricada en la isotopía cosmológica que se encuentra regida por los semas exteroceptivos del resto de la lexía. Los "sellos", por su lado, actualizan el sujeto S_5 con lo cual la quinta lexía tiene dos programas narrativos. En cuanto a las posiciones espaciales, tenemos:

espacio enunciativo	/	espacio enuncivo
("aquí")		"él"
circundante	/	circundado
("aquí")		"a él"

Los programas narrativos indicados incluyen a *ir* y *arribar* que cumplen la función de conexión matafórica común a los conectores resencionados. Sus valores descriptivos son objetivos:

$$1\ \ PN : F\ [S_1 \rightarrow (S_2 \cap O_1)]$$

$$2\ \ PN : F\ [S_1 \rightarrow (S_5 \cup O_1)]$$

La disposición de los embragadores en la quinta lexía, es:
("aquí") = vosotros + de aquí a allá + concomitancia ("podéis iros")
"a él" = ellos + allá + concomitancia ("no arriban")

5.2 La modalización de *poder* rige en la quinta lexía un enunciado descriptivo de *hacer* iconizado en el verbo "ir": "podéis iros a pie". Este *hacer* no es otro que el *desplazamiento* observado desde 1.4, pero a diferencia de *llegar* y *andar*, aquí se trata de un *poder-hacer*. Proyectando las coerciones indicadas en al cuadro semiótico, se tiene:

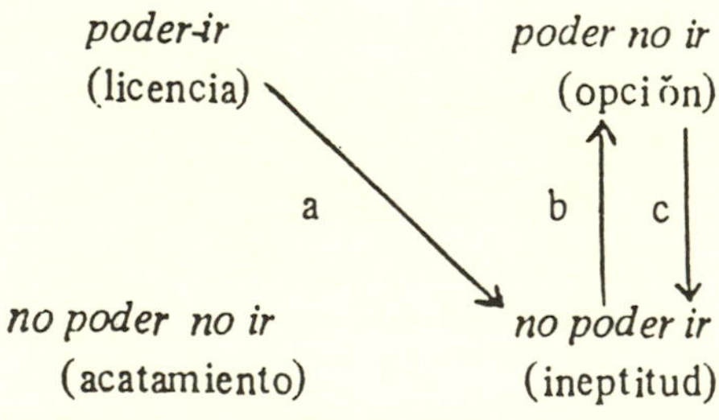

El primer enunciado está euforizado por el *poder-ir* y es disforizado con el contenido *no-arribar* del último enunciado. Teniendo en cuenta que la *licencia* abarca también a los parasinónimos "ir a pie", "andar" e incluso a "cabalgar" ("ir . . . a puro sentimiento en pelo") de una parte, y de la otra la *ineptitud* que comprende además "no-llegar" y "no-arribar", el texto presenta una transformación que al negar el término positivo *licencia* afirma el término negativo *ineptitud* (a); desde esta afirmación, surge el término necesariamente implicado *opción* (b); finalmente, y como toda esta sintaxis está dirigida explícitamente por el enunciador a los enunciatarios-lectores, se trata de un discurso aparentemente persuasivo ("podéis iros" = licencia + opción) pero en realidad es disuasivo ("a él no arriban ni los sellos" = opción + ineptitud) pues culmina reafirmando (c) la ineptitud o impotencia para efectuar la conjunción entre el sujeto y el objeto-arribar buscado.

Notemos, por último, que en esta lexía no se niega la implicación ni se afirma la segunda deixis, cosa que de producirse en el discurso conduciría al *acatamiento:* es un discurso disuasivo pero no conminatorio.

6. A la inversa de la lexía anterior, en la sexta lexía última de la primera secuencia, el espacio circundante es explícito y el circundado implícito o presupuesto. De esta manera se reequilibra la enunciación integral de la primera secuencia.

6.1 Los semas exteroceptivos de "horizonte color té" acodan la isotopía cosmológica que discrimina las siguientes posiciones espaciales:

espacio enunciativo	/	espacio enuncivo
("aquí")		("él")
circundante	/	circundado
"horizonte color té"		("a él")

El conector metafórico que presenta la sexta lexía está iconizado en "colonizar". En el mismo plano actancial, "horizonte" desempeña el rol de sujeto (S_6), estableciéndose un primer programa narrativo:

$$1\ PN : F\ [S_1 \rightarrow (S_6 \cup \cap O_1)]$$

Si comparamos este enunciado construido con el primer programa narrativo de la segunda lexía (Cf. 2.2), notaremos que dicho programa se encuentra modalizado por *estar* mientras que este de la sexta lexía está modalizado por la modalización desiderativa y factitiva *querer-hacer.* En efecto, "se muere por" es un paralexema de la lengua natural definido como "el enunciador quiere o desea violentamente lo que se dice a continuación" que en nuestro caso es "colonizar (el lugar o sitio)". Tal es la categoría modal volitiva enunciada y vertida en la competencia del sujeto, la misma que al carecer de la modalización del *poder* queda indecisa en un primer momento entre producir o no la transformación, reiterando finalmente la *permanencia:*

$$2\ PN : F\,[S_1 \rightarrow (S_6 \cup O_1)]$$

Los embragadores que informan esta lexía, se ordenan:
"horizonte" = él + de allí a acullá + concomitancia ("se muere")
("a él") = él + acullá + concomitancia ("colonizarle")

6.2 El *querer-hacer* pragmático o cosmológico tiene como propósito alcanzar un objetivo: el valor descriptivo y cultural "su gran Cualquieraparte" perteneciente a la isotopía noológica. La locución "cualquier parte" se suelda en el poema formando un sólo lexema nominal puesto en servicio de la demarcación, en el plano de la manifestación textual, de la isotopía figurativa parcial denominada *allí*. En cambio, "él" ("colonizar-le") designa la segunda isotopía figurativa parcial dependiente de la isotopía figurativa global noológica *allá*, el *acullá*. Así se determinan los espacios encajados en el *allá*:

circundante	/ 1 circundado	/ 2 circundado
"horizonte"	"Cualquieraparte" ↑	("él") ↑
	"para"	

A partir de lo expuesto, estamos en aptitud de determinar los ámbitos de vigencia de los modalizadores: *saber, saber-hacer, estar* y *poder hacer* norman la inteligibilidad de la isotopía figurativa global cosmológica *aquí*; el *querer-hacer* modaliza el ámbito de la isotopía figurativa global noológica *allá*, esbozando su posible inteligibilidad.

6.3 Con esta lexía-cierre de la primera secuencia, tenemos el diagrama final de la estructuración de la localización espacial planteada en el poema. A partir de la isotopía global abstracta o temática de base *ESPACIO*, se desprenden dos isotopías globales figurativas, una cosmológica *AQUI* y la otra noológica *ALLA*, la primera con dos isotopías figurativas parciales *más acá* (o *aquende*) y *acá*, y la segunda con otras dos isotopías figurativas parciales *allí* y *acullá* (o *allende*). Finalmente, la *espacialización cognoscitiva, ahí*, que mantiene con la isotopía de base una relación independiente. En resumen, el poema dispone las isotopías espaciales según este criterio:

A) Isotopía global figurativa cosmológica

– AQUI = espacio *tópico* o enunciativo.

Isotopías figurativas parciales

a) AQUENDE = espacio *paratópico* y *heterotópico* en relación al espacio tópico: *delante*.

b) ACA = espacio *heterotópico* en relación al espacio tópico: *detrás*.

B) *Isotopía global figurativa noológica*

– ALLA = espacio *ectópico* o enuncivo.

Isotopías figurativas parciales

a) ALLI = espacio *heterotópico* en relación al espacio ectópico: *delante.*

b) ALLENDE = espacio *utópico* y *heterotópico* en relación al espacio ectópico: *detrás.*

C) *Isotopía de espacialización cognoscitiva*

– AHI = espacio *atópico.*

Observación: la teoría semiótica general no considera la localización espacial de los espacios ectópico y atópico para designar, en la espacialización discursiva, el espacio enuncivo y la isotopía de espacialización cognoscitiva. La disposición espacial propuesta es, en este sentido, una reformulación de la distribución espacial en el discurso.

SECUENCIA B

La conjunción disjuntiva "mas" es el demarcador que indica el inicio de la segunda secuencia del poema. Sin embargo, no debe dejarse de lado, desde el punto de vista gramatical, que la conjunción adversativa "mas" cumple una función de coordinación semántica[3].

7. La sétima lexía inaugura la segunda secuencia del poema, repitiendo varios lexemas de la primera lexía. Esta recurrencia de elementos de la manifestación incide también en la mayor recurrencia semántica, lo que establece así otra regularidad entre la primera y la segunda secuencia.

7.1 En este sentido, la espacialización sigue las pautas generales; sólo hay una variante, pues en la primera lexía el segundo miembro del paradigma es un indeterminativo, mientras que en la sétima es un determinativo:

espacio enunciativo	/	espacio enuncivo
"este mundo"		"el lugar"

Al interior de la lexía, el adversativo "mas" cumple un efecto de sentido relacionador:

---

3. Aspecto también estudiado por CLAUDE ZILBERBERG a propósito del poema de ARTHUR RIMBAUD "Bonne pensée du matin" (Cf. GREIMAS, A.J. y otros, *Essais de sémiotique poétique*, Larousse, Paris, 1972, p. 142).

circundante / circundado
"en este mundo" "mas el lugar"

Si la oposición de los valores modalizador y descriptivo se dio en la primera lexía entre *saber / llegar*, en esta lexía se da entre *saber / ir*. Los programas narrativos comprenden dos nuevos sujetos, "lugar" que asume la actancia (S_7) y "reversos" (S_8) definido como "ente cuyo modo de ser es por completo opuesto al de otro ente". Pero ¿cómo definir el carácter de la *oposición* entre ambos sujetos? La respuesta se encuentra en el conector metafórico que forma sincretismo con *ir*, "hombrear", cuya definición es "querer igualarse con otro u otros en saber". De esta manera, la competencia de ambos sujetos es modalizada por el *querer-saber*, surgiendo la rivalidad frente a un segundo objeto-valor, el *saber* (O_2): *los dos sujetos quieren saber cuál es el contenido del saber*. El enunciado de estado que comprende esta lexía, sólo enuncia la /incertidumbre/ por la cual los sujetos no están conjuntos ni disjuntos con el objeto-valor (O_2) el que, a su vez, también es vacío (Cf. 2, 3.3). Por lo tanto, estos sujetos (S_7) y (S_8) contienen una competencia cognoscitiva y programadora en *suspenso*, pero carecen de la competencia epistémica. Así, tenemos dos programas narrativos, el primero de oposición disjuntiva entre los sujetos y el segundo que *elimina la posible comunicación participativa* entre ellos (sólo se enuncia la /incertidumbre/ de un posible intercambio virtual y por ello ninguno de los sujetos es destinador o destinatario):

$$1 \ PN : F \, [S_1 \rightarrow (S_7 \cup S_8)]$$

$$2 \ PN : F \, [S_1 \rightarrow (S_7 \cap \cup O_2 \cup \cap S_8)]$$

Cabe advertir que los sujetos operan desde las isotopías discriminadoras cosmológica (S_1) y noológica (S_7) y (S_8), ocupando la controversia entre los sujetos sólo la isotopía noológica. Los embragadores, son los siguientes:

"mundo" = yo + aquí + concomitancia ("sé")
"lugar" = él + allí y acullá + concomitancia ("hombreado va")
"reversos" = ellos + allí y acullá + concomitancia ("hombreado va")

7.2 A diferencia de la modalización del *poder* en la lexía cinco (Cf. 5.2), en la sétima lexía se halla ausente. Por esta razón, el enunciador –que ejerce en el discurso el rol de *sujeto del hacer*– determina con el enunciado "hombreado va con los reversos" el /acatamiento/ (no poder no ir), término vacante del cuadro semiótico en la quinta lexía: se trata, entonces, de un enunciado de constatación de estado o restricción negativa.

8. La octava y la novena lexías introducen la forma textual dialógica. De este modo, el enunciador y los enunciatarios son excluídos del discurso en provecho del interlocutor y los interlocutarios, señalados en la manifestación textual por medio de los guiones de la pregunta y la respuesta.

8.1 El primer enunciado dialógico es de carácter imperativo afirmativo lo que crea, respecto del primer enunciado de la lexía nueve imperativo negativo, una oposición homométrica de orden semántico. Esta oposición introduce la categoría modal deóntica *deber.* La localización espacial en la octava lexía, es la siguiente:

espacio enunciativo /	1 espacio enuncivo /	2 espacio enuncivo /	3 espacio enuncivo
("aquí")	"espejo"	"entrañas"	"puerta"

1 circundante /	2 circundante /	1 circundado /	2 circundado
("aquí")	"ese espejo"	"en las entrañas"	"aquella puerta"

Dos conectores metafóricos informan la lexía, *cerrar* y *estar.* Ahora bien, si el interlocutor ha sustituído al enunciador, mantiene la misma actancia (S_1), correspondiéndole al interlocutario la actancia (S_2). La competencia que corresponde a (S_2) es el *deber-hacer,* es decir, debe cumplir la orden de (S_1) cuya competencia es el *poder-ordenar:*

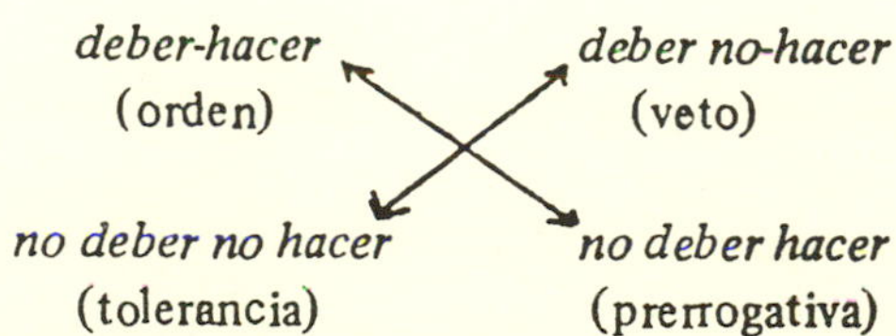

Ese *poder-ordenar* de la competencia del (S_1) no es otro que la reunión de las modalidades actualizantes (*poder-hacer*) con las modalidades realizantes (*hacer-hacer*), esto es, el poder-hacer-hacer- cerrar la "puerta" (O_3) o competencia pragmática del interlocutor. En cambio, la competencia del (S_2) se rige además por el *no-saber- hacer* del enunciado dubitativo "¿Esta? " resuelto por el enunciado de negación "No, su hermana". Como "puerta" y "hermana" son el mismo objeto-valor (O_3), a la "puerta" designada por los interlocutarios le corresponde la actancia (O_4).

La modalidad veridictoria *estar* de la dimensión cognoscitiva, determina el contrato entre el interlocutor y los interlocutarios, *contrato de comunicación* constituído por dos programas contradictorios, el del interlocutor (a) y el de los interlocutarios (b):

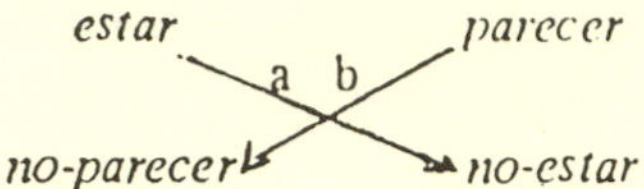

Ahora bien, si estar + parecer componen la categoría sémica planteada por el texto /certidumbre/ y no-parecer + no-estar la categoría sémica neutra /incertidumbre/, el interlocutor ordena a los interlocutarios pasar del *estar* al *no-estar*: "*cerrad* aquella puerta que *está* entreabierta en las entrañas de ese espejo"; los interlocutarios consienten a partir del término inicial *parecer* "¿ésta? " que desemboca en el *no-parecer*: "no; su hermana". El rol actancial de los interlocutarios es la *obediencia pasiva*. En suma, los programas narrativos enunciados son:

$$1 \text{ PN} : F\ [S_1 \rightarrow (S_2 \cup O_3) \rightarrow (S_2 \cap O_3)]$$

$$2 \text{ PN} : F\ [S_1 \rightarrow (S_2 \cup O_4) \rightarrow (S_2 \cap O_4) \rightarrow (S_2 \cup O_4)]$$

y el orden de los embragadores:

"espejo" = vosotros + allá + concomitancia ("está")
"entrañas" = vosotros + allí + concomitancia ("está")
"puerta" = vosotros + acullá + concomitancia ("cerrad")

correspondiéndole a la "puerta" señalada por los interlocutarios:

"puerta" = nosotros + acullá + concomitancia ("cerrad")

8.2 La puesta en perspectiva de los diferentes espacios por el enunciador, se hace por el procedimiento retórico de la *graduación descendente* que va desde el espacio circundante mayor ("aquí") hasta el espacio circundado menor ("acullá"). Podemos afirmar, entonces, que la actividad productora del discurso enunciado en este poema es la catalización exhaustiva de la categoría espacio.

8.3 "Entrever" de la lexía cuarta (Cf. 4.1) forma acodo isotópico con "entreabrir" de la octava lexía. Ambos paralexemas señalan *posiciones intermedias*, es decir, un código de mediación: "entreabrir" es una posición media entre "abrir" y "cerrar" como "entrever" lo es entre "ver" y "cegar". Por otro lado, "entrever" pertenece a la isotopía cosmológica y "entreabrir" está ubicado *allá* en la isotopía noológica: son conectores metafóricos que por su carácter de mediación ocupan, respecto de los otros conectores, una solución de continuidad confirmada en la novena lexía. Ello define, finalmente, esta isotopía figurativa y su código de homogeneidad semántica que permite la lectura uniforme del discurso: es una posición *trivial*, neutra, grado cero de la simbolización poética, la poética del *intersticio*.

9. Los enunciados de la novena lexía contienen la obliteración de todos los códigos isotópicos del poema, ya que la décima lexía enuncia solamente la confirmación de la enunciación contenida en el resto del poema, es un exordio o rúbrica semántica del texto.

9.1 Los dos primeros enunciados de las lexías octava y novena constituyen una oposición homométrica y contradictoria formulada "cerrad aquella puerta" / "no se puede cerrar", correspondiendo el primer término de la oposición al interlocutor y el segundo a los interlocutarios. El rol actancial de estos últimos es el del sujeto sincrético rehusante, *resistencia activa.* En cambio, el enunciado "no se puede llegar nunca a aquel sitio" emitido por los interlocutarios, confirma la negación emitida por el enunciador-interlocutor en el enunciado en la primera lexía "hay un lugar . . . adonde nunca llegaremos": es un enunciado de *adhesión.* Los conectores metafóricos son redundantes, *cerrar, llegar* e *ir,* pero aquí se incluye un nuevo sujeto "los pestillos" (S_9). A su vez, los tres conectores metafóricos son el *hacer* de esta lexía que articula dos categorías modales, una correspondiente a la quinta lexía (*poder ir*) que se encuentra en exacta contradicción con la novena lexía (*no poder cerrar; no poder llegar*) y la otra que enfrenta dos posiciones de la categoría modal deóntica *deber,* la primera consignada en la octava lexía (*deber hacer*) y la segunda contradictoria en la novena lexía (*no deber hacer*). El programa narrativo del enunciador-interlocutor es un programa según el *deber* mientras que el de los enunciatarios- interlocutarios lo es según el *poder.* Todo esto da lugar a un cuadro semiótico complejo cuyo régimen de relaciones de contrariedad, contradición e implicación, es el siguiente:

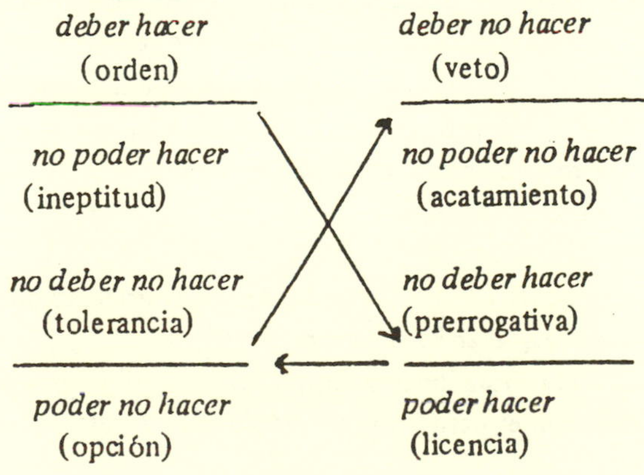

La oposición contradictoria fundamental se da entre el enunciador-interlocutor *deber hacer* (lexía 8) y el *poder hacer* de los enunciatarios-interlocutarios (lexía 5); en la lexía 8 se plantea la /ineptitud/ de los interlocutarios y en la lexía 5 la /prerrogativa/ del enunciador. Enseguida, la misma lexía 5 indica el paso de la /licencia/ a la /opción/ que culmina en la lexía 7, el /acatamiento/, correspondiente en el plano del *deber* al /veto/. La orientación de las flechas indica la sintaxis seguida, en la estructura profunda, por la combinatoria de las modalidades comprendidas en el discurso.

Como se ha señalado más arriba, la novena lexía pone en contradicción en los interlocutarios /ineptitud/ y / prerrogativa/: "no se puede cerrar. No se puede llegar". El primero de estos enunciados concluye el programa narrativo 1 de la lexía 8 y los restantes enunciados contienen dos programas narrativos independientes:

$$1PN: F[S_1 \rightarrow (S_2 \cup O_3) \rightarrow (S_2 \cap O_3) \rightarrow (S_2 \cup O_3)]$$

$$2PN: F[S_2 \rightarrow (S_4 \cup O_1)]$$

$$3PN: F[S_2 \rightarrow (S_9 \cup O_1)]$$

sus embragadores tienen este ordenamiento:

("puerta") = no-persona + acullá + concomitancia ("cerrar")
"sitio" = no-persona + allá + concomitancia ("llegar")
"pestillos" = ellos + de allí a acullá + concomitancia ("van")

9.2 Los adverbios de lugar "donde" y "do", por su redundancia, reunen en un solo código la segunda lexía con el enunciado final de la novena lexía. Además, los valores descriptivos y pragmáticos que introducen se colacionan, aunque no exista homología entre ellos. Efectivamente, de "pie" se dice que "aún si llegase a dar por un instante será, en verdad, como no estarse" y de "pestillos" (= cerrojos pequeños con que se aseguran cerradas las puertas) no se dice que estén acabados sino "en rama" (= expresión que se aplica a algunos productos faltos de cierta elaboración o transformación). La correlación nace de la participación de ambos en la misma categoría clasemática *tímica* (= humor, disposición afectiva de base), de orden *disfórica*.

9.3 El esquema *probable / improbable* autoriza las graduaciones observadas a lo largo del poema entre *querer-hacer* (saber, llegar, ir, etc.) y *poder-hacer* (sé, llegaremos, iros, etc.). Estas posiciones intermedias se equiparan, en la categoría modal de la certeza, con el paradigma *incertidumbre / certidumbre;* a su vez, el paradigma al participar en la dimensión cognoscitiva, tiene por referente el esquema *probable / improbable* de la dimensión pragmática del discurso.

Sin embargo, en la novena lexía la oposición categórica excluye todo elemento intermedio o graduación: es un torniquete semántico cuyo cierre es la categoría *imposible*. Desde este punto de vista, el poema tiene una arquitectura semántica de tradición retórica más amplia que los postulados estilísticos del romanticismo (por ejemplo, la rima asonante), pues si los tres primeros versos son un verdadero exordio, estos del epílogo contienen lo que R. BARTHES denomina "los recursos del gran juego patético" articulado en la oposición alética *posible / imposible* que, como se ha dicho, no admite términos medios: "no se puede cerrar. No se puede llegar nunca".

En ese entendido, la oposición *certidumbre / incertidumbre* cabe dentro del primer término del paradigma, es decir, lo *posible*; al pasarse al otro término en los versos epilogales de la novena lexía, se niega toda posibilidad de articular posiciones intermedias:

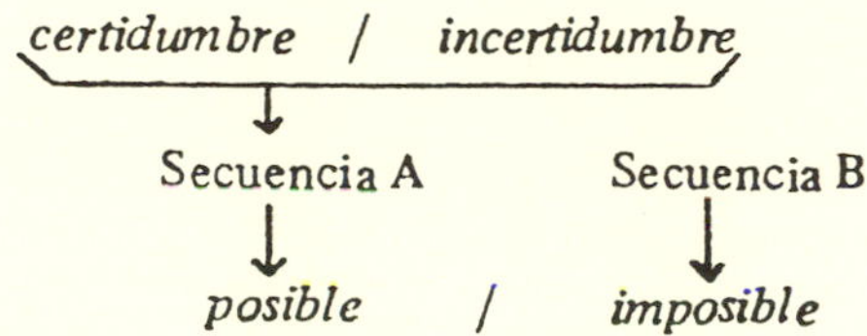

SECUENCIA C

10. La tercera secuencia, constituida por un sólo enunciado, concide con la décima lexía. Se trata de un escolio cuya función autónoma y reiterativa al mismo tiempo, confirma el primer enunciado del poema. Entre "Hay un" y "tal es el" opera la eliminación del suspenso por reafirmación, esto es, por *conjunción*: el círculo se cierra en una especie de corto-circuito, el "clic" del broche semántico o gatillo que vuelve la significación a su punto inicial y con ello se desencadena el *perpetum mobile* de la recursividad significante del poema.
10.1 Reaparece en esta décima lexía únicamente el enunciador (S_1) en relación de conjunción con el objeto-valor (O_1), interviniendo nuevamente el conector metafórico *saber* entre la isolopía cosmológica ("aquí") y la noológica ("allá"). A pesar de la recurrencia del mismo modalizador (Cf. 1.2, 2, 6.2, 7.1), no se devela el contenido del saber; en este último enunciado solamente queda *anunciado*, un mero *índice* de cierto conocimiento virtual en el enunciador: se sabe que existe pero no en qué consiste.

De allí que al no ser este *saber* un objeto en circulación entre el enunciador y los enunciatarios (Cf. 7. 1) se enuncia su *existencia* en el fuero del enunciador y su *ausencia*, a la vez, del dominio de los enunciatarios. Al final del poema, el objeto-valor permanece vedado e inalcanzable; su espacio fijado en el texto sigue siendo ectópico, utópico y heterotópico, vale decir, un espacio desembragado y no vuelto a embragar en alguna ubicación diferente a aquella de la cual nada se sabe. Por lo tanto, la transformación se reduce siempre al programa narrativo inicial de la primera lexía:

$$PN: F\,[S_{1a} \rightarrow (S_{1b} \cap O_1)]$$

y los embragadores se disponen así:

"Lugar" = yo + allá + concomitancia ("sé")

10.2 A la competencia del *saber* planteada por el poema, solamente en la jurisdicción del enunciador, le sucede de modo semejante a la *omnisciencia* o saber absoluto atribuido a Dios: se afirma su existencia en la competencia del Enunciador por excelencia y al mismo tiempo se asevera su ausencia del *topus uranus* o "mundo" de los enunciatarios. Desde luego, Dios puede saberlo todo, pero ¿dónde? . Dios en su caso, o "el lugar" en el nuestro, no ocupan el *espacio paratópico* –espacio que la teoría semiótica asigna a la adquisición del saber por los actantes– pues su ubicación es puramente virtual tanto en los discursos teológicos como en el poema.

> *Observación:* ciertamente, la necesidad imperiosa de crear un espacio paratópico y fantasmal en el cual se actualice el saber divino, hace que los discursos teológicos informen sobre un "cielo", en el cual Dios es competente *per ser*. Al alimón, los críticos trascendentes de la literatura pueden crear un *espacio autárquico* para "el lugar" desembragado en el poema (por ejemplo, "el Alma" del poeta), anclarlo en el τόπος de la biografía del escritor, de sus confidencias, de sus cartas, etc. o, lo que es peor, de cualquier intuicioncita ¿no es ese el tópico por excelsitud de la "inspiración", las "influencias" y de lo que Vallejo llama "la famicultura" o saber topicalizado a punta de "famas"? Teólogos y críticos se reparten así la explotación de ese espacio que ahora adquiere su denominación apropiada, el *espacio escatológico* que ellos mismos crean en sus propios discursos.

III. TITULO

0. El título del poema articula una instancia interior, el intratexto; desde el intratexto otros textos pueden entrar en correlación o *excursus* isotópico, temático y semántico con este poema, convirtiéndolo en punto de partida o *prolepsis*. Ellos constituyen así una primera instancia externa, el intertexto, los textos que componen el poemario del mismo título *Trilce* y otros poemas de los restantes poemarios de Vallejo. La segunda instancia externa, el contexto, abarca los textos no poéticos del mismo escritor (relatos, ensayos). El estudio correspondiente al intertexto y al contexto se orientará, entonces, desde la organización semántica del intratexto.

1. El título origina, frente al texto que titula, una relación semejante a la que se establece en un diccionario entre el término de entrada y su definición. La *elasticidad*, que es una propiedad de las lenguas naturales consistente en *condensaciones* (elipsis) y *expansiones* (catálisis) semánticas, describe el título como una condensación del texto o a la inversa, al texto como una expansión del título, su paráfrasis sustitutiva o denotativa.

1.1 "Trilce" es, desde la perspectiva de la elasticidad del discurso, un enunciado textual elemental que contiene tanto una *denominación traslativa* (si se considera que el intratexto no recupera la lexemática del título), como una *denominación artificial* que ordinariamente compete al metalenguaje científico. Desde este segundo criterio, "Trilce" es un lexema que no se encuentra en la lengua castellan y por ello es *arbitrario* como puede serlo un lexema científico operatorio; pero a diferencia de este último, no tiene valor alguno ya que no está previamente definido.

1.2 No obstante, atendiendo a la coordinación normal entre el texto poético y su título (o motivación que hace comprenderlos en un todo, el poema), debe considerarse que el título es axiomáticamente *adecuado* al texto del poema. ¿Cómo puede definirse, pues, esta relación adecuada entre el título y el texto, si aquél no tiene definición previa? Es una relación *catafórica* en la cual el título es el cataforizante y el texto del poema el catoforizado.

1.3 Una vez reconocida esta identidad catafórica, se puede homologar el vacío semántico del título con la categoría espacial también vacía del texto del poema, el *allá* iconizado en "lugar", "sitio", etc. De ese modo, la isotopía semántica noológica incluye en su código este nuevo término: *Trilce*, iconización final o denominación del espacio ectópico, utópico y heterotópico fijado en relación a las otras categorías espaciales incluidas en el discurso poético del poema.

2. La identificación entre el título, el intertexto y el contexto, se realizará siguiendo las isotopías semánticas descritas en la relación anafórica formal llamada *anáfora cognoscitiva.*

2.1 El rasgo definitorio principal de dicha anáfora cognoscitiva es la *paráfrasis oblicua* denotativa y connotativa, cuya finalidad será, a fin de cuentas, aportar el máximo de información textual posible para desambiguar el título. Se trata de un procedimiento de definición por *generación:* como la base genérica a definir es muy débil y demasiado general, no caben definiciones taxonómicas o funcionales y sólo es posible obtener una *definición oblicua.*

.2.2 En principio el intertexto está compuesto por los poemas del poemario *Trilce* numerados VII (estrofa 1), VIII (estrofa 3), XV (estrofa 4), XLIX (estrofa 5), LXI (estrofa 2), LXVII (estrofas 3 y 6) y LXXV (parágrafo 3). El intertexto comprende también toda la escritura versificada de César Vallejo no considerada en el poemario indicado, por ejemplo la sétima estrofa del poema "Viniere el malo, con un trono al hombro. . ." de *Poemas Humanos.*

2.3 El ámbito contextual comprende, por su parte, la escritura no-versificada de Vallejo. En razón del carácter más o menos figurativo de estos discursos tenemos en primer plano los relatos del escritor, principalmente *Fabla salvaje* ya estudiado desde la perspectiva sicocrítica por Eduardo Fernández[4], y luego los ensayos entre los cuales se puede citar *Enrique Gómez Carrillo, El Bautista de Vinci, La vida como match,* etc.

2.4 Texto, intertexto y contexto conforman así un *corpus* integral siguiendo el criterio de mayor a menor *densidad* poética y la articulación de la isotopía temática general iconizada en el lexema "Trilce", lexema que procurará la lectura del efecto de sentido interpretativo. A partir de esta articulación se describirán las nuevas isotopías semánticas globales y parciales no reconocidas en el poema estudiado, lo que permitirá describir finalmente las condiciones de producción del sentido.

3. Hemos visto que el epílogo del poema culmina en un discurso dialógico.

---

4. Exposición del 12 de diciembre de 1980 en el Seminario sobre Semiología dictado en el Programa Académico de Letras y Ciencias Humanas de la Pontificia Universidad Católica del Perú; será próximadamente publicada.

¿Hay algún contexto en el que continúe el diálogo entre el interlocutor y los interlocutarios? Sí, una entrevista de César González Ruana al escritor César Vallejo en 1931[5]:

> Muy bien ¿quiere Ud. decirme por qué se llama su libro *Trilce* y qué quiere decir *Trilce*?
> --¡Ah! pues *Trilce* no quiere decir nada. No encontraba, en mi afán, ninguna palabra con dignidad de título y entonces la inventé: *Trilce*. ¿No es una palabra hermosa? Pues ya no pensé más: *Trilce*.

---

5. Art. "César Vallejo en Madrid -Trilce, el libro para el que hizo falta inventar la palabra de su título'" en *El Heraldo*, Madrid, 27 de enero de 1931, p. 16.

METALANGUAGE IN HUIDOBRO'S *ALTAZOR*

LEE H. DOWLING

AS MOST CRITICS AGREE, *Altazor* is a poem about words, language, and poetry.[1] These constitute not only the subject of the poem but also its principal dramatic characters, for they themselves perform, experience, and undergo evolution as the work unfolds. While critics have not failed to recognize the metalinguistic nature of *Altazor*, most have neglected to elaborate upon the nature of its linguistic innovations. David Bary, in a stylistic approach, has offered many valuable insights, but because he fails to distinguish between the author Vicente Huidobro and the narrator Altazor-Vicente, Bary's interpretation is flawed by the introduction of much extrinsic material.[2] Saúl Yurkievich, taking an intrinsic approach, mentions that the poem's language goes from a state of corruption and impurity because of a too-close association with *things*, to a newness, a state of primeval innocence. As Yurkievich puts it, "Al considerarse el lenguaje sólo un mediador entre el hombre y los objetos el lenguaje ha perdido su energía original, se lo ha entumecido al enganchar cada palabra en la espada de una cosa."[3] Cedomil Goić, in his prologue to the Valparaiso edition of *Altazor*, sees clearly the transcendent importance of "los juegos verbales que utilizan de preferencia palabras creadas, llamadas también 'jitanjáforas' (Alfonso Reyes) o 'glosolalias' (Otto Jespersen) por los lingüistas, palabras soldadas ('portmanteau words' para Lewis Carroll), epitafios imaginarios y otras fórmulas lúdicas."[4] Perhaps owing to space limitations, however, Goić merely alludes to these verbal experiments without discussing them in detail. *Altazor*, as we shall see, warrants just such an extended discussion.

In the work of Bary, Yurkievich, and Goić, respectively, three important critical approaches of the present century are to be seen. The stylistic critic (Bary) attempts to recapture the original intuition of the author and to describe the correlation between that author and his system of expression.[5] Structuralism in its first phase views the literary work as a system whose rules are to be set forth in terms of functional oppositions, with linguistics as a model.[6] Structuralism in its second, or semiological, phase attempts to understand how the work itself functions as the investigation of a semiological system; that is to say that "the work is studied as the vehicle of an implicit theory of language . . . and is interpreted in those terms."[7] Following this last model, the one sketched by Goić, I will examine and attempt to formulate more explicitly the nature of

Huidobro's operative system in *Altazor*.

Altazor, as cannot be too strongly emphasized, is a poem explicitly metalinguistic and metaliterary. Virtually all of its content describes the need to renovate language, thereby freeing it. In the Preface the narrator, after an aerial encounter with a strange bird and an airplane, encounters a jocund and garrulous Creator, "un simple hueco en el vacío, hermoso como un ombligo."[8] This Creator is almost exclusively concerned with sound and language:

> "Hice un gran ruido y este ruido formó el océano y las olas del océano.
>
> "Este ruido irá siempre pegado a las olas del mar y las olas del mar irán siempre pegadas a él, como los sellos en las tarjetas postales.
>
> "Después tejí un largo bramante de rayos luminosos para coser los días uno a uno; los días que tienen un oriente legítimo o reconstituido, pero indiscutible.
>
> "Después tracé la geografía de la tierra y las líneas de la mano.
>
> "Después bebí un poco de coñac (a causa de la hidrografía).
>
> "Después creé la boca y los labios de la boca, para aprisionar las sonrisas equívocas, los dientes de la boca para vigilar las groserías que nos vienen a la boca.
>
> "Creé la lengua de la boca que los hombres desviaron de su rol, haciéndola aprender a hablar . . . a ella, ella, la bella nadadora, desviada para siempre de su rol acuático y puramente acariciador." (10)

> "I made a great noise and this noise shaped the ocean and the waves of the ocean.
>
> "This noise will always be stuck to the waves of the sea and the waves of the sea will always be stuck to it, like stamps to post cards.
>
> "Then I wove a long cord of luminous rays to sew the days together; the days which have a sunrise that is legitimate or reconstituted, but indisputable.
>
> "Then I traced the geography of the earth and the lines of the hand.
>
> "Then I drank a bit of cognac (because of hydrography).
>
> "Then I created the mouth and the mouth's lips to imprison equivocal smiles, the mouth's teeth to guard against the coarse words that come to our mouths.
>
> "I created the mouth's language that men turned aside from its role by making it learn to talk . . . the language, the language, the beautiful swimmer, turned aside forever from its aquatic and purely caressing role." (Note: in the last strophe there is a play of words on *lengua*, which means both language and tongue.)

This "rol acuático y puramente acariciador," as we shall see, is language *minus* its conventional denotative function.

In the seven cantos that follow the Preface, the quest for this state of linguistic innocence begins. After creating a mythic structure in which the narrator, Altazor-Vicente, plunges downward supported only by his parachute, poetry, the narrator offers an extensive exegesis of his verbal quest and its motivation. This is to say that by far the greatest part of Canto I, the longest of the poem (forty-six pages), is specifically metaliterary and in fact contains within it *Altazor*'s poetics. Among many other statements of intent, the narrator says,

> Mas no temas de mí que mi lenguaje es otro
> . . .
> Quiero darte una música de espíritu
> Música mía de esta cítara plantada en mi cuerpo
> Música que hace pensar en el crecimiento de los árboles
> Y estalla en luminaria adentro del sueño
> Yo hablo en nombre de un astro por nadie conocido
> Hablo en una lengua mojada en mares no nacidos (37)

> But have no fear of me for my language is another
> . . .
> I want to give you a music of spirit
> My own music from this cither planted in my body
> Music that recalls trees growing
> And bursts into light inside dreams
> I speak in the name of a star no one knows
> I speak in a language drenched in unborn seas

Canto II is an ode to poetry personified as a woman. In Canto III the poet appears to parody poetic styles featuring an excess of rhetoric: "Poesía poética de poética poeta/Poesía/Demasiada poesía" (49). "Poetic poetry of a poetic poet/Poetry/Too much poetry". He then proposes a remedy for such verbiage:

> Todas las lenguas están muertas
> Muertas en manos del vecino trágico
> Hay que resucitar las lenguas
> Con sonoras risas
> Con vagones de carcajadas
> Con cortacircuitos en las frases
> Y cataclismo en la gramática
> Levántate y anda
> Estira las piernas anquilosis salta
> Fuegos de risa para el lenguaje tiritando de frío
> Gimnasia astral para las lenguas entumecidas
> Levántate y anda
> Vive vive como un balón de fútbol
> . . .
> Una bella locura en la vida de la palabra
> Una bella locura en la zona del lenguaje

> . . .
> Mientras vivamos juguemos
> El simple sport de los vocablos
> De la pura palabra y nada más
> Sin imagen limpia de joyas
> (Las palabras tienen demasiada carga)
> Un ritual de vocablos sin sombra (51-52)

All the languages are dead
Dead at the hands of the tragic other
We must revive the languages
With loud laughter
With trainloads of chuckles
With short circuits in the sentences
And a cataclysm in the grammar
Arise and walk
Stretch the legs throw off stiffness
Fires of laughter for the language shivering with cold
A starry gymnasium for the numb languages
Arise and walk
Live live like a football
. . .
A beautiful insanity in the life of the word
A beautiful insanity in the zone of the language
. . .
As long as we live let us play
The simple sport of the vocables
Of the pure word and nothing else
Without imagery and free of preciosity
(The words have too much weight)
A ritual of vocables without shadow

With this initial framing of the project, the linguistic renewal actually begins in Canto IV. One of the first games[9] involves a heterogeneous collection of nouns, verbs, adjectives, and adverbs – words linguists term *content words* because they denote things in the real world (that is, they are words that may denote a relationship holding between them and "persons, things, places, properties, processes and activities external to the language system").[10] (The numbers I have placed above these words will be explained subsequently.)

1 2 3
Vaya por los globos y los cocodrilos mojados
4 5 6 7
Préstame mujer tus ojos de verano
8 9 10 11 12 13
Yo lamo las nubes salpicadas cuando el otoño sigue la carreta del asno
14 15 16 17 18
Un periscopio en ascensión debate el pudor del invierno
19 20 21 22
Bajo la perspectiva del volantín azulado por el infinito
23 24 25 26
Color joven de pájaros al ciento por ciento
27 28 29 30
Tal vez un amor mirado de palomas desgraciadas
31 32 33 34
O el guante importuno del atentado que va a nacer de una amapola
35 36
El florero de mirlos que se besan volando
37 38 39 40
Bravo pantorrilla de noche de la más novia que se esconde en su piel de
41
flor (57)

Go by the balloons and wet crocodiles
Lend me woman your eyes of summer
I lick the splashed clouds when the autumn follows the cart of the ass
A raised periscope debates the modesty of the winter
From the perspective of the kite turned blue by the infinite
Young color of birds at one hundred percent
Perhaps a love looked upon by unfortunate doves
Or the untimely glove of the assault that will be born of a poppy
The jardiniere of blackbirds that kiss as they fly
Brave shank at night of the most bridelike who is hidden
In her flower-skin.

In the following brief stanza the poet alerts us as to what is coming:

Rosa al revés rosa otra vez y rosa rosa
Aunque no quiera el carcelero
Río revuelto para la pesca milagrosa

Rose inside out rose again and rose rose
Even if the jailer is against it
River made turbulent for the miraculous catch

What does follow is a passage containing almost exactly the same words but now "revueltas," scrambled. The numbers above the words correspond to their order in the first passage:

38 4 5 37 35 34 24
Noche, préstame tu mujer con pantorrillas de florero de amapolas jóvenes
3 23 13 30
Mojadas de color como el asno pequeño desgraciado
39 41 1 25
La novia sin flores ni globos de pájaros
18 29
El invierno endurece las palomas presentes
28 12 32 2 21
Mira la carreta y el atentado de cocodrilos azulados
14 9 17
Que son periscopios en las nubes del pudor
39 15 26
Novia en ascensión al ciento por ciento celeste
8 19 33 10 20
Lame la perspectiva que ha de nacer salpicada de volantines
31 11 16 40 27
Y de los guantes agradables del otoño que se debate en la piel del amor (57-58)

Night lend me your woman with jardiniere shanks of young poppies
Wet with color like the small unfortunate ass
The bride without flowers or balloons of birds
The winter inures the present doves
Look at the cart and the assault of crocodiles turned blue

That are periscopes in the clouds of modesty
Bride in exaltation a hundred percent celestial
Licks the perspective that is to be born splashed by kites
And by the pleasant gloves of the autumn which debates upon the skin of love

The effect of this recombination is to interrupt deliberately the process of denotation and hence the probability of focus on some possible "persons, places, properties," etc., external to the poem's language. As this occurs, it is the forms themselves that are thrust into the reader's consciousness – or foregrounded. If we consider the following diagram of the sign (Fig. 1), it becomes apparent that the scrambling process, with its rearrangement of signifiers, gives rise to a displacement of the referents. The signified, or mental image, is in each case absorbed and reconstituted; but in addition to this, the whole process is revealed and illustrated metatextually.

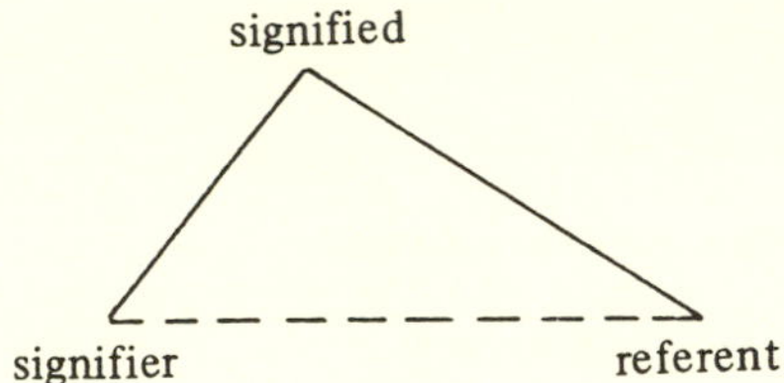

FIGURE 1

Although in the passages above the poet disregards semantic constraints ("Un periscopio en ascensión debate el pudor del invierno"), he does not fail to respect syntactic and morphological ones. However, in the famous *golondrina* passage, he seeks to put aside the latter also:

Al horitaña de la montazonte
La violondrina y el goloncelo
Descolgada esta mañana de la lunala
Se acerca a todo galope
Ya viene la golondrina
Ya viene la golonfina
Ya viene la golontrina
Ya viene la goloncima
Viene la golonchina
Viene la golonclima
Ya viene la golonrima
Ya viene la golonrisa
La golonniña
La golongira
La golonlira
La golonbrisa
La golonchilla
Ya viene la golondía (60-61)

At the horitain of the mounzon
The violonlow and the swalcello
That was pulled down this morning from the moonlin
Approaches at full gallop
Here comes the swallow
Here comes the swalfine
Here comes the swaltrill
Here comes the swaltop
Comes the swallass
Comes the swalclime
Here comes the swalrhyme
Here comes the swallaugh
The swalgirl
The swaltwirl
The swallyre
The swalbreeze
The swalscream
Here comes the swalday

In the first line, Huidobro has taken lexical blocks (not divisible into morphological units) and divided them, subsequently recombining the halves of one word with the halves of the other. In other words, he has sought to make analytic what is purely synthetic. In creating these neologisms he has maintained the original sequence of the halves of each word, and has preserved gender agreement with the segment coming first. The result of this is a type of semantic blending of the new words forged from their lexical blending. Besides the obvious foregrounding of *horitaña* and *montazonte*, each word seems to acquire semantically something of the other, so that they are no longer separable. This is perhaps analogous to looking close up at a painting of mountains with a horizon behind them and suddenly becoming aware that they are actually contiguous, that the "space" between them is illusory. The mechanism of art stands thus revealed.

The case of *violondrina* and *goloncelo* is similar; upon seeing them we recall Góngora's "cítharas de pluma" (feathered cither).[11] In *violondrina* we see perhaps a stringed instrument that sounds like a bird, whereas in *goloncelo* our dominant impression is that of a swallow that sounds like a cello. However, Huidobro has gone a step further. In the Gongorine metaphor *bird* and *musical instrument*, though sharing one episeme,[12] or semantic overlap – that of sound – are still discrete entities. In Huidobro's coinages they are still more tightly fused, and the result seems to be the creation of new entities, each of which is both cello and swallow.

In the lines that follow, *golondrina* is again bisected. When this occurs a transfer seems to be made in which *golon-* acts as a noun and *-drina* as nominal or adjectival for which other morphemes may be substituted. Some of the items substituted are clearly nouns – *clima*, *rima*, *risa*, *niña*. Others seem to be adjectives (*fina*, *china*), while still others may be verbs (*trina*, *gira*, *chilla*). The reader may attempt to construe each of these neo-nouns until the tight assonance and occasional consonance become humorous. Again words are highlighted as performers in a verbal circus.

In the *rodoñol* series, Huidobro experiments with infixes:

Pero el cielo prefiere el rodoñol
Su niño querido el rorreñol,
Su flor de alegría el romiñol
Su piel de lágrima el rofañol
El rolañol
El rosiñol (61)

But the sky prefers the rodoniole
Its beloved boy the roreniole
Its flower of joy the rominiole
Its skin of tears the rofaniole ,
The rolaniole
The rotiniole

There is here no possible reference to any concrete entity but rather a game of *jitanjáfora* – pure sound. The game is enhanced by the syllables representing the notes of the scale, underlining the fact that the passage's only ordering is one of sound, since there is no referent.

Another morphological game of Huidobro's involves word paronomasia with etymology. In a mock *hic jacet* passage in Canto IV, the poet seems to bury old names and then create new ones through the invention of playful etymologies. "Marcelo" is "mar y cielo en el mismo violoncelo," "Rosario" is "río de rosas hasta el infinito," "Clarisa" is "clara risa enclaustrada en la luz" (64). "Marcelo – sea and sky in the same cello, Rosario – river of roses out to the infinite, Clarisa – clear laughter cloistered in light. The insolent meteor crosses the sky." In the next stanza, "el meteoro insolente cruza por el cielo," but now the word is bisected analytically as though it were a type of compound commonly formed of a singular verb plus noun (*abrelatas*, *paraguas*, *metesillas*). We now have "meteplata, metecobre, metepiedras" (64). Whereas the normal process in language is first to perceive something and then to give it a name, here the process is reversed, since the name, the signifier, comes first. The fanciful game we are urged to play is a sort of cognitive doodling with respect to the signified – a game children are wont to play spontaneously but adults, perhaps, are not.

In several passages of the poem Huidobro alters the gender of nouns, a morphological operation that results in a semantic one. For example, "La montaña y el montaño/ Con su luno y con su luna" (71), and "El rey canta a la reina/ El cielo canta a la ciela/ El luz canta a la luz" (87). "The mountainess and the mountain/ With its moon and its moon-ess", and "The king sings to the queen/ the sky to the sky-ess/ The light sings to the light-ess." (Note: This will give some idea of the operation here, although since some of the Spanish words are initially feminine, it is the masculine form that is novel.) It is well known that the categories *masculine* and *feminine*, when applied to inanimate entities, have no semantic value in Spanish; their opposition is purely grammatical. Huidobro has created opposing forms for those already existing as feminine nouns – nouns requiring the same class of modifiers as those referring to feminine persons. The words *seem* familiar, since they are constructed according to a familiar pattern, but they do not denote anything familiar. The reader must become imaginatively involved once again. What is a *montaño*? Is it a larger or a smaller type of mountain, or perhaps a whole mountain range? More likely there is animation and perhaps pseudo-personification of *montaña* and *luna* so that they can be visualized as possessing masculine and feminine qualities. The parallel set up with "El rey canta a la reina" suggests a definite personification of *cielo* and *ciela* as well as *el luz* and *la luz*. Again it is to be stressed that it is not the phenomenal world that determines the typology of the symbols, but rather the symbols – the words – that delineate the world-of-the-poem – the new world.

One of the most interesting of all Huidobro's experiments occurs in Canto V. We have seen lexical and morphological license by the poet; we now see syntactic innovation:

La cascada que *cabellera* sobre la noche
Mientras la noche *se cama* a descansar
Con su luna que *almohada* al cielo
Yo *ojo* el paisaje cansado
Que *se ruta* hacia el horizonte
A la sombra de un árbol naufragando. (84, italics mine)

The cascade tresses over the night
While the night cots to rest
With its moon that eider-downs the sky
I lens the tired landscape
Which routes toward the horizon
In the shadow of a sinking tree.

Here the poet has employed nouns as verbs, taking advantage of the fact that many nouns in Spanish end in *-a* and *-o*, also the endings of regular *-ar* verbs in the present tense, third and first persons, respectively. Used as verbs, these nouns can now predicate. Although English constantly converts nouns into verbs, Spanish does so much more rarely, almost never allowing simple homomorphic conversion or zero-derivation – precisely the type Huidobro has used. (The translation captures the effect in English in these particular cases.)

The last section of the poem to be dealt with here is the famous *windmill* passage, too long to reproduce in its entirety but beginning:

Molino de viento
Molino de aliento
Molino de cuento
Molino de intento
Molino de aumento
Molino de ungüento . . . (75-81)

Windmill
Lendmill
Bendmill
Mendmill
Rendmill
Trendmill

(Note: I have attempted to render something of the effect of the rhyme here rather than the words' literal meanings, since the former is unquestionably so much more important.)

There is a strong element of play here but paradoxically, play with serious – metapoetic – intent. The words in the passage contain no link to any progression or sequence exterior to their appearance on the pages. Their only links are phonological and morphological; they are juxtaposed in a type of concatenational metonymy. Several interesting effects result from this seemingly bizarre experiment. First, the *picture* made by the words on the page is extremely important; in forming unbroken, narrow columns on six consecutive pages they resemble the vertical arm of a windmill. Turning the pages seems to lend motion to these "arms."[13] The lack of coherence among the words, combined with their repeated rhyme, gives rise to the hypnotic effect of an incantation. This is similar to the process that Claude Lévi-Strauss calls "surplus of signifier," and which he associates with the "shamanistic cure."[14] Gòic sees it as magic transformations of the poet-shaman who transforms himself to identify with many beings or objects of reality, but Huidobro also captures here something of the child's joy in experimenting with rhyme for the pure pleasure of the sound he spontaneously produces. The sign escapes its referent, its jailer ("carcelero," 57); it is at last free.

In all the excerpts we have examined, Huidobro has focused attention upon the linguistic signifier. Although all literature foregrounds language, Huidobro has made language the thematic subject of *Altazor* as well. Thus structurally, in addition to the *énonciation* of the author, which is of course the entire poem, there is another *énonciation* within the work in which the narrator, Altazor-Vicente, describes and explains the motivation for his *énoncé*; this *énoncé* is *Altazor*'s verbal innovations, or games.[15]

Let us now look at the sequence of the linguistic evolution within the poem. All of the verbal experiments examined here occur in Cantos IV and V; in the last two cantos these experiments are continued with still more radical effects. In Canto VI the poet moves closer to maximal anomaly by forsaking any pattern the reader will identify as sentence structure. The tone is strongly apocalyptic:

Cristal mío
Baño eterno
                    el nudo noche
El gloria trino
                    sin desmayo
Al tan prodigio

Con su estatua
Noche y rama
Cristal sueño
Cristal viaje
Flor y noche
Con su estatua
Cristal muerto (94)

Water mine
Eternal bath
the knot night
The trill-glory
without faltering
To the so extraordinary
With its statue
Night and branch
Water dream
Water voyage
Flower and night
With its statue
Water dead

In Canto VII there are no recognizable words but merely juxtaposed syllables, then single syllables:

Campanudio lalalí
Auriciento auronida
Lalalí
Io ia
i i i o
ai a i ai a i i i i o ia (97)

For Merlin Forster the lexemes of this section constitute an "inarticulate wail."[16] Forster interprets the poem as follows:

> The fundamental theme which shapes the poem is the impossibility of transforming language into the vital and expressive "magnéticas palabras" of poetry, and with some temporary suspensions the direction of this theme is downward. The image of a fall through space implied in the full title of the poem is used constantly in the development of this main theme: a fall from coherence to incoherence, from life to death, from verbal question to inarticulate wail. (299)

Yurkievich likewise sees a failure of communication at the last:

> Con esta vocalización interjectiva Huidobro termina por abolir las barreras interpuestas entre el sentimiento del poeta y su comunicación inmediata. Por momentos se coloca, con respecto a la lengua, en una postura tan marginal, tan asocial, que linda con la excentricidad; atenta entonces contra esa ley de supervivencia que restringe el poder comunicativo de toda palabra a medida que se aleja de la lengua. Sea cual fuere el margen

> de éxito o de fracaso de la tentativa, ningún poeta ha manipulado el español con tamaña riqueza de registro; el despliegue de *Altazor* no es sólo horizontal, sino también vertical; se da tanto en extensión como en profundidad. (95)

Goić goes further, correctly observing that the last two cantos are not meaningless within the poem as a whole; rather, they contain the meaning their context confers upon them. Goić also perceives what most other critics have not – that there are two trajectories within the poem:

> Altazor ha dado lugar a un doble vuelo, de ascenso y de caída a la vez. Por elevación ha alcanzado una zona de conocimiento superior, de visión mágica y de visión onírica, que penetran más allá del último horizonte reveladoramente. Por caída inevitable, ha realizado una aventura angustiosa y desgarrada que no ha sido capaz de frenar el impulso de su originario ni la fatal atracción de la muerte. En este último aspecto, confirma el sentido pesimista de la poética proclamada: se canta para no morir, para olvidar que se ha morir. (16-17)

My own view, although similar to Goić's, provides much more adequately for the profusion of linguistic innovations just examined. There are two trajectories in *Altazor;* in one the narrator, Altazor-Vicente, does indeed go from birth to death. The first words of the Preface are, "Nací a los treinta y tres años, el día de la muerte de Cristo; nací en el Equinoccio, bajo las hortensias y los aeroplanos del calor" (9). "I was born at thirty-three years of age, the day of the death of Christ; I was born on the Equinox, beneath the hydrangeas and the airplanes of the heat." Thus the narrator is born; however, he is constantly aware of impending death: "Voy pegado a mi muerte/ Voy por la vida pegado a mi muerte/ Apoyado en el bastón de mi esqueleto" (29). "I go tied to my death/ I go through life tied to my death/ leaning upon the cane of my skeleton." In Canto IV, the one in which the linguistic experimentation begins, there occurs throughout the refrain, "No hay tiempo que perder." [There is no time to lose.] The last two cantos might well represent the disjointed ravings of a dying man or a Christ figure (a topic that might be profitably explored in a myth approach).

The opposite trajectory however, the one referred to by Goić as "una zona de conocimiento superior, de visión mágica y de visión onírica," is that represented by the evolution of the poem's language from old to new, from shackled to free. We have already observed the appearance, again in the Preface, of a bird and an airplane, which may symbolize these oppositions. The evolution to which I refer can be traced by observing the long proselike sentences of the Preface, followed by rather long verses in the first two cantos, shorter ones in the third, fourth, and fifth, brief ones in the nonsentences of the sixth, and finally only syllables in the last, consisting at first of consonant and vowel but then, ultimately, of vowels only. This can be considered consistently analogous to a journey from effete reference-bound language (death from the narrator's point of view) to a child's spontaneity, his first articulations, and finally the cry of the newborn.

In the last five lines of Canto V, the last to employ sentences, we read:

Ahora que un caballo empieza a subir galopando por el arco iris
Ahora la mirada descarga los ojos demasiado llenos
En el instante en que huyen los ocasos a través de las llanuras
El cielo está esperando un aeroplano
Y yo oigo la risa de los muertos debajo de la tierra (88)

Now that a horse begins to go galloping up through the rainbow
Now that vision unburdens the too-full eyes
In the instant in which the sunsets flee across the plains
The sky is awaiting an airplane
And I hear the laughter of the dead down under the earth

These lines clearly indicate that two things will happen at one time; there will be a death, but "the sky will be awaiting an airplane," symbol of the newly recreated, the new language.[17]

The goal of semiological analysis, as was stated above, is to study the work in question as the vehicle of an implicit theory of language and interpret it in those terms. In *Altazor*, the theory of language is often explicit and is in fact the poem's theme. The ludic function of the linguistic innovations is to widen the gap between sign and referent by altering the signifier in order to produce a new signified, literally a mutation in concept or mental image. The structure of *Altazor*, like that of the majority of great avant-garde works, allows the mechanism of art to be bared and in fact to become part of the "plot." This phenomenon has been aptly described by Roland Barthes:

> Modern literature is trying, through various experiments, to establish a new status in writing for the agent of writing. The meaning or the goal of this effort is to substitute the instance of discourse for the instance of reality (or of the referent). . . . The field of the writer is nothing but writing itself.[18]

UNIVERSITY OF HOUSTON

1. For criticism on Huidobro, see David William Foster, *A Working Bibliography of Secondary Sources* (Boston: G. K. Hall, 1978), pp. 98-108.

2. Saúl Yurkievich, "Vicente Huidobro: El Alto Azor," in his *Fundadores de la Nueva Poesía Latinoamericana: Vallejo, Huidobro, Borges, Neruda, Paz*, Breve Biblioteca de Respuesta (Barcelona: Barral Editores, 1971), p. 86.

3. David Bary, *Huidobro o La vocación poética* (Universidad de Granada: Consejo Superior de Investigaciones Científicas, 1963).

4. Cedomil Goić, Prólogo to Vicente Huidobro, *Altazor*, Colección Aula Media (Valparaiso, Chile: Ediciones de Valparaiso, 1974), p. 13.

5. Enrique Anderson Imbert, *Métodos de crítica literaria*, Cimas de América

(Madrid: Ediciones de la Revista de Occidente, 1969), p. 16.

6. Jonathan Culler, *Structuralist Poetics* (Ithaca, N.Y.: Cornell Univ. Press, 1975), pp. 97-103.

7. Culler, pp. 98, 103-09.

8. Vicente Huidobro, *Altazor*, Volume XLI of the Colección Visor de Poesía (Madrid: Visor, 1973), p. 10. I continue to quote from this edition, and all translations are my own.

9. These are games because there is a ludic intent, but this intent is at the same time serious, as is clear from the poem's metapoetics.

10. John Lyons, *Semantics*, I (Cambridge: Cambridge Univ. Press, 1977), p. 207.

11. Luis de Góngora, "Pintadas aves, Citharas de pluma/ Coronavan la barbara capilla. . . ." From "Soledad primera" in *Obras poéticas de D. Luis de Góngora*, II, Bibliotheca Hispánica (New York: Hispanic Society of America, 1921), p. 71.

12. The term *episeme* is my translation from the French of Maurice Molho, *Sémantique et poétique: À propos des Solitudes de Góngora* (Bordeaux: Ducros, 1969). Its meaning is semantic overlap in the sense of a sememe common to two different lexical items.

13. This interpretation is my own and seems well justified by the attention to arrangement of the words on the page, a consideration also stressed during Huidobro's *Nord-Sud* days in Paris.

14. According to Fredric Jameson in *The Prison-House of Language* (Princeton, N.J.: Princeton Univ. Press, 1972), p. 131.

15. For a clear definition of the terms *énonciation* and *énoncé*, see René Jara and Fernando Moreno, *Anatomia de la novela*, Ediciones Universitarias de Valparaíso (Valparaíso, Chile: Universidad de Valparaíso, 1972), p. 89. See also, of course, Roman Jakobson, "Shifters, Verbal Categories, and the Russian Verb," in his *Selected Writings*, II (The Hague: Mouton, 1971), pp. 133ff.

16. Merlin Forster, "Vicente Huidobro's *Altazor*: A Re-Evaluation," *Kentucky Romance Quarterly*, 17 (1970), 297-307.

17. It hardly seems coincidental that it is here that the palindrome "eterfinifrete" occurs in the poem, possibly as a hermeneutic sign suggesting two readings.

18. Roland Barthes, "To Write: An Intransitive Verb?" in *The Structuralist Controversy: The Languages of Criticism and the Sciences of Man*, ed. Richard Macksey and Eugenio Donato (Baltimore and London: Johns Hopkins Univ. Press, 1970), p. 144.

SOBRE LA VANGUARDIA EN AMERICA LATINA VICENTE HUIDOBRO

Ana Pizarro

Al aproximarnos al problema del vanguardismo en América Latina y al caso de Vicente Huidobro, se nos hace necesario comenzar por algunas afirmaciones de base. El vanguardismo constituye un discurso privilegiado en el sentido de poner de manifiesto a través de su sintaxis las contradicciones de la complejidad cultural e ideológica de un momento de crisis. Es por esto, y dada la escasez de información * y de trabajos críticos globales sobre el fenómeno en el continente se nos impone sentar algunas premisas que conduzcan al planteamiento que nos interesa.

La primera consideración apunta a su carácter continental. En efecto, los llamados movimientos de vanguardia en América Latina constituyen una gran totalidad, una unidad en el proceso literario del continente. Su dinámica interna: articulaciones, convergencias, contradicciones, diseñan un campo abierto a la investigación. Hacia esta totalidad apuntan una multiplicidad de hechos históricos-literarios que se dan en casi todos los países del continente y que toman diferentes denominaciones: estridentismo, modernismo brasileño, creacionismo, martinfierrismo, postumismo, agorismo, noísmo, etc. Más allá de las diferencias evidentes, que delatan un desarrollo específico para las distintas unidades nacionales, hablamos de totalidad en cuanto existe una articulación del discurso literario que muestra a distintos niveles un proceso estético de conjunto, estructurado de acuerdo a parámetros comunes, con trazos similares y disímiles, pero en suma coherente también en sus contradicciones. Ahora bien, este proceso estético es también susceptible de diferenciación interna en, por lo menos, dos momentos. El primero, que es el que nos interesa ahora, se sitúa entre los años 20 al 30, con antecedentes desde el año 14 aproximadamente, y constituye el período que podríamos denominar como "el vanguardismo de la primera hora", cuya personalidad se esboza en términos de ruptura abierta y "estridente". Le sigue un segundo período, de carácter diferente, que se cierra alrededor del año 40. El primero es el escándalo de los primeros manifiestos, el tono burlón y francamente demistificador. "Adiós, viejecita encantadora" dirá Huidobro a la "Madre Na-

* Frente a esta carencia, y en un trabajo que ha encontrado un esfuerzo similar en nuestro amigo y colega Nelson Osorio, estamos intentando recopilar los documentos básicos que permitan facilitar la tarea del investigador en este campo.

tura" con el tono superior del paternalismo en el manifiesto *Non Serviam* de 1914; "Tupi or not tupi, that is the question" será la afimación de Oswald de Andrade en el *Manifiesto Antropófago* el año 1928 en Brasil, aludiendo a la lengua aborigen. Es el período de gran auge de los manifiestos: *Actual. Hoja de vanguardia Nº 1* de los estridentistas mexicanos, seguidos de otros, los manifiestos del grupo de *Vanguardia* de Nicaragua, el *Manifiesto Martín Fierro* y la *Proclama de Prisma* en Argentina, los manifiestos *El Creacionismo* y demás manifiestos huidobrianos, los brasileños *Klaxon*, (1922), *Pau Brasil* (1924) y *Antropofagia* (1928), el *Manifiesto Postumista* dominicano, y tantos otros. Es el período de la proliferación de las revistas literarias o de publicaciones en páginas literarias de periódicos a través de las cuales la ruptura escandalosa se entrega a una comunicación masiva.

El tono de este período está marcado por las formas de un proceso que dice relación con la dinámica de nuestra cultura dependiente. En un comienzo el surgimiento vanguardista está impactado por Europa. La furia iconoclasta del futurismo marinettiano encuentra eco en el estridentismo mexicano de un primer momento. El golpe ultraísta español, que compendia no poco de las proposiciones europeas y parisinas en especial, a través de la voz de Apollinaire, del mismo Huidobro y de otros, llega a América impulsada por Borges y nutre un primer instante del "ultraísmo" argentino. La vanguardia europea es transmitida tempranamente en Brasil a través de los plásticos, y en lo literario sobre todo a través de Oswald de Andrade. En esa medida este primer impacto es un hecho histórico-literario. Lo que sucede es que ese primer impulso de la renovación estética europea sufre prontamente –diríamos casi inmediatamente– un proceso de "aculturación"[1]. Es asimilada e integrada, *digerida* –los brasileños hablarán de "antropofagia"– en un procesamiento que tomará en diferentes niveles la expresión de un carácter continental. Las posibles delimitaciones, tipología y determinaciones respecto de este espacio literario constituyen el campo abierto a la investigación a que aludíamos. Lo cierto es que se trata de un espacio propio, que sin dejar de situarse en el ámbito general del fenómeno vanguardista tal como se da en Europa Central, no es cubierto necesariamente por sus parámetros, contrariamente a lo que se ha afirmado en este sentido. Por lo tanto, en lugar de la fácil asimilación, es importante definir este espacio en su especificidad como paso previo y necesario a una teoría general de los vanguardismos. Llevar a cabo esta proposición no es, por cierto una tarea fácil. Pero es una tarea necesaria. No se trata, desde luego, de aludir al lenguaje referencial inmediato sobre lo americano en la obra vanguardista; sino de poner en evidencia las relaciones, las formas de articulación que son indicadoras de un discurso específico, diferente de otros discursos de este período, y que diseña ese espacio propio para este movimiento en nuestro continente[2].

---

1. Ver en este sentido Roger Bastide: "Iphigénie en Tauride ou Agar dans le désert", *Ideologies littérature et société en Amérique Latine,* Bruselas, 1975.

2. A este respecto, ver nuestro trabajo: "Vanguardismo literario y vanguardia política en América Latina, *Araucaria,* n. 13, Madrid, 1981.

En este contexto, el caso de Vicente Huidobro nos propone un problema interesante.

Tildado como escritor europeizante, habiendo escrito en francés gran parte de su obra –producto de su larga estadía en Francia–, la lectura de Huidobro nos pone enfrente de un lenguaje cosmopolita, prácticamente ausente de referencialidad inmediata al universo del continente. Su propósito explícito, por lo demás, es llevar a la práctica un discurso de carácter internacional, un lenguaje poético que no pierde su virtualidad en la transposición:

> pero cuando la importancia del poema reside ante todo en el objeto creado, aquél no pierde en la traducción nada de su valor esencial. De este modo, si digo en francés:
> *La nuit vient des yeux d'autrui*
> o si digo en español:
> *La noche viene de los ojos ajenos*
> o en inglés:
> *Night comes from others eyes*
> el efecto es siempre el mismo y los detalles linguísticos secundarios. La poesía creacionista adquiere proporciones internacionales, pasa a ser la Poesía, y se hace accesible a todos los pueblos y razas, como la pintura, la música o la escultura[3].

Como lo señala con justeza Saúl Yurkievich, refiriéndose a una etapa del poeta Huidobro "Practica una poesía de viajeros políglotas de trotamundos a escala planetaria"[4]. Esta poesía traza un largo ciclo que se inicia entre los aires del modernismo imperante en Chile en los momentos de su primera escritura y se cierra en la poesía última. Esta se bosqueja a partir de *Mio Cid Campeador* de 1929 y de *Altazor*, de 1931, que Huidobro afirma haber comenzado a escribir desde 1919. Como sabemos, las afirmaciones huidobrianas tienen mucho que ver con su personalidad voluntariosa y egocéntrica, y nos llevan a menudo a equívocos.

En este ciclo evolutivo nos parece reconocer dos momentos de líneas bastante nítidas que, expresándose en este lenguaje no referencial, generan dos discursos diferentes. El antecedente de este proceso en busca de la palabra es sin duda la instancia modernista de sus cuatro libros iniciales: *Ecos del Alma* (1911), *La gruta del silencio* (1913), *Canciones en la noche* (1913), *Las pagodas ocultas* (1914). La experiencia de este modernismo tardío es el paso necesario para la respuesta creacionista. Huidobro reconoce allí los lineamientos estéticos de un momento histórico del continente. Reconoce los trazos de un horizonte de espectativas vigente en su Chile natal en una coyuntura histórica que se está perfilando recién y que implicará un cambio radical de estructuras económicas, sociales, culturales, ideológicas, políticas, históricas en general. Los tres primeros de-

---

3. "El Creacionismo", en Vicente Huidobro: *Obras Completas*, Ed. Zig-Zag, Stgo. de Chile, 1974, p. 677. En adelante todas las citas de Huidobro pertenecerán a esta edición.

4. S. Yurkievich: *Fundadores de la nueva poesía latinoamericana*, Barral, Barcelona, 1973, 2a. edición.

cenios significan en Chile, como en varios países del continente (Argentina, México, Brasil entre otros), un proceso muy dinámico en la evolución económico-social. El sello agro-exportador de su caracterización durante toda la segunda mitad del siglo XIX, ligado a la expansión inglesa, comienza a dar paso –a partir de su propio movimiento e impulsado por los intereses del centro– a un cambio de modelo de desarrollo. El auge agrícola y extractivo es desplazado, dentro de un cuadro bastante complejo de relaciones, por el proceso de industrialización naciente. Este cambio de modelo económico engendra toda una transformación a otros niveles: se abre una nueva dinámica social, reestructurando el sistema de jerarquías a partir de la oposición burguesía industrial-proletariado, surgen las clases medias, se diseña por tanto un nuevo sistema de poder, se genera un proceso importante de urbanización. Esta redefinición global tiene expresiones a nivel ideológico y específicamente político que se concreta en fuertes luchas de las clases medias y organización del proletariado. Ahora bien, este vuelco de todo el sistema de relaciones tiene su expresión, a nivel del discurso estético en todo el continente en el surgimiento de la vanguardia artística y literaria en el caso que nos interesa.

El reconocimiento de esta situación, a un nivel no necesariamente conceptualizado, le permite vislumbrar a Huidobro prontamente el desgaste de los viejos códigos líricos, incapaces de expresar la vertiginosa transformación de la historia. La palabra modernista entra en contradicción con el inicio de la futuridad técnica, científica, del universo de lo industrial. Esta percepción lo lleva a apuntar a un más allá estético, abierto a nuevos códigos de relación con el mundo. Es el instante del salto que lo transforma en vanguardia.

En esta transformación es fundamental su vivencia parisina, y el texto de cierre y de apertura del rompimiento es *El Espejo de Agua*. Allí el verbo lírico, el "espejo más profundo que el orbe/Donde todos los cisnes se ahogaron", al mismo tiempo que delatar la muerte del modernismo, se aligera y comienza a engendrar una andadura diferente. La articulación del poema, sobre todo, ya está poniendo en evidencia una percepción del universo que será la propia del primer momento de ruptura. En esta órbita situamos los textos publicados entre 1917 y 1925 aproximadamente, fundamentalmente *Horizon Carré* (1917), *Tour Eiffel* (1918), *Ecuatorial* (1918), *Poemas Articos* (1918), *Hallali* (1918) y *Tout á coup* (1925).

Este período está marcado por la vivencia europea. Aunque sólo *Hallali* puede ser calificado como "poema de guerra" –el mismo Huidobro le da ese título– el tipo de imágenes que allí encontramos nos remiten a un mundo de la disgregación y de la negatividad. El clima europeo generado por la gran hecatombe bélica no constituye desde luego referente inmediato. Está presente a través de mediaciones y niveles diferentes de acción. Respecto del problema del referente, T. Lewis nos hace el siguiente señalamiento:

> la noción de referente, tanto en su acción referencial, como en su momento original de producción de signo, implica inmediatamente con res-

pecto al texto el desborde, hacia adentro y hacia afuera, de una *infinita regresión de significantes*, indicativa de la ruptura de horizontes textuales ilusoriamente "puros" dentro de un universo semántico históricamente constituído[5].

Nos proponemos pues, encontrar en el texto estructuras que delaten la presencia de este clima europeo de la segunda década, y pensamos, no abordando todos los niveles que construyen este referente, que podrían ser objeto de un estudio específico, apuntar a estructuras del lenguaje poético que apuntan a este objetivo. Se trata, como señalábamos, de la imagen de la disgregación y de la negatividad.

La imagen de la negatividad se abre muy explícitamente en un poema inicial de *Horizon Carré*:

L' HORIZON
S' EST FERME
Et il n'y a pas de sortie.

Es el desgarramiento que en los surrealistas hará reivindicar la antilógica. En Huidobro no existe tal opción. "El vigor verdadero reside en la cabeza" es la proposición inicial de su credo racional. En el manifiesto "El Creacionismo" tomará la forma siguiente: "Mientras más razono la imaginación, más hermosa será la imaginación de la razón".

El panorama desalentador de la Europa del primer cuarto de siglo encuentra una expresión en la sintaxis huidobriana, en su sistemática expresión negativa. Es una estructura de lenguaje que por momentos pone en evidencia más el tono negativo, o la carencia, que el elemento al cual apunta la negación:

"le fleuve qui coule ne porte pas de poissons"
("Paysage", *Horizon Carré*)

"CELUI QUI POURRAIT
CHANTER
N'a pas de gosier"
("Voix", *Horizon Carré*)

"Mais les cris qui enfoncent les toits
ne sont pas de révolte"
("Aéroplane", *Horizon Carré*)

"Pendant la nuit
La Seine ne coule plus"
(Tour Eiffel)

"Dans les villes
On parle
On parle
Mais on ne dit rien"
("Les villes", *Hallali*)

---

5. Thomas E. Lewis: *Notas para una teoría del referente literario*, Trad. de Carlos Pacheco, Centro Rómulo Gallegos", Caracas, 1980. (Mecanografiado).

Las unidades poéticas portadoras de significación negativa no se observan sólo en la construcción sintáctica formal. Se encuentran también en la expresión de la carencia:

"Parmi les eaux sans musique" (*Tout a coup*)
"Dans le jardin sans oiseaux" (*Horizon Carré*)
"les heures qui ont perdu leur montre" (*Tout a coup*)
"TODAS LAS GOLONDRINAS SE ROMPIERON LAS ALAS" (*Poemas árticos*)
"Las ciudades de Europa se apagan una a una" (*Ecuatorial*)

Expresión de la carencia que se encuadra en la imagen desoladora de ese
"SIGLO ENCADENADO EN UN ANGULO DEL MUNDO"

Percepción dolorosa, su proposición lírica se inserta de lleno en la visión sobriamente desesperanzada del mundo, que es su vivencia de la destrucción europea. El tono lúdico tiene también esta tónica ("Toutes les étoiles sont des trous d'obus") y las referencias al "jour de la Victoire" como a la proposición optimista son leves apuntaciones.

La tónica del mundo en desmoronamiento, que a veces toca el registro apocalíptico de "mañana será el fin del universo" o de "otro planeta ocupa el sitio del sol", de equilibrio que se desarticula, surge también de la composición del poema huidobriano de este momento.

Desde los manifiestos mismos –recordemos *El creacionismo, Manifiesto de manifiestos* o *Yo encuentro. . .*– Huidobro privilegia a la imagen como eje del discurso lírico. En *Manifiesto de Manifiestos*, su gran diatriba contra el surrealismo. Huidobro apuntaba, dentro de una preocupación muy reverdiana, la importancia de la imagen como el encuentro insólito de elementos normalmente alejados. Veamos:

> el poeta es aquel que sorprende la relación oculta que existe entre las cosas más lejanas, los ocultos hilos que las unen. Hay que pulsar aquellos hilos como las cuerdas de un arpa, y producir una resonancia que ponga en movimiento las dos realidades lejanas.
>
> La imagen es el broche que las une, el broche de luz. Y su poder reside en la alegría de la revelación, pues toda revelación, todo descubrimiento produce en el hombre un estado de entusiasmo. (. . .) Y mientras más sorprendente sea esta revelación, más trascendental será su efecto. Para el poeta creacionista será una serie de revelaciones dadas mediante imágenes puras, sin excluir las demás revelaciones de conceptos ni el elemento misterio la que creará aquella atmósfera de maravilla que llamamos poema."

La sobrevaloración de la imagen al indicar sus preferencias literarias, en los manifiestos, se hace evidente en el señalamiento de tropos aislados.

Esta valoración es observable también en los textos del momento a que aludimos. La fuerza de la imagen llega a distraer la articulación del poema, entregándonos la sensación de trazos aislados, de un universo disgregado, aunque total. Los textos se articulan en adosamiento, en yuxtaposición, en desmedro de eventuales jerarquizaciones o gradaciones :

Las tardes prisioneras
en los rincones fríos
Y las canciones cónicas de los jardines
Golondrinas sin alas
entre la niebla sólida
Angustia en mi garganta
Sobre la frente la corona seca
Y en tus manos una estrella fresca

Después en el valle sin sol
un mismo ruido
La luna y el reloj

Se trata de textos tendientes al estatismo descriptivo, al análisis cubista, cuya sobria calificación se encuentra, por lo demás, en la geometrización de los nombres: "frutos ovalados", "olas cóncavas", "llanos oblicuos", "humo cónico", "lago oblicuo", "canciones cónicas", "aire triangular", etc. Todos estos elementos, articulaciones, estructuraciones y desestructuraciones linguísticas nos van entregando la poética de un universo demudado, posible de rechazar a través del juego anárquico de los dadaístas, o de asumir, como lo hace Huidobro, a través de la conciencia ya no emotiva o decadente del desgarramiento, pero sí a través del registro de la desarticulación, de la percepción negativa de la condición humana, cuya sobriedad no es menos angustiosa ni menos veraz.

El siguiente momento de la producción huidobriana tiene implicaciones bastante diferentes. Tomamos dos textos como ejes de este discurso. Se trata de *Mio Cid Campeador* (1929) y *Altazor* (1931), dos de los textos más sólidos, sin duda más totalizadores del poeta chileno. Ellos expresan una reflexión diferente respecto de la condición humana, con parámetros ligados a otras preocupaciones, que van desde la angustia inicial del personaje aéreo, el peregrino espacial que es Altazor, hasta su encuentro consigo mismo en la posibilidad creadora del hombre-poeta, portador de la rosa de los vientos, eje de su ubicación en el "espaverso" y el "unipacio".

Esta confianza alcanzará más tarde a "El pasajero de su destino" al afirmar:

No me verás temblar
Ni aún al ras de la medianoche definitiva
De esa virginal medianoche de todo hombre que nos espera a la orilla de nosotros mismos.

Altazor es un texto de búsqueda. Peregrino aéreo, el personaje lírico rompe el equilibrio matricial del cristianismo para sumirse en la orfandad del vacío y caer "del mar a la fuente", "al último abismo del silencio". Es la soledad original, la existencia angustiosa del vacío en donde la vida ha de ser nombrada. Altazor se lanza "A través de todos los espacios y todas las edades", en medio de planetas que lo despeinan "Sin dar respuesta que llene los abismos". El vértigo se detiene en el síntoma de un nacimiento. El universo es engendro: signo positivo.

Silencio
Se oye el pulso del mundo como nunca pálido
La tierra acaba de alumbrar un árbol

La caída en el origen encuentra así la compañía inicial de todo mito cosmogónico:

Mujer el mundo está amueblado por tus ojos
Se hace más alto el cielo en tu presencia
La tierra se prolonga de rosa en rosa
Y el aire se prolonga de paloma en paloma

La palabra se matiza en lo emotivo. Se transforma el tono juguetón para dar paso al panegírico que se extiende hasta el final del Canto Segundo. Cesó la caída. Ahora es el dinamismo de un universo que recomienza. Comenzar es cortar amarras, engendrar el nuevo orden, alcanzar las pulsiones internas del lenguaje en el orden de la trastrocación:

Mañana el campo
Seguirá los galopes del caballo

La flor se comerá a la abeja
Porque el hangar será colmena

Mudar el mundo, invertirlo, transponer todos los órdenes, frente a la posibilidad de imaginar en un espacio sin límites. "Basta señora arpa de las bellas imágenes" porque "Otra cosa buscamos": el lenguaje que invierte los roles, que transfiere la dinámica del verbo, el lenguaje capaz de:

posar un beso como una mirada
Plantar miradas como árboles
Engendrar árboles como pájaros
Regar árboles como heliotropos
Tocar un heliotropo como una música

La demistificación de las "lenguas muertas", de los códigos vacíos, abre paso a la proposición:

Hay que resucitar las lenguas
Con sonoras risas
Con vagones de carcajadas
Con cortacircuitos en las frases
Y cataclismos en la gramática

Arte poética que vitaliza el humor, el manejo lúdico del verbo, la irreverencia del ritual, el "asintactismo" de la vanguardia. Frente a la deificación de la academia del código estatuído que reafirma instancias más allá del lenguaje, del lenguaje que es receptáculo de viejas estructuras, frente a ellos, la idolatría del lenguaje que reintegra la dinámica auténtica del signo: "un ritual de vocablos sin sombra". En él, la valoración siempre actual de la imagen:

Con luz propia de astro que un choque vuelve vivo
Saltan chispas del choque y mientras más violento
Más grande es la explosión

La premura del descubrimiento inicia el Canto Cuarto. Descubierto el sentido del quehacer humano, la aproximación a la verdad es imperiosa –"No hay tiempo que perder"–. Se ha abierto el universo de la creación. Es la aproximación poética a la verdad, la destrucción de las barreras del estereotipo y la norma. Abierto el paso a la comprensión del mundo en su función primordial no es ya posible vivirlo de otro modo. Descubrir, abrir el ámbito sin límites del espacio, la verdad es una creación permanente y el verbo ha de ser capaz de nombrarla. El poeta mide, entonces, "paso a paso el infinito" e inicia un poblamiento de él con la imaginería desaforada de las asociaciones inéditas:

Darse prisa darse prisa
Vaya por los globos y los cocodrilos mojados
Préstame tu mujer tus ojos de verano
Yo lamo las nubes salpicadas cuando el otoño sigue la carreta del asno

En la imaginería que puebla el espacio aéreo, el trastocamiento toca entonces a la unidad léxica:

Al horitaña de la montazonte
La violondrina y el goloncelo

En esta proyección, y cada vez más allá en el campo inexplorado del verbo, de la actividad humana, el creador va llevando hasta sus últimas consecuencias –"más allá del último horizonte"– la posibilidad del nombrar y lo nombrado en la voluntad integradora que restaure al signo su función. La dinámica del molino, dinámica vital, nos conduce así al lenguaje posible, virtual, pleno y sin ataduras, el lenguaje de las connotaciones. Frente a la referencialidad esterilizante, la unidad indivisa del verbo, preposición que señala, más que una conclusión, un punto de partida:

Campanudio lalalí
     Auriciendo auronida
La lalí
     lo ia
iiio
Ai a i ai a iiii o ia

Revisado en estos términos, ruptura, caída inicial y reencuentro de las posibilidades de humanización del hombre en la actividad no reificada, *Altazor* es un poema profundamente integrador, totalizante . La metáfora del universo del verbo adquiere el carácter cosmogónico, fundador de un mundo de la desalienación, de la reconciliación, de la verdad que es creación permanente.

Al observar el poema *Altazor* en esta perspectiva, el texto encuentra una aproximación posible a otras obras huidobrianas. Primeramente la preocupación en torno al origen y el tono cosmogónico estaba presente en el poema *Adan*, de

1916. Pero se reencuentra con mayor fuerza en el texto narrativo que Huidobro califica de "hazaña", *Mio Cid Campeador* de 1929.

Un tono genérico anima a estos tres textos, que en un primer acercamiento ubicaríamos en renglones diferentes. La preocupación por el origen tiene en cada uno un discurso de registro diferente. Podemos, por ejemplo, observar la aproximación de carácter genésico y telúrico que anima, por una parte el surgimiento de Adán, por otra, la procreación del Cid. Escribe Huidobro, en el primer caso:

> Silencio. Noche de las noches. Ausencia
> De todo vigor, noche honda y oscura. Inercia
> Preñada de futuras fuerzas,
> Anhelos y deseos incompletos,
> Canciones en embrión frustradas,
> Truncos intentos,
> Ansias comprimidas y guardadas.
> Revolución de gérmenes,
> Anuncios de simientes

La procreación del Cid, en una noche de España, adquiere similar fuerza:

> Por la ventana abierta entra la noche, detrás de la noche entra Castilla y detrás de Castilla entra España.
>
> Millones de estrellas se precipitan por esa ventana como el rebaño que aguarda que abran las puertas del corral; miles de fuerzas dispersas corren como atraídas por un imán y se atropellan entre los gruesos batientes, todo el calor y las savias descarriadas de la naturaleza se sienten impulsadas hacia el sumidero abierto en el muro de aquel aposento que se hace la arista de todas las energías, de todos los anhelos.

Un mismo halo genésico, una misma inquietud en torno al origen se desprende de estos dos textos, el uno inicial, primera instancia de búsqueda resurge en la dimensión espacial del *Mio Cid*, y luego en el tono fundador de *Altazor*.

La pertenencia del personaje histórico y mítico a la tradición hispánica se ubica en el intento de Huidobro de búsqueda de una raigambre cultural –y familiar– en el héroe. Su intención es explícita en el prólogo. Pero esta nueva lectura tiene dimensiones muy diferentes que las del héroe del Poema y el Romancero. Se trata de un Mio Cid cósmico. Una especie de Adán de España:

> Nació Rodrigo y todo se convierte en recién nacido, todo sigue el ritmo vital del cuerpo rosadote y gordiflón.
> España tiene la edad de Rodrigo. España abre los ojos.
> España empieza a mamar en el seno de Teresa Alvarez.

Fundador de toda una estirpe. Rodrigo es eje del movimiento universal:

> "Se fue. La iglesia quedó sola y quedó solo el mundo."
> Rodrigo y Jimena se casan:
>
> "Todo auncia la felicidad, el planeta respira ventura por todos los poros. Allá en medio del universo, Babieca está pastando tréboles de cuatro

hojas. (. . .) Castilla levanta ancla hacia la dicha. España levanta ancla hacia la gloria, la tierra levanta el ancla hacia el sol"

Este Cid sobrehumano, hombre y mito, ligado a lo cósmico y a la futuridad, camina en el relato de este narrador que dialoga con la escritura y con el lector desde su mayor omnisciencia para saltar y aunar planos, entrar del mito a la realidad, de la Historia al Cantar:

"Allá arriba en la cumbre cruzan la puerta del destierro.
Detrás de la puerta los espera el Poema con los brazos abiertos. El cantar se cuelga al cuello del Cid y le besa a boca llena.
El Romancero le regala una magnífica espada: Tizona."

Entretanto Jimena "entorna sus ojos de Edad Media".

Narrador-poeta lúcido, sabio, desembozado e iconoclasta, este Huidobro destruye los esquemas del mito, del discurso épico clásico, para revitalizar este eje cultural insertándolo en un mito aún mayor, el de una instancia fundadora cósmica que juega en todas las dimensiones de la modernidad. Es un narrador que impele al personaje:

"No hay límites en tu alma. ¿Adonde vas? ¿Cómo voy a seguirte?"

Mientras en otra secuencia es increpado por la sombra del Cid:

"Poeta, te equivocas. Jimena no era una belleza griega, era una belleza española. No tenía cuerpo de palmera, ni cuello de cisne, ni manos de lirio. . ."

Transita de la narración al vuelo lírico, al drama, para luego dialogar con el lector:

"Mientras el eco se llena de aes, yo me lleno de emoción.
Lector, ¿qué ves ahora?
Es la noche y van pasando la sierra."

Hay un impulso totalizante en el texto que lo desborda todo: géneros, discurso, instancias históricas, narrador. El texto se revela así con dimensiones múltiples que convergen en el sentido fundador, cosmogónico que adquiere este personaje-nación, personaje-cultura, personaje-universo.

La identidad misma del Cid está remitiendo a la inquietud del poeta chileno en torno al origen, a la reflexión sobre la pertenencia. Una preocupación similar alienta al alto-azor en su caída, y el vacío sideral no es sino el cuestionamiento, el vértigo de la existencia en búsqueda ontológica.

Se asienta, por otra parte en estos textos, como en general en este período, una forma de relación del yo lírico con el mundo, que planteamos alguna vez[6]. Se trata de una integración con el mundo que proyecta en el verbo la dimensión de cosmicidad a que nos referimos:

6. Ana Pizarro: *Vicente Huidobro, un poeta ambivalente*, Concepción, Chile, 1971.

"Silencio la tierra va a dar a luz un árbol
Mis ojos en la gruta de la hipnosis
Mastican el universo que me atraviesa como un túnel"...

El verso transparenta identidad de hombre y cosmos, es decir de hombre-cosmos: hombre-mar, hombre-tierra, hombre-estrella, hombre-espacio, hombre-sustancia esencial, materia. Relación ésta propia de las culturas arcaicas, del mundo no mediatizado que posibilita la expresión esencial primigenia.

La dimensión de la palabra huidobriana en este período alcanza *enorme vuelo. Deviene integradora*, totalizante. Se ubica dentro del reencuentro con los problemas y el mundo del hombre americano, que él asimila en esta tónica. No existe referente inmediato, existe universo referencial que se expresa en sus diversos estratos en rango de estructuras de relación. Estas formas de vinculación apuntan a aproximaciones no mediadas de interlocución con el mundo, formas que ameritarían un desarrollo mayor que estas líneas, pero cuya explicación se encuentra en el proceso histórico del continente. El largo período de implantación agro-exportadora que determina la existencia de un desarrollo afincado en el sector agrario para todos los países del área. Este gran período establece, a partir de su propio carácter y organización social, condiciones para la persistencia de formas de relación con el mundo y con el hombre regidas por sistemas de valores propios del pre-capitalismo. En este sentido, los niveles míticos de la conciencia surgen como modos de dominación de la naturaleza en los estadios pre-científicos del conocimiento. En una línea similar analizando el caso de Martí, Hans Otto Dill alude a la siguiente proposición de Marx en *El Capital*:

> "Cada mitología domina y subyuga y forma las fuerzas de la naturaleza en la imaginación y por la imaginación, desaparece, por ende, con el dominio real sobre éstas."[7]

La persistencia de estas formas de relación en la conciencia social encuentra pues su explicación en la forma que adquiere nuestro proceso de desarrollo dependiente, constituído, como lo señalara ya Mariátegui, por retazos de diferentes modos de producción, insertos, recién en los primeros decenios de nuestro siglo en el capitalismo industrial. La expresión de estas formas de relación, regidas mayormente por lo que implican los patrones valorativos del valor de uso que del valor de cambio, adquieren, como en el caso que nos ocupa, las formas de un discurso dialogante e integrador con el mundo. Este discurso define, en el caso de Vicente Huidobro una perspectiva que lo centra en torno a cuestiones centrales de la ontología americana . Es así como su palabra de vanguardia nombra un espacio de relaciones y significados posibles de señalar y delimitar, los aproxima desde una perspectiva específica y con un modo, también propio, de nombrar.

En un primer acercamiento al poeta, Huidobro podría aparecer, pues, como un escritor integrado a la vanguardia francesa. Su discurso estético sin embargo se desarrolla a través de un proceso en el cual los referentes no se hacen fácilmen-

7. Hans Otto Dill: *El ideario literario y estético de José Martí*, La Habana, 1975.

te evidentes por cuanto su expresión se da en estructuras y formas de relación. Así es para el primer momento que señalamos, y su modo de expresar el impacto de una Europa desgarrada es la del discurso de la negación, la carencia y la desintegración. En el segundo momento Huidobro se reencuentra con las preocupaciones del continente natal. Surgen de allí textos que remiten a inquietudes de la literatura y la historia de América: la reflexión en torno al origen, que se vincula con la concepción cosmogónica del universo, la vinculación con el mundo en términos de identidad. Es el discurso de búsqueda de un fundamento epistémico que atraviesa a la historia literaria continental. Ahora bien, la referencialidad tampoco es directa: se expresa, como antes, en términos de formas de relación de estructuras. Estructuras que se insertan, naturalmente, dentro de todo el sistema de rupturas que constituye el lenguaje de la crisis a que aludíamos en un comienzo. En el ámbito, pues, del discurso de un universo social e histórico en profunda transformación, que es el discurso de la vanguardia, la genialidad de Huidobro consiste en poner en evidencia que el lenguaje sí tiene la capacidad de alcanzar el galope de la vida.

Caracas, julio de 1981.

THE NEW AMERICAN IDIOM OF MIGUEL ÁNGEL ASTURIAS

RENÉ PRIETO
Southern Methodist University

OW to renew language, and, specifically, how to restore its lost imagistic quality, were concerns of Miguel Ángel Asturias throughout his life. In fact, he confessed to Luis Harss and Barbara Dohmann that in writing his novel *Hombres de maíz* he was searching for "an American idiom" (81). And it wasn't simply that he wished to revitalize the language by restructuring it from the inside as Harss and Dohmann point out (81), but that, to borrow Michael Riffaterre's term, he chose to express his ideas by "indirection," to threaten the literary representation of reality by displacing, distorting, or creating new meaning in all his fiction.

A number of well-known indigenist novels of the twenties and thirties—Jorge Icaza's *Huasipungo* and Alcides Arguedas' *Raza de bronce*—fully respond to mimetic canons in the explicitness of their message. But not Asturias' work. Instead, he defies the standards of fictional form by building his novels horizontally in terms of the thematic development as well as vertically on the basis of a network of symbols endowed with a multiplicity of meanings. In *Hombres de maíz*, for example, a word such as *opossum* suggests not only its corresponding Spanish concept; it refers as well to a color, a number, and a historical epoch, all of which are interrelated according to their attributed role in pre-Colombian mythology. Like Joyce, who conceives *Ulysses* in terms of a complex narrative framework in which each chapter is linked with a section of the *Odyssey*, an hour of day, an organ of the body, an art, a color, and a musical instrument, Asturias builds his American idiom on the basis of layered relationships embracing elements, animals, colors, and numbers interlinked amongst themselves. What emerges as a typical Asturias plot is not one that develops chronologically or "ethically"—through its characters—but associatively, through versatile symbols that interlock to form the infrastructure of the fiction.

Many critics have discussed the poetic nature of Asturias' indigenist novels specifically referring to his use of alliteration, onomatopoeia, and repetition, but most have neglected to point out what is, in fact, his greatest contribution to poetic prose. If we accept Jakobson's persuasive argument that the novel is organized syntagmatically and the poem metaphorically, we can readily understand the structural principle of Asturias' poetic prose and grasp the manner in which character continuity and chronology are overshadowed in his fiction. A novel like *Hombres de maíz* is narrated like a poem by means of metaphors articulated in an infinity of couplings and connections. For this reason, and borrowing Saussure's term, we can say that this fiction is paragrammatic, or, in other words, that it absorbs and contains a multiplicity of texts. What makes it wholly original, moreover, is the fact that all these texts are interlinked through the three elements—fire, water, and corn—that were the cultural pinions of the Maya Quiché civilization which Asturias uses as model and ideal in composing his controversial indigenist novel.

Exemplary and expressive though it may be, however, this complex interweaving of symbols and elements is far from being readily transparent. To unravel it and understand Asturias' narrative principle, readers must focus on three thematic features of *Hombres de maíz*—the role of animals, colors, and numbers—and pay particular attention to the beginning and ending of his ode in praise of origins and tradition.

Hombres de maíz opens with the tale of an Indian rebel, Gaspar Ilóm, who fights to restore the sacrosanct Maya practice of planting corn for need and not for profit. At first he succeeds in pushing back the professional corn growers but ends up poisoned by an Indian turncoat. His men are massacred and the corn growers take over the land only to be ultimately defeated by means of a curse cast by the yellow-eared rabbit sorcerers who accompany Gaspar.

The novel concludes when Goyo Yic, a once blind and errant beggar, returns to Pisigüilito, where the action started, to harvest corn. He is transformed along with "viejos, niños, hombres y mujeres" into an ant to carry home the maize (368). The relationship between Gaspar and Goyo—in fact, the link between what is frequently referred to as the two halves composing the novel—has long eluded critical inquiry.[1] The problem is that, in reading *Hombres de maíz*, many have searched for conventional means of narrative development and not taken into account Asturias' zeal to revolutionize both the form and content of his fiction. To grasp the originality of both, I wish to continue this discussion by focusing on the last transformation in the novel while keeping well in mind the concept of *nagualismo*, the widespread Mesoamerican belief that each man has a protective animal nature assigned at birth.

The fact that the last protagonist of Asturias' novel becomes an ant in the Epilogue is particularly significant since this insect is traditionally portrayed as one of the discoverers of corn in Mesoamerica. In a myth quoted by Eric Thompson in *Maya History and Religion*, Quetzalcoatl asks the ant where it obtained the maize which it was carrying. The ant does not answer at first, "but finally indicated as the place the Cerro de Tonacateptl (Maize Mountain)" (348). Furthermore, and of even greater importance to the thematic development of *Hombres de maíz* is the fact that in this same myth the civilizing god, Quetzalcoatl, turns "himself into a black ant and [accompanies] the red ant to the deposit beneath the mountain, and, taking some grains, he carried it to the other gods" (348). In addition, we know from the *Popol Vuh* that corn becomes "the flesh of created man" (166). Reading the two myths in sequence we see how, by finding the corn, the ant is shown to be implicitly responsible for the creation of the men of maize. It is quite clear, then, that by transforming his protagonist Goyo Yic into this insect Asturias was designating his philoprogenitive and godlike role as well as the birth of a new race of men since, by harvesting the

[1] Giuseppe Bellini, for example, argues that "los dos últimos capítulos aparecen artificialmente unidos a los que les preceden." And both Seymour Menton and José Antonio Galaos see a lack of unity in *Hombres de maíz*.

sacred grain, Goyo and his family are producing the very element of creation. In fact, the last metamorphosis in the Epilogue is merely a confirmation of Goyo's generative function more explicitly delineated elsewhere in the novel by his *nagual*, the opossum.

In Maya, the name of this marsupial is *Zac Och*, which literally means white opossum (Mahr 63). Its importance in South American mythology cannot be overemphasized. In an Apinayé myth quoted by Claude Lévi-Strauss, the female opossum discovers the maize plant and teaches man to prepare its grain. Lévi-Strauss contrasts cultivated plants with uncultivated foods such as mushrooms and rotten wood used as sustenance by pre-horticultural man and concludes that, by introducing the maize plant, opossum becomes the instrument whereby men obtain agriculture (173–78).

This role of opossum in the Apinayé myth is comparable to that of Goyo Yic in some very significant respects. In *Hombres de maíz* Goyo and his family return to Pisigüilito to harvest corn. But they return only after the land of Ilóm has been rid of the men who exploit the sacred grain and, in so doing, defy the most sacred tenet of Maya life. According to the *Popol Vuh*, man is made of maize and, for this reason, as one of Asturias' characters argues, "los que se han entregado a sembrar maíz para hacer negocio, dejan la tierra vacía de huesos, porque son los huesos de los antepasados" (232). Everything will end up impoverished and scorched by the sun, in fact "si se sigue sembrando méiz para negociar con él, como si no fuera sagrado, altamente sagrado" (233). *Hombres de maíz* tells the story, therefore, of the men who defile the sacred order which maize represents, of the men who defend this order and of the man who reinstates it. In other words, it is in every way a tale of the return to the traditional communal values of the Maya rooted in the monoculture of the grain which Goyo harvests according to age old principles. This is why he is explicitly likened both to the animal which, according to the South American mythic tradition, introduces cultivated plants, as well as to the Maya peasant of the patriarchal agricultural society of the Fourth Age which Asturias presents as an ideal for his people.

As an emblem of race and culture the choice of the opossum was capital to Asturias' scheme. Because this animal is one of the givers of maize in New World myths, its life-giving ability, like Goyo's in the novel, is limitless and gynogenetic rather than phallic.

According to Lévi-Strauss, the Creek and the Cherokee of North America believed that the female of the species engenders without participation from the male (182) and in *Hombres de maíz* the well-head of a new breed of men transforms itself into a female opossum, "una tacuatzina . . . con una bolsa por delante para cargar sus crías" (151). Against the vaporization of life which characterizes the enemies of Ilóm, opossum's unflagging fecundity stands as an inexhaustible spring, a beacon assuring the perpetuation of the corn men.

To underscore further Goyo-opossum's fecundity, Asturias links "seeing" with "begetting" and starts by making Goyo blind, "hombre que se quedó criatura . . . perdido, sin ojos" (122). The blind Goyo is fully dependent on his wife and unable to live from the most formative and traditional task in Mayaland: planting corn. However, once he decides to embark on a search which will lead him back to his wife, to the reestablishment of communal life and of an agricultural society, his eyesight is restored by a medicine man, Chigüichón Culebro. At this point in the novel the reader is informed that while he was blind, Goyo "jamás llegó a la maternidad de tocar las cosas . . ." (143), a statement which proclaims his ability to procreate by equating the life-giving gift with the eyesight he has just acquired. The medicine man removes the wool of blindness from Goyo's eyes and with it begins to weave the fabric of patriarchal society which María the mother has carded close to her bosom. She is responsible for the cultural evolution dramatized in the novel (from matriarchy to patriarchy; from the Third Age to the Fourth) because her departure severs the cord of dependency by forcing Goyo into the world; she opens his eyes in more ways than one, in other words.

The blind man's tortuous path to knowledge takes him across land and over water to the very bowels of the sea-surrounded earth in the Castillo del Puerto where he is imprisoned for illegal traffic in liquor. Meanwhile, before he can emerge triumphant in the Epilogue, another character, Nicho-Coyote, is given free rein to wag its tail and wags it, as in every other tale in the novel, for a very good reason. Mythic monads in Mayaland come in threes, ant and opossum are not exclusively regarded as discoverers of corn, and Goyo's absence is not merely used, as many argue, to make the tale grow longer.

In the Mopan, Kekchi, and Pokomchi myth of the discovery of corn it is the fox who "found and tasted some grains of maize dropped by the ants as they carried them off" and later in the tale this same animal introduces corn to the others (Thompson, *Maya History* 349).[2] The fox-coyote and the ant are thus generally paired off in their association with the discovery of corn in Mesoamerican mythology and both animals are transposed to Asturias' novel without losing in any manner the function which traditional folklore assigns to them.

In addition, according to Raphaël Girard, Coyote's death in the *Annals of the Cakchiquels* corresponds to the titular evolution in the *Popol Vuh* whereby Wak-Hunahpú (sun-sparrow hawk) substitutes for Hunahpú-Utiu or sun-coyote (275-76). Girard sees a parallel between this change in nomenclature and the cultural evolution which the popular tale symbolizes in the Quiché epic: "Mais l'épervier a tué le coyote," he writes, "c'est à dire le symbole du cycle préhistorique est remplacé par celui de la culture maya-quiché" (275-76).[3] That Hunahpú-Utiu is the symbol of the prehistoric cycle and that its death announces the beginning of Maya-Quiché culture explains not only the transition between Nicho-Coyote and Goyo-Opossum but also one of the key features of narrative development in *Hombres de maíz*. Characters in this novel are obviously emblematic of historical epochs; Nicho-Coyote of prehistory, Goyo-Opossum of the Fourth Age, dawn of Maya-Quiché civilization. The protagonists of Asturias' novel substitute for one another in a paradigmatic chain; there isn't one single hero but rather a collective beneficiary—the men of maize—who will profit and presumably prosper from the teachings in the novel.

[2] R. M. Gilmore notes how, to the Indian mythographer, "all canines of Tropical America are foxes . . . with the exception of the wild dog (*Icticyon venaticus*)" (377-78). In keeping with the fusing together of both animals in many versions of this myth, the coyote is freely substituted for the fox. For example, in the *Annals of the Cakchiquels*, we read: "only two animals knew that there was food (maize) in *Paxil*, the place where those animals are found which are called Coyote and Crow. The Coyote animal was killed, and in his remains, when he was quartered, corn was discovered" (46-47).

[3] In Maya-Quiché lore animals are linked with cultural epochs. According to Girard, the coyote represents the ancient Maya culture; as a symbol, it disappears from the mythographic scene at the beginning of the fourth creation whose pictorial emblem is the opossum, god of dawn.

On the basis of the role played by opossum, coyote, and ant in the discovery of maize, Asturias gives his triadic system based on fire, water, and corn the first of three pivotal points. The two remaining elements, fire and water, dictate of themselves the structural pattern to be followed in the rest of the novel. *Hombres de maíz* grows along nine symbolic avenues (three sets of three animals each) which interweave in an untrammelled path towards synthesis. No system could better lend itself to Asturias' purpose. Three stood out as the logical figure to represent both dialogue and struggle on the one hand, and resulting change and resolution on the other. A single voice would resolve the standing argument of two, bring together and heal fugitive heroes, divided cultures, and split self-images.

To balance the equilibrium of the corn triad, the deer, the dog, another in a paradigmatic chain; there isn't one single hero but rather a collective beneficiary—the men of maize—who will profit and presumably prosper from the teachings in the novel.

In our continent the traditional masters of fire were the deer and the jaguar, a rather unlikely pair until we learn that in North America (among the Menomini, for instance) deer were once man-eating jaguars (Lévi-Strauss 148–49). In addition, we discover that, "des héros transformés en cerfs deviennent, de ce fait, capables de jouer le rôle, soit de victime, soit de meurtrier" (Lévi-Strauss 149). This duality filters into *Hombres de maíz* as well: the deer of the Seventh Fire who is the firefly wizard in disguise lets itself be killed so from his body can come forth the tool of vengeance ("El Venado de las Siete-rozas quedó enterrado bien hondo, pero su sangre en forma de sanguaza bañó la luna" [82]). The deer's inherent duality carries over to its association with fire. When restricted, the fire which this animal provides is beneficial to man but, dispensed excessively, the element becomes a curse to humanity. We know from the *Book of Chilam Balam* that the Maya expression *cim-cehil*, "when the deer die," is a set phrase to indicate drought (122) and excessive fire is exactly the weapon used by the deer of the Seventh Fire against the enemies of Ilóm in Asturias' novel.

In "History of the Maya Area," F. W. Scholes and R. L. Roys translate *Ah Ceh* as "hunter," "archer," or "the principal male deer," and they identify it with Zip, the god of the chase (180). According to another source, there is a nexus between Zip, god of hunting, and Ix Tab, goddess of suicides, a feature which would explain the immolation of the deer in Chapter vii of Asturias' novel. Nonetheless, in *Hombres de maíz* death is not a finality but rather a transitional step within the evolutionary cycle. The dead deer comes back to life and, in his incarnation as firefly wizard, leads Nicho through the caves. Both the stag and the firefly are fused together into one as dispenser of the curse and adjuvant of the men of maize. Furthermore, the firefly's behavior in Asturias' novel is analogous in every respect to its function in the *Popol Vuh* where it is the ally of Hunahpú and Xbalanqué (Girard 163).

Asturias was faithful to Mesoamerican mythic models in all details, no matter how seemingly insignificant. This is nowhere more evident than in his characterization of Jazmín, Aquino-Coyote's dog. According to Gilmore, coyote and dog are often paired off in Mayan lore: the former provides man with corn, the latter bestows fire (377–78). For this reason, dog is frequently portrayed in Maya codices carrying a torch. Furthermore, according to Thompson, dog is associated with night and like Jazmín, has access to the underworld (*Maya Hieroglyphic Writing* 79). Since Nicho is paired with Hunahpú, the sun, his dog's behavior answers to the pattern set down in the Mayan epic. In fact, Thompson adds that one of dog's names, Ah ocencab, means "he who descends and enters the earth," to lead the solar deity through the perilous underground journey which is night in Mayan thought and the path to enlightenment in *Hombres de maíz.*

On the basis of his kinship with dog and opossum as respective emblems of fire and corn, the man of maize in Asturias' novel began to take shape. Only one element was still missing from the symbolic alchemy. If Asturias was to abide by the narrative structure that he had so far imposed on himself, it would mean that three characters in the novel would be somehow transformed or associated with animal emblems of the water sign. No one could deny, however, that the self-imposed demands of a pyramid of three sets of three animals was a considerable undertaking demanding variety of design and conception above all. Nine major characters each with their respective *naguales* would have added little but confusion to Asturias' novel and weakened both the impact of the more crucial transformations as well as of the final synthesis. Nonetheless, Asturias had begun to build meaning on the basis of a tripartite structure and he would remain consistent to the end. Instead of having each animal be a stand-in for a human protagonist in the novel, he conceives a category of adjuvants to the hero which includes, once again, three types. He devises, first of all, characters who explicitly transform themselves into animals (e.g., Nicho-Coyote and the sorcerer-deer of the Seventh Fire). Secondly, he represents animals who do not have a symbolic link with human nature (such as Jazmín); and thirdly, animals that are either metaphorically associated or simply paired off with characters (e.g., Gaspar Ilóm and the serpent).

The water element, more than any other, exemplifies the pairing system of the third type. Gaspar Ilóm, for example, is both likened to the fish and metaphorically assimilated to the serpent. To understand the reason for these associations, the reader of *Hombres de maíz* has first to grasp the inevitability of Gaspar's sacrifice and its catalyzing function in the novel. On a first reading, the "culebra de seiscientas mil vueltas de lodo, luna, bosques, aguaceros, montañas, pájaros y retumbos" (9), which winds itself around Gaspar's body can hardly be described as an adjuvant to the hero. Not, at least, until we sense the association between the reptile and the accusing soil of Ilóm. The snake is significantly assembled from bits and pieces of nature as a microcosmic emblem of all that lives; it binds Gaspar to the land and compels him to defend it. In Mayaland, the chief of a community is assimilated to the head of a serpent whose body represents the communal entity. *Hor Chan* in Chorti literally means "serpent's head" but also "Chief of the Chan," and *Chan* is the generic name the Maya give themselves (Girard 235, 271). In this manner, the people of Mesoamerica are assimilated to the reptile from which, in their minds, they are all descendants. According to Thompson, "the sky Chicchans, in Chorti belief, are four giant snakes (*Chan* is 'snake' in Chorti) each of which dwells at the bottom of a large body of water" and the Chacs (which Thompson equates with the Chicchans), were also represented as having a human or part human head with an ophidian's body (*Maya History* 262). The Chacs were rain gods, a belief which explains the nexus between the reptile and water and, correspondingly, between this element and Gaspar Ilóm. Gaspar is renewed by jumping into the river and, like all Indians in the novel, has "ojos de agua llovida" (15). In addition, his link with this element is strengthened when he is swallowed by a toothless half moon, "sin dientes, sin morderlo, sorbido del aire, como un pez pequeño" (11), an analogy which links him with Hunahpú who reincarnates as a "fish man" when his bones are cast into the river in the *Popol Vuh* (Pt. II, Ch. xxi, clv).

According to anthropologist Raphaël Girard, "le poisson représente la divinité du maïs pendant son séjour dans le monde inférieur" (199). Thompson confirms this statement by suggesting that the imix prefix and the fish, whenever incorporated into a glyph, "probably record that Venus as morning star has just emerged from the underworld" (*Maya Hieroglyphic Writing* 219). The fish and the imix prefix, he adds, are "primarily symbols of the earth crocodile, and second, attributes of all deities of the soil and the underworld" (219). Simultaneously deity of the soil and apex of the cosmos, Hunahpú travels nightly through the underworld to emerge at dawn, renewed. His voyage, death, and rebirth through water—like Gaspar's—evoke the process of germination of the corn kernel which both epic heroes represent.

Water is portrayed as a generative element for the men of maize and through one animal, the rabbit, used as an instrument of revenge against their enemies. In both the *Chilam Balam of Chumayel* and the *Chilam Balam of Tizimin,* this animal is linked with drought: "There are rains of little profit, rains from a rabbit (*T'ul*) sky" (*Book of Chilam Balam* 154). Eric Thompson notes that drought occurs "because maize or beans have been exchanged for liquor . . . It is sinful," he adds, "to exchange one's maize, one's life for *trago*" (*Maya History* 252). Similarly, in *Hombres de maíz,* the corngrowers are punished because "se han entregado a sembrar méiz para hacer negocio" (232). Only the men of maize who respect the traditional value of corn are protected by the rabbit-sorcerers, "los conejos de las orejas de tuza" (341). Naturally, in defending the grain, the rabbit-sorcerers are protecting their own flesh since "las orejas de tuza de los conejos amarillos . . . son las hojas de maíz que forman envoltorio a las mazorcas" (56).

The fact is that the rabbit encompasses the three key elements which orchestrate the mythic infrastructure of Asturias' novel: fire (which it dispenses as punishment), water (which it can withhold according to Maya belief), and corn (which it embodies). Like water itself (withheld or dispensed) this animal functions as a sign of growth or an agent of destruction and, correspondingly, has power over life and death:

> como a los otros brujos de las luciérnagas que recibieron los primeros machetazos dormidos, sin que tuvieran tiempo de convertirse en conejos. Eso eran, conejos, los conejos de las orejas de tuza. Pedazos los hicieron, pero los pedazos se juntaron, de cada brujo reptó el pedazo que quedó vivo para formar un solo brujo, un brujo de pedazos sangrantes de brujos, y todos a una voz, por boca de este ser extraño de muchos brazos, de muchas lenguas lanzaron las maldiciones: ¡Fuego de monte matará a los conductores del veneno! . . . ¡Fuego de séptima roza matará al coronel Gonzalo Godoy! (340–41).

In the *Popol Vuh* the rabbit lures the Lords of Xibalbá away from the ball game so that Xbalanqué can rescue its twin's head and reunite it with his body (Pt. II, Ch. xi, cliii). In Asturias' novel this animal hops to the rescue once again, making certain that with its help, the men of maize shall have, at long last, a durable taste of immortality. But hopping rabbits and blind opossums were not enough. In the wake of collective optimism which swept across Guatemala starting in 1945, Asturias was determined to give credence to Huxley's logo: "nothing short of everything will really do" (152). Meaning in his novel would issue from man's nexus with animals, but this was only one stone to be upturned; colors and numbers join hands as well in the all-embracing fugue which was to become *Hombres de maíz.*

Asturias chooses four digits—seven, four, nine, and thirteen—and four hues—yellow, black, red, and white—to reflect the evolutionary layout of Maya number and color scales which portray in their progression the shift from chaos and darkness to deliverance and light. To begin with, and for very good reasons, he chooses seven as the emblem of doom for his novel. The troops which slaughter Gaspar Ilóm and his men are sentenced to die exactly seven years after the massacre, and the avenging animal wizards who carry out the curse are the deer of the Seventh Fire. It turns out that, in various Maya languages, *Akbal,* the seventh day, means "night" or "darkness" (Thompson, *Maya History* 293). In Asturias' evolutionary novel, seven ("darkness," the age of the jaguar-deer) is opposed to thirteen ("daylight," the dawn associated with opossum in Maya mythology), and the transition from one to the other (through the sum of the equally meaningful four and nine) announces the passage from night to day and into the civilized era of the men of maize.

As a divinity of day, the solar god was represented by number four and, in addition, since he "was one of the nine lords of the night and the underworld," he was patron of number nine (Thompson, *Maya History* 240). Because sun alternately embodies both numbers, the pair enters into Asturias' scheme as an insoluble unit. Goyo the blind man gets up from his eye operation "el noveno día" (142), but is forced to spend "cuatro días con sus noches . . . en la oscurana. Hasta el trece día" (142). In the same manner, Nicho, accompanied by the firefly wizard, spends that long night, "aquella larga noche de nueve días de oscuridad y . . . cuatro días" before being ushered into the light (336–37). After their respective trials Goyo is given sight; Nicho, understanding. Their enlightenment, on the thirteenth day, ushers in the reparation of the dislocated world described throughout the novel.

We know from Eric Thompson, how, in Maya cosmogony, a group of thirteen gods symbolizes the sky and, correspondingly, the light of day. The Mayans translated the antagonism between the thirteen sky gods and the nine divinities of the underworld in symbolic terms as a dialectic between darkness and light (*Maya Hieroglyphic Writing* 10). In their eyes, "the sky, its powers, and its personifications stand for goodness and light which inspire confidence and right doing" while "the underworld, with its associations with death, upholds the powers of evil" (Thompson, *Maya History* 195). Clearly then, the translation from nine to thirteen in Asturias' novel symbolically suggests the transition from the backward darkness, emblematic of the Third Age, to the enlightenment of the agricultural Fourth Age described in the Epilogue.

As Hunahpú travels through shadows before sallying forth empowered to nourish the growth and embody the kernel of maize (and thus directly beget the first suitable men), Goyo and Nicho spend nine days in darkness and four in the twilight before emerging transformed (opossum as seer, coyote as coupler). In the last chapter of the novel, Nicho brings Goyo and María together, and their return to Pisigüilito to harvest corn actualizes the cultural message of Asturias' novel: maize and men are one; regard for the former entails respect of self and the possibility of rebuilding Mayaland on new terms. The birth of the patriarchal agricultural society described in the Epilogue of *Hombres de maíz* takes place only after a long journey through night (likened to Hunahpú's in Xibalbá) and blindness (represented by Goyo's), both emblematic of the social exploitation endemic to Guatemala.

In 1945, Juan José Arévalo, president of Guatemala from 1945 to 1951, promised his country "un período de provecho para los hombres que trabajan en el campo" (Dion 116), a well-deserved respite from the decades of bloodshed and exploitation brought on by the rule of the many dictators which had all but consumed the country. His spokesman through literature, Miguel Ángel Asturias, translated this evolution into a two-part frieze portraying the past as a picture of social havoc and the future as a stable agricultural community supervised by the watchful eye of the corn-growing father, Goyo Yic, and prospering under the sign thirteen, emblem of daylight.

After digits and animals became the girders and stays of Asturias' construction, four colors were chosen to cast the final dye unto his multilayered composition. And since in Mesoamerican cosmogony each color corresponds to a world direction, yellow (correlated to the south), black (to the west), red (to the east), and white (to the north) came to rainbow the pages of *Hombres de maíz.* Yellow, the first color to be mentioned in the novel, is traditionally "associated with the south, a region of death and misfortune" (Thompson, *Maya History* 216). For this reason, as Thompson indicates, "yellow flowers are used to decorate graves, and in the Guatemalan highlands mourners painted their bodies yellow" (*Maya History* 304). This would explain why in *Hombres de maíz* the rabbit wizards who lay a curse of sterility and death on the Ilóm murderers are yellow, why when the idea of slaying Gaspar enters Godoy's head, "gran amarilla se puso la tarde" (22), why Candelaria Reinosa, who mourns the mysterious disappearance of her fiancé Machojón, is almost always "vestida . . . de amarillo" (291), and why this is the color of the flowers ("margaritones amarillos de corazón negro" [232]), which Nicho Aquino passes on his way to the caves.

Nicho, the character who enters the caves in *Hombres de maíz,* will be the recipient of knowledge but not its beneficiary. The death of his wife is revealed to him but also the arcane mysteries of Maya tradition. Once Nicho is enlightened, he brings Goyo and María together in keeping with his function as intermediary. It is Goyo, who after spending three years and seven months "soterrado entre muros de cuatro y seis brazadas de piedra" in the Castillo del Puerto, emerges victorious, like Hunahpú himself, and returns with María to tend the soil (354).

The fact that Goyo, the personification of the men of maize, is one of the beneficiaries of the action does not mean that Nicho should be seen as a victim paying for cultural sins he has not committed (i.e., using corn for commercial purposes). In an allegorical tale all characters are vehicles used to portray a message, and Nicho's function is to discover and relate the most basic tenet of Maya-Quiché culture: man and maize are one. Asturias names him Aquino, in fact, because *Ah Kin* is the Yucatec title given to the priest in charge of "Maya learning and ritual" (Coe 179). For the same reason, he links him with the color black, emblem of the underworld and "the way of the Lord" (in the *Popol Vuh* Hun-Hunahpú and Vucub Hunahpú are instructed by the black road: "I am the one you must take because I am the way of the Lord" [Pt. II, Ch. ii, cxv]).

Nicho is led on his quest by an old wizard whose hands were black, "igual que si antes hubiera estado deshollinando el horno o fuera de oficio tintorero" (230), and Jazmín, his mongrel, has "manchas negras en las patas delanteras" (225), like the dog who conducted the deceased to the land of the dead according to Mexican belief (Thompson, *Maya Hieroglyphic Writing* 143). In pre-Colombian codices the sun himself dons this color to represent his trip to the underworld but like Nicho—and this is a crucial point of Asturias' novel—he is capable of reemerging from the kingdom of the dead to transmit his message of life. The ones who do not escape are the enemies of Ilóm. Their defeat and destruction, told in the first nine chapters of the novel, are symbolically dramatized through the color red and, by extension, brought forth through images of blood, fire, and war.

In Chapter viii, when Colonel Godoy and his troops arrive at the "Earthshaker" at the term of the seven-year period, the color of the moon foreshadows their own doom: "La luna al rojo vivo daba luz de brasa" (88); and later: "El humo de las quemas tiñe ver sangre . . . y es como si guerrearan en la luna y hubieran muchos heridos" (89).

Central American cosmogony provides the basis for the syntagmatic chain linking together fire, blood, and the color of flames. According to Thompson, in Mesoamerica, Xipe "is the red god, the god of sacrifice" (*Maya Hieroglyphic Writing* 224). For this reason, red is frequently associated with bloodshed and death in this area. But this is only one way of approaching the complex cluster which Asturias develops as the semantic field for this color. *Chac*, the Yucatec word for red, is a homonym of the rain god in Mayaland. When the time comes to carry out the seven-year prophecy and punish Godoy's troops for the Ilóm massacre, the antithetic elements, fire and water, are brought together as a single polyvalent sign, simultaneously the color of Xipe, metonymically substituted for fire, and appellative of the rain deities:

> ya era fuego en el aire, fuego de roza, de quema de monte. . . . Y como que está lloviendo en El Tembladero . . . Dios guarde un incendio bajo el agua, el agua se quema y lo quema todo (117)

Naturally, water does catch fire and most of Godoy's men burn in the trap. Asturias brings together the counteracting elements in an echo of the Mayan Genesis in which sun and moon, emblematic of fire and water, join hands in the creation of the men of maize. It is only logical, after all, that the destruction of the enemies of the corn men should be brought about through the very forces which, to the Indian, signify life. In fact, the color red, which Girard sees as emblematic of the Maya-Quiché Fourth Age (254), functions as a transitional sign distinguishing the era of the enemies of corn from that of the corn men and, for this reason, the color changes its connotation in the second part of Asturias' novel (Chapters x–xix).

That red signals evolution and change in *Hombres de maíz* is confirmed in Nicho's cave episode (Chapter xviii). On his way to the underworld, the mailman sits down "en un peñón color de fuego" (322) and soon after paints his body with red and black chalk he finds scattered on the ground. *Annatto*, a red coloring from the fruit of *Bixa orellana*, is one of the ritual body colors used in Mesoamerican ceremonies and basic to the Ah Kin's ritual make-up. Soon after they enter the caves, his companion, the black-handed wizard, explains the origin of the seven-year curse as well as the sacred bond between man and maize, disrupted by those who exploit the grain for commercial purposes:

> ¡Igual que hombres que preñaran mujeres para vender la carne de sus hijos, para comerciar con la vida de su carne, con la sangre de su sangre, son los maiceros que siembran, no para sustentarse y mantener a su familia, sino codiciosamente, para levantar cabeza de ricos! (366)

Resolution follows enlightenment in Asturias' novel. In the last chapter of *Hombres de maíz,* Nicho the mailman delivers for the last time. Goyo and María are brought together as Nicho fades, his function fulfilled. Just as this character carries out his mission and disappears to make way for Goyo, the red of initiation recoils in the wake of white, emblem of civilization. In the notes to his Spanish edition of the *Popol Vuh,* Asturias translates *Zac* as "blanco, blancura, luz, aurora, alba (comienzo) de algo y, más especialmente, de la civilización sedentaria" (Asturias and González de Mendoza 174). How fitting then, that the precursors of this new race should be opossum, the white animal, and his runaway "tecuna" who, as it turns out, is no other than María *Zac*atón:

no era María Tecún, la ruin, sino María Zacatón. El le apellidó con el apelativo de Tecún, porque los Tecún le quitaron la cabeza a todos los Zacatón. (137)

Having arrived at this point in our discussion, we can see how, in terms of the thematic development, *Hombres de maíz* tells the tale of many ostensibly unrelated characters, of the struggle between Indians and corn growers, of the woes of a beggar in search of his wife. To some, these narrative threads may well read as "una magnífica antología de cuentos" (Menton 222), when in fact, they are all brought together and articulated as a series of interconnected metaphors. Asturias' overall message is the transition from chaos to stability represented by the return to the land and to the communal values of the ancient Maya. As in the *Popol Vuh,* each character in his novel fulfills its narrative mission and leaves a legacy to the characters that follow. Gaspar defends the soil and dies for it. Goyo, the prototype of the estranged peasant, has grown blind to the values of his Maya ancestors and must be brought back to health. He searches and finds all that his people have lost: family, community, land, and the eyes to see it. The curse of the yellow-eared rabbit sorcerers ultimately destroys the men who exploit the maize that goes "into the flesh of created man." Once they are gone, Goyo is taught to see and the reader to listen. Asturias' didactic message harkens the Agrarian reform that the President of Guatemala, Juan José Arévalo, was at that very time preparing for his people; it is in every way a canticle of hope announcing a new era for the men of maize, children of the white opossum and his once lost tecuna:

Tatacuatzín Goyo Yic y María Tecún volvieron a Pisigüilito. . . . Horconear de nuevo para construir un rancho más grande, porque sus hijos casados tenían muchos hijos y todos se fueron a vivir con ellos. . . . Viejos, niños, hombres y mujeres, se volvían hormigas después de la cosecha, para acarrear el maíz. (368)

In the *Popol Vuh*, the tale of the cultural heroes Hunahpú and Xbalanqué reaches both its climax and its conclusion when they are enthroned in Heaven, one as sun, the other as moon. Faithful to his model to the end, Asturias' earthly garden portrayed in the Epilogue of *Hombres de maíz* must be read as an apotheosis equivalent to that of the Mayan Book of Genesis: a promised land in which chaos, the deer, number seven, and the color yellow have made way for stability, the opossum, number thirteen, and the color white. Hunahpú the creator has fused with Goyo the father, both producing, by intercourse of contraries, life from death, light from darkness, order from chaos, and, most of all, art from dialectic. In the Epilogue of *Hombres de maíz*, the Fourth Age, pinnacle of Maya-Quiché civilization, is about to start anew. Asturias' end proclaims man's beginning; little did he know that his hoped-for realm would live but very few years outlasted only, but forever, by his wistful message.[4]

WORKS CITED

Annals of the Cakchiquels. Trans. Adrián Recinos and Delia Goetz. Norman: U of Oklahoma P, 1953.

Asturias, Miguel Ángel, and J. M. González de Mendoza, trans. *Los dioses, los héroes y los hombres de Guatemala antigua o El libro del consejo Popol Vuh de los indios quichés.* Paris: Editorial París-América, 1927.

——. *Hombres de maíz.* San José, Costa Rica: Editorial Universitaria Centroamericana, 1974.

Bellini, Giuseppe. *La narrativa de Miguel Ángel Asturias.* Buenos Aires: Losada, 1969.

The Book of Chilam Balam of Chumayel. Ed. R. L. Roys. Washington: Carnegie Institute, 1933.

[4] *Hombres de maíz* was conceived in the wake of optimism which followed the election of President Juan José Arévalo in 1945. Arévalo's social reforms, and notably his distribution of lands to the peasants, are dramatized by Goyo's return to the land in Asturias' novel. However, in 1954, after President Jacob Arbenz (who succeeded Arévalo in 1951 and implemented the Agrarian Reform Law) was forced to resign, the next man in power, Carlos Castillo Armas, abolished the land reform of his predecessors and confiscated the properties which had been allocated to the peasants. His advent to power signaled the demise of the short lived republic of the men of maize which Asturias had optimistically announced in the Epilogue of his novel.

Coe, Michael D. *The Maya.* New York: Praeger, 1966.
Dion, Marie-Berthe. *Las ideas sociales y políticas de Arévalo.* Chile: Prensa Latinoamericana, 1958.
Galaos, José Antonio. "Los dos ejes de la novelística de Miguel Ángel Asturias." *Cuadernos Hispanoamericanos* 154 (1962): 84-96.
Gilmore, R. M. "Fauna and Ethnozoology of South America." *Handbook of South American Indians* 6. *Bulletin of the Bureau of American Ethnology* 143 (1950): 375-81.
Girard, Raphaël. *Le Popol-Vuh.* Paris: Petite Bibliothèque Payot, 1972.
Harss, Luis and Barbara Dohmann. *Into the Mainstream: Conversations with Latin-American Writers.* New York: Harper & Row, 1967.
Huxley, Aldous. *Island.* New York: Harper and Brothers, 1962.
Jakobson, Roman. *Questions de poétique.* Paris: Seuil, 1973.
Lévi-Strauss, Claude. *Le Cru et le cuit.* Paris: Plon, 1964.
Mahr, A. C. "Delaware Terms for Plants and Animals in the Eastern Ohio Country: A Study in Semantics." *Anthropological Linguistics* 4.5 (1962): 60-66.
Menton, Seymour. *Historia crítica de la novela guatemalteca.* Guatemala: Editorial Universitaria, 1960.
Popol Vuh. The Sacred Book of the Ancient Quiché Maya. Trans. Delia Goetz and Sylvanus G. Morley. Norman: U of Oklahoma P, 1950.
Riffaterre, Michael. *Semiotics of Poetry.* Bloomington: Indiana UP, 1978.
Saussure, Ferdinand de. *Cours de linguistique générale.* Paris: Payot, 1962.
Scholes, F. W. and R. L. Roys. "History of the Maya Area." *C.I.W. Yearbook* 44 (1944): 178-96.
Thompson, Eric. *Maya Hieroglyphic Writing.* Norman: U of Oklahoma P, 1971.
——. *Maya History and Religion.* Norman: U of Oklahoma P, 1970.

Emir Rodríguez Monegal

Borges, the Reader

THE ACT OF READING/ Borges learned to read English before Spanish. He even first read *Don Quixote* in an English translation. From the very beginning the English language was inseparably related to the act of reading. For Georgie (as he was called at home) it became a code giving him access to the world of books. That world came to be more infinite and more fabulous than the real world because it was limited only by the imagination. From that moment on reading to Georgie meant reading in English. Here one can find the origin of his personal myth and of his well-known predilection for British—and, by extension, North American—letters. At the same time, something much more important also originated here: the dual attitude of desire and guilt that will haunt the child and especially the writer. However, his familiarity with English and English letters did not make him an English writer. He never felt that English really belonged to him. Turning to the subject in his "Autobiographical Essay," and with a humility that sometimes seems excessive but that is undoubtedly authentic, he mentioned his conflict with a language "I am unworthy to handle, a language I often wish had been my birthright" (*The Aleph and Other Stories*. Edited and translated by Norman Thomas di Giovanni in collaboration with the author. New York: E. P. Dutton, 1970; p. 258). The other side of that conflictive attitude of desire and guilt was his exasperation, and resignation, vis-à-vis the Spanish language, which did belong to him as his birthright.

For Georgie, the fact that he learned to read English before Spanish, which now can seem so strange, and, as it were, even artificial (he seemed to be the victim of a Baroque experiment, like Prince Segismundo in *Life Is a Dream*) was not at all artificial as a conscious experience. Linguistic duplicity was rooted in a basic fact of his home life. Living with his parents was his paternal grandmother, Frances Haslam, who had been born in England. Though she had come to Argentina as a young woman and, once there, had married an Argentine gentleman, Fanny continued to inhabit an English-speaking world. Like so many of her compatriots, she carried the imperial language with her. She taught English not only to her son but to her grandson as well. Even her daughter-in-law would eventually be colonized. The peculiar conditions which gave rise to the bilingualism of the Borges household explain why speaking and reading and, later, even writing in a language which was not that of his native country, meant nothing unusual for Georgie. In his home (a closed, autarchical, confined world) English was, too, a natural language. Only when going to school did Georgie discover that this language, nevertheless, belonged to him a little less than the other did.

Emir Rodríguez Monegal, professor of Latin American literature at Yale, has published books on Borges, Neruda, Quiroga and Bello, and was editor of *Mundo Nuevo* from 1966 to 1968.

To understand better this process of discovery, desire and guilt, it will be necessary to turn to the time before he learned to read, when Georgie was still bilingual without knowing it. Since both English and Spanish were spoken at home, the child was unaware for some time that they were two different languages. Years later he would say to one of his interviewers, Rita Guibert: "When I was talking to my paternal grandmother I had to speak in a manner that I afterwards discovered was called English, and when I was talking to my mother or her parents I had to talk a language that afterwards turned out to be Spanish" (*Seven Voices*. Trans. Frances Partridge. New York: Alfred A. Knopf, 1973; p. 81). It is obvious that in Georgie's experience, rather than being two different languages, English and Spanish more nearly resembled two systems of address, like the alternative of calling somebody by his surname instead of using the Christian name.

The conflict began to reach a critical stage when Georgie started reading in English. For it was precisely his paternal grandmother who took charge of this part of his education. Here is a scene evoked by Alicia Jurado, one of his biographers, who was undoubtedly relying on information confided to her by Borges or his mother: "Before he learned the alphabet, Fanny Haslam used to sit him on her lap and read to him from some children's magazines in English, bound in a very heavy volume he called the 'lectionary,' a word that united both the idea of a dictionary and a lecture" (*Genio y figura de Jorge Luis Borges*. Buenos Aires: EUDEBA, 1964; p. 26). Perhaps these bound volumes contained a collection of the popular Victorian magazine, *The Boy's Own Journal*, or the no less famous, *Tid-bits*, though perhaps the latter would have been too melodramatic for Fanny Haslam. The fact that the volumes were already bound suggests that the grandmother had used them also for the father's education. In any case, the coining of the word "lectionary" shows an early tendency in Georgie to manipulate language, inventing one of those *porte-manteaux* words whose structure would be dismantled by Borges much later in an article on *Finnegan's Wake* ("Joyce y los neologismos," *Sur*, No. 62, November 1939; pp. 59-61).

After a time the child passed from the stage of being read to and went on reading himself. His instruction was placed in the hands of an English governess, Miss Tink, who would also look after his sister Norah, two years younger. The reason the family gave for not sending the children to school, where instruction was naturally in Spanish, was its dread of contagious diseases. That is at least what Alicia Jurado reports (*Genio y figura,* p. 28). But the author is perhaps more candid in his "Autobiographical Essay": "I did not start school until I was nine. This was because my father, as an anarchist, distrusted all enterprises run by the State" (*The Aleph,* pp. 211-12). One must remember that when Borges says here that his father was an anarchist, he means it in a purely philosophical sense, since his father counted himself among the followers of Spencer, not Bakunin.

Perhaps there were religious motives as well to avoid the State schools. As religious instruction was regularly given in those schools, his father probably did not wish to have the children exposed at such an early age to dogmatic instruction. Besides, the English grandmother was a Protestant. At any rate, the immediate consequence of not attending school and of having instead an English governess was that Georgie would continue to develop even further his knowledge of English as the language of culture, while Spanish would be relegated to strictly family use. On the other hand, even if Georgie had gone to the State school at a younger age, his attitude toward the Spanish language as a literary code would probably not have been much different. English was too deeply rooted in him. Looking back over the span of years, Borges has spoken of his bilingualism in these bilingual terms: "I am used to thinking in English, and I also believe some English words are untranslatable, so I occasionally use them *for the sake of precision. I'm not showing off.* Since *I've done most of my reading in English,* it's natural that the first word that comes to mind is often an English one" (*Seven Voices,* p. 100; the italicized words are in English in the Spanish original of this interview, published in *Life en Español,* vol. 31, No. 5, March 11, 1968; p. 55).

The attitude of the Borgeses towards the State schools was not as unusual in Argentina at the turn of the century as one might think. In the upper classes there was at the time an ambivalent attitude toward everything Hispanic, which in a subtle way also affected the language insofar as it was called Spanish. Actually many cultivated Argentines preferred to call it *Idioma Nacional* (National Tongue) so as to avoid peninsular connotations. There was also an added consideration, which Borges underlines: "In Buenos Aires, Spaniards always held menial jobs—as domestic servants, waiters, and laborers—or were small tradesmen, and we Argentines never thought of ourselves as Spanish. We had, in fact, left off being Spaniards in 1816, when we declared our independence from Spain. When, as a boy, I read Prescott's *Conquest of Peru,* it amazed me to find that he portrayed the conquistadors in a romantic way. To me, descended from certain of these officials, they were an uninteresting lot" (*The Aleph,* pp. 218-19). Where Georgie's father did not hold to the tradition of the Argentine upper classes was in the question of which cultural model to follow. In Argentina, as in almost all of Latin America, that model was the French one. Well-to-do people sent their children to French schools. Many writers (especially women) preferred that language as their means of expression. One of the most remarkable cases was that of Victoria Ocampo, who was later to be so influential in Borges' literary career. She was schooled by a French governess, was given diction lessons with Marguerite Moréno—an outstanding actress from the Comédie Française and the wife of the writer Marcel Schwob —and wrote her first books in French. For though her native language was Spanish, French was her literary language. In time Victoria Ocampo would learn to write directly in Spanish. But her case, while perhaps extreme, was not exceptional.

Argentina at the time (like the United States in the nineteenth century) was a land of immigrants still clinging to Old World traditions and languages. Of the immigrants who made up the varied spectrum in Argentina those most firmly attached to their language were the English, a category which would naturally include Scots, Welsh, and Irish. As if it were their only true heritage, the English preserved their language against all possible contamination. The oldest among them got along with an almost total ignorance of Spanish or with the barest vocabulary. The second generation (of which Borges' father was a good example) was perforce bilingual but did not abandon its attachment to the original language; rather it changed English into an instrument of culture, a tool of the spirit. No effort seemed excessive to them when it came to defending that umbilical cord that united them to the center of the Empire. They lived in Argentina as their compatriots did in India. It is not surprising then that Borges would feel such an admiration for the work of Rudyard Kipling.

Though the Borges family may not have been wealthy, they had a British governess to protect their children against all forms of contagion, and not just from childhood diseases. Added to these solid family reasons there was then rampant in Argentina a sort of pro-British snobbery which would increase and eventually dominate Buenos Aires society as the century advanced. French fashions were giving way little by little to English ones. This change had an economic base. For even though Argentina had been within a French-influenced cultural sphere since the beginning of the nineteenth century, the independence of the entire River Plate area was achieved from the economic standpoint under the aegis of British diplomacy and commerce. Until the Second World War Argentina belonged to the pound area and virtually was part of the Commonwealth. Even at the end of the war, when Perón seized power, English imperialism was to be one of his main targets. Some time later, in 1955, England would openly support the military revolt that overthrew him. Owing to these circumstances, it was not unusual for Argentine families without any English members whatsoever to send their children to local British schools or, in the case of wealthy families to have British governesses. What today seems very unusual was at that time a consequence of the colonial status of the economy and of Argentine culture. In Borges' case that cultural colonialism was even more justified because the unwitting colonizer was already permanently set up at home.

That paradoxical situation, normal in appearance to the child though in reality profoundly anomalous, was only later to provoke a crisis. Even though Georgie was "naturally" bilingual, his bilingualism already contained the seeds of a fateful distinction between the two languages. The act of reading in English when he had still not learned to do it in Spanish established a radical and decisive difference between the two codes. English became the key to reading and writing. Imagination, dreams, and longings that were aroused or intensified by books would become known to Georgie in English. In English and only in English would they exist for him. In that language he would subsequently find a key with which to decipher invisible words. Spanish, by contrast, was not only the language of his mother's side of the family (less valid from a cultural point of view because the child could not read it), but the language of servants, those anonymous Galicians and Basques that kept coming to the River Plate area in search of an elusive Eldorado. Thus, until the child was well along in years, Spanish would not be a language of culture or, still less, a literary code.

As Georgie grew and became ever more aware of the world outside his home, the strangeness of his fate began to dawn on him. Like the Minotaur in his story, "The House of Asterion," Georgie had no idea of his uniqueness. But away from the confines of his home he found that in the outside world things happened in a different way, people spoke a single language, and their values were different. Inside there remained the restricted and bilingual world of home, where English and Spanish (in that order of cultural and even social importance) alternated smoothly. At the garden gate began the exclusive domain of Spanish, a powerful but undeniable common language. No wonder that from then on Georgie associated this language with a more primitive or elemental form of life at the same time that English (his father's and his grandmother's tongue, the language of books) afforded him access to a higher level of life, to a dream and desire tantalizingly controlled by words and books. Of the two linguistic codes that the boy learned in his childhood, his mother's would be the culturally inferior one. Herein lies the origin of a linguistic crisis which pervaded the entire experience of the writer and to which he would attempt to give a paradoxical reply with a work that, while written in that "inferior language," Spanish, is structured in accordance with the English tongue. On the literary as well as the biographical level, Georgie would become Borges. The child who had an early access to the English code of reading and writing and who theoretically could have become an English writer (George Borges) was to transform himself into an Hispanic writer (Jorge Luis Borges), reverting to the code originally taught by his mother. But though Borges might develop an awesome mastery of Spanish and become the language's foremost writer, he would always feel that he had lost total mastery of the other code.

The future struggle between English and Spanish on the level of writing and literary production appeared in an already defined form (though visible only at the subconscious level) in the basic act of reading. On the conscious level the child accepted and learned the two languages, went from one to the other with complete ease, and handled all the rules without apparent effort. But on the subconscious level the linguistic conflict was implanted in the core of his experience and caused an inner split in Georgie before doing likewise to Borges. As soon as Georgie reached total awareness, through the basic act of reading, of those two languages that were his without his knowing it, duplicity took root in him. The two codes appeared facing each other, as in a mirror. On learning to read the child had had no way out other than accepting his bilingualism. Now he realized that the garden gate separated something more than home and the city. It was the dividing line between two linguistic systems. It was Alice's mirror. Gradually Georgie would learn to cross at will from one side to the other. The unconscious daily experience of bilingualism would become the conscious experience, accepted without argument and gone through without the effort of crossing "through the looking glass." It would be, in the end, trivial. But duplicity, once consciously discovered, would never leave him again.

X THE FAMILY MUSEUM/ Borges once said that he believed to have been brought up in the outskirts of Buenos Aires, "in a district full of adventurous streets and visible sunsets. But the truth is that I was brought up in a garden, behind a speared railing, and in a library of unlimited English books" (*Evaristo Carriego*. Buenos Aires: Emecé Editores, 1955; p. 9). He was actually brought up in his father's library. Years later, he would simplify further his life (the writing of his life) by stating: "If I were asked to name the chief event in my life, I should say my father's library. In fact, sometimes I think I have never strayed outside that library" (*The Aleph*, p. 209). Borges' imaginary life finds its roots in this library and, up to a point, it would be possible to write his literary biography without leaving that magic space of "unlimited English books." But the truth (what one can think the truth is) seems more complex: Borges lived, simultaneously, inside and outside his father's library; he was an inhabitant of the imaginary world created by the English books and of the real world of that Buenos Aires district with the inevitable Italian name, Palermo, where he actually spent his childhood. The first thing then to do in writing his biography would be to set the library in its context: a house with a garden in Palermo at the beginning of this century. Or, perhaps, it would even be better to move backwards a few years and land in the very moment and place in which Borges was born.

It happened in another part of Buenos Aires, closer to the downtown area: a house at 840 Tucumán Street. It was a "small, unassuming" house: "Like most of the houses of that day, it had a flat roof; a long, arched entranceway, called a *zaguán;* a cistern where we got our water; and two patios" (*The Aleph*, p. 203). This house which years later his sister, Norah, would recreate in her drawings and paintings, belonged to his mother's parents; it was the house where she had also been born in 1876. Both grandparents were still alive at the turn of the century, when Borges was born. There is a daguerreotype still preserved by the family that shows don Isidoro de Acevedo Laprida and his wife, doña Leonor Suárez Haedo. They are standing very formally, arm in arm. He is taller and sports a thick dark beard; she also has very dark hair, parted in the middle. Both appeared to be dignified, responsible people in spite of their youth at the time the plate was made. In his younger years, don Isidoro had fought in the civil war against Rosas, the "tyrant" who ruled Argentina from 1835 to 1852. Later, don Isidoro retired for a long secluded life at home. Borges knew very little of him. In a poem, "Isidoro Acevedo," he admits he had only some dates and place names by which to remember him: "frauds and failing of the words" (*Selected Poems*. Trans. Norman Thomas di Giovanni. New York: Delacorte Press, 1972; p. 53). But what he knew was enough. He knew that in dying in 1905, his grandfather had revived his faraway heroic days and died the death of a hero.

> While a lung ailment ate away at him
> and hallucinatory fevers distorted the face of the day,
> he assembled the burning documents of his memory
> for the forging of his dream.
>
> . . . .
>
> In the visionary defense of his country that his faith
> hungered for (and not that his fever imposed)
> he plundered his days
> and rounded up an army of Buenos Aires ghosts
> so as to get himself killed in the fighting.
>
> That was how, in a bedroom that looked into the
> garden,
> he died out of devotion for his city.
>
> (*Selected Poems*, pp. 53-55)

The poem also documents Georgie's incredulity at the news of his grandfather's death, the first in his experience.

> It was in the metaphor of a journey that I was told
> of his death, and I did not believe it.
> I was a boy, who knew nothing of dying; I was
> immortal,
> and afterwards for days I searched the sunless rooms
> for him.
>
> (*Selected Poems*, pp. 53-55)

Many years later, Borges would base one of his fantastic stories, "The Other Death," on his grandfather's last dream of a heroic end. It was not in that sad household in the summer of 1905 that the child was born, but in the very happy home of his grandparents, some six years before, in the winter of 1899—the twenty-fourth of August, to be precise. It was usual then that young married couples lived with their relatives during the first years of marriage. It smoothed the transition and helped enormously in the event of births. Georgie was born prematurely, in the eighth month of his mother's pregnancy. As blindness was endemic in the Borges family, and the father had very weak eyes, the first thing he did was to examine his son's eyes. The baby had blue eyes, like his wife. "He is saved," he told her: "He has your eyes."[1] But the father was wrong: Georgie would be affected, like him, with near blindness for the best part of his life; he would be the sixth generation of the Borges to be so afflicted.

For a while the family had no worries. A second child, a daughter, Norah, was born in 1901. She was beautiful and had immense lovely eyes. In the extant photographs of the time, both their parents look splendid. It is easy to see that they conformed strictly to fashion: don Jorge (as he was called) wears stiff collars and a slightly Kaiserian mustache. The weak eyes, a bit dreamy, and the thin pointed jaw denied any martial air the mustache might have suggested. He really looks like a *jeune premier* in a French comedy. Doña Leonor, whom everybody to this day calls Leonorcita, was very slim and had beautiful blue eyes. She is seen wearing a straw hat that looks like a dish of flowers. Her eyes are dreamy, too, but stronger. *Une jeune fille bien rangée,* they probably said of her before her marriage. In the photograph, taken in 1904, she is already a young matron, poised, reserved, conventional.

Georgie will never address his parents with the familiar Mummy and Daddy that were so common already. He will always call them Mother and Father, in a traditional form that suggests the Victorian household. Both parents came from old traditional families, rooted in South America since the time of the Spanish conquest. Through her family, the mother was related to Francisco Narciso de Laprida who presided in 1816 over the Congress of Tucumán in which Argentine independence was declared. He died in 1829, in an early civil war. More than a century later, Borges will dedicate to him one of his most effective pieces, "Conjectural Poem," in which he presents Laprida evoking his own death at the hands of the rebellious gauchos and contrasts his destiny as a scholar with his savage end.

> I who longed to be someone else, to weigh
> judgments, to read books, to hand down the law,
> will lie in the open put in these swamps;
> but a secret joy somehow swells my breast.
> I see at last that I am face to face
> with my South American destiny.
> I was carried to this ruinous hour
> by the intrincate labyrinth of steps
> woven by my days from a day that goes
> back to my birth. At last I've discovered
> the mysterious key to all my years,
> the fate of Francisco de Laprida,
> the missing letter, the perfect pattern
> that was known to God from the beginning.
> In this night's mirror I can comprehend
> my unsuspected true face. The circle's
> about to close. I wait to let it come.
>
> My feet tread the shadows of the lances
> that spar for the kill. The taunts of my death,
> the horses, the horsemen, the horse's manes,
> tighten the ring around me . . . Now for the first
> blow, the lance's hard steel ripping my chest,
> and across my throat the intimate knife.
>
> (*Selected Poems*, pp. 83-85)

The mother's grandfather, Colonel Isidoro Suárez, had also fought in the war of independence and went into exile in Uruguay at the time of the Rosas dictatorship. He married into a Uruguayan family, the Haedos, which has been very active in political and artistic life up until now. Borges would later dedicate

[1] *This anecdote was communicated to me by Mrs. Leonor Acevedo de Borges in Buenos Aires, August 1971.*

a poem to him. Entitled, "A Page to Conmemorate Colonel Suárez, Victor at Junín," the poem is, like the others devoted to the family pantheon of heroes, congealed in a single instant: the heroic deed at Junín which the old man is continuously reenacting. But there is a difference. At the very end of the poem, the distant past is suddenly made present by an allusion to the times in which his grandson is living. His ancestor's fight is made one with the fight against another unnamed Argentine dictator who was ruling Argentina in 1953:

His great-grandson is writing these lines,
and a silent voice comes to him out of the past,
out of the blood:

"What does my battle at Junín matter if it is only
a glorious memory, or a date learned by rote
for an examination, or a place in the atlas?
The battle is everlasting and can do without
the pomp of actual armies and of trumpets.
Junín is two civilians cursing a tyrant
on a street corner,
or an unknown man somewhere, dying in prison."
(*Selected Poems,* trans. Alastair Reed, p. 91)

Borges' family piety is undoubtedly rooted in his mother's attitude toward her ancestors. Georgie was born and brought up in a house that was, up to a point, a family museum, presided over from the beginning by the almost ghostly presence of grandfather Acevedo. The place of honor went to the swords that liberated South America in Junín and Cepeda, to the uniforms carefully preserved against the injury of moths, to the daguerreotypes severely framed in black velvet that paraded a theory of dark sad gentlemen, or reserved ladies, many of them widowed. Georgie was surrounded by the sacred objects of family history, delicately brainwashed by the cyclical repetition of the deeds of his heroic ancestors. These stories of courage and silent dignity in defeat, of poverty and pride, left a permanent scar on Georgie's memory. Many years later he was to acknowledge: "on both sides of my family, I have military forebears; this may account for my yearning after that epic destiny which my gods denied me, no doubt wisely" (*The Aleph,* p. 208).

The father belonged to an even older family: one that was already important at the time of the Spanish conquest. One of his ancestors, Jerónimo Luis de Córdoba, was the founder of Córdoba, the most traditional and Catholic of all Argentine cities, the one which occupies the place Boston has in the history of the United States. For the traditional *Cordobeses,* Buenos Aires will always be, like New York for Bostonians, the immigrant's city, mainly populated by poor foreigners, illiterate Spaniards and Italians not worthy to represent the European culture. But the father himself had not been born in Córdoba. The family had moved closer to the Buenos Aires area already in the nineteenth century. His own father had been born in Paraná, Entre Ríos, and at the time that Georgie's father was born, the grandfather was a colonel in the Santa Fe garrison, in the Pampas. Both provinces belonged to a more primitive and simple world: the frontier between the Argentine settlers and the still unruly Indians, the reservoir for the armies of the civil wars. From Entre Ríos came the *caudillo* (chieftain) Justo José de Urquiza, the man who in 1852 will finally defeat Rosas in Pavón.

Borges' father was not so devoted to the memory of his heroic ancestors as his mother was. But he was very interested in the recent political story of Paraná, and in 1921 when he was already retired and living in Spain, he wrote a curiously anachronistic novel, *The Chieftain,* which recaptures the Romantic climate of violence, intrigue and passion that was the natural habitat of many Borges males during the civil wars. On his mother's side, the father encountered a completely different tradition. Frances Haslam had been born in 1845 in Straffordshire, of Northumbrian stock. Her arrival to Argentina has been told by her grandson in these words:

A rather unlikely set of circumstances brought her to South America. Fanny Haslam's elder sister married an Italian-Jewish engineer named Jorge Suárez, who brought the first horse-drawn tramcars to Argentina, where he and his wife settled and sent for Fanny. I remember an anecdote concerning this venture. Suárez was a guest at General Urquiza's 'palace' in Entre Ríos, and very improvidently won his first game of cards with the General, who was the stern dictator of that province and not above throat-cutting. When the game was over, Suárez was told by alarmed fellow guests that if he wanted the license to run his tramcars in the province, it was expected of him to lose a certain amount of gold coins each night. Urquiza was such a poor player that Suárez had a great deal of trouble losing the appointed sums.

It was in Paraná, the capital city of Entre Ríos, that Fanny Haslam met Colonel Francisco Borges. This was in 1870 or 1871, during the siege of the city by the *montoneros,* or gaucho militia of Ricardo López Jordán. Borges, riding at the head of his regiment, commanded the troops defending the city. Fanny Haslam saw him from the flat roof of her house; that very night a ball was given to celebrate the arrival of the government relief forces. Fanny and the Colonel met, danced, fell in love, and eventually married. (*The Aleph,* pp. 204-205)

A photograph of Fanny Haslam, taken in Paris, 1870, probably when she was visiting the city on her honeymoon, has been preserved. She is dressed in stiff, velvet clothes, her hair totally covered by a dark, elegant hat; her expression is a little too stern and sad. Another photograph of the same year shows her without a hat, the elaborately high hairdo elongating her slim face even more, and the eyes sadder than ever. Her husband, colonel Francisco Borges, was twelve years her senior. In one of his photographs, he is shown in uniform but without his kepi: the wide forehead dominates a rather stylish face in which the mustache and goatee suggest the Napoleon III model. But his eyes look aside as if avoiding the camera. Very little is known about the marriage except that they seemed happy and had two sons, the younger of whom was Georgie's father. Very soon, Fanny Haslam was left a widow. In 1874, Colonel Borges was killed by a Remington rifle in one of the endemic civil wars. He was barely forty-one. His grandson once underlined the irony of his death: "In the complicated circumstances surrounding his defeat at La Verde, he rode out slowly on horseback, wearing a white poncho and followed by ten or twelve of his men, toward the enemy lines, where he was struck by two Remington bullets. This was the first time Remington rifles were used in the Argentine, and it tickles my fancy that the firm that shaves me every morning bears the same name as the one that killed by grandfather" (*The Aleph,* pp. 205-206).

Some of his grandmother's experiences while living with Colonel Borges in the frontier area were learned by Georgie at a very early date. They were to resurface many years later when Borges was writing one of his short tales, "Story of the Warrior and the Captive." The first half of the tale both summarized and expanded on a story taken from different European sources (Croce, Gibbon, Dante); the second is based on one of Fanny Haslam's frontier tales. It is the story of an English girl, taken by the Indians in one of their raids, forced to marry a warrior and converted to barbarism. Grandmother met her briefly at the Army post her husband commanded, and tried to persuade her to return to civilization. She failed and the girl went back to her man and two children. In the conclusion of the story, Borges explores one of the meanings of this symbolic confrontation between the two English exiles: "Perhaps the two women felt for an instant as sisters; they were far from their beloved island and in an incredible country"; "perhaps then my grandmother was able to perceive in this other woman, also held captive and transformed by the implacable continent, a monstruous mirror of her own destiny" (*Labyrinths.* Translated by James E. Irby. New York: New Directions, 1964; p. 130). In a sense, the story is right: Fanny Haslam was also a captive. Although she had married a colonel and a gentleman, and she had been able to keep her native tongue intact and even to transmit it to her sons and grandchildren, she still was a captive in a primitive, violent land, imprisoned for ever in a world dominated by what was for her an alien tongue. It will be this unique captive's lot to teach English to Georgie.

Her husband's death left Fanny Haslam very much on her own. She had two sons to care for and to bring up. Undaunted, she opened her home to paying guests, young American women who came to Argentina to teach under an educational program conceived by President Sarmiento when he visited the United States. This part of his grandmother's story is not told in Borges' "Autobiographical Essay" nor has it ever been mentioned in his interviews. He prefers to insist upon the less prosaic details of her life and emphasizes the quality of frontier life adventures of that period of her life. But it was not the picturesque setting but Fanny Haslam's solid Victorian nonsense which finally had the day. She managed to keep the family within the bounds of middle-class respectability and saw that both her sons had a position in life. The elder followed in his father's footsteps and became a naval officer; Georgie's father was to become a lawyer. Perhaps the fact that the latter inherited the Borges' blindness explains the selection of a civil career for him. The consequence of this decision was that he was to remain very much under his mother's influence—that is, under the British influence. This was, of course, decisive for his son's fate.

Although the father was very proud of his English ancestry and especially of English culture, he was not a fanatic. Borges has pointed out that "he used to joke about it, saying with feigned perplexity, 'After all, what are the English? Just a pack of German agricultural laborers' " (*The Aleph,* p. 206). In talking about his father, Borges has many witty things to say:

> My father, Jorge Guillermo Borges, worked as a lawyer. He was a philosophical anarchist—a disciple of Spencer's—and also a teacher of psychology at the Normal School for Modern Languages, where he gave his course in English, using as his text William James' shorter book of psychology. [. . .] My father was very intelligent and, like all intelligent men, very kind. Once, he told me that I should take a good look at soldiers, uniforms, barracks, flags, churches, priests, and butcher shops, since all these things were about to disappear, and I could tell my children that I had actually seen them. The prophecy has not yet come true, unfortunately. My father was such a modest man that he would have liked being invisible. [. .] His idols were Shelley, Keats and Swinburne. As a reader, he had interests. First, books on metaphysics and psychology (Berkeley, Hume, Royce, and William James). Second, literature and books about the East (Lane, Burton, and Payne). It was he who revealed the power of poetry to me—the fact that words are not only a means of communication but also magic symbols and music. When I recite poetry in English now, my mother tells me I take on his very voice. He also, without my being aware of it, gave me my first lessons in philosophy. When I was still quite young, he showed me, with the aid of a chessboard, the paradoxes of Zeno—Achilles and the tortoise, the unmoving flight of the arrow, the impossibility of motion. Later, without mentioning Berkeley's name, he did his best to teach me the rudiments of idealism. (*The Aleph,* pp. 204-207)

By his ancestors, by the mixed blood and double cultural origins, the father at once confirmed and rectified the mother's familiar museum. He added more Colonial prototypes and more Army brass to the pantheon, more vivid memories of heroic deeds, but he also incorporated an element that was totally absent in the mother's piety: irony, the gift of a mind of the most elegant skepticism. Georgie will inherit this gift.

X THE PERSONAL MYTH/ How did the family museum, this private *pietas,* affect the child and, later the man and the writer? It is hard to say. Especially if one takes into consideration the fact that from his father's side the whole museum was seen through very ironic glasses. In a book-length interview with Jean de Milleret, Borges has explained his peculiar interpretation of the family tradition. While he readily admits that the Borges' origins can be traced back to the Spanish conquerors and founders of cities, his own pantheon does not go that far back: "I am so much an Argentine that I can't be interested at all in my far away ancestors, the ones that came before 1810. You know that I never talk about them"; "I am also very ignorant of their lives. Besides, they were people with very little intelligence, Spanish professional soldiers, and from Old Spain" (*Entretiens avec Jorge Louis Borges.* Paris: Pierre Belfond, 1967; p. 203). In contrast with his mother's attitude of family worship—the carefully preserved genealogical tree, the daguerreotypes, the sacred swords and uniforms—Borges' dismissal of all the family's colonial inheritance is permeated both by his father's sense of irony and subtle understatement. The conflict was at the root of Borges' bilingualism: it is the conflict between the Spanish and English values, a conflict that had its historical culmination during the long wars between the mighty powers of England and Spain but did not even end there: in Latin America, and through a confrontation between the inheritors, it is still alive today.

Georgie lived that conflict in a very peculiar way: for the boy it must have been muted by affection, buried in the deepest and darkest layers of subconscious feelings. In the everyday experience of life at home, as in a childish charade, Georgie was confronted by the cultural abyss that separated his father's side of the family from his mother's. In recapitulating his life in the same long interview, Borges will describe some sixty years later his objections to his mother's family: "The Acevedos are incredibly ignorant. For instance, for them, descendants of the old Spanish settlers, to be a Protestant is synonymous with being a Jew, that is, an atheist, or a free-thinker, or a heretic; in short, they put everything in the same bag. There is no real difference between these words for them" (*Entretiens,* p. 39). It is obvious that Borges is here simplifying and exaggerating the Acevedo's prejudices which mirrored those of very ignorant Argentine Catholics. But it is precisely this irreverent colloquial tone which seems so significant. It makes explicit Georgie's subconscious reaction to the two sides of his family. In a later text, avoiding any parody, Borges has defined the traditional character of the Acevedos by stating that his mother "comes of old Argentine and Uruguayan stock"; "When I was growing up, religion belonged to women and children; most men in Buenos Aires were freethinkers—though, had they been asked, they might have called themselves Catholic" (*The Aleph,* p. 207). Although irony is absent here, and a most respectful tone is achieved, it is evident that Borges is subtly antagonistic to his mother's religious stand. In the same text, Borges will attempt to praise what he calls mother's "hospitable mind," and to give an example of that hospitality he will say: "From the time she learned English, through my father, she has done most of her reading in that language" (*The Aleph,* p. 207). English is once more presented as a certificate of culture, of an open and hospitable mind, to be opposed implicitly to the narrow, ignorant, Catholic mind of the Acevedos. It is true that Borges has also something to say about the limitations of a too literal cult of Englishness, and in the same text he will use irony against that target: "my fondness for such a Northern past has been resented by some of my countrymen, who dub me an Englishman, but I hardly need point out that many things English are utterly alien to me: tea, the Royal Family, 'manly' sports, the worship of every line written by the uncaring Shakespeare" (*The Aleph,* p. 252). Thus, in recollection at least, Borges seems equally distant to both the Spanish and the English sources of his family. But in retracing the origins of his personal myth it will be advisable not to follow too closely later interpretations. It is obvious that for Georgie, English was the language of culture, the code that held the key to literature and the inexhaustible world of books. In recreating in writing his origins in the "Autobiographical Essay," Borges has tried to be fair to both sides of the family. Fairness was not present at the origin of the personal myth.

Even more revealing of Borges' selective memory in the "Essay" is the absence of any mention of his Portuguese origins. His surname is undoubtedly Portuguese: Borges means a citizen of the *burgos,* or cities, a bourgeois. In a late poem called, "The Borges," he sings the unknown ancestors. "My Portuguese forebears. They were a ghostly race,/ Who still play in my body their mysterious/ Disciplines, habits and anxieties./ Shadowy, as if they had never been,/ And strangers to the processes of art,/ Indecipherably they form a part/ Of time, of earth, and of oblivion" (*Selected Poems.* Trans. Alastair Reed, p. 137). Only quite recently, in a 1970 interview for a Brazilian weekly, Borges dwelled extensively on these shadowy Portuguese ancestors, and on the possibility that through them he may be connected with the wandering tribes of Israel. In a passage of the interview he asks rather rhetorically:

> I, Borges Ramalho, descendant of a Portuguese sailor and on top of that, having a mother called Acevedo: might I not be a Jew? [. . .] When I visited Lisbon many years ago, I tried to do some research on my origins. I looked into the phone book and got the scare of my life: all the people there were my relatives, because those who were not Borges were Ramalho or Acevedo! I didn't know I had such a family and just in Lisbon! [. . .] Whatever the case, I would be very proud of belonging to one of the most civilized races in the world, to a branch of humanity that had already invented Job's story and The Song of Songs while other countries were still submerged in the original barbarism. ("Entrevista: Jorge Luis Borges." *Veja,* No. 103, August 26, 1970; pp. 4-5)

The question of Borges' Jewish origins, lightly and humorously touched here, was a very sensitive one in Argentina, especially in the Fascist atmosphere of the thirties and forties when the Army was attracted to the Italian and German models, and the Church and the upper-classes were stolidly anti-semitic. In those days, a nationalistic magazine called *Crisol* (The Crucible) accused him of being a Jew. To annoy his adversaries he wrote a piece, "I, a Jew," which is a masterpiece of teasing. He began by stating that he had played more than once with the idea that he had some Jewish ancestors; he admits that Acevedo is a surname generally included in a list of those with Jewish origin compiled by an Argentine historian who was trying to prove that practically all the families in Rosas times had a "Jewish-Portuguese" origin. On the other hand, he indicated, research done by a member of his family had proved that the Acevedo branch of the family came not from Portugal but from Spain, and to be more precise, from Catalonia. He concluded then that it was a hopeless task to try to prove his Jewish ancestry. Apart from the ironic value of this "search," it is obvious that Borges was not taking the question very seriously. Not a word is said then about the obvious Portuguese origin of his surname, which could have helped to establish the missing Jewish link. But in ambiguously denying his ancestors (which he will recognize in 1970), Borges was aiming at destroying, polemically, the basis of the accusation. The end of the article is very comic and revealing. As he usually does, Borges abandons the above line of argumentation and resorts to parody:

> Statistically speaking the Jews were very few. What would we think of someone in the year 4000 who will be

discovering everywhere descendants of the inhabitants of the San Juan province [one of the least populated in Argentina]? Our inquisitors are seeking Hebrews, never Phoenicians, Numidians, Scythians, Babylonians, Huns, Vandals, Ostrogoths, Ethiopians, Illyrians, Paphlagonians, Sarmatians, Medes, Ottomans, Berbers, Britons, Lybians, Cyclops, and Lapiths. The nights of Alexandria, Babylon, Carthage, Memphis have never succeeded in engendering one single grandfather: only the tribes of the bituminous Black Sea had that power." (*Megáfono,* No. 12, April 1934; p. 10)

In poking fun at the Fascist obsession to discover Jewish ancestors to prove some obscure blemish or original sin, Borges does not stop at anything: he even includes the mythological Centaurs and Lapiths among the old tribes who had failed to engender one grandfather. But his jokes do not distract from the main object of the article: to demythify the subject once and for all. If to be a Jew means that somewhere in the past a Jewish ancestor looms, then who can be sure in Spain and Portugal, in Latin America, of not having at least one great-grandfather of that origin? From that point of view to be a Jew has no meaning. Borges' witty text helps to dispose of that type of non-thinking forever. But the paradox behind all this "research" and irony must not be wasted. It is precisely the very Catholic and traditional branch of the Acevedos that seems the most likely carrier of the Jewish blood into Borges' ancestry. They who shared with the Nationalist and the Fascist in Argentina, the cult of the universal religion of Rome, believed that any free-thinker, any Protestant, any mason, was a Jew. Such ignorance turned Borges away from his mother's side of the family.

It is obvious that this aspect of the family conflict was not so self-evident to Georgie, at least in his infancy. The problem of the Portuguese and/or Jewish ancestors did not exist for the child. Although his father was an agnostic and his paternal grandmother a Protestant, he was probably brought up as a Catholic in a Catholic household. Religious instruction, if any, was in his mother's hands, and his father probably accepted it. But if the conflict was not evident at that stage, it nevertheless existed at the level of the personal myth Georgie was already developing. If English was the language of culture, Spanish was to become the language more easily associated with the deeds of arms and the gods of war. In encountering frequent reminders of the family past, in hearing once and again, the tales of bravery accomplished especially by the Suárezes and the Acevedos, Georgie began to be initiated into another religion: the worship of the family gods and of manly courage. In this religion, the differences between the paternal and maternal side were erased: all ancestors were united in the family cult. In his "Autobiographical Essay," Borges indicates very explicitly how Georgie reacted to this heroic ancestry: "I was always very nearsighted and wore glasses, and I was rather frail. As most of my people had been soldiers and I knew I would never be, I felt ashamed, quite early, to be a bookish kind of person and not a man of action" (*The Aleph,* p. 208).

The two sides of the Borges household will represent, as in an allegorical tableau, the famous contrast between Arms and Letters, a topic to which Don Quixote had something to add. Although in both sides of the family Georgie had professional soldiers, it was the Acevedo branch that at the time of his birth offered more vivid examples. The only grandfather he had the chance to meet was that Isidoro de Acevedo Laprida who fought so bravely and died in a dream of battles long forgotten. On his father's side it was not the image of Colonel Francisco Borges (who died twenty-five years before Georgie was born) but that of Fanny Haslam which prevailed: the English grandmother who held the key to the world of English and of English books, the world of culture. The father himself was a lawyer and a man of books, the owner of that infinite library. The personal myth of Borges begins here: it is, at the same time, a myth of despair for not having been a man of arms, and a myth of compensation. The reader and the writer found in books, in the desire and guilt aroused by books, what was lacking in their "real" life. Because Father had preceded him in this path—he was also a descendant of warriors who choose books and the law—Borges would have to find, many years later, a solution to the already latent oedipal conflict. In his case, parricide will assume a most unexpected disguise: total submission to his father's will.[2]

X THE TWO MOTHERS: THE TWO CODES/

There is obviously much more in Borges' relationship with his parents than has been indicated here. Some of his autobiographical texts talk freely about Mother but they hardly reveal anything relevant to his childhood years. He mentions the help he received from her after his father's death and when he was beginning to find it very difficult to read and write. About his father, on the contrary, he is always explicit and precise. Even when he is confronted with an interviewer, like Jean de Milleret, who is intent upon subjecting him to a bit of simplified Freudianism, Borges is adamant. Again and again he will dodge a question about his mother's supposedly dominant personality and will attribute everything to his father's strong will. When he is asked, rather directly, if he thinks that his was "an oppressive mother," he answers that it was his father who was a decisive influence in his life because it was through him he learned English and had access to a vast library. When pressed again to admit that Mother was a sort of tyrannical *Genitrix,* he refuses to accept it and wonders aloud who could have thought of that. He denies any mother fixation and predictably concludes: "It was my father who had an influence on her and not the reverse. My mother was a young woman of a good Argentine family and my father was a liberal and cultivated man; his mother was English and a Protestant; he had a good library at home. I must say that he lived, intellectually speaking, in a more complex world than my mother" (*Entretiens,* p. 213). It is obvious that Borges is here denying any attempt to "psychoanalyze" him, and his relationship with his

[2] *In my article, "Borges: The Reader as Writer"* (Tri-Quarterly, *No. 25, Fall 1972; pp. 102-143), there is a detailed discussion of this problem.*

parents. His resistance to any type of analysis (and not only to the instant one attempted by Milleret) is well-known. In another interview, he even makes a joke about it: "I've rather forgotten the time I spent in my mother's womb—although, according to the Freudians, it must have been very important to me" ("Habla Jorge Luis Borges," *Triunfo,* No. 389, November 15, 1969, p. 36). More straightforward is an exchange recorded by Richard Burgin:

Burgin: I take it you don't think much of Freud, either.

Borges: No, I always disliked him. But I've always been a great reader of Jung. I read Jung in the same way as let's say, I might read Pliny or Frazer's *Golden Bough,* I read it as kind of mythology, or as a kind of museum or encyclopedia of curious lores.

Burgin: When you say that you dislike Freud, what do you mean?

Borges: I think of him as a kind of madman, no? A man laboring over a sexual obsession. Well, perhaps he didn't take it to heart. Perhaps he was just doing it as a kind of game. I tried to read him, and I thought of him either as a charlatan or as a madman, in a sense. After all, the world is far too complex to be boiled down to that all-too-simple scheme. But in Jung, well, of course, Jung I have read far more widely than Freud, but in Jung you feel a wide and hospitable mind. In the case of Freud, it all boils down to a few rather unpleasant facts. But, of course, that's merely my ignorance or my bias. (*Conversations with Jorge Luis Borges.* New York: Holt, Rinehart and Winston, 1969; p. 109)

Borges' resistance to Freud is revealing and, in a sense, as curious as the one Nabokov has shown. They even use the same kind of words. While Nabokov calls Freud a "crank," Borges suggests he is either a "charlatan" or a "madman." Borges is obviously over-reacting and it is this over-reaction that attracts attention. At the root of his bilingualism is an unconscious conflict which he will never be able to recognize but whose symptoms and origins are clear. The fact that he was taught Spanish by his mother and English by his grandmother established from the very beginning of subconscious conflict between the two codes. The immediate manifestations of this conflict are well-known. He had some difficulty in learning to talk. According to his mother, "When he was very small, he had the most extraordinary way of talking; perhaps he didn't hear well? He disfigured completely many words" ("Propos de Mme. Leonor Acevedo de Borges," *L'Herne,* March, 1964; p. 10). Later on, he will develop a kind of stammer that will become more evident when he was in the company of strangers or when he had to talk in public. Not until he was forty-five did he manage to overcome his stammering.

The fact that it was his English grandmother who taught him the English code and who introduced him to the world of books added some confusion to the already confusing double language he learned to use while a child. Georgie will have two "mothers" instead of one as he will have two languages. At the level of the personal myth, the fact that the second mother is his father's mother only increased the father's sphere of influence. Father will become duplicated: he will be represented by a virile figure who runs everything at home, and by a maternal version who will be (implicitly) the mother's rival in teaching the boy how to speak. In view of that original configuration, it is easy to understand Borges' resistance to Milleret's line of questioning. At the conscious level, he always saw his mother under the influence of his father and there was not any doubt about that. It is possible to go one step further and assume that, for Georgie, his mother had a secondary role in her own household: she was also under Fanny Haslam's influence because the grandmother was the owner of the most powerful linguistic code: English. The mother was like the beautiful concubine in some of the *One Thousand and One Nights* tales which the father (and later Georgie) loved to read in Richard Burton's unexpurgated translation. She was somewhat like a slave who is tolerated because she is the heir's mother, but the real queen, the only legitimate wife, was the father's mother. This configuration explains the part that the mother plays in Borges' personal myth: she is always there, she is always courteously referred to, but she is always kept (in a very subtle way) in a subdued condition.

A purely psychoanalytical reading of this situation is impossible here. It has been attempted more than once with various results. The best analysis so far is one done by Didier Anzieu in a long essay called "Le corps et le code dans les récits de J. L. Borges" (*Nouvelle Revue de Psychanalyse,* July-August 1971; pp. 177-210). Although Anzieu did not have all the necessary biographical information and had less than complete bibliographical data, he was able to develop many interesting interpretations. He even attempted to explain the problem of the double linguistic code and the fact that the "other" code, English, was taught by the "other" mother. But he didn't develop the cultural problems that bilingualism had created and did not pursue its ramifications at the level of conscious literary production. Anzieu's study is decisive in relating Borges' relationship with his mother to its subconscious expression in the symbology of his tales. What is still to be done is to attempt to integrate that interpretation in the larger context of Borges' personal myth as it is presented both in the writing of his works and in the writing of his life—that is, in the writing of his literary (auto)biography.[3]

[3] *I would like to thank Suzanne Jill Levine and Eugene Moretta for their help in preparing the English version of this text.*

Borges, Postcolonial Precursor

By EDNA AIZENBERG

1. Postmodernism holds center stage as the major critical practice of the moment. And Borges is there, of course.[1] Critics working in Latin American literature, however, have noted the discomforts of fitting Borges, along with other Latin American authors, into the postmodern mold; as one critic asked graphically, if with some gender bias: "Is the corset too tight for the fat lady?"[2] One place where the corset pinches is in its elision of the Latin American condition of the texts. Typically, these are subsumed into Euro-U.S. concerns. The traits that mark their "postmodernism" are employed to illustrate trends in "late capitalist, bourgeois, informational, postindustrial society" and are said to respond to Western needs: for example, the "totalizing forces" of mass culture."[3] What is forgotten is the peripheric, ex-centric position. The "postmodern" characteristics of Latin American and Borgesian literature enthusiastically embraced by U.S. and European critics—self-reflexivity, indeterminacy, carnivalization, decanonization, intertextuality, pastiche, hybridity, the problematizing of time and space and of historical and fictional narration—are primarily a correlative of a colonized history and an uncohered identity, of incomplete modernity and uneven cultural development, rather than postindustrialization and mass culture. Their uncritical incorporation into a metropolitan repertoire indicates that the centering impulse of a "decentered" postmodernism is far from gone.[4]

It is at this point that postcolonialism becomes an effective heuristic tool. Like all concepts, it is a tool, and one must take care lest it too become a corset squeezing the fat lady. There are many colonialisms, diverse postcolonial situations, significant overlaps between postcolonialism and other theoretical modes, disparate and antagonistic strands of postcolonial criticism, interrogations about *post*colonialism's continuing enmeshment in the colonial gaze.[5] Nevertheless, *grosso modo*, postcolonial theory has done much in its shift of focus from the "center" to the "margins," with the core of interest on conditions and developments at the "margins"; it has made valuable contributions to a comparative approach that contests the usual North-South perspective of literary studies and connects cultures and literatures that have infrequently, if ever, spoken to each other; and it has provided important insights for "identifying and articulating the symptomatic and distinctive features" of postcolonial texts, *from* the condition of postcoloniality.[6]

This work is exceedingly relevant to Latin American writers, first and foremost Borges. Traits of Borges that have been understood (or misunderstood) within the two regnant contexts of study, Eurocentric or national–Latin American, acquire new sharpness when read from the perspective of postcolonialism. A postcolonial perspective brings into focus Borges's strengths and Borges's lacks. It allows for a renewed appreciation of Borges's role as a forerunner to what is significant in present literary-critical practice, particularly the writing of such "Third World" authors as Salman Rushdie, Tahar Ben Jelloun, Anton Shammas, and Sergio Chejfec, who see in the Argentine master a postcolonial precursor.

2. Postcolonial critics underscore the theoretical hegemony of Europe, a hegemony that has utilized the texts of the "margins" to construct itself—Latin American literature and postmodernism is a case in point—yet has frequently ignored the theoretical explorations of the "margins." These explorations, in the literary texts themselves and in essays and works of criticism, more than once prefigure issues that have since become crucial to the "center," as in the case of postmodernism; and this prefiguring results precisely from the "marginal" status, with its intense sensitivity to problems of textuality and reality, to troubling epistemological questions.

Borges illustrates the elision, despite the fact that he has attained canonical rank in Euro-U.S. critical-literary discourse. Certain Borges writings are cited to buttress, say, Genette or Bloom or Foucault, whereas others are little mentioned. "Kafka and His Precursors" and "Pierre Menard, Author of the *Quixote*" fall into the first category; "The Argentine Writer and Tradition" into the second. Then too, what we might call the postcolonial implications of even the cited works are ignored; this is true of Borges's essays and his fictions.

Let us look at "El escritor argentino y la tradición." Originally delivered as a lecture in the fifties, the essay contains many of the questions that are important to postcolonial criticism and that intersect with the preoccupations of the "center." The issue of tradition itself, with the related issue of the canon, is one. Borges's purpose in the essay is to define Argentina's literary tradition in order to guide contemporary Argentine writers in their task. The title of the piece recalls Eliot's "Tradition and the Individual Talent," an essay that Borges refers to in "Kafka and His Precursors" to develop the now well-known idea that "every writer *creates* his own precursors."[7] But to continue with tradition. Nowhere in his discussion does Eliot interrogate what tradition is for the English writer. He declares: the "historical sense compels a man to write . . . with a feeling that the whole of the literature of Europe from Homer and within it the literature of his own country has a simultaneous existence and composes a simultaneous order."[8] Although Borges attempts to project an analogous sense of security and order, opening his essay by calling the problem of defining Argentine literary tradition a "pseudoproblem" and concluding with what has been read as a submission to Europe, the fact is that there is a great deal more probing of the meaning of tradition, as well as heterogeneity in describing it and subversiveness in treating it.

Borges reflects upon a number of possible traditions: the tradition of gauchesque poetry, the tradition of Spanish literature, and the Western tradition as a whole. The gauchesque receives particular attention, in large measure because it has been considered Argentina's "authentic," "native" literary tradition, and its masterwork, José Hernández's *Martín Fierro*, Argentina's canonical book. Borges's pointed analysis dwells on the primary claim to authenticity of the gauchesque, its language, supposedly derived from the spontaneous oral poetry of the gauchos. His examination in effect dismantles this claim; he indicates that the gauchesque poets, city men, cultivated a "deliberately popular language never essayed by the popular poets themselves." In the constructed idiom there was a purposeful "seeking out of native words, a profusion of local color," whereas the gaucho singers tried to express themselves in nondialectal forms and to address great abstract themes. Borges's conclusion is that gauchesque poetry, which had produced admirable books, not least Hernández's "lasting work," was nevertheless a "literary genre as artificial as any other" (178–80).

The discussion is enormously suggestive. What is the relationship between orature and literature in conforming a literary tradition? Questions about the continuities and discontinuities between oral and written forms are at the heart of literary-critical discourse in Africa, for example, with the unexamined championing of the oral tradition as *the* model for contemporary African writing an area of debate. There is likewise the matter of an essentialized nativism as the basis of contemporary cultural tradition, what the Nigerian critic Chidi Amuta terms "raffia, calabash, and masquerade culture."[9] The seeking out of a profusion of local color, including fixed "native" linguistic codes, is seen by Amuta and other critics as a retrograde maneuver that perpetuates the "exotic" view of the non-European and ignores the essence of postcolonial cultures and their languages as dynamic, dialectical, hybridized formations.

If a limited, conversational nativism could not form the basis for Argentine literary tradition (in the essay Borges recalls that early in his career he had been a "raffia and calabash" man), neither could the literature of the former "mother country." Borges states categorically: "Argentine history can be unmistakeably defined as a desire to become separated from Spain" (182). Instead of positing a smooth interface between Spanish literature and Argentine literature as one grandly unbroken master narrative (a position more than once perpetuated in the teaching of Latin American literature), Borges posits rupture. For an Argentine to write like a Spaniard is testimony to "Argentine versatility" in assuming a persona rather than indication of a natural state (183). Of course, Borges returned again and again to the masterwork of Spanish literature, the *Quixote*, as he dialogued with Spanish writers—Quevedo, Gracián—and as he rewrote the *Martín Fierro* in his fictions; but his selective manipulation of elements of these traditions can best be explicated in the framework of the third tradition he examines, Western culture.

In their studies the Australian critics Bill Ashcroft, Gareth Griffiths, and Helen Tiffin, who are among the most prolific researchers in postcolonial theory, underscore that it "is inadequate to read" postcolonial texts "either as a reconstruction of pure traditional values or as simply foreign and intrusive."[10] These texts are constituted in the shuttle space between the two illusory absolutes, "within and between two worlds." Postcolonial texts can further be conceived as an alternate reading practice whose aim is the revisionist appropriation and abrogation of the Western canon (196, 193). These thoughts are helpful in approaching Borges's approach to the Western tradition, because his posture has been construed as nothing if not "foreign and intrusive." Borges writes: "I believe our tradition is all of Western culture," but the statement does not lead to a reiteration of the authority of the "center" to "write" Borges. Instead, Borges turns the Western tradition against itself by appropriating the right to write back to the "center." "We have a right to this tradition," he asserts, "*greater than that* which the inhabitants of one or another Western nation might have" (184; emphasis added). The assertion is the takeoff point for a model of difference and a strategy of subversion.

Dialoguing with another essay, Thorstein Veblen's 1919 article "The Intellectual Pre-eminence of Jews in Modern Europe," Borges applies to the Argentine and Latin American circumstance the American thinker's notion of Jewish difference as the breeding ground for innovation. Long before Derrida's *différance*, Borges anchors his attitude toward Western discourse in "not feel[ing] tied to it by any special devotion," in "feel[ing] different," like the Jews or the Irish. Difference makes for deferral. To quote Borges again: "I believe that we . . . can handle all European themes, handle them without superstition, with an irreverence which can have, and already does have fortunate consequences" (184).

There is in these statements of "The Argentine Writer and Tradition" all the creative *chutzpah* and, yes, the ambiguity—if not anxiety—of the postcolonial situation. On the one hand, the speaking back, the challenge to the metropolis, and the installation of irreverent difference as the modus operandi of fortunate literary labor; on the other the pervasive concern, common to postcolonial societies, with myths of identity and authenticity, with establishing a linguistic practice, with place and displacement, with canonicity and "uncanonicity." Borges's lifelong Hebraism, exemplified in the essay, correlates with this double movement. It was not merely the Jewish condition, traversed as it was with many similar complexities, that attracted Borges. It was also the Jewish textual tradition, some of whose views were displaced by the dominant Greek-Western logos as inauthentic—in Borges's words, "alien" to the Western mind.[11] (What the dominant logos judged "authentic" in Jewish textuality was authenticated by its appropriation, not by its Jewish roots.)

One such view was the conception of writing as inevitably *inter*textual, constituted in the bold interaction—not decorous separation—of Torah and scholia, of canon and commentary, through an ongoing process of interpretive reconstitution. Another was the idea, carried to an extreme by the mysticism of the Kabbalah, that audacious revisionism masked as faithful reproduction formed the proper stance toward tradition. Borges's exploration and radicalization of these beliefs—vindicated decades later by "Hebraist" iconoclasts at Yale and elsewhere as a way of dislodging a still-classicist criticism—was clearly an attempt to find precedents, from the edge of the world, for alternative literary models: models of strategic "marginality" with the interplay of the standard and the subversive that became Borges's stance.

It is not incidental that Bloom connects Jewish hermeticism to Borges via a secularized, parodic version of the principle of "reading old texts afresh,"[12] for in his nonsuperstitious handling of Western themes the "parodic miniaturization of a vast work of art" constituted one of Borges's favorite revisionary operations.[13] We are now so familiar with these Borgesian manipulations that we scarcely stop to consider their implications, particularly in a postcolonial context.

The biblical urtext, whose questioning "to absurdity" by the Kabbalists Borges so admired, is not the least of the vast parodied works;[14] in Borges, Cain becomes Abel, Judas becomes Jesus, the Crucifixion of Jesus becomes the crucifixion of a medical student, Golgotha becomes an obscure Argentine ranch. The event occurs after the student "brings light" to the "heathen," in a tale audaciously entitled "The Gospel According to Mark." One cannot help but think here of works like Yambo Ouologuem's *Devoir de violence*, Chinua Achebe's *Things Fall Apart*, Ngũgĩ wa Thiongo's *Petals of Blood*, Timothy Findley's *Not Wanted on the Voyage*, and Gabriel García Márquez's *Cien años de soledad*—all postcolonial novels in which scripture is parodically repositioned, its orthodox presuppositions (often in the setting of the missionizing endeavor in the imperialized area) disrupted. In "The Gospel According to Mark" Borges gives narrative substance to the linguistic-interpretive relativization that necessarily occurs in new and hybridized settings: the student Baltasar Espinosa, whose name already bespeaks Judaic heresy and whose background and religious beliefs are already impure, cannot exert interpretive control either over the text—not accidentally an English Bible—or over events, and it is ultimately the even more mestizo Guthries/Gutres who have the last word at tale's end.

Other master myths and works, and systems of knowledge, are subjected to parallel carnivalistic-reductive techniques, frequently in an Argentine milieu: the ineffable godhead is viewed, flat on the back, in a Buenos Aires cellar; the sublime Dante Alighieri is the flatulent Carlos Argentino Danieri; Erik Lönnrot meets death in a spectral *porteño* Southside after a rigorous Spinozan quest; Qaphqa is a latrine in Babylon, synonym of Babel, synonym of Buenos Aires, as in the line from Borges where he sings to his "babelic" home city, "texted" out of cultural and linguistic fragments from the four corners of the earth.[15] Indeed, in many of Borges's texts it is not merely the inversion of a specific writer or system that "writes back" to the "center." There is the freewheeling pastiche of authors, epochs, languages, philosophies that is equally undermining, since the very juxtaposition short-circuits metropolitan notions of linearity, epistemological security, temporal-spatial coherence, historical and fictional progression, and mimetic accuracy.

A pastiche of associations suggests itself at this point: Foucault's heterotopic reading of the signs in teacups of Western history and thought "out of a passage in Borges" from "The Analytical Language of John Wilkins" that contains the kind of juxtaposition just noted; a Chinese taxonomy of beasts, many fabulous (more shortly about postcolonialism and imaginary beings); or Homi Bhabha's positing of the lack of mimetic correspondence as a postcolonial strategy for shattering the mirror of Western representation, which brings to mind Borges's early championing of irrealism, a frequent recourse, he points out, of non-Western writing; or even Ngũgĩ's comment about space, time, and progress in the "Third World," in Kenya, and in Argentina: "Skyscrapers versus mud walls and grass thatch . . . international casinos versus cattle-paths and gossip before sunset. Our erstwhile masters had left us a very unevenly cultivated land: the centre was swollen with fruit and water sucked from the rest, while the outer parts were progressively weaker and scragglier as one moved away from the centre."[16] In Borges one finds the "unevenness," the clashing orders, the disjunctive language of narration that results in large measure from the disorder left behind by colonialization; but it is a disorder that calls to answer established rhetorics so as to fashion novel discourses out of the challenge.

It is not for nothing that in "Kafka and His Precursors," where heterogeneous pieces nudge each other, Borges fabricates a more provocative, postcolonial version of Eliot's majestic proposition that every writer's work *modifies* our conception of the past and future. According to Borges, every writer goes further: he *creates* his own forerunners.[17] And appropriately so, for at the "periphery," where things have as yet to cohere, one must create a genealogy, an identity, and a place. Still, Borges experienced the uncoherence of the edge at a time when the Western "center" itself could not hold, as a young man beholding the spectacle of the Western order disintegrating in the trenches of the Great War, and as a writer at the height of his powers observing, from far-off Buenos Aires, the even greater falling apart of things during World War II. The postcolonial world emerged out of these conflicts; Borges, with his outsider's antennae, foresaw and registered many of the seismic shifts in the realms of thought and literature.

At the same time, however, he registered the contradictions of an intellectual caught in the divide, one whose background and formation continued to enmesh him, at many moments, in the colonial gaze. The repeated dislocations at the Casa Rosada and at the Plaza de Mayo, messy and equivocal as some might have been, were in large measure the correlatives of what Borges was chronicling in his texts; but more often than not he did not see this. At the divide, Borges was crucial in shattering time-honored, dominant codes of recognition, clearing the ground; it remained for his postcolonial ephebes to carry on the work and build in the clearing through the very process that Borges had advocated: by realizing, transforming, and transgressing the precursor.

3. For postcolonial writers Borges is a reference point beyond his general preeminence in a European–North American repertoire of culture—although there is undoubtedly that aspect as well. In a number of important recent "Third World" novels, from the most diverse regions, Argentina is part of a geography of the imagination, a territory away from the "center" that conjures up a cluster of postcolonial topoi: colonization, linguistic displacement, exile, cross-culturality. It appears in the Hebrew-language *Arabeskot* (Eng. *Arabesques*), by the Palestinian Anton Shammas, in Rushdie's *Satanic Verses*, in the Moroccan Tahar Ben Jelloun's *Enfant de sable* (Eng. *The Sand Child*), and in Sergio Chejfec's, *Lenta biografía* (Slow Biography). Chejfec is an Argentine living in Venezuela, but in his book Argentina is a zone not much different from that found in the other works listed here.

Borges himself is also a presence in all these novels. He is a character, unnamed but mistakable, in Ben Jelloun, where he travels from Buenos Aires to Marrakesh to weave the final threads in the fabric of tales that is the text, including the tale of the enigmatic and androgynous Moroccan hero, who travels to visit him in Buenos Aires. He is quoted by Shammas, who closes the novel—made up of twin parts, twin narrators, and twin heroes—"with a paraphrase of Borges: 'Which of the two of us has written this book I do not know.'"[18] He is acknowledged as a source in Rushdie, who thanks him for the description of the imaginary manticore, the man-tiger whom Rushdie places in a British detention center–sanatorium for all manner of monstrous "Third World" mutants.[19] And he is cited as a major inspirer of Chejfec, according to a "Retroductory Note" placed at the slow biography's end. The note says that the ambiguating narrations of Borges, and of Juan Carlos Onetti, both literary masters from the River Plate, enact the area's temporal-spatial disjunction and lack of a firm past: are we exiled Europeans, are we descendants of gauchos? These narrations likewise suggest the impossibility of ironclad mimetic reconstructions of history, and of grand canonical narratives. *Lenta biografía,* ends the "retroduction," is inserted in the space between paragraphs from Onetti and paragraphs from Borges.[20]

To trace the visible Borges in these novels is not an exercise in the inventorying of evident markings, but an opening to the other, subterranean Borges, whose identity, to paraphrase Rushdie, is clear in the successor texts, even when he remains anonymous (549); for as the exoteric clues indicate, Borges is there in the text milieu in which the novels operate: in the sense of feeling different, in the clash of discourses, in the deferral of canons, in the undoing of hallowed representations. Each one of these books is centered in difference and hybridity. To quote Rushdie again: "An idea of the self as being (ideally) homogeneous, nonhybrid, 'pure',—an utterly fantastic notion!" (427). Like *The Satanic Verses*, the novels by Shammas, Ben

Jelloun, and Chejfec tell the story of "mestizo" heroes, whose indeterminate, usually doubled identity is the indeterminate identity of the postcolonial. Gibreel Farishta and Saladin Chamcha, floating in the "most insecure and illusory of zones, illusory, discontinuous, metamorphic," changing countries, changing names, shifting languages, shifting accents, half-Indian, half-British, devilish, angelic.[21] "For are they not conjoined opposites, these two?" writes Rushdie. "One seeking to be transformed into the foreignness he admires, the other preferring, contemptuously, to transform" (426). Both are what the author calls "chimeran grafts," the type of fantastic beasts that Chamcha, transformed into a devilish man-goat, meets in the sanatorium (406).

In *The Sand Child* the chimeran graft is Ahmed-Zahra, created Borgesianly by his father. Writes Ben Jelloun, echoing "The Circular Ruins": "His idea was a simple one, but difficult to realize, to maintain in all its strength: the child to be born was to be male, even if it was a girl!"[22] The female-male, a piteous Minotaur, a circus freak, is Morocco, her birth announcement annoying to the French, his tribulations reflecting the violences of "Third World" life: abiding feudalism, particularly toward women; the murders, abuse of confidence, unstable identity, theft of inheritance (141).

Shammas's hybrid is Anton Shammas–Mich(a)el Abyad, an Israeli Arab, a Lebanese Palestinian; but he is also Anton Shammas–Yehoshua Bar-On, a Jewish Israeli writer, and Anton Shammas–"Paco," a "pure" Palestinian (168). In this novel the real "Anton Shammas" does not stand up—or perhaps he is standing up throughout—because, as the Borgesian ending of the book indicates, there is no homogeneity or oneness. The same is true of the nameless Argentine-Jewish protagonist of *Lenta biografía*, possibly the mirror image of "Anton Shammas," shuttling between his Jewish condition and his Argentine condition, struggling to conjecture an identity through his immigrant father's Yiddish stories of the Holocaust, which the son hears in Buenos Aires at the edge of the father's table—the image of the periphery is recurring—and renders in a Spanish full of verbal and iconic gaps.

Such linguistic equivocalness is reflected in all the other novels, where a variety of Englishes, "tainted" with Indian and other idioms, jostle the Queen's; where Arabic jostles French; Arabic, Hebrew; Hebrew and Yiddish, Spanish; and, maybe, through Borges, Spanish jostles everything. Borges's line about the language of the book in the Library of Babel is pertinent: "He showed his find to a wandering decoder who told him the lines were written in Portuguese; others said they were Yiddish. Within a century, the language was established: a Samoyedic Lithuanian dialect of Guaraní, with classical Arabian inflections."[23]

Clearly the poetics of the pastiche is at work in these books of Borges's continuers. Borges himself is part of a collage of cultures (Western and Eastern), of times (linear, circular, arabesque), of stories (oral, written, European, Middle Eastern), of locales (skyscrapers versus mud or stone walls), of citations (Proust, Joyce, Willa Cather, Onetti, Hudson, García Márquez, Amos Oz, Rabbi Nahman of Bratslav [in Shammas], the Bible, the Koran). As in the master, the shock of discourses insinuates a postcolonial heterotopia, but one that takes Borges's undermining strategies even further, because it is more heterotopic, embracing more multifarious and more far-flung cultural ingredients. The "empire" that "writes back" to the "center" has been enlarged, as has the notion of what is the "center," which may now be not only the culture of Europe or North America, but dominant cultures within the "margin" itself. Concomitantly, there are enlarged possibilities for irreverence with fortunate consequences.

This is evident if we consider the employment of Borges's preferred maneuver, the parodic deflation of canons. The Bible continues to be questioned, in Shammas, for instance, where linguistic-interpretive relativization occurs on the very ground meant to eliminate it: Israel. Shammas, as he puts it, uses Hebrew, the language of the Bible, the language of Grace, to build his Tower of Babel, of confusion (92). Scriptural verses in Hebrew frequently employed to buttress the Jewish claim to the land are cited against themselves to relativize that claim as they are spoken, with evident irony, by an Arab, who at the same time questions the Arab-Christian piety of village life and further muddies the ground by portraying persecution by Muslims devoted to the Koran.

Indeed, when Rushdie, in *The Satanic Verses*, uses a preferred Borgesian symbol to speak of "that labyrinth of profanity," he is talking about an "anti-mosque" and an anti-Koran (383). His "satanic verses" are not only the Prophet's, wherein, manipulated by Shaitan, Mohammad allegedly entertained the heterodox possibility of other gods but Allah; they are also Rushdie's hardly superstitious handling of the holy writ, wherein the scribe, named Salman, changes the verses dictated by the Prophet. "I rewrote the Book," he audaciously says (368). Ben Jelloun is similarly not above tampering with the Koranic-Islamic tradition. His man-who-is-really-a-woman enters the hallowed, male precinct of the mosque to hear the "collective reading of the Koran." She comments: "I got great pleasure out of undermining all that fervor, mistreating the sacred text" (25).

To mistreat the sacred text, to rewrite the book—the Borgesian modus operandi is additionally hybridized, additionally indigenized, turned against other canons that can oppress and imperialize. But, following the Borgesian example, these very canons, seen uncanonically, can also be liberating vis-à-vis the West. Borges's vindication of textual modes alien to the Western mind served to release the subversive potential of these modes for writers brought up in Islamic traditions, for instance, yet writing in Western languages. Borges provided a model of literary postcoloniality: a writer writing in a Western language, both within and without the West, who used the potential of non-Western elements, or elements at the edge of the West's table—Judaic notions about literature as a series of Midrashic versions, Eastern traditions of irrealism, books such as the Koran and the *Thousand and One Nights*—to undermine and enrich Western literature. In Shammas, Rushdie, Ben Jelloun, and Chejfec, versions give way to versions, dreams to dreams, tales to tales, because, thanks to authors like Borges, these previously strange esthetic-textual strategies have become the means to take apart and to rebuild. Even as the ephebes use Borges to enlarge creative opportunities, however, the very enlargement, which evidences his prophetic role, points to areas of limitation.

Faced with the genuine articles, authors who know the Koran at first hand, in Arabic; writers for whom Judaism is existential, not only bookish; intellectuals brought up in the cultures of India, North Africa, or the Middle East—faced with these, the bounds of Borges's vindications become more obvious. He advocates the Orient at a distance, filtered through the European translations of Lane and Burton, Waley and Kuhn, with inevitable elements of Orientalism. (Borges, however, is always aware of the dangers of translation; see "The Translators of the 1001 Nights" and "The Enigma of Edward FitzGerald.") Analogously, his Judaism, as he often admitted, is secondhand, marked by "an invincible ignorance" of Hebrew, Aramaic, and Yiddish, unmarked by the physical pain of "three thousand years of oppression and pogroms."[24]

The same is true of his handling of sociopolitical issues. Rushdie takes the manticore from Borges; but whereas Borges discusses the beast's Plinian and Flaubertian sources, Rushdie anchors him squarely in a postcolonial address, a diminished yet still imperial Britain, an independent yet still colonized "Third World." "Borges and I" is the inspiration for the closing of Shammas's novel; but whereas Borges deals with the hesitation between the literary persona and the flesh-and-blood individual, Shammas delves into the tortuous and violent web of Middle Eastern identity, with the conflict of individuals a metonymy for the conflict of communities. Ben Jelloun uses "The Circular Ruins" to explore how a man dreams a man and imposed him on reality; but in Ben Jelloun the simulacrum is a man imposed on the reality of a *woman*, a Moroccan woman, and on an Islamic "Third World" reality of incomplete independence, especially for women.

The successors, as noted earlier, realize and transgress Borges. They create him as their postcolonial precursor by contextualizing and modifying. In their hands the Borgesian conception of the past as an open, dynamic system is applied to Borges himself. Borges is hybridized and indigenized, but as a kindred spirit: a fiction maker who decades ago helped forge the idiom in which these disciples now do their own, pointed, writing back to the "center."

Marymount Manhattan College

[1] For discussions of postmodernism in which Borges is central, consult Douwe Fokkema, *Literary History, Modernism and Postmodernism*, Amsterdam, 1984; Brian McHale, *Postmodernist Fiction*, New York, Methuen, 1987; and John Barth, *The Friday Book: Essays and Other Nonfiction*, New York, Putnam, 1984.

[2] Fernando Calderón, ed., "Identidad latinoamericana, premodernidad, modernidad y postmodernidad, o . . . ¿Le queda chico el corsé a la gorda?," *David y Goliat*, 17:52 (1987).

[3] Linda Hutcheon, *A Poetics of Postmodernism: History, Theory, Fiction,*, London, Routledge, 1988, pp. 7, 6.

[4] Critics who point this out include Jean Franco ("The Nation as Imagined Community," in *The New Historicism*, H. Aram Veeser, ed., London, Routledge, 1989), Stephen Slemon ("Modernism's Last Post," *Ariel*, 20:4 [1989], pp. 3–17), and Hutcheon ("'Circling the Downspout of Empire': Post-Colonialism and Postmodernism," *Ariel*, 20:4 [1989], pp. 149–75).

[5] Hutcheon, "Circling," p. 161.

[6] Bill Ashcroft, Gareth Griffiths, Helen Tiffin, *The Empire Writes Back: Theory and Practice in Post-Colonial Literatures*, London, Routledge, 1989, p. 115.

[7] Jorge Luis Borges, *Labyrinths: Selected Stories and Other Writings*, Donald A. Yates and James E. Irby, eds., New York, New Directions, 1962, p. 201.

[8] Ibid., p. 49.

[9] Chidi Amuta, *The Theory of African Literature: Implications for Practical Criticism*, London, Zed, 1989, p. 2.

[10] Ashcroft et al., p. 110.

[11] Edna Aizenberg, "Borges and the Hebraism of Contemporary Literary Theory," in *Borges and His Successors*, Edna Aizenberg, ed., Columbia, University of Missouri Press, 1990, p. 250.

[12] Ibid., pp. 255, 257.

[13] Emir Rodríguez Monegal, *Jorge Luis Borges: A Literary Biography*, New York, Dutton, 1978, p. 416.

[14] *Borges, a Reader: A Selection from the Writings of Jorge Luis Borges*, Emir Rodríguez Monegal and Alastair Reid, eds., New York, Dutton, 1981, p. 24.

[15] Jorge Luis Borges, "El tamaño de mi esperanza," cited in Edna Aizenberg, *The Aleph Weaver: Biblical, Kabbalistic and Judaic Elements in Borges*, Potomac, Md., Scripta Humanistica, 1984, p. 26.

[16] Ngũgĩ wa Thiong'o, *Petals of Blood*, New York, Dutton, 1977, p. 49.

[17] Emir Rodríguez Monegal, *Borges: Hacia una lectura poética*, Madrid, Guadarrama, 1976, p. 64.

[18] Anton Shammas, *Arabesques*, Vivian Eden, tr., New York, Harper & Row, 1988, p. 259.

[19] Salman Rushdie, *The Satanic Verses*, New York, Viking Penguin, 1988.

[20] Sergio Chejfec, *Lenta biografía*, Buenos Aires, Puntosur, 1990, p. 170.

[21] Rushdie, *The Satanic Verses*, p. 5.

[22] Tahar Ben Jelloun, *The Sand Child*, Alan Sheridan, tr., San Diego, Harcourt Brace Jovanovich, 1987, p. 12.

[23] Borges, *Labyrinths*, p. 54.

[24] Jorge Luis Borges, "Preface," *The Book of Imaginary Beings*, Norman Thomas di Giovanni with the author, tr., New York, Dutton, 1969, p. 11.

JORGE LUIS BORGES'S "TLÖN, UQBAR, ORBIS TERTIUS": EPISTEMOLOGY AND HISTORY; LANGUAGE AND LITERARY CREATION

Kern L. Lunsford

In May of 1940 there appeared in volume 68 of Sur "Tlön, Uqbar, Orbis Tertius," a labyrinthine story that has been the subject of much analysis and the source of no little confusion (Rodríguez Monegal 332).[1] With the invention of Tlön, a fantastic planet on which there is no matter, Borges is ostensibly reflecting an inveterate idealism that permeates most of his work.[2] Philosophically, Borges is an idealist; that is, he holds that man invents his world as Borges has invented "Tlön,"[3] and that human knowledge is not so much an articulation of a problematical but objective reality as it is a statement about the human mind and the content of human thought. In this sense, "Tlön" is an epistemological metaphor:

> El concepto metáfora epistemológica ha sido acunado por Umberto Eco para definir la condición de las formas del arte que reflejan el modo cómo la ciencia, o sin más, la cultura de la época, ven la realidad. Eco reconoce que el conocimiento del mundo tiene en la ciencia su canal autorizado; el arte, en cambio, "más que conocer el mundo, produce complementos del mundo, formas autónomas que se añaden a las existentes exhibiendo leyes propias y vida personal." Y concluye: "No obstante toda forma artística puede muy bien verse, si no como sustituto del conocimiento científico, como metáfora epistemológica." (Quoted in Alazraki 275.)

Of course, a literary text, like the world, is open to interpretation. Borges foreshadows this idea in the opening paragraph of "Tlön" as he and Bioy Casares, his collaborator and friend, are discoursing about narrative techniques:

> " . . . nos demoró una vasta polémica sobre la ejecución de una novela en primera persona, cuyo narrador omitiera o desfigurara los hechos e incurriera en diversas contradicciones, que permitieran a unos pocos lectores--a muy pocos lectores--la adivinación de una realidad atroz o banal." (431).

Not only could this oxymoronic and enigmatic assertion be a statement about the reality created with the text of "Tlön," but, as we will see, it could also be a disquieting reference to a future reality created by man. There is textual evidence for a reading of the story as a masked commentary on and analysis of the historico-political situation of Planet Earth at the beginning of World War II and for a view of "Tlön" as historical prophecy. This reading of "Tlön" does not negate the epistemological reading. On the contrary, the one buttresses the other, and together they point to a constant in Borges's thought and in his literary practice--the power of language to create reality, while at the same time justifying its own creation.

First, let us examine the idealistic nature of this fantastic planet with its "diversas contradicciones." To understand the idealism that has engendered "Tlön" we must first understand Borges's motif of the labyrinth. He says: "Tlön será un laberinto, pero es un laberinto urdido por los hombres, un laberinto destinado a que lo descifren los hombres" (443). For Borges the world--human knowledge--is a vast and puzzling labyrinth in which man is trapped. Similarly in "Tlön," Borges shows metaphorically how man's knowledge of the world is very limited and relative. On Tlön reality becomes a hopeless chaotic labyrinth in which ideas enjoy a pre-eminence over matter. On such a planet, where there exists neither matter, nor science, nor metaphysics, nor time, man would be faced with the dilemma of existing in a physical world whose ultimate nature he could never know. From the point of view of philosophical idealism this is precisely the existential predicament of man on Planet Earth. Paradoxically, however, philosophical idealism enriches the human experience at the same time as it undermines the comfortable, although precarious, gnoseological underpinnings of existence. Idealism "liberates the imagination as to what the world may be, [but] it refuses to legislate as to what the world is" (Bertrand Russell, quoted in Alazraki 63). Borges succinctly states the same idea in "Tlön": "Hume notó para siempre que los argumentos de Berkeley no admitían la menor réplica y no causaban la menor convicción.[4] Ese dictamen es del todo verídico en su aplicación a la tierra; del todo falso en Tlön" (435). However, in creating "Tlön," Borges is not so much advancing idealism as his philosophy as he is making a statement of his fundamental skepticism about the nature and the limitations of human thought. He "endeavors to demonstrate that nothing is knowable. Yet if nothing is knowable, nothing can be affirmed to be impossible" (Gallagher 103). Could this be all there is to the creation of "Tlön," the elaboration of the epistemological metaphor? Part of the existing criticism presupposses the idealist point of view, which is clearly valid. However, there are some keys in the Posdata which can open the door to a very different interpretation, one that discovers a latent content hidden in the labyrinthine prose of Borges--that is, a view of "Tlön" as historical prophecy.

First, the Posdata is dated 1947, well into the future of the publication of "Tlön" in 1940.[5] This could be an artifice of science-fiction or the date could have an historical significance. 1940 was the aftermath of the Spanish Civil War, and Hitler's armies had already begun their conquest of Europe. "Tlön," then, was conceived and written during the prologue to World War II (Rodríguez Monegal 334).[6] Rodríguez Monegal has commented on the clear references to totalitarian regimes in "Tlön," and Sosnowski, in a very informative paper, has also pointed up the close connection between the creation of "Tlön" and the outcome of World War II (35-43). As a matter of speculation, we can conceive of "Tlön" as an adumbration of the future totalitarian world as ideated by Nazi Germany and the Axis Powers, and there is much textual evidence to support this conception. In the text, the ideas of Tlön become real, i.e., objects in the world: "Tal fue la primera intrusión del mundo fantástico en el mundo real" (441). A mysterious compass and cone of unknown heavy metal symbolize this transformation, although they "are found among various familiar objects which will lend them a certain plausibility" (Irby 420).[7] Why does Borges mention specifically these two objects? For Echavarría Ferrari they are "metaforas 'solidificadas'" (407). For him, the compass could not exist on a planet where there is no matter and would be a contradictory object (if it could exist) on a world of no parallels, longitudes, or latitudes. The compass, then, "serviría más que para orientarse, para extraviarse; no tendría otra función que la de sembrar la confusión y el desvarío" (407). The compass as a metaphor for the binary opposition of confusion-orientation seems to be a correct interpretation from the point of view of the textual reality, but it also points clearly to a constant in the thought of Borges and to the historical context of his creation. The compass seems to represent for Borges man's attempt to understand and master the mysteries of the cosmos. The compass is an object, designed and made by man, that points to unseen forces in the earth. From the historical point of view, the compass, bearing Tlönese inscriptions, points clearly to the transformation of the world during those chaotic years of the early '40s. The compass, as well as the objects of the silver service, are all manufactured products that point to the concrete underlying ideologies that produced them: "platería de <u>Utrecht</u> y de <u>París</u> con dura <u>fauna heráldica</u>, un <u>samovar</u>" (441; emphasis mine). To understand the relationship between manufactured objects and ideologies we must first understand what ideology is. It is not simply the "sistema explícito de ideas conceptualmente articuladas, sino . . . una matriz socialmente determinada de representación y percepción del mundo en todos sus niveles y dimensiones" (Perús-Cueva 35). Ideology may be called by another name, a world view or Weltanschauung, a way of experiencing and feeling the world. Ideology does not so much represent the thought of a particular individual as it does reveal the underlying social forces that created it. So, in this sense, a samovar, as a cultural artifact, reveals the particular social consciousness that produced it and no other. Further along in the text of "Tlön," Borges indicates that ideologies have the power to transform the world and contain the seeds of their own justification. He names not merely cultural objects but the very ideologies and theories that, out of the prewar chaos, would produce and justify the content of a New Order:

> Casi inmediatamente la realidad cedió en más de un punto. Lo cierto es que anhelaba ceder. Hace diez años bastaba cualquier simetría con apariencia de orden--el materialismo dialéctico, el antisemitismo, el nazismo--para embelesar a los hombres. ¿Cómo no someterse a Tlön, a la minuciosa y vasta evidencia de un planeta ordenado? (442; emphasis mine)

As Sosnowski explains, Borges equates dialectical materialism, anti-semitism, and Nazism with respect to their "posición mediante la cual todo 'orden' se traduce en violación de derechos, toda interpretación científica de la historia es sinónimo de un régimen represivo . . ." (40).

As a "metáfora solidificada" the cone could also have its historical projection. Borges says that these cones "son imagen de la divinidad en ciertas religiones de Tlön" (442). This "divinidad" could be a Teutonic God of War.[8] These conical icons of Tlön conjure up images of the projectiles, missiles, bullets, and bombs of the Nazi war machine--the mortiferous instruments of the transformation of the face and the content of the world. Further textual evidence for the historical interpretation can be adduced from the Posdata. The "primitive language" of Tlön is the bearer of the culture it has created and has begun to be taught in the schools: "ya la enseñanza de su historia armoniosa (y llena de episodios conmovedores) ha obliterado a la que presidió mi niñez" (443). This "primitive language" could be German, which shares etymological roots with Gothic and Old Norse, languages which were, in their time, cultural expressions of barbarism, adventure, and conquest. As a matter of fact, Borges was very much interested in the Old Norse sagas and the word "Tlön" itself could be derived from

Old Norse.[9]

In the penultimate paragraph Borges points to other concrete changes that would take place in the world if Germany were to win the war: "Han sido reformadas la numismática, la farmacología y la arqueología. Entiendo que la biología y las matemáticas aguardan también su avatar . . . " (443). The coin of the realm of Tlön would become the world standard, reflecting a change in the economic base of the world economy, and would bear the martial effigy of the Head of State of the New Order. New chemicals and medicines would be developed (as indeed they were) because of the exigencies of war. The ruins of past civilizations (those destroyed by the Axis powers to form the New Order) would be discovered and interpreted in light of the prevailing ideology. Nazi Germany also hoped to engineer a genetically superior and pure race with its biological experiments. The science of mathematics was in effervescence. German scientists made new discoveries which led to the development of the V-2 rocket by Werner Von Braun and to the development of the atomic bomb with the theories of Albert Einstein, a development which indeed transformed the content of modern civilization.

Now we can place in historical context the "realidad atroz o banal" (431) that was alluded to at the outset of the story. The reality of Tlön as ideated by Nazi Germany would be "atrocious" for the majority of men; a world with its "tigres transparentes" (fear?) and its "torres de sangre" (the holocaust?) (435). On the other hand, it would be an orderly and "banal" reality for those who produced it, for they could conceive the world in no other way. Out of the chaos of war, the ideologies that gave rise to the war, would come the New Order (the Order of the Third Reich?). "El contacto y el hábito de Tlön han desintegrado este mundo. Encantada por su rigor, la humanidad olvida y torna a olvidar que es un rigor de ajedrecistas [the Nazi war machine?], no de ángeles" (443). There would be no room for mercy in forging a world of supermen. In the orderly and totalitarian world of Tlön--this "brave new world . . . obra de una sociedad secreta de astrónomos, de biólogos, de ingenieros, de metafísicos, de poetas, de químicos, de algebristas, de pintores, de geómetras . . . dirigidos por un oscuro hombre de genio . . . " (20)--history would be effaced, and the teaching of any ideas that would undermine or discredit the ruling class would be proscribed as is the practice in totalitarian regimes today. History would be rewritten and reality created with the language of the prevailing ideology. "Ya en las memorias un pasado ficticio ocupa el sitio de otro, del que nada sabemos con certidumbre--ni siquiera que es falso" (443).

In quiet despair, Borges points to the grim possibility of this "dinastía de solitarios" winning the war. "Si nuestras previsiones no yerran, de aquí a cien años alguien descubrirá los cien tomos de la Segunda Enciclopedia de Tlön" (443). This discovery would corroborate the completed transformation of the world and the objective reality of Tlön, for the encyclopedia is the compendium of human knowledge.

The last key to the historical interpretation is found in the "banal" and enigmatic closing paragraph. "Entonces desaparecerán del planeta el inglés y el francés y el mero español. El mundo será Tlön" (443). As Sosnowski points out, Borges specifically mentions these three languages for a reason:

> Cabe subrayar que los idiomas que desaparecerán serán los que portan gran parte de la cultura occidental y que son los que en esos años se enfrentaban en aras de una llamada defensa de la civilización occidental y de los valores cristianos en contra de los portadores de los mitos arios (y acaso del sonido germánico Tlön?). (40-41)

French and English were linguistic expressions of the Occidental culture which would have to be destroyed by the ideology of the Axis Powers to establish the New Order. By saying "mero español," the author is tacitly praising his own Hispanic heritage while at the same time slighting those who would view Hispanic culture as somehow second-rate and backward in comparison to the Anglo and Gallic traditions. Also, as Echavarría Ferrari and Irby have shown, textually "Tlön" is a world created by language and, on one level, the text itself is about its own creation.[10] Thus, there is a strong nexus between the metalanguage of "Tlön" and its historical projection. While language is an expression of human consciousness, ideas, and ideologies, it also is a way to record (or create) history.[11] As Borges has shown in "Tlön," language has the power to create reality and to transform the physical world.

Is "Tlön" a statement of Borges's elitism, a text not for all men? Is it a game Borges is playing, attempting to evade a horrible reality? Is it a cryptic statement of his idealism and skepticism with respect to man's ability to know an ultimate reality--a fanciful and elaborate epistemological metaphor? Or is it rather a statement about the world man creates by dint of ideation and ideologies, with his languages and his literatures, and how that world finds its own justification in the very content of the thought that produced it, no matter how "atrocious" or "banal" it seems to be? We will perhaps never know if Borges had a single purpose in writing "Tlön." He once said in an interview that the subject of the story "is neither Uqbar nor Orbis Tertius, but rather a man who is being drowned in a new and overwhelming world scarcely understood by him" (Georges Charbonnier, quoted in Bell-Villada 134). Clearly Borges has been unable to escape the anguish of mankind, anguish produced by living in an unknowable world, on a planet constructed by the imagination.

> And yet, and yet . . . Negar la sucesión temporal, negar el yo, negar el universo astronómico son desesperaciones aparentes y consuelos secretos. Nuestro destino . . . no es espantoso por irreal; es espantoso porque es irreversible y de hierro. El tiempo es la sustancia de que estoy hecho. El tiempo es un río que me arrebata, pero yo soy el río; es un tigre que me destroza, pero yo soy el tigre; es un fuego que me consume, pero yo soy el fuego. El mundo, desgraciadamente, es real; yo, desgraciadamente, soy Borges." (771)

Lynchburg College

NOTES

[1]Later, the tale was published in El jardín de senderos que se bifurcan (1941) and in Ficciones (1944).

[2]Especially useful on this point are the following works: Alazraki (275-301); Barrenechea (121-43); Bell-Villada (129-35); Echavarría Ferrari (399-413); Gallagher (94-121); Irby (411-20); Mills (127-38); Sanchis Banus (2: 1081-97); Wyers Weber (124-41). Bell-Villada traces the origins and evolution of Bishop Berkeley's influence on Borges (130).

[3]From this point on a distinction will be made between Tlön as planet and "Tlön" as text.

[4]Borges had formulated this statement as early as 1931 in "La postulación de la realidad" (Obras completas 217).

[5]Alazraki (387) registers the variants: "Reproduzco el artículo anterior tal como apareció en el número 68 de Sur--tapas verde jade, mayo de 1940 . . . . " "Reproduzco el artículo anterior tal como apareció en la Antología de la literatura fantástica, 1940 . . . . " The first version, producing a sensation of "infinite retrogression" (Rodríguez Monegal 332), is in keeping with the "Borgesian" motif of infinity and circularity, inducing in the reader a sense of vertigo or unreality by making him a part of the text. Of course Borges could not

achieve the same effect at a later date, hence the later version as it appeared in the opening story of El jardín de senderos que se bifurcan (1941) and Ficciones (1944).

[6]Also, for an interesting discussion of the genesis of "Tlön," see Irby (416-17).

[7]Borges also uses the reverse device to create verisimilitude in the text, that of attributing spurious statements to real contemporary figures and bogus literary works to real authors. In addition to this disorienting technique, Borges also makes references to both real and nonexistent publications (Bell-Villada 132-33). This vertiginous interplay of fact and fiction in the text is in keeping with the epistemological nightmare of Tlön.

[8]See note 9 for a discussion of the connection between Tlön and Teutonic.

[9]From a conversation with Norman Thomas Di Giovanni at the University of Maryland in 1978. Di Giovanni worked with Borges for several years in Buenos Aires translating his works. According to Bell-Villada, Borges himself indicated in an interview that Tlön "was intended as an echo of Traum (German for 'dream')" (131). In any case, both etymologies are in keeping with the historical projection. There is another reference to the German language and literature in the text. At the end of Part I, Borges makes reference to an apocryphal work about the bogus country, Uqbar (Lesbare und lesenswerthe Bemerkungen über das Land Ukkbar in Klein-Asien, 1641) by a real seventeenth century German theologian (Johannes Valentinus Andreä (1586-1654), whom Borges mentions again in the Posdata. Andreä wrote a real work "called the Allgemeine und General Reformation der ganzen weiten Welt, which is almost an echo of Borges's mock-titles, resembling both Andreä's spurious study of Ukkbar and the grandiose projects dealt with in this narrative" (Bell-Villada 133).

[10]For Irby's discussion of "Tlön" as a world of writing, escritura, see 418 of his work cited above.

[11]See Gabriel García Márquez' One Hundred Years of Solitude and George Orwell's 1984 for excellent fictive dramatizations of this connection between epistemology, language and history.

WORKS CITED

Alazraki, Jaime. La prosa narrativa de Jorge Luis Borges. Madrid: Gredos, 1974.

Barrenechea, Ana María. Borges the Labyrinth Maker. Ed. and trans.

Robert Lima. New York: New York U P, 1965.
Bell-Villada, Gene H. Borges and His Fiction: A Guide to His Mind and Art. Chapel Hill: U of North Carolina P, 1981.
Borges, Jorge Luis. Obras completas: 1923-1972. Buenos Aires: Emecé, 1974.
Echavarría Ferrari, Arturo. "'Tlön, Uqbar, Orbis Tertius': Creación de un lenguaje y crítica de un lenguaje." Revista iberoamericana 43 (1977): 397-413.
Gallagher, D.P. Modern Latin American Literature. Oxford: Oxford U P, 1973.
Irby, James E. "Borges and the Idea of Utopia." Books Abroad 45, 3 (Summer 1971): 441-20.
Mills, R.S. "The Theme of Skepticism in Borges' 'Tlön, Uqbar, Orbis Tertius." In Studies in Modern Spanish Literature and Art. Ed. Nigel Glendinning. London: Tamesis Books Ltd., 1972.
Perús-Cueva, Françoise. "Determinaciones y especificidad de las prácticas literarias." In La bufanda del sol, 11-12 (1977): 35.
Rodríguez Monegal, Emir. Jorge Luis Borges: A Literary Biography. New York: E.P. Dutton, 1978.
Sanchis Banus, José. "Decurso narrativo y planos de realidad en dos cuentos de Jorge L. Borges: 'Tlön, Uqbar, Orbis Tertius' y 'La muerte y la brújula'." In Mélanges à la mémoire d'André Joucla-Ruau, 2 vols. Aix-en-Provence: University of Provence, 1978.
Sosnowski, Saúl. "'Tlön, Uqbar, Orbis Tertius': historia y desplazamientos." In The Contemporary Latin American Short Story. Ed. Rose S. Minc. New York: Senda Nueva de Ediciones, 1979.
Wyers Weber, Francis. "Borges's Stories: Fiction and Philosophy." In Hispanic Review 36, 2 (April, 1968): 124-41.

The Mark of the Phallus: Homoerotic Desire in Borges' "La forma de la espada"

Herbert J. Brant
Indiana University-Purdue University Indianapolis

> "Envidia.
> Envidia siente el cobarde...
> Envidia.
> Envidia amarga y traidora,
> Envidia que grita y llora.
> La que causa más dolor
> es la envidia por amor."
> (José González Castillo, "Envidia")

The fiction of Jorge Luis Borges is intriguing and yet, unsettling. These qualities seem to originate in what I consider two principal characteristics of Borges' work: confounding ambivalence and a clever use of paradox. His work is paradoxical insofar as it is macrocosmic, and yet microcosmic; central, and yet peripheral; collective—it seems to speak with many voices—and yet it is deeply personal and evokes the strongest emotional responses, especially in lyrical passages that reveal the unmistakable presence of Borges himself. It is precise, concise, and straightforward in its expression, and yet there is something ambiguous, nebulous, and absent in its style. These and other contradictory qualities amplify the richness and suggestivity of Borges' stories and may help explain the extraordinary quantity of criticism devoted to them.

Paradox in Borges' work is frequently indicated by a mask used to disguise a false identity. As critics such as Emir Rodríguez Monegal (29-32) and Sylvia Molloy (18-25) have noted, Borges' fascination (and discomfort) for masks, a life-long obsession with paradoxical dualities in which truth is concealed by false appearance, becomes a central organizing principle in Borges' writings. The craft of fiction for Borges, then, is the unmasking of the reality lying below the surface of the false façade. And this process of revelation is accompanied by the simultaneous sensations of pleasure and uneasiness. In this essay, I will examine how Borges cleverly uses a visible mark as a mask, concealing as well as displaying the truth regarding the main character in the story, "La forma de la espada." The reality that the Borgesian mask both disguises (closets) and reveals (outs) is homoerotic desire.

There is no doubt, in my opinion, that there is something fundamentally queer[1] about Borges' writing. The literary universe that Borges has projected is an essentially homo*social* space, populated almost exclusively by men who love each other, hate each other, betray each other,[2] sacrifice for each other; it is a world where no man successfully relates either socially or sexually to any woman; it is also a place where men interact passionately with other men through art and culture, intellectual games, battles and duels. It is, in other words, an imagined location in which men form deep, intimate bonds and relationships with other men in the almost total absence of women. The extent of the homosocial nature of Borges' world becomes immediately apparent when the reader discovers that there are central female characters in only nine stories by Borges (Agheana 381) and that most of them are closely related to themes of "death, violence and often sacrifice" (Magnarelli 142).

A close look at Borges' fictional world reveals relationships between men indicating more than a bond of friendship or a meeting of minds, more than a fusion of identities. In story after story, Borges has made a practice of replacing the traditional image of the union of opposites represented in *sexual* terms (female and male) by substituting the *gender* opposites (feminine and masculine) existing within each individual man. Borges does not follow the social and literary custom of men seeking delight and fulfillment in the "opposite sex." Instead, men in the Borgesian universe must join with other *men* to find wholeness, peace and symmetry. As a result, in Borges' stories the act of union or fusion of two men, physically, spiritually and emotionally manifests graphically the now infamous Borgesian obsession with completeness, totality, and harmony as a release or escape from the tyranny of chaos and fragmentation.

For some critics, it may be a bold or even a shocking project to link the work of such an important canonical writer as Jorge Luis Borges with a gay theme. In their insightful studies on Borges, both Daniel Altamiranda and Daniel Balderston ("Fecal") note that Borges himself found the topic of homosexuality extremely troubling and made strongly negative public statements about it. One frightful example can be found in Borges' 1931 essay called "Nuestras imposibilidades," from the first edition of his collection, *Discusión*. This essay, removed from later editions, criticizes what Borges believes to be certain unpleasant traits among the citizens of Buenos Aires and includes this condemnation of the cynical admiration for the "active" partner in sodomy among certain *porteños*: "En todos los países de la tierra, una indivisible reprobación recae sobre los dos ejecutores del inimaginable contacto. [...] No así entre el malevaje de Buenos Aires, que reclama una especie de veneración para el agente activo—porque lo embromó al compañero" (*Discusión* 16-17). There can be no doubt that Borges was openly homophobic when confronting the topic directly, but as is usually the case with his writing, things are more complicated than

[1]The use of the word "queer" remains quite controversial. For some, the original meaning of "strange" or "abnormal" used in a harmful and aggressive way against homosexuals still retains the painful stigma of an insult. For others, including myself, the appropriation of the word by those who had been harmed by it has neutralized its offensive value and has provided a convenient way of expressing a wide array of non-heterosexual sexualities as well as a critical stance that opposes assumptions of monolithic sexual identity.

[2]Jean Franco, in her excellent 1981 study, points out that many of Borges' stories are based on his obsession with the themes of betrayal and cowardice and that "[t]reachery is thus the rule of human interaction and entropy is the most powerful law of Borges's world; solidarity, on the other hand, becomes an absurd and idealist illusion" (74).

the surface might indicate. As this essay will demonstrate, despite the fact that Borges codifies the same-sex desire of a specific fictional character in unambiguously dreadful terms, it is my contention that that condemnation may be a clever way to mask his own unconscious identification with the character.

Part of the difficulty in locating a queer theme in Borges' writing is that there is nothing *explicitly* homosexual in any of Borges' stories. In societies which have vilified and demonized non-traditional sexualities—and within the Latin American context Argentina is particularly notable for its homophobic traditions, as Acevedo (220-239) and Jáuregui (157-93) demonstrate, the open, clear, explicit expression of homosexual desire is quite rare before the middle of the twentieth century. Before that time, only the most audacious and courageous writers dared to speak of the "unspeakable" or mention the "unmentionable." It is important to remember, as Lee Edelman illustrates, that the expression of same-sex desire has been classified throughout the centuries as the "love that dare not speak its name" or the "peccatum illud horribile, inter christianos non nominandum." In the Western tradition, then, homosexual desire has been considered so heinous, so infamous, so offensive that the mere *mention* of it can have damaging and noxious effects on society as a whole (5). In light of the Judeo-Christian history of virulent opposition to the simple designation of homosexuality, as well as of Borges' infamous aversion to sexuality itself (his characters almost without exception speak of sex as a "cosa horrible" as in "Emma Zunz" and in "La secta del fénix," sex is labeled ridiculous, vulgar, incredible, trivial, distressing and despicable), it certainly would be surprising to find an unveiled representation of homosexual themes or behavior in any of his fictions. In fact, in several stories Borges displays a veritable disgust with regard to sexual activity itself.

Unfortunately, there are those who demand "concrete evidence" of a homosexual element in a work of literature before anyone can even suggest that a character might be codified as gay. Such protestations demonstrate on the one hand, a naive ignorance of the Western cultural prohibitions on non-traditional sexualities, and, on the other, a limited view of the ways fictional art functions. Until very recently, both in life and in literature, heterosexuality could automatically be assumed, without evidence, as the orientation of all living beings. But as so much research has shown, that assumption has never been valid. Consequently, calls for explicit and concrete, yet strictly forbidden images of same-sex desire in certain works of literature suggest what Eve Kosofsky Sedgwick calls an "arrogant intent of maintaining ignorance" (51).

Given Borges' open hostility to homosexuality (or any sexuality, for that matter), how can we say that there is anything gay in any of his texts? Despite the social injunction against the outright naming of homosexuality, same-sex desire has been insinuated for centuries by codification and camouflage. The code effectively conceals and obscures the homosexuality within the work, making it merely appear invisible or non-existent. One cannot, however, equate the *appearance* of nonexistence with nonexistence itself; the masking or coding of homosexuality does not translate into its absence. How, then, can a critic, as Edelman puts it, "see or recognize 'the homosexual' in order to bring 'homosexuality' into theoretical view? How, that is, can 'homosexuality' find its place in the discourse of contemporary criticism so that it will no longer be unmarked or invisible or perceptible only when tricked out in the most blatant thematic or referential drag?" (3-4). The answer must reside in the de-coding, the un-masking of the veiled expressions of same-sex desire and the subsequent revelation of hitherto unsuspected sexual variation in literary works, especially those works as loaded with masks, camouflages, and disguises as Borges' "La forma de la espada."

"La forma de la espada" is rare among Borges' stories: it has received decidedly mixed reviews and is, consequently, one of the texts least studied by critics. Of the negative appraisals of the story, probably the most unfavorable is Gene Bell-Villada's in which he calls "La forma de la espada" a "rather slight little tale" and goes so far as to say that it is "marred by its peevish and heavy-handed political judgments" (73). He points out that even Borges himself considered it a mere "trick story" (Burgin 145). But in contrast to these facile dismissals, most critics agree that it is a well written mystery story and that its surprise ending is playfully suggestive in its implications about the nature of human identity and the relationship between self and other.

The story's theme, according to most critics, is perfectly congruent with the traditional list of Borgesian themes established by scholars over the past thirty years: obsession with circularity, pantheism and the double. Donald McGrady, for example, analyzes the circularity inherent in the numerous clues with regard to the identity of the narrator. Helene Weldt, applying Barthes' principles of the five codes as explored in *S/Z*, also explores the textual circularity of the story and concludes that

> la técnica que Borges emplea en ["La forma de la espada"]... va más allá de un mero esparcimiento de "pistas". Su creación literaria se construye principalmente a través de esta red de alusiones e interconexiones sutiles que le obligan al lector a que abandone una sola lectura lineal, tradicional, a favor de las múltiples lecturas circulares. (225-26)

Jaime Alazraki examines the question of identity and concludes that in this story, circularity and the "pantheistic notion that one man is all men implies the negation of individual identity, or more exactly, the reduction of all individuals to a general and supreme identity which contains all and at the same time makes all contained in each one. In the stories "The Shape of the Sword" and "Abenjacán the Bojari, Dead in His Labyrinth," this notion functions as a narrative technique" (24). Like McGrady, George McMurray notes that the "most striking element" of the story is its surprise ending and then concurs with Alazraki that the "apparent fusion of opposites also serves to suggest the pantheistic theme that any man can be all men" (94) and that the "compression of time, which parallels the fusion of antithetical identities, reinforces the story's theme of pantheistic unity" (95).

Circularity, interconnectedness, fusion of opposite identities—all within a society of men. Circularity of men, interconnectedness of men, fusion of men. The critics all seem to agree on the basic abstract implications of the story, and once they place the story into the standard Borgesian categories, they stop. They stop before they get to the point where they would have to investigate what all this fusion of men might *really* suggest.

In the story "La forma de la espada," the main character, John Vincent Moon, acquires a coded sign that *marks* him, literally and figuratively, as queer. In the frame of the story, a man identified as "Borges" ("Forma" 139) must stay at the ranch of a man called "El Inglés de La Colorada" whose face bears a scar in the shape of a crescent moon beginning at the temple of one side of his head and extending to the cheek of the other side. Borges asks the man to tell how he got the scar. The man reveals his "secret:" he explains that he is really Irish, not English, and that the story begins in Ireland during the wars of independence. "El Inglés" states that during one of the conflicts, he saves the life of a particularly cowardly revolutionary, John Vincent Moon. Moon's terror makes him utterly useless for street fighting, and once superficially wounded, he stays in an old house which was "desmedrado y opaco y abundaba en perplejos corredores y en vanas antecámaras" ("Forma" 136-37). The two men remain in the house for nine days—"Esos nueve días, en mi recuerdo, forman un solo día, salvo el penúltimo" ("Forma" 138)—during which Moon spends the day studying the plans and papers of the revolutionary group while he recuperates. Returning to the house early one day, the narrator discovers Moon in telephone contact with the English, betraying his protector and friend. The narrator of the tale chases Moon through the labyrinthine corridors and passageways of the house and finally corners him. He delivers a slash with a scimitar across Moon's face, leaving a scar that will mark him forever as someone who is cowardly and treacherous—someone duplicitous. Moon collects his "dineros de Judas" and sets off for Brazil. The narrator finishes his story by declaring outright what the reader might already suspect: he himself is the betrayer, John Vincent Moon.

Some of the details of this story do not seem to make sense; there are a number of unexplained elements that, at first glance, are troubling. For example, although the courageous and experienced revolutionary saves Moon from certain death in the streets by taking his arm and pulling him to safety, Moon is only superficially wounded as a direct consequence of his own weakness and cowardice. Considering that the wound is not life-threatening, why do the two men hide out in an empty house rather than rejoining their comrades? Why does the courageous young revolutionary not only nurse the wound, but also insist on tending personally to Moon and keeping him there alone with him? Why do the two men remain together, side by side, night after night for nine days, in a strange old house, secluded and isolated from their companions? Could one or both of the men have engineered their seclusion in response to intense homoerotic desires?

I find that the answer to these questions lies in the highly codified figure of John Vincent Moon. He is described from the very beginning as a very queer sort of fellow—he seems to be many different things all at once. "El Inglés" states that Moon "era flaco y fofo a la vez; daba la incómoda impresión de ser invertebrado" ("Forma" 135). As McGrady indicates, the "contradictory condition of being at the same time "flaco y fofo" suggests not a neutral Janus-like duality of temperament, but—because of the negative connotations of the two adjectives—devious duplicity" (143). These gender-charged words used to describe Moon as skinny and soft, weak and spineless ("invertebrate") all indicate that Moon is not at all the brave and masculine warrior who courageously battles for the honor, either personal or national, that every "real" man is traditionally obliged to defend. Rather, the description of Moon specifically paints him as unmanly, effeminate and vulnerable. The image of Moon described here typifies the "misplaced femininity" with its resultant duplicity that heteropatriarchal societies attribute to any man who does not display typically "macho" qualities.

In addition to the physically feminine elements that characterize John Vincent Moon, a very important character trait plainly defines him as unmanly: his paralyzing fear and cowardice in the face of danger: "la pasión del miedo lo invalidaba." Not only is Moon rendered useless in the skirmish, but he also whimpers and cries: after he was wounded, "[él] prorrumpió en un débil sollozo" ("Forma" 136). Moon's humilliating inability to confront the hazards of fighting becomes even more apparent when the man who saved him suggests that they leave the house and join their comrades. After getting his gun he finds Moon "tendido en el sofá, con los ojos cerrados. Conjeturó que tenía fiebre; invocó un doloroso espasmo en el hombro" ("Forma" 137). Moon's need to pretend that he is too hurt to leave the house focuses attention on the fact that Moon is terrified by what is traditionally perceived of as an archetypally masculine activity, combat. This image of Moon, lying on his back in a traditionally passive, feminine posture, connects the characterization of Moon as both uncourageous *as well as* feminine, creating a link in the reader's mind between his unwillingness to fight and his weak, passive, unmanliness. Cowards are made "effeminate" and effeminate men are made cowardly because cultural norms have defined bravery as a masculine and heterosexual trait, while cowardice is fixed as feminine and homosexual.

It would be difficult to overstress the powerful resonance in the context of Argentine society of this portrait of Moon as an effeminate man who is frightened of combat. Such men are not only a danger to society because they might betray their own nation, but also because they have already betrayed their own gender: they are queers. In strongly heteropatriarchal cultures, behaviors that are considered non-conformist in terms of gender are equated instantaneously and automatically with sexual non-conformity: effeminate men are categorized as homosexuals by virtue of the lack of those macho features specifically prescribed by the culture. In fact, as David Buchbinder and Barbara Milech affirm, "[e]ffeminacy in the male becomes for the normative heterosexual culture, the sign of homosexuality itself, of deviance from the masculine, heterosexual norm, of ab-'normality'" (71). In Hispanic cultures, too, as Lillian Manzor-Coats states, the designation of a man as "homosexual" is determined primarily by his gender identity:

> The category homosexual is not necessarily occupied by the one who is inolved in same-sex erotic practices, but by the one who deviates from the gender constructs. In other words, in most societies in Latin America a man who engages in homosexual activity with other men is considered to be queer, *maricón*, only if and when he does not play his role as macho—that is, when he assumes the sexual and social role of the passive, the open, the weak; when he assumes the position and plays the role of woman. As long as he plays his active role as macho properly, the gender of his sexual partner is inconsequential, and he remains indistinguishable from the rest of the male population. (xxi)

The distinctly Hispanic construction of homosexual identity helps provide a culturally specific context for assessing the implications of Borges' characterization of Moon. In the text, Moon's queerness resides primarily in his gender non-conformity which metonymically proclaims his sexual "deviation."

The issue of cowardice also has specifically Argentine reverberations. Zelmar Acevedo, in his study on homosexuality, for example, discusses the intimate link between Argentina's traditional glorification of military values and its crushing heterosexism. The numerous military dictatorships throughout Argentina's history could be considered both an underlying cause as well as an effect of socially reinforced homophobia and almost without exception, every military government in Argentina since the turn of the twentieth century has launched a carefully orchestrated and public crack-down on homosexuals. This homophobic project is exemplified by an article, "Acabar con los homosexuales," which appeared in the early 1970s in a right-wing magazine called *El Caudillo*. As Acevedo notes, the magazine's director was José López Rega, M. Estela Martínez de Perón's minister of Social Welfare. The article affirms that

> ...los maricones deben ser erradicados de nuestra sociedad./ Deben prohibirse las exhibiciones de cine, televisión o teatro que difundan esa perversión al pueblo. El enemigo quiere y busca un país vencido./ A los que ya son proponemos que se los interne en campos de reeducación y trabajo, para que de esa manera cumplan con dos objetivos: estar lejos de la ciudad y compensar a la Nación—trabajando—la pérdida de un hombre útil./ Hay que acabar con los homosexuales./ Tenemos que crear Brigadas Callejeras que salgan a recorrer los barrios de las ciudades para que den caza a estos sujetos vestidos como mujeres, hablando como mujeres, pensando como mujeres. (216)

These opinions express with great clarity the fascist cultural beliefs that 1) homosexual men are dangerous because they weaken a nation, making it vulnerable to its enemies, 2) homosexual men are useless and represent the loss or waste of a "real man," and 3) the femininity of homosexual men makes them not only appear womanly, but even causes them to *think* like women. It is this feminine thinking that is so perverse and menacing.

In Argentine culture, as in the work of Borges, the overtly expressed admiration and even veneration of the concept of masculine power is manifested through military authority.[3] As a result, Borges, in this story, makes the link between a threat to masculine gender and the threat to military strength by collapsing the percieved menace in the figure of an effeminate traitor who betrays the masculine fighter. As a soldier in the fight for Irish independence, Moon actually becomes more dangerous than the English enemy because he represents the "subversive" element that threatens other soldiers from within their own camp.

Moon is incapable of any type of direct action that characterizes his brave protector and it is precisely this passivity that is accentuated by a description of his thoroughly intellectual and abstract approach to war: "[m]i compañero me esperaba en el primer piso: la herida no le permitía descender a la planta baja. Lo rememoro con algún libro de estrategia en la mano..." ("Forma" 138). The contrast between the two men is made explicit: the admirable, honorable, manly aspects of the hero find their opposition in the despicable, disgraceful, and feminine elements of the traitor. As a result, there can be no mistake about the description of Moon: he appears to be the very picture of the stereotypical weak, soft, and passive "sissy." The result of such unmistakable feminine characteristics present in a male are not only disturbing ("incómoda impresión"), but also, as the ending reveals, dangerous.

To reinforce and emphasize Moon's femininity and passivity as well as his inconsistency, Borges has selected a curiously symbolic surname. As Juan-Eduardo Cirlot indicates, the relationship between the moon, feminine sexuality and changeability is ancient and runs across a variety of cultures: "[e]l hombre percibió, de antiguo, la relación existente entre la luna y las mareas; la conexión más extraña aún entre el ciclo lunar y el ciclo fisiológico de la mujer" (283); "[p]or su carácter pasivo, al recibir la luz solar, es asimilada al principio del dos y de la pasividad o lo femenino" (284). As a scholar on symbolism and metaphor in both the Eastern and Western traditions, and as an author who was playful in his use of symbolic names, it is probable that Borges chose the name "Moon" for its specific symbolic connotations. Certainly Borges was fully aware of the link between the feminine and the lunar. Julio Woscoboinik, for example, correctly indicates that "[n]o podemos dejar de mencionar que Luna es una metáfora muy frecuente en Borges para decir acerca de la mujer" (154).

In addition to the feminine qualities of the moon, Cirlot indicates another very important symbolic quality of moon: it constantly varies and transforms itself, yet it remains a single entity. "[P]or encima de todo, es el ser que no permanece siempre idéntico a sí mismo, sino que experimenta modificaciones 'dolorosas' en forma de círculo clara y continuamente observable" (283). The phases of the moon from new to crescent to full, all characterize the ever-changing identity of John Vincent Moon. The fact that Moon appears to embody a multiplicity of seemingly opposing attributes is underscored, again, by his name. He may appear to be many different things, but he is, despite all the disguises, one person. Woscoboinik perceptively points out that "...Borges hace referencia a la palabra LUNA y la compara con MOON, su designación en inglés. Le place MOON "porque obliga la voz a demorarse'. Palabras sugerentes: a Borges no le pasó

---

[3]Borges' conservative political ideology and esteem for Argentine military heritage are well known. See Benedetti and Orgambide for rather negative assessments of Borges' position. It must be said, however, that at the end of his life, when confronted with the horrors of the "Dirty War" conducted by the Argentine military, Borges repudiated his earlier views.

inadvertido, que luna tiene involucrada una y que moon, fonéticamente (mun), también encierra *un*" (154). John Vincent Moon is the physical embodiment of the unification of opposites, the conjunction of paradoxical dualities: feminine and masculine; unity and duality; love and betrayal.

The emphasis placed on Moon's feminine inconstancy serves to make Moon's treachery appear more understandable and consistent with his character. But this linking of femininity within the confines of a male body with the heinous crime of betrayal also serves to reinforce and strengthen the stereotypes that Western heteropatriarchal societies have utilized in order to demonize homosexuals. As a result, Borges' characterization of John Vincent Moon amplifies the infamy of gay men by conjoining same-sex desire with deceitfulness. Since "El Inglés" never explains the reasons underlying Moon's decision to betray his comrade, the reader is left with the impression that the action was unmotivated, and therefore, simply to be expected in a man like Moon: Moon exposes his inherently treacherous nature when he repays his protector and savior with disloyalty for what seems like no good reason. As will be shown later in this study, money alone does not and cannot account for the betrayal: there are no textual indications that would suggest that Moon was in desperate need of money, or was particularly greedy. In fact, the references to Moon's marxist political affiliation effectively negate the love of money as a motivating force in his actions.

The narrator's depiction of Moon (i.e. himself) in homophobic terms taps into the commonly held belief that homosexuals are condemned to commit ignoble actions: "[g]ays are viewed first and foremost simply as morally lesser beings, like animals, children, or dirt, *not* as failed full moral agents. . . . Such acts as gays are thought to perform—whether sexual, gestural, or social—are viewed socially as the expected or even necessary efflorescence of gays' lesser moral state, of their status as lesser beings..." (Mohr 245-46).

John Vincent Moon lacks the nobility of character embodied in the masculine hero figure: courage and bravery, physical strength, constant devotion to the ideal. Although Moon's betrayal of the young republican may be understood as the vile, but inevitable, action directly resulting from his status as a spiritually degenerate pervert, the critical motivation underlying his action becomes clear at the moment when he is explicitly connected to the archetype of the treacherous and envious traitor: Judas. Moon arranges the betrayal of his companion by informing the British soldiers that they can arrest him as he crosses through a garden, and then, after the horrible deed is done, Moon "[c]obró los dineros de Judas y huyó al Brasil" ("Forma" 139). The Judas archetype is a very powerful one and its potency lies in the fact that, as Carl Jung puts it, "...envy does not let mankind sleep in peace" (31).

Envy is one of the central and defining features of Moon's character: a weak and feminine man feels an unbridled envy for the attractive, desirable qualities of a friend and this envy leads to murder. In the process, the murderer is permanently marked. The homosexual, a freakish woman imprisoned in a male body, must possess the worst imaginable "feminine" impulses. At this point, it might help to recall that since Borges' father was a professor of psychology, it is therefore possible, if not very likely, that Borges, due to his remarkably wide reading interests, language abilities, and access to his father's exceptional library, had come across the work of Karl Heinrich Ulrichs and his formulation of sexual "inversion" as a "woman's soul trapped in a man's body" ("anima muliebris virili corpore inclusa") and that it was this and other Victorian concepts that formed his understanding of same-sex desire. In his study of the Argentine theorization of homosexuality at the turn of the century, Daniel Bao notes that the traditional negative stereotypes of women were, in fact, transferred over to "inverts" because of their supposed female "essence." Bao quotes a particularly revealing text from 1908 by the lawyer and criminologist, Eusebio Gómez, which states that

> [a]l rasgo que acabamos de indicar en los invertidos, la venalidad, ó más bien dicho, el parasitismo, únese su *carácter caprichoso*, sus *envidias*, la ruindad de todos sus procederes, su *deseo de venganza*, y sus *rencores ilimitados*. Tarnowski dice que reunen en sí todos los defectos de las mujeres sin tener ninguna de sus cualidades, careciendo, además de las condiciones que *hacen amable el carácter viril*. (198-99)

Gómez further notes that inverts "[s]on *celosos* y esta pasión los lleva hasta el crimen. Un sensacional proceso recientemente debatido ante la justicia militar, acaba de dar la prueba al respecto" (199; emphasis added). It is fascinating to find that a scandal within the Argentine military at the turn of the century caused debate on the question of "inverts" among the soldiers. Fascinating, too, is the fact that in 1942, only two years before Borges' story appeared, the Argentine military again suffered another devastating scandal involving cadets from the Colegio Militar. As Acevedo remarks, the events stunned a military so proud of its martial heritage: "[p]recisamente en momentos en que las FF.AA. daban forma a sus ambiciones totalitarias y una perorata de conceptos como virilidad y honor llenaban todas las bocas, la relación entre cadetes y homosexuales, en la que no participaba ninguna violencia, los desnudaba en sus límites y en sus contradicciones; y si es verdad que este affaire los tomó por sorpresa, de ahí en más combatirían la 'inmoralidad' adelantándose a los hechos" (229). This prevailing cultural conceptualization of homosexuality may elucidate Borges' attitude that homosexuals can't be trusted; you can't turn your back on them; they are, by nature, treacherous and their fiendish kisses mark the victims of their betrayal.

But Borges goes even further. Invoking two Biblical models, one from the Old Testament and the other from the New, Borges combines the envy of Cain and his killing of Abel (Gen. 4:3-8) with the envy of Judas that leads him to mark Jesus for death with a kiss (Matt. 27:18, Mark 15:10) and concentrates their attributes in the person of John Vincent Moon. In this way, Moon becomes a contemporary incarnation of a long series of deadly betrayers. Moon's heritage, then, is that of the primordial fratricide as well as the assassin of God.

By linking the image of Cain/Judas with the image of a cowardly, envious, feminized man, Borges makes the case that homosexuals pose a danger and a threat to the security and safety of us all. In order to protect us from their envy, jealousy, duplicity, disloyalty, and deceitfulness, homosexuals need to be identified and labeled as quickly and easily as possible. So Borges returns to the symbolism of Cain and, like the Old Testament God, he marks his character with a sign. This marking of Moon follows a Western tradition of attempting to find a visible, physical difference in homosexuals so that their particularly frightening menace would become obvious to all and could then be neutralized. As a consequence of the need to locate and label homosexuals, scientists in the nineteenth century came to theorize that gays were indeed physically different in appearance—their bodies bore a mark, a sign, a stigma that could be recognized instantly. Indeed, Michel Foucault asserts that it is this marking that, in effect, provides homosexuals with a distinct identity and selfhood:

> The nineteenth-century homosexual became a personage, a past, a case history, and a childhood, in addition to being a type of life, a life form, and a morphology, with an *indiscreet anatomy* and possibly a *mysterious physiology*. Nothing that went into his total composition was unaffected by his sexuality. It was everywhere present in him: at the root of all his actions because it was their insidious and indefinitely active principle; *written immodestly on his face and body* because it

> was a secret that always gave itself away. It was consubstantial with him, less a habitual sin than as a singular nature. (43; emphasis added)

Edelman further stresses the "textuality" and "readability" of the queer body insofar as "homosexuals themselves have been seen as producing—and, by some medical 'experts,' as being produced by—bodies that bore a distinct, and therefore legible, anatomical code. . . . Homosexuals, in other words, were not only conceptualized in terms of a radically potent, if negatively charged, relation to signifying practices, but also subjected to a cultural imperative that viewed them as inherently textual—as bodies that might well bear a 'hallmark' that could, and must, be read" (5-6). Given this social context, it becomes clear why the young hero, once he discovers Moon's act of betrayal, does not use his gun and simply shoot Moon dead, but rather chases him through a dark and somewhat unfamiliar house with, of all things, a scimitar: Moon's desires for men and his betrayal of them must be made visible to society in such a way that he is instantly identifiable. John Vincent Moon, with the crescent moon-shaped scar running across his face, forever bears the mark of the man who has desired and deceived another man and, lest he escape imperceptibly to love and betray again, he is permanently branded by an object (a sword) that symbolizes what he most desires (the phallus). The proscribed desire of one man for another that comes from a presumed inferior moral status is given tangible form: "[i]mperfecciones morales, sufrimientos (¿son lo mismo?) son, pues, simbolizados por heridas y por *cicatrices de hierro* y fuego" (Cirlot 127; emphasis added).

As Balderston has noted ("Mark"), this is not, of course, the only instance in which a man marked with a facial scar appears in Borges' work. One of the most unusual and perhaps unfamiliar is a line drawing made by Borges himself which, as Woscoboinik indicates, was published in the magazine *Valoraciones de La Plata* in August of 1926. The drawing is called "Compadrito de la edad de oro" and in it there is a figure of one of the young toughs that so fascinated and disgusted Borges. Woscoboinik interprets the drawing in this way:

> Mientras el rostro aindiado muestra una expresión dura, desafiante, prepotente, de mirada atenta y provocativa, bigotes marcados y una clara cicatriz, el cuerpo insinúa elementos de inseguridad y ambigüedad sexual: cortada la figura por encima de las rodillas, las caderas son de formas redondeadas, femeninas... Pero lo más llamativo, es la cicatriz en el rostro. Este trazo de dos líneas cruzadas, se repite en el cuello, más claramente en axilas, hombro derecho, en lo que serían los bolsillos del saco del pantalón y en la zona genital. (120)

In this drawing Borges clearly demonstrates that although a man may appear to be tough, courageous and manly on the outside, there seems to be a subtle femininity that belies the outward appearance. The outward image projected by the "compadrito" would appear to be the ultimate in courage, honor and masculinity, but on closer inspection the figure is marked with several obvious feminine characteristics and with a scar on the face to inform the world that he is not what he appears to be. The danger of the "compadrito," like the danger of John Vincent Moon (in his "El Inglés" persona), is precisely the fact that a man can appear to be manly on the outside, but he can be womanly on the inside and that for Borges, the unreliable nature of this "complexio oppositorum" is monstrous indeed: it combines attractive virile qualities such as activity, bravery, and heroism with such despicable feminine qualities as passivity, cowardice, and treachery.

The ending of the story, the result of Moon's betrayal, is curious. Following the Biblical allusions, Borges can select from two choices: Moon can either give back the money and hang himself out of shame and guilt like Judas (Matt. 27:3-5) or he can become a fugitive like Cain

(Gen. 4:12-14) and leave his homeland. In an odd move, Borges chooses a combination of the two: Moon flees Ireland, runs off to South America, and buys a ranch with the "Judas money" he got from the English. But because of the permanent scar on his face to inform others of his nature, he is forced into making a spectacular decision: he can either continue to live as the cowardly and "feminine" John Vincent Moon, wearing the mark of shame and being the object of derision, or he can convert himself into what was his most fervent desire. With the death of his comrade, the man he adored but had to betray, he is able to come into possession of him by literally becoming him. The copula of the two men is complete when Moon's desire for the young hero becomes so intense and so powerful that the desire is transformed ultimately into identity. The soft and spineless John Vincent Moon disappears; the coward actually converts himself into the courageous and manly hero. Moon, in effect, acquires the identity of his comrade and now wears the mask of a hero. In this way, the soft, youthful sissy-boy, despite being marked with the stigma of his desire, continues to fool people, continues to keep his queerness a secret by putting on the drag of the hyper-masculine rancher and living within the exclusively male environment of a ranch.

The treacherous, timid and feminine John Vincent Moon, in a remarkable reversal of imagery, becomes respected and feared: "[d]icen que era severo hasta la crueldad, pero escrupulosamente justo" ("Forma" 133). By betraying his friend, Moon (as "El Inglés") ultimately earns the respect of others; by acting fearfully, Moon is eventually feared by others. But those who respect and fear him do not know the ugly secret of "El Inglés": he is a mere imitation, a simulacrum, a fake. What we find in Borges, then, is a conflict between the truly courageous hero and those who, out of a desire to be (like) them, possess them, have them, usurp their position of honor by putting on the mask of masculinity and imitating them. In Borges, the portrayal of the hero can be quite contradictory. Lanin Gyurko has noted: "[t]he cult of the *Macho*, of the man who affirms his virility through a violent public display of courage and prowess, is viewed ambivalently by Borges in his short stories. [...] The caricaturing of the [machismo] cult and the debunking of the hero are seen in many of Borges' stories, which depict persons who are publicly accepted as champions but who are really braggarts, incompetents, cowards and liars" (128). Perhaps part of Borges' contempt for certain macho heroes comes from his suspicion that in addition to being cowards and liars, beneath the mask of the tough guy there may also be hiding a cowardly queer. In a 1977 interview with Milton Fornaro, for example, Borges draws a very clear distinction between the brave fighter, worthy of admiration, and the sexually questionable cowards and "rufianes":

> Del cuchillero, lo que yo admiro es la idea de un individuo que, como decía Carriego, es cultor del coraje, que tiene el culto del coraje. [...] El cuchillero es un hombre desinteresado. El cuchillero despreciaba al rufián. El rufián era una persona muy despreciada entre el malevaje, y el cobarde también. El rufián sí, porque el rufián es una persona que vive de las mujeres, era casi peor que ser maricón. No se le veía como nada admirable. (113)

Like his creation, Moon, Borges admires the courageous macho man. In fact, Moon and Borges have a great deal in common. Considering the relentlessly negative characterization of Moon, it is odd that Borges would make the character so much like himself. For example, the desire for the virile qualities that led Moon to adopt the identity of his dead companion represents the very same yearning that Borges expressed so often with respect to his own heroic ancestors. Borges spoke frequently and passionately about the esteem and regard he held for his noble and courageous forefathers, while in contrast to them, he speaks of himself in these terms:

> I felt *ashamed*, quite early, to be a bookish kind of person and *not a man of action*. Throughout my boyhood, I thought that to be loved would have amounted to an injustice. I did not feel I deserved any particular love, and I remember my birthdays filled me with *shame*, because everyone heaped gifts on me when I thought that I had done nothing to deserve them—that *I was a kind of fake*. ("Autobiographical Essay" 208-209; emphasis added)

The self-deprecating phrases he uses for himself, the fact that he did not feel worthy of love because of his lack of manly activity, and his believing himself to be a "fake" are all elements suggesting a close affinity between Moon and Borges. Although by nature neither Moon nor Borges participate in virile pursuits, they both admire and delight in them and feel ashamed for that lack of "masculinity" in themselves. It is clear that Borges, like Moon, is *envious* of those men who embody masculine virtues. Furthermore, both of them share a pronounced intellectual bent. As "El Inglés" says of Moon, "[p]ara mostrar que le era indiferente ser un cobarde físico, magnificaba su soberbia mental" ("Forma" 138). In the end, it appears that the figure of John Vincent Moon represents those characteristics of Borges that he most despised in himself: the cowardice, the passivity, the envy—all those despicable *feminine* attributes that may have caused Borges to question his own sexuality.

Given the cultural context in which Borges grew up, it is unfortunate, although not surprising, that he would link same-sex desire with fear and loathing. So just when Moon might have gotten away with his monstrous secret, he is confronted by the character Borges on his ranch and, on the specific condition that Borges "no mitigar ningún oprobio, ninguna circunstancia de infamia" ("Forma" 134-35), Moon both explains the origin and cause of the scar, and in the process "outs" himself to the reader by revealing his true identity as a coward, a betrayer, and a homosexual. Moon's confession of his "secreto" reinforces the misconception that homoerotic desire cannot have positive results and that it ultimately leads to tragedy and death. He is living proof that gays must be immediately identifiable. The mark or brand will serve to keep society safe from the dangers that queers present if they are permitted to roam freely, to "pass" undetected among us. John Vincent Moon, the Judas who kisses and then betrays the men he most admires and desires, disfigured forever, serves as the example of what horrors same-sex desires bring. Moon's final words to Borges, the final words of the story, summarize the lesson that society has been pounding into homosexuals' heads for centuries: now that you know who and what I am, "[a]hora desprécieme" ("Forma" 140).

Works Cited

Acevedo, Zelmar. *Homosexualidad: Hacia la destrucción de los mitos*. Buenos Aires: Del Ser, 1985.

Agheana, Ion T. *Reasoned Thematic Dictionary of the Prose of Jorge Luis Borges*. Hanover, N.H.: Ediciones del Norte, 1990.

Alazraki, Jaime. *Jorge Luis Borges*. New York: Columbia U P, 1971. Columbia Essays on Modern Writers 57.

Altamiranda, Daniel. "Jorge Luis Borges (Argentina; 1899-1986)." *Latin American Writers on Gay and Lesbian Themes: A Bio-Critical Sourcebook*. Ed. David William Foster. Westport: Greenwood P, 1994. 72-83.

Balderston, Daniel. "The Fecal Dialectic: Homosexual Panic and the Origin of Writing in Borges." *¿Entiendes? Queer Readings, Hispanic Writings*. Eds. Emilie L. Bergmann and Paul Julian Smith. Durham: Duke UP, 1995. 29-45.

—. "The Mark of the Knife: Scars as Sign in Borges." *The Modern Language Review* 83.1 (1988): 67-75.

Bao, Daniel. "Invertidos Sexuales, Tortilleras, and Maricas Machos: The Construction of Homosexuality in Buenos Aires, Argentina, 1900-1950." *Journal of Homosexuality* 24.3-4 (1993): 183-219.

Bell-Villada, Gene H. *Borges and His Fiction: A Guide to His Mind and Art*. Chapel Hill: U of North Carolina P, 1981.

Benedetti, Mario. "Borges o el fascismo ingenioso." In his *El recurso del supremo patriarca*. México, D.F.: Nueva Imagen, 1979. 93-99.

Borges, Jorge Luis. "An Autobiographical Essay." In *The Aleph and Other Stories 1933-1969*. New York: E. P. Dutton, 1970. 201-260.

—. *Discusión*. 1st ed. Buenos Aires: M. Gleizer, 1932.

—. *Ficciones*. Madrid: Alianza, 1982.

Buchbinder, David and Barbara H. Milech. "Construction Site: The Male Homosexual Subject in Narrative." *Works and Days: Essays in the Socio-Historical Dimension of Literature and the Arts* 9.18 (Fall 1991): 67-87.

Burgin, Richard. *Conversations with Jorge Luis Borges*. New York: Avon Books, 1970.

Cirlot, Juan-Eduardo. *Diccionario de símbolos*. 3rd edition. Barcelona: Editorial Labor, 1979.

Edelman, Lee. *Homographesis: Essays in Gay Literary and Cultural Theory*. New York: Routledge, 1994.

Fornaro, Milton. "El otro, el mismo Borges." *Texto Crítico* 3.8 (1977): 108-16.

Foucault, Michel. *The History of Sexuality. Volume I: An Introduction*. Trans. Robert Hurley. New York: Vintage, 1980.

Franco, Jean. "The Utopia of a Tired Man: Jorge Luis Borges." *Social Text* 4 (Fall 1981): 52-78.

Gyurko, Lanin A. "Borges and the *Machismo* Cult." *Revista Hispánica Moderna* 36.3 (1970-71): 128-45.

Jáuregui, Carlos Luis. *La homosexualidad en la Argentina*. Buenos Aires: Ediciones Tarso, 1978.

Jung, C. G. *Symbols of Transformation: An Analysis of the Prelude to a Case of Schizophrenia*. Vol. 5 of *The Collected Works of C. G. Jung*. Trans. R. F. C. Hull. 2nd ed. Bollingen Series XX. Princeton: Princeton UP, 1967.

Lancaster, Roger N. "Subject Honor and Object Shame: The Construction of Male Homosexuality and Stigma in Nicaragua." *Ethnology* 27.2 (1987): 111-125.

Magnarelli, Sharon. "Literature and Desire: Women in the Fiction of Jorge Luis Borges." *Revista/Review Interamericana* 13.1-4 (1983): 138-149.

Manzor-Coats, Lillian. "Introduction." *Latin American Writers on Gay and Lesbian Themes: A Bio-Critical Sourcebook*. Ed. David William Foster. Westport: Greenwood P, 1994. xv-xxxvi.

McGrady, Donald. "Prefiguration, Narrative Transgression and Eternal Return in Borges' 'La forma de la espada'." *Revista Canadiense de Estudios Hispánicos* 12.1 (1987): 141-49.

McMurray, George R. *Jorge Luis Borges*. New York: Frederick Ungar, 1980.

Mohr, Richard D. *Gay Ideas: Outing and Other Controversies*. Boston: Beacon P, 1992.

Molloy, Silvia. *Signs of Borges*. Trans. Oscar Montero. Durham: Duke UP, 1994.

Orgambide, Pedro. *Borges y su pensamiento político*. México: Comité de Solidaridad con el Pueblo Argentino, 1978.

Rodríguez Monegal, Emir. *Jorge Luis Borges: A Literary Biography*. New York: Paragon House, 1988.

Salessi, Jorge. "The Argentine Dissemination of Homosexuality, 1890-1914." *Journal of the History of Sexuality* 4.3 (1994): 337-368.

Sedgwick, Eve Kosofsky. *Epistemology of the Closet*. Berkeley: U of California P, 1990.

Weldt, Helene. "La forma del relato borgiano: Las lecturas circulares de 'La forma de la espada'." *Symposium* 45.3 (1991): 218-227.

Woscoboinik, Julio. *El secreto de Borges. Indagación psicoanalítica de su obra*. Buenos Aires: Editorial Trieb, 1988.

KEITH ELLIS

Género e ideología en la poesía de Nicolás Guillén

La categorización clásica de los géneros literarios subraya la idea de su existencia homogénea e incita a los críticos literarios a asociar la producción literaria o con la épica, la dramática o la lírica. Pero la coexistencia de elementos reconocibles como épicos, dramáticos y líricos en obras literarias sugiere que no obstante el género en que podemos primariamente situar las obras, podemos considerarlas como architextos heterogéneos. En el caso de la poesía de Nicolás Guillén, los críticos han recalcado lo épico o lo lírico. Los elementos dramáticos son ubicuos en su poesía, indicados principalmente por el uso de la segunda persona que es más que una voz. Representa una conciencia o conciencias afectadas por sus circunstancias materiales y el diálogo sirve para evaluar críticamente esas circunstancias. Este proceso indica la vía hacia una vida mejor. El impulso declamatorio del modo dramático nutre una característica cultural cubana y realza el impacto social de la poesía. Por medio de todo esto lo dramático llega a compartir una posición de importancia con lo épico y lo lírico en la poesía de Guillén y explica en parte la riqueza y balance clásico de esta poesía.

Uno de los rasgos que se distingue en la poesía antillana es su relación estrecha con la tradición oral. Las obras de poetas del pasado así como de poetas contemporáneos se recitan en conciertos, festivales y otras asambleas públicas y en la mayor parte de los países del área los célebres declamadores que han ganado un reconocimiento nacional han sobresalido entre los muchos que se destacan a otros niveles de la comunidad. En sus declamaciones hablan por el poeta representando sus palabras, se hacen pasar por él, convierten la energía de escribir en la de hablar. Son los lectores implícitos que dicen el texto de tal manera que pueda interpretarse simultáneamente en su actualización oral. Uno de los casos más claros de esta clase de exposición es el del declamador cubano Luis Carbonell en sus versiones de poemas de Nicolás Guillén. Sus interpretaciones y la acogida que tienen entre el público cubano inspiran reflexiones sobre las cualidades de esa poesía que la hacen susceptible a la transmisión oral y que explican su recepción.

En este sentido es útil examinar la práctica poética de Guillén dentro del marco de la teoría de géneros literarios. La idea generalmente difundida es que en los orígenes de la teoría literaria del occidente, en la época en que los griegos iban asimilando ideas de otras partes del mundo entonces relativamente desarrollado con que habían tenido contacto, partes de Africa, por ejemplo, los teóricos establecieron la épica, la lírica y la dramática como los tres géneros en que puede situarse la literatura. Críticos eminentes como Northrop Frye y Austin Warren han divulgado este malentendido. Pasan por alto los esfuerzos de otros como Bernard Weinberg y Marvin Herrick, quienes han mostrado que la lírica como una tercera categoría de la literatura es una idea relativamente reciente, producto de la fusión, efectuada por preceptistas italianos del siglo XVI, de conceptos horacianos encontrados en la *Ars Poetica* con principios propuestos por Aristóteles en su *Poética* y *Retórica*. En efecto, tanto Aristóteles como Platón recalcaron dos géneros, la épica y la dramática, señalando en los dos su capacidad de imitar eventos y situaciones de la vida real o imaginada suficientemente significativos para instruir al público. Y el ditirambo, el aspecto de la lírica a que dan énfasis, era un género menor y específico que compartía con los dos principales la misma capacidad mimética. Según los dos grandes teóricos griegos la imitación con el propósito de educar es la función loable de la literatura. El español Francisco Cascales, quien en el siglo XVII originó una teoría de la lírica, revela la persistencia de la idea de la capacidad mimética de la literatura cuando define la lírica como "imitación de cualquier cosa que se proponga, pero principalmente de alabanças de Dios y de los santos, y de banquetes y plazeres reducidas a un concepto lyrico florido" (231). Además propone que la lírica tiene por fábula no una acción, como la épica y la dramática, sino un concepto. Por interpretar y continuar de esta manera la noción aristotélica de la fábula, Cascales reconoce una interrelación esencial entre los tres géneros. Esta interrelación no es considerada por la corriente principal ortodoxa en nuestro siglo, expresada, por ejemplo, por Wolfgang Kayser que niega la presencia de la fábula en la lírica declarando que "la lírica, que no tiene contenido de acontecimientos, tampoco puede tener fábula" (117). La tendencia a aislar la lírica de la épica y la dramática ha sido intensificada en nuestro siglo por la importancia dada a la metáfora. Los movimientos de vanguardia de la segunda década del siglo, el ultraísmo en particular, habían abogado por un concentrado uso metafórico. El joven Jorge Luis Borges, por ejemplo, en sus declaraciones en apoyo al ultraísmo quería que la poesía volviera a su elemento primordial: la metáfora, y que se pronunciara contra la anécdota y lo circunstancial. Además, la aparición del formalismo como escuela de crítica literaria en esa misma década y del surrealismo en la siguiente reforzó la preeminencia de esta figura. De modo que cuando Kayser negó la presencia de la fábula y de contenido de acontecimientos en la lírica él podía referirse a una tradición reciente pero intensa de usos figurativos que no se prestaban a elementos épicos o dramáticos en la lírica. Podía acudir al famoso "Arte Poética" de Borges con versos como los que abren el poema

> Mirar el río hecho de tiempo y agua
> y recordar que el tiempo es otro río
> Saber que nos perdemos como el río
> y que los rostros pasan como el agua. (1972: 225)

donde la cadena metafórica se perpetúa en un proceso abierto en que los significantes van transformándose en significados y de nuevo en significantes enriquecidos. El proceso refleja la ausencia de un desarrollo y desenlace épicos y un dilema metafísico del cual no hay salida.

Pero por muy ruidoso que fuera el joven Borges al proponer sus teorías ultraístas y a pesar de la mucha atención que ha llamado su "Arte Poética," una lectura tranquila de su poesía revela que lo anecdótico es ubicuo en ella. Se encuentra en sus libros de los años veinte en poemas como "Inscripción sepulcral" y "El General Quiroga va en coche al muere," en poemas de los cuarenta como "Poema conjetural" y en libros más recientes: en las situaciones en que pone a Emerson en el poema de este título y en "El enemigo generoso," todos estos poemas escritos en un lenguaje adusto. Se da cuenta Borges que sus especulaciones metafísicas se prestan a ilustrarse de forma épica y sin la concentración metafórica que él había postulado. Por eso empezó a hablar de su "equivocación ultraísta" y en su ensayo titulado "La metáfora" juzga muchas veces excesivo el uso metafórico. En estas últimas décadas varios teóricos han sugerido que el lenguaje poético no haga tanta violencia al discurso común y corriente como la que había propuesto Roman Jakobson. Al examinar el lenguaje literario dentro de un contexto más amplio que el ofrecido típicamente por los teóricos de nuestro siglo, Gérard Genette en su ensayo titulado "La Rhétorique restrainte" (*Figures III*) abogó por el empleo moderado de la metáfora. Situándola entre las figuras que han enriquecido la literatura durante milenios, promueve los valores de la metonimia. Hay en esto un reto frente a la posición de Jakobson porque éste en su definición de lenguaje poético había indicado que la metáfora era apta para la poesía, o sea la lírica, y la metonimia para la prosa, o sea la épica. Genette no muestra tal ardor por la categorización, y al indicar que una representación balanceada de figuras es beneficiosa para la literatura en general, demuestra el pensamiento flexible que le permite apreciar la coexistencia y mezcla de géneros que él manifiesta en su estudio posterior de esta cuestión, titulado "Introducción al architexto" (*Théorie des genres*). Al promover la metonimia y al respetar todas las figuras que durante los muchos siglos han embellecido el lenguaje, sea escrito o hablado, Genette coincide en dar importancia al tipo de lenguaje poético que caracteriza a Nicolás Guillén.

Este poeta emplea generosamente la metonimia que tiene la característica de funcionar por contigüidad entre vehículo y tenor y por eso dicho recurso no oscurece el sentido. Además, en sus metáforas las semejanzas no se ocultan entre los contrastes y por ende no constituyen obstáculos al entendimiento de sus poemas. Así alcanza un discurso que se conforma en la coexistencia de categorías genéricas y que varios grupos de lectores u oyentes pueden apreciar. Según se vio en el caso del "Arte Poética" de Borges, el uso concentrado de la metáfora puede servir bien a cierta clase de poesía, a una poesía donde hay meditaciones ante misterios irresolubles, a una poesía donde, como en la de Octavio Paz, se busca constantemente la palabra justa, a una poesía donde se trata de la internalización, de una soledad donde el hablante se dirige a su ser único, diferente, especial, indefinible y el lector se mete en lo ajeno como un observador fortuito de una imitación de la intimidad que puede parecerse a la suya. El lector puede admirar las maravillosas imágenes con que se expresa esa diferenciación, imágenes que van sustituyéndose como aproximaciones a la emoción sentida. En fin, un lenguaje provisional e inestable que refleja situaciones insondables.

Por otra parte, el lector puede admirar en la lírica de otros poetas, en Pablo Neruda, por ejemplo, lo épico y hasta cierto punto lo dramático también, las estrategias ingeniosas que emplea el sensible testigo del mundo y de sus cosas para comunicarse con el público.

Conocemos además la riqueza trigenérica de ciertos signos: que el grito ¡Fuego! es lírico en su connotación de expresión de sentimiento de alarma, dramático en su connotación de diálogo por el cual se urge a los oyentes a una reacción, y épico en la narración de un suceso. Hay poemas que también abarcan los tres modos y la obra de un poeta puede caracterizarse por la integración de los tres, como ocurre en el caso de Nicolás Guillén.

Sus recursos literarios, su selección semántica, sus técnicas poéticas, sus ritmos y otros procedimientos musicales apoyan su ideología, y sus formas de pensar destinadas a promover la realización de su deseada vida nacional e internacional. Central en su concepción de esa vida es la importancia del hombre sencillo, de su derecho a ser oído, a mostrar su sed por el desarrollo, a representar sus preocupaciones y aspiraciones. Y éstas son esencialmente las de él mismo, de la persistente voz poética. Por eso su "yo" se traduce fácilmente en un "nosotros:" "Yo, campesino, obrero, gente simple," para citar un verso del poema "Tengo." Esta perspectiva le conduce a una poesía abarcadora donde recurre naturalmente a las plenas posibilidades que ofrecen los tres grandes géneros literarios.

Se ha comentado a veces admirablemente el aspecto lírico de la poesía del poeta cubano, bajo títulos como el de José Antonio Portuondo "El sentido elegíaco de la poesía de Nicolás Guillén." Y, en efecto, con impresionantes variantes imaginativas que abarcan la gama de interrelaciones humanas, presenta Guillén un lamento pre-revolucionario que puede resumirse y parafrasearse en los gritos líricos

¡Ay! ¡Qué terrible la explotación clasista!
¡Qué bestial el imperialismo!
¡Qué horror el racismo!

Y después

¡Qué júbilo el triunfo de la Revolución!
¡Qué poéticas las tareas de reconstrucción!

Igualmente bien observado y comentado es el aspecto épico de su poesía, el hecho de que constituye una crónica de su patria, de su pueblo. Allí están los libros de Nancy Morejón y de Angel Augier para comprobarlo. Lo que seguramente merece más comentario es el aspecto dramático.

Debemos recordar que los poemas que constituyeron la primera colección de Guillén *Cerebro y corazón* eran en su mayor parte poemas líricos en la tradición romántico-modernista de fines del siglo pasado. Decidió no publicar la colección. Su primer libro publicado, *Motivos de son*, marca una ruptura con la internalización anterior. Desde "Negro bembón," primer poema del libro, y el primero escrito para el libro, se anuncia la ruptura por medio del recurso que proclama la presencia de lo dramático: el uso de la segunda persona para indicar un interlocutor explícito que tiene la posibilidad de responder:

¿Po qué te pone tan bravo,
cuando te disen negro bembón,
si tiene la boca santa,
negro bembón? (1974: I, 103)

Se notará que esta segunda persona es vívida, sustancial, autónoma, especialmente cuando la comparamos con las evocadas por hablantes de otros poetas, la de Espronceda, por ejemplo "¿Por qué volvéis a la memoria mía?" ("Canto a Teresa"), o de Neruda "Cómo surges de antaño llegando/ encandilada, pálida estudiante" ("Fantasma"). Esta segunda persona de Guillén es incluso menos internalizada y ambigua que la encontrada en ciertas novelas, como *La Modification* de Michel Butor o *La muerte de Artemio Cruz* de Carlos Fuentes. Florece la segunda persona en *Motivos de son* controlando la perspectiva de siete de los ocho poemas. Los hablantes son personajes representativos del sector olvidado por la poesía cubana previa a Guillén. Sus diálogos o monólogos dramáticos tratan de privaciones que frustran la posibilidad de contentamiento alguno. La voz viva de ellos en situaciones tan conmovedoras como la de "Búcate plata," donde la pobreza está para destruir la relación amorosa y la reputación de la mujer, lleva un impacto poderoso y explica en gran parte el revuelo que provocó la aparición del libro. Apoyada por una musicalidad que incita la recitación de los versos, la vibrante demostración de condiciones que demandan cambio no aguanta la neutralidad. *Motivos* establece el tono dramático de la poesía de Guillén. En los libros que lo siguen encontramos numerosos personajes que a plena voz revelan las condiciones que para ellos constituyen la vida. La voz del sonero,

(Me matan si no trabajo,
y si trabajo me matan
Siempre me matan, me matan
Siempre me matan) (1974: I, 168)

del pregonero

Sangre de mamey sin venas,
y yo que sin sangre estoy;
Mamey pál que quiera sangre,
que me voy. (1974: I, 130)

Estas voces suenan en el aire resplandeciente del Trópico comentando sus experiencias vitales para que otros de su comunidad y los lectores escuchen y evalúen lo que dicen. El lector se acostumbra a la locuacidad de los personajes y no se sorprende cuando los poemas del libro *El son entero* dan lugar a una obra dramática en tres escenas que forma el clímax del libro.

Además de las obras que ilustran por medio de la interacción de personajes, hay otras dramáticas en las que la voz poética se dirige a un interlocutor, a soldados, por ejemplo en

> No sé por qué piensas tú,
> soldado, que te odio yo,
> si somos la misma cosa
> yo,
> tú. (1974: I, 175)

en

> Soldado aprende a tirar:
> tú no me vayas a herir
> que hay mucho que caminar.
> ¡Desde abajo has de tirar.
> Si no me quieres herir! (1974: I, 175)

O puede dirigirse a una entidad nacional; por ejemplo en

> Cómo estás Puerto Rico,
> tú de socio asociado en sociedad? (1974: II, 21)

donde el puertorriqueño tiene por lo menos que contemplar una respuesta. O el segundo personaje puede ser un amigo que visita a Cuba, como en el poema "Frente al Oxford" que trata del bloqueo naval impuesto por los Estados Unidos:

> Tú, que a mi patria llegas, amigo, y me preguntas
> por qué desde esta roca me vuelvo airado y miro
> allá donde la líneas de mar y cielo juntas
> están, como en un beso de zafiro y zafiro,
>
> ven a mí lado y mira lo que yo estoy mirando.
> ¿No ves aquella larga bestia de gris acero,
> mojándose en mis aguas, mis tierras vigilando

desde que nace el día hasta su ardor postrero?

Ése es Johnson. Me roba, quiere robarme digo
mi libertad y sueña con herirme de muerte,
y que herido de muerte no tenga yo un amigo,
y que ni un solo amigo me brinde el brazo fuerte. (1974: II, 86)

O pueden ser sus compatriotas en general como en "La sangre numerosa," el poema dedicado al miliciano que, al morir ametrallado por la aviación norteamericana, escribió con su sangre el nombre de Fidel, y que empieza:

Cuando con sangre escribe
FIDEL este soldado que por la Patria muere,
no digáis miserere:
Esa sangre es el símbolo de la Patria que vive. (1974: II, 143)

Observamos a lo largo de estos poemas finas estrategias sintácticas que incitan a una lectura en voz alta. Es decir, se subraya la presencia, además de palabras, de la voz articuladora, de la persona o las personas. Tenemos modulaciones dramáticas de la voz en otros poemas como en "Mau-Maus," que trata de la propaganda, donde en cada estrofa emplea el poeta el "sotto voce" para dar la versión rectificadora. Por ejemplo,

Letras de larga tinta
cuentan que los mau-maus
casas de sueño y trópico
británicas tomaron
y a fuego, sangre, muerte,
bajo el asalto bárbaro
cien ingleses cayeron ...
(Aquí en secreto: eran
los mismos cien ingleses
a quienes Londres dijo:
—Matad, comed mau-maus;
barred, incendiad Kenya;
que ni un solo Kikuyu
viva, y que sus mujeres
por siempre de ceniza
servida vean su mesa
y seco vean su vientre.) (1974: 32–33)

Otras veces el lector aparece en el poema reaccionando ante la situación. En "Deportes," por ejemplo, el poeta revela, si no su propia pericia en los deportes, su pasión por los deportistas, que han alcanzado la gloria, por ciertos boxeadores porque "Sus peleas/ fueron como claros poemas." Rubén Darío, a quien Guillén en otro poema había reconocido como el que le había enseñado "el múltiple trino," reaparece en "Deportes" como objeto de pasión equivalente al de algunos deportistas y, a propósito, perfilado de tal manera que se capta la esencia del gran poeta nicaragüense. Escribe Guillén:

> Amé a Rubén Darío, es cierto,
> con sus violentas rosas
> sobre todas las cosas.
> El fue mi rey, mi sol.
> Pero allá en lo más alto de mi sueño
> un sitio puro y verde guardé siempre
> para Méndez, el pitcher—mi otro dueño. (1974: II, 13)

Y añade, dirigiéndose a los lectores u oyentes, considerándolos no sólo como conciencias sino además como presencias físicas sorprendidas de que él pusiera el pitcher al nivel del gran poeta:

> No me miréis con esos ojos.

Esta clase de discurso donde la voz poética se escucha en un diálogo vivo subraya un elemento que está presente también en los poemas cuyo drama es el resultado de la interacción de personajes. Es la confrontación de conciencias que cuando no ocurre entre los personajes existe entre la perspectiva de la voz poética y una perspectiva antagónica. Siempre funciona un proceso de oposiciones, la raíz de la tensión dramática, y el lector tiene que ser activo, intervenir en este proceso y juzgar la validez de la visión poética. Es para el lector una experiencia bastante diferente de la del lector que recibe, rechaza o es indiferente a la situación lírica. Difiere también de la situación lírica en el sentido de que el poeta se muestra no sólo sensible e imaginativo sino además racional y sensato, y pone a prueba la lucidez de sus conceptos. En su diálogo dramático Guillén suele dirigirse ante todo a un público nacional explorando casos concretos que el pueblo con su experiencia histórica sabe apreciar. Luego estas situaciones pueden servir metafóricamente a otros lectores. Esto nos lleva a un aspecto de la teoría de la recepción que tiene que ver con impulsos protectores ante el texto, aspecto que no encuentra un tratamiento adecuado en las obras de Iser y Fish, por ejemplo. La perspectiva de Guillén es siempre anticolonial y ninguna tendencia imperialista escapa su censura. Esta actitud puede ser molesta para un lector que es un ciudadano leal y, aun más, chauvinista de un país imperialista. Cuanto más sofisticado es este lector más opciones tiene para expresar su desagrado. Puede hacerlo directamente quejándose de la poesía política, o puede tratar de hacer menos hostil el sentido de las obras, por medio de la distorsión, o, ocultando su objeción real, puede criticar algún aspecto formal, y decir tal vez que las metáforas no son suficientemente densas.

El lector implícito de Guillén entiende que el uso de lo dramático en su poesía es consecuente con la aseveración hecha en un discurso a sus colegas de la Unión de Escritores y Artistas de Cuba de que "Nosotros debemos dar al pueblo lo mejor de nuestro espíritu, de nuestra técnica, de nuestra inteligencia, de nuestra obra, con la certidumbre de que ellos entienden y saben lo que estamos dándoles, y lo reconocen con gratitud" (*Islas* 85). Las confrontaciones dramáticas suelen ilustrar aspectos de la lucha entre lo positivo y lo negativo para la construcción de un mundo deseado. Por eso lo dramático, formando con los otros géneros un equilibrio que alcanza una calidad clásica, sirve de vehículo para la ideología en la obra poética de Guillén. Ocurre con él lo que ocurre a menudo con los grandes poetas: que tiene el don de decir lo que estaba en la punta de la lengua de sus compatriotas más dispuestos a promover el mejoramiento de su sociedad. Esto puede explicar por qué aprenden, citan y recitan tan fácilmente su poesía. En las declamaciones públicas de sus poemas, como las que hace Luis Carbonell, se observa que son firmes los lazos entre el poeta y su pueblo. Contribuye importantemente a la extraordinaria riqueza de su obra el hecho de que en ella lo épico y lo dramático, reflejando los dos géneros que desde los tiempos antiguos han formado la base de la representación literaria, se usan para ilustrar sentimientos líricos.

University of Toronto

OBRAS CITADAS

ARISTOTLE. *"Poetics" and "Rhetoric."* Trad. Thomas Allen Moxon. London, 1955.

AUGIER, ANGEL. *Nicolás Guillén: Estudio biográfico-crítico.* La Habana, 1984.

BORGES, JORGE LUIS. *Prosa completa.* Barcelona, 1980.

——. *Obra poética. 1923–1969*. Buenos Aires, 1972.

BUTOR, MICHEL. *La Modification*. Paris, 1957.

CASCALES, FRANCISCO. *Tablas poéticas*. Ed. Benito Brancaforte. Madrid, 1975.

FISH, STANLEY. *Is There a Text in This Class? The Authority of Interpretive Communities*. Cambridge, 1980.

FRYE, NORTHROP. *Anatomy of Criticism: Four Essays*. Princeton, 1957.

FUENTES, CARLOS. *La Muerte de Artemio Cruz*. México, 1969.

GENETTE, GÉRARD. *Figures III*. Paris, 1986.

GUILLÉN, NICOLÁS. *Obra poética*. 2 vols. La Habana, 1974.

HERRICK, MARVIN T. *The Fusion of Horatian and Aristotelian Literary Criticism, 1531–1555*. Urbana, 1946.

HORACIO. *El Arte Poética*. Trad. Luis Zapata. Madrid, 1954.

ISER, WOLFGANG. *The Act of Reading*. Baltimore, 1978.

JACOBSON, ROMAN y MORRIS HALLE. *Fundamentals of Language*. The Hague, 1956.

KAYSER, WOLFGANG. *Interpretación y análisis de la obra literaria*. Madrid, 1958.

MOREJÓN, NANCY. *Nación y mestizaje en Nicolás Guillén*. La Habana, 1982.

NERUDA, PABLO. *Obras completas*. 2 vols. Buenos Aires, 1967.

PLATO. *The Republic*. Ed. James Adam. Cambridge, 1963.

PORTUONDO, JOSÉ ANTONIO. "Sentido elegíaco de la poesía de Guillén." *La Gaceta de Cuba*. 1, 8–9 (1962): 2.

WEINBERG, BERNARD. *A History of Literary Criticism in the Italian Renaissance*. 2 vols. Chicago, 1961.

WELLEK, RENÉ and AUSTIN WARREN. *Theory of Literature*. New York, 1949.

EL FONDO ANGUSTIADO DE LOS "NOCTURNOS" DE XAVIER VILLAURRUTIA

POR

MANUEL MARTIN-RODRIGUEZ
University of California, Santa Barbara

Al leer los "Nocturnos" de Xavier Villaurrutia, incluidos en las secciones "Nocturnos" y "Otros nocturnos" de su libro *Nostalgia de la muerte*[1], términos como muerte, desamor, incomunicación, soledad o aislamiento se van configurando en la mente del lector como las claves para la comprensión del complejo mundo que hace de los "Nocturnos" una obra maestra de poesía, marcada por la interpretación angustiada del poeta.

De todos esos elementos, la soledad es lo primero que nos llama la atención. En los "Nocturnos", la presencia humana se limita a la persona poética. Casi nunca aparecen los otros, el elemento humano exterior al sujeto. Para esta soledad, los críticos han propuesto diversas interpretaciones, casi todas basadas en la singularidad intelectual de Villaurrutia. Así, Giuseppe Bellini, basándose en *El laberinto de la soledad*[2] de Octavio Paz, propone que la soledad en la obra de Villaurrutia responde a la necesidad del poeta de ser diferente y afirmar su diferencia en la soledad[3].

Frank Dauster, por su parte, nos habla de una pérdida de concreción y de una confusión de sensaciones que representan en el autor de *Nostalgia* "the utter isolation into which he has been led by reason." (Dauster p. 48). La razón, según Dauster, lleva a Villaurrutia al solipsismo, al aislamiento y a la soledad, por lo que

---

[1] *Nostalgia de la muerte*, nombrado a partir de ahora como *Nostalgia*, se publicó por primera vez en 1938. La versión definitiva es de 1946. Todas las citas de ese libro, así como de otros textos de Villaurrutia, se refieren a *Obras*. La página se indica entre paréntesis.

[2] *El laberinto de la soledad* no ha sido utilizado como referencia directa para este trabajo. Por tanto, todas las citas de Paz se refieren a *Xavier Villaurrutia en persona y en obra*.

[3] Una concepción muy similar sostiene Iraida Bustillo, basándose también en Octavio Paz. Para Bustillo, "la soledad se deriva de la ausencia de la muerte" (Bustillo p. 65), lo que determinaría el tratamiento onírico de la misma en la poesía de Villaurrutia.

también Dauster interpreta la soledad como *voluntad* de soledad por parte del poeta[4].

Una tercera interpretación, de Eugene L. Moretta, ve la soledad y el aislamiento como estados pasajeros, superables mediante un ejercicio de conciencia. Así, pues, la atmósfera de los "Nocturnos" proporcionaría una especie de reducción esencial que facilitaría la percepción y aumentaría la "probabilidad de súbitas revelaciones" (Moretta 47). En otras palabras, sería "la escenografía creada por el poeta para representar la soledad y el deseo de superarla buscando lo que pueda haber de real dentro del mundo que encierra a la conciencia" (Moretta 56).

Estas tres interpretaciones desatienden, sin embargo, elementos importantes de los textos en los que la soledad no es buscada por el yo poético, sino que se le va imponiendo imperceptiblemente hasta provocar una serie de desdoblamientos que acaban por cortar los lazos de la persona con el mundo exterior.

Numerosos motivos configuran el mundo de la soledad en los "Nocturnos". Entre ellos, lo hueco se nos aparece como uno de los más recurrentes. En el "Nocturno amor", por ejemplo, el cuerpo del amante se percibe como un hueco (es decir, como el eco de una presencia):

> De qué noche despierto a esta desnuda
> noche larga y cruel noche que ya no es noche
> junto a tu cuerpo más muerto que muerto
> que no es tu cuerpo ya sino su hueco
> porque la ausencia de tu sueño ha matado a la muerte (50)

Es importante notar que, a través de lo hueco, la soledad se asocia con la muerte. En el "Nocturno amor" es el cuerpo del amante el que, por virtud del sueño, está "más muerto que muerto", pero posteriormente en la obra es la muerte misma la que llena ese hueco:

> si la muerte hubiera venido aquí a New Haven
> escondida en un hueco de mi ropa en la maleta
> en el bolsillo de uno de mis trajes (p. 54).

---

[4] Esto está en consecuencia con una imprecisión de Dauster a la hora de diferenciar entre vida personal y obra literaria; imprecisión que matiza su interpretación de la relación entre ambas. Según Dauster, "about Xavier Villaurrutia's personal life there is a pervasive mystery, as though this enigmatic personality had deliberately cultivated as a mode of existence those preoccupations which lie at the core of his plays and poetry" (Dauster 17). Sería mas fácil pensar, sin embargo, que es la vida la que determina las obsesiones de la obra y ése es el enfoque que seguiremos en este trabajo.

Así pues, por medio de una reelaboración del motivo del hueco, Villaurrutia consigue involucrar muerte, sueño, soledad y ausencia en un supraconcepto de implicaciones importantes en el mundo de los "Nocturnos". En el "Nocturno amor", este supraconcepto se apodera para siempre ya del plano erótico de la obra. Para ello, la descripción del amante se sirve, una vez más, de las partes del cuerpo que denotan oquedad:

> Ya sé cuál es el sexo de tu boca
> y lo que guarda la avaricia de tu axila
> y maldigo el rumor que inunda el laberinto de tu oreja
> sobre la almohada de espuma (p. 50).

Boca, axila y laberinto de la oreja sirven, a la vez, para enlazar este tema con el de la imposibilidad de comunicación del yo poético con el mundo, como veremos más adelante, y son unas imágenes elocuentes de soledad e introspección. Soledad que se hace máxima en el motivo de la pérdida de la propia sombra, como ocurrirá en el "Nocturno grito": "tengo miedo de mi voz/ y busco mi sombra en vano" (p. 46). Igual ocurrirá en el "Nocturno sueño", en donde la noche, presencia amenazante, trae consigo la soledad: "me robó mi sombra/ la sombra cerrada (p. 48).

La pérdida de la sombra es, además, la desaparición absoluta del otro, el símbolo clave del aislamiento[5]. En este sentido, hay que matizar lo que hasta ahora venimos diciendo, puesto que en los "Nocturnos" la ausencia es a la vez presencia y ausencia. Se puede hablar, valga la paradoja, de presencia de la soledad, un estado

---

[5] La imagen de la pérdida de la sombra es una de las varias que Villaurrutia comparte con el Rafael Alberti de *Sobre los ángeles*. En la obra de Alberti, en "El cuerpo deshabitado", encontramos:

> Va muerto
> Muerto, de pie, por las calles
> ...
> Sin ojos, sin voz, sin sombra. (76-77)

Véanse, también estos ejemplos: "pasaba un traje/ deshabitado, hueco" (76); "no es un hombre, es un boquete/ ... un boquete, sin eco" (77). Particularmente interesante es el verso "A sus pies, él mismo, sin vida" (133), que tiene su correlato en el "Nocturno sueño":

> sin gota de sangre
> sin ruido ni peso
> a mis pies clavados
> vino a dar mi cuerpo. (49)

intermedio que, como nota Octavio Paz, "designa un momento de extrema atención en el centro del abandono también más extremo: dormir con los ojos abiertos, ver con los ojos cerrados. El estado intermedio tiene otro nombre: agonía. También se llama: duda" (Paz, 84). Un estado angustiado en el que la soledad exige la presencia elíptica del otro para ser soledad total: no la inexistencia del otro, sino su presencia invisible; no la muerte cumplida, sino la muerte al acecho. Los otros y la muerte crean un hueco en los "Nocturnos" que el poeta no es capaz de llenar. Más y más, vemos que el hueco se agranda, que lo domina todo, el amor y la muerte.

Así, los órganos del cuerpo se convierten en prisión del yo. En el "Nocturno muerto", la persona poética percibe un ruido, pero ese estímulo del mundo exterior no se interioriza, queda "preso en el caracol de mi oreja dormida" (p.52). Del mismo modo, las palabras se le ahogan entre los barrotes de los dientes en el "Nocturno amor": "y todas las palabras en la prisión de la boca" (p. 50).

Más aún, cuando la palabra sí llega a pronunciarse, escapa al control de la voz poética, transformándose por sí misma ante la angustia del yo:

> Y en el juego angustioso de un espejo frente a otro
> cae mi voz
> y mi voz que madura
> y mi voz quemadura
> y mi bosque madura
> y mi voz quema dura.(47)

Hasta tal punto que la voz que prometía madurar (tal vez como anuncio de una futura comunicación) acaba por quemar "como el hielo de vidrio" (p.47), es decir, el espejo que refleja al propio hablante[6].

Comienzan de ese modo los desdoblamientos de todo tipo: del yo con respecto al mundo y del yo con respecto a sí mismo[7]. Estos desdoblamientos están también regidos por la dialéctica presencia/ausencia y se concentran, sobre todo, en los motivos del eco y el espejo. El eco es y no es palabra, porque ha perdido su condición real para no ser más que una repetición, un rebote, palabra errante desasida ya de su emisor. Del mismo modo, el espejo funciona también como eco,

---

Aunque más que de influencias parece que se trata de coincidencias ambientales, propiciadas por la irrupción del surrealismo en las letras hispanas, el estudio de estas coincidencias está por hacerse y arrojaría una interesante luz sobre algunos de los puntos que aquí estamos tratando.

[6] Este pasaje ha sido comentado por el propio Villaurrutia en "La rosa de Cocteau" (923).

[7] Ver Moretta, 127, para un análisis de los desdoblamientos.

como la presencia de un reflejo y la ausencia de un cuerpo real (esto hace que el cuerpo, sobre todo el del yo poético, se aluda con frecuencia como "estatua"). El poema precisamente llamado "Nocturno de la estatua" es una serie de ecos en sucesión de asociaciones metonímicas que configuran un círculo cerrado, un laberinto en el que la persona poética se pierde a un ritmo vertiginoso. Es una persecución furiosa sin salida que lleva desde lo real aparente (desde lo que se cree que es, y no es) hasta lo aparente real (lo que sólo es como representación de otra cosa):

correr hacia la estatua y encontrar sólo el grito,
querer tocar el eco y sólo hallar el eco,
querer asir el grito y encontrar sólo el muro
y correr hacia el muro y tocar un espejo (pp. 46-47)

La persona, situada en frente del espejo, se aterroriza ante su desdoblamiento; quiere hablar con su figura, pero el espejo es un muro y su voz rebota como un grito, como el eco de un grito de terror ante sí mismo.

Se comprenderá mejor este poema atendiendo a su colocación en el libro. Le precede el "Nocturno grito", que anuncia la problemática de los desdoblamientos a través del motivo de la sombra:

¿será mía aquella sombra
sin cuerpo que va pasando?
¿Y mía la voz perdida
que va la calle incendiando? (p. 46)

Viene a continuación el "Nocturno de la estatua", que acabamos de ver, como experiencia traumática de imposibilidad de reunificación (cuando, en el poema, la persona encuentra a la estatua, hacia el final, la estatua le contesta que *está muerta* de sueño). No es de extrañar que a dicha experiencia le siga en el poemario el "Nocturno en que nada se oye". La soledad es definitiva. El yo no se puede comunicar. Las palabras se convierten en gritos inasibles. La desolación se hace silencio. No se encontrará otra referencia a la voz en los títulos hasta ocho poemas más tarde. Mientras tanto, Villaurrutia coloca versos como el inicial de "Nocturno amor": "El que nada se oye en esta alberca de sombra" (p. 49). O el balbuceo del "Nocturno eterno" "cuando la vi cuando la vid cuando la vida" (51) en el que el poeta confirma su silencio:

o cuando todo ha muerto
tan dura y lentamente que da miedo
alzar la voz y preguntar "quién vive"

dudo si responder
a la muda pregunta con un grito
por temor de saber que ya no existo. (p. 51-52)

Es el estupor, la duda máxima, la convicción de que todo conocimiento es imposible; es "el latido de un mar en el que no sé nada" (47).

El silencio presagia la muerte. Por eso es que la siguiente referencia a la voz en un título se da en el "Nocturno en que habla la muerte". En este poema el desdoblamiento de la persona llega a su punto álgido al descubrir que su otro yo no está muerto sino que es, propiamente, la muerte, que mediatiza sus palabras:

y al oprimir la pluma
algo como la sangre late y circula en ella,
y siento que las letras desiguales
que escribo ahora,
más pequeñas, más trémulas, más débiles,
ya no son de mi mano solamente. (p. 55)

Hasta aquí hemos venido analizando cómo la soledad, la incomunicación, el silencio y la muerte constituyen el transfondo angustiado de los "Nocturnos". Cabe preguntarse ahora por qué se da ese trasfondo, rastreando una vez más los textos para encontrar motivos conscientes o inconscientes (recuérdese el papel fundamental del sueño en la poesía de Villaurrutia) que nos lo puedan aclarar.

Una de esas claves nos la proporciona el motivo del naufragio, asociado con el más amplio del mar. En el "Nocturno" que abre la sección "Otros nocturnos" tenemos una de las apariciones del motivo del naufragio:

porque la noche es siempre el mar de un sueño antiguo,
de un sueño hueco y frío en el que ya no queda
del mar sino los restos de un naufragio de olvidos.
Porque la noche arrastra en su baja marea
memorias angustiosas, temores congelados. (53)

¿Qué son esas "memorias angustiosas"? Tal vez la siguiente observación de Paz nos pueda ayudar a aclararlo: "Niños, habían presenciado las violencias y las matanzas revolucionarias; jóvenes, habían sido testigos de la rápida corrupción de los revolucionarios y su transformación en una plutocracia ávida y zafia". (Paz, 22) Siguiendo ese razonamiento, no parece violentar el texto la interpretación de que "los restos de un naufragio" refiere a su condición de miembro de "una de las clases más afectadas por la Revolución, la media alta, que fue desalojada de sus posesiones y de sus prebendas", (González Casanova 17) y que las "memorias angustiosas" son sus recuerdos de la época sangrienta de la revolución.

Aún hay más. Al terreno social hay que sumar una experiencia personal insatisfactoria que marca para siempre su relación consigo mismo y con el mundo. Es una relación edipal con su madre, expresada también mediante el motivo del mar y presente en el "Nocturno mar":

> nada, nada podrá ser más amargo
> que el mar que llevo dentro, solo y ciego,
> el mar antiguo edipo que me recorre a tientas
> desde todos los siglos,
> cuando mi sangre aún no era mi sangre,
> cuando mi piel crecía en la piel de otro cuerpo,
> cuando alguien respiraba por mí que aún no nacía. (59)

La relación con el otro ha sido insatisfactoria, pues, desde el momento de su concepción, y la incomunicación será retomada en el poema dos estrofas más tarde:

> Mar sin viento ni cielo,
> sin olas, desolado,
> nocturno mar sin espuma en los labios,
> nocturno mar sin cólera, conforme
> con lamer las paredes que lo mantienen preso
> y esclavo que no rompe sus riberas
> y ciego que no busca la luz que le robaron
> y amante que no quiere sino su desamor (59).

Su amargo rencor es todavía más claro en la siguiente estrofa; una vez más, rencor de haber nacido:

> Una vez más, rencor de haber nacido:
> mar que arrastra despojos silenciosos,
> olvidos olvidados y deseos,
> sílabas de recuerdos y rencores,
> ahogados sueños de recién nacidos,
> perfiles y perfumes mutilados,
> fibras de luz y náufragos cabellos. (pp. 59-60)

"Ahogados sueños" sería el complemento personal de los "temores congelados" ya vistos, del mismo modo que los "despojos silenciosos" lo serían de los "restos del naufragio". Es el desarraigo, en suma, que venimos detectando y que producirá una actitud ante el mundo no sólo inhibida (como se vio supra supra), sino también defensiva. El sueño y el silencio se asocian a menudo con el crimen, y el lugar de ese crimen es la calle. Para entender la importancia de la calle en este contexto es necesario primero considerar el papel de la alcoba, puesto que la alcoba es el lugar predominante de la acción de los "Nocturnos". La alcoba es una traslación metafórica del vientre materno y, por su oquedad, participa de las ideas de soledad y muerte, como en el "Nocturno de la alcoba": "La muerte toma siempre la forma de la alcoba que nos contiene". Y el poeta la define en el verso siguiente como "cóncava" (p. 60)

Participa de la muerte, decimos, pero de la muerte-compañera del "Nocturno en que habla la muerte". Como oposición, está la muerte temible, inesperada que ocurre en la calle. Así, la calle es el lugar inhóspito por definición y se caracteriza como silenciosa, con el silencio que precede al crimen (en el "Nocturno en que nada se oye"). Es en el "Nocturno sueño" donde encontramos mejor desarrollada la imagen de la calle. Ahí, la calle es el lugar del desdoblamiento: "oí que mis pasos/ pasaban[8] (p. 48). Posteriormente, es también escenario de un crimen singular en el que una mitad de ese ser desdoblado da muerte a la otra, en un mecanismo de auto-castigo que nos revela un comportamiento culposo, probablemente motivado por el amor/ rencor hacia la imagen de la madre que lo abandona náufrago en el mundo[9]:

> y al doblar la esquina
> un segundo largo
> mi mano acerada
> encontró mi espalda. (pp. 48-49)

Las presiones tanto de la historia social como personal son, a nuestro entender, las que determinan la angustia y el desasosiego subyacentes a los "Nocturnos". Para confirmarlo, resulta interesante observar el "Nocturno de Los Angeles", el único "Nocturno" de tono humorístico y relajado. La calle en Los Angeles, pierde por completo su carácter amenazante, como si la distancia física se hiciera también

---

[8] La actitud defensiva ante el mundo se observa también en su actitud hacia los objetos, actitud que se resume en su obra *Invitación a la muerte* en los siguientes términos: "Porque las cosas que nos rodean ... acaban por perder el objeto inocente para el que fueron creadas y nos ofrecen, en cambio, una vida servil de esclavos, de cómplices. Un espejo acaba por ser útil solamente para que veas, sin volver la cabeza, lo que pasa a tu espalda" (378).

[9] Otro ejemplo de mecanismo de auto-castigo es el verso "y amante que no quiere sino su desamor" (59).

espiritual. El poema se abre con el verso "se diría que las calles fluyen dulcemente en la noche" (p. 55), que contrasta fuertemente con lo anterior. Los seres que pueblan esta calle no se atacan ni son proyecciones de la persona poética, sino que "cambian miradas, atreven sonrisas./ forman imprevistas parejas". Son los ángeles, hombres asépticos con nombres asépticos y "divinamente sencillos./ Se llaman Dick, o John, o Marvin o Louis". (p. 56)

José Joaquín Blanco, basándose en las cartas de Villaurrutia a Novo, apunta que el viaje a los Estados Unidos fue para el poeta una liberación. (Blanco, p. 184). Liberación de la memoria, de la historia y hasta del tormento de la introspección. En el poema sobre los ángeles, la voz se hace narrativa, no inquisitiva[10].

El amor escindido, el trauma del nacimiento (el mar) y la relación con la madre, encuentran también en el "Nocturno de Los Angeles" utópica solución:

> si cada uno dijera en un momento dado,
> en sólo una palabra, lo que piensa,
> las cinco letras del DESEO formarían una enorme cicatriz luminosa,
> una constelación más antigua, más viva aún que las otras.
> Y esa constelación sería como un ardiente sexo
> en el profundo cuerpo de la noche,
> o, mejor, como los Gemelos que por primera vez en la vida
> se miraran de frente, a los ojos, y se abrazaran ya para siempre. (p. 55)

Es el reino milenario, la superación de los desdoblamientos que se observan en el resto de los poemas, superación anhelada, ansia de comunión, no de soledad como quería Bellini[11].

En conclusión, en los "Nocturnos", de Xavier Villaurrutia se refleja el íntimo desajuste del poeta con su vida y su era, y el atormentado testimonio de una de esas luchas internas por recuperar la unidad que tanto caracterizan a la poesía del siglo XX. En palabras de Juan García Ponce, la obra de Villaurrutia es un diario íntimo en el que el artista ha grabado poco a poco su relación con el mundo" (García Ponce p. 35). Y también consigo mismo, añadiríamos nosotros. Una relación atormentada que dio como resultado algunos de los mejores poemas en español de este siglo.

---

[10] Blanco habla de que esa liberación se observa en toda la sección "Otros nocturnos", pero creemos que sólo es observable en el "Nocturno de Los Angeles".

[11] El tema de los gemelos es un tema recurrente en la literatura de la época. Una expresión señera sería la obra de Robert Musil, *El hombre sin atributos*, especialmente el volumen IV. Próxima en tiempo a la obra de Villaurrutia, se trata de otra interesante coincidencia ambiental.

OBRAS CITADAS

Alberti, Rafael. *Sobre los ángeles. Yo era un tonto y lo que he visto me ha hecho dos tontos.* 1929. Ed. C. Brian Morris. Madrid: Cátedra.

Bellini, Giuseppe. "La poesía de Xavier Villaurrutia". *Letterature moderne*, 10 (1960), 20-27.

Blanco, José Joaquín. *La paja en el ojo ajeno: Ensayos de crítica.* Puebla: Universidad Autónoma de Puebla, 1980.

Bustillo, Iraida. "Muerte y soledad en la poética de Xavier Villaurrutia". *Románica*, 13 (1976): 65-76.

Dauster, Frank. *Xavier Villaurrutia.* New York: Twayne, 1971.

García Ponce, Juan. *Cinco ensayos.* Guanajuato: Universidad de Guanajuato, 1969.

González Casanova, Henrique. "Reseña de la poesía mexicana del siglo XX." *México en el arte* 10-11 (1950): 11-22.

Moretta, Eugene L. *La poesía de Xavier Villaurrutia.* México: Fondo de Cultura Económica, 1976.

Musil, Robert. *El hombre sin atributos.* Vol. IV. Barcelona: Seix Barral, 1984.

Paz, Octavio. *El laberinto de la soledad.* México: Fondo de Cultura Económica, 1959.

———. *Xavier Villaurrutia en persona y en obra.* México: Fondo de Cultura Económica, 1978.

Villaurrutia, Xavier. *Obras.* 1953. Ed. Alí Chumacero et al. México: Fondo de Cultura Económica, 1966.

MERLIN H. FORSTER

PABLO NERUDA AND THE AVANT-GARDE

ALTHOUGH the history of Spanish American experimental poetry from 1920 to 1945 is still being written, much has already been said on major figures such as Vicente Huidobro, César Vallejo, and Jorge Luis Borges, and on the definition of principal aspects of the period. For example, rather than one single line of development in all countries of Spanish America, there were several related movements in a variety of national areas—creationism, ultraism, stridentism, etc.—almost always strongly influenced by European postwar literary movements such as futurism, dadaism, and surrealism. All of the Spanish American groups, however, shared a common iconoclastic stance in condemning the modernist aesthetic as outmoded, and a dependence, for the communication of their revolutionary ideas, on argumentative manifestoes and literary journals. Finally, avant-garde writers tended toward the use of introspective themes and unconventional forms and techniques in the creation of their literary works.[1] The terms *avant-garde* or *vanguardismo* in this study, then, will group together all of the divergent but related Spanish American movements in order to provide a background and a basis of comparison for discussion of a single major figure.

Pablo Neruda is often seen as something of a maverick in the development of experimental poetry. He is, according to this view, an earthy independent whose egalitarian political persuasions allow him to be related only in a very tangential way to the highly intellectualized and at times pretentious tenents of the avant-garde. Neruda has encouraged this view of himself and his work. In many of his poems and his public pronouncements he has taken great pains to project the image of a simple man who is far removed from the petty disputations of his rivals.

As one might expect, this is an overly simplistic assertion. It is true that Neruda pursued a more independent course than many of his contemporaries, and did not allow himself to become wholly identified, as many did, with a particular group or theory. However, on several occasions he did espouse an aesthetic position, was instrumental in the publication of literary journals in several countries, involved himself in a number of literary and personal polemics, and made use in his own work of many of the obsessive themes and the experimental techniques that are a part of the *vanguardista* mode. In short, the assertion of aloofness is not borne out in fact. A more considered assessment of Neruda's relationship to the general movement is in order.

I will approach this assessment from three different perspectives: (1) Neruda's view of himself and of poetic creation; (2) some of Neruda's polemical relationships with other writers; (3) several of Neruda's works which serve as a discernible tie to avant-garde style.[2]

In the second section of his memoirs, Neruda recounts in considerable detail some of his adventures with young writers in Santiago and Buenos Aires during the early 1920's. For example, we learn that Alberto Rojas Giménez, "uno de mis más queridos compañeros generacionales" (p. 58) in Neruda's words, was very much up to date on the latest literary styles from Europe. In addition he was fastidious and flamboyant in his personal dress and, among other things, devoted himself to making intricate paper birds, a skill he had learned from Don Miguel de Unamuno. The excentric Argentine writer Omar Vignale was never seen anywhere without his pet cow, and even found a way to bring the animal to the first International Congress of the Pen Club which was held in Buenos Aires. After remembering a number of such extravagances, typical in many ways of the exuberance of the time, Neruda reflects on his own role.

Yo he sido un hombre demasiado sencillo: éste es mi honor y mi vergüenza. Acompañé la farándula de mis compañeros y envidié su brillante plumaje, sus satánicas actitudes, sus pajaritas de papel y hasta esas vacas, que tal vez tengan que ver en forma misteriosa con la literatura. De todas maneras me parece que yo no nací para condenar, sino para amar. Aun hasta los divisionistas que me atacan, los que se agrupan en montones para sacarme los ojos y que antes se nutrieron de mi poesía, merecen por lo menos mi silencio. Nunca tuve miedo de contagiarme penetrando en la misma masa de mis enemigos, porque los únicos que tengo son los enemigos del pueblo. (p. 67)

It seems clear that, on one level, Neruda's words are a somewhat derisive commentary on the playful antics of youth. In a more figurative way, however, Neruda obviously wants to represent a highly individual relationship with his world: a simple man who stands against the vanity and superficiality of those around him; a simple man who has love in his heart rather than denunciation of his rivals; a simple man whose poetry has nourished even his enemies, whom he does not fear because they are also "enemies of the people." In spite of his protestations, however, Neruda is anything but a simple man. Rather, he reveals himself here to be very much a part of the experimentations, the competitions, the slurs, the silences and the enmities that make up a turbulent literary period.

The same "simple man" stance is also to be seen in many of Neruda's comments on poetic creation. In his acceptance speech for the 1971 Nobel prize for literature, for example, he makes the following assertion: "Yo no aprendí en los libros ninguna receta para la composición de un poema; y no dejaré impreso a mi vez ni siquiera un consejo, modo o estilo para que los nuevos poetas reciban de mí alguna gota de supuesta sabiduría."[3] If one accepts these words literally, Neruda certainly would have to be seen as *rara avis* alongside the manifesto-spouting stereotype of a *vanguardista*. Again, however, the contrast cannot be drawn so sharply. While he was never as early or insistent in his representation of a theoretical position as many of his contemporaries, Huidobro and Borges in particular, on at least one occasion Neruda did set down his ideas as to what he thought poetry ought to be.

The principal enunciation of those ideas is to be found in four unsigned contributions to *Caballo Verde para la Poesía* (1935–36), a small poetry journal which Neruda directed in Madrid on the eve of the Spanish Civil War.[4] Each segment serves as a kind of introduction to a number of the journal, and each represents a statement by Neruda on the nature of poetry as he saw it. The best-known of the four is "Sobre una poesía sin pureza," the preface to the first number. Neruda sees a lesson for the "torturado poeta lírico" in machines at rest, woodworking tools, simple containers, and surfaces polished and worn by long use; all of these things suggest a confusion of human activities and contacts. He would search for a poetic expression touched by the stains and acid of human existence, "sin excluir deliberadamente nada, sin aceptar deliberadamente nada." Even human sentiments, though on occasion maudlin and shop-worn, should find their expression in the poetry Neruda seeks. "Quien huye del mal gusto cae en el hielo," he suggests, closing his commentary.

This piece created a considerable stir among poets and critics, particularly in Spain, and quickly was taken as a manifesto for socially committed poetry against the less concerned expression of the avant-garde.[5] However, the considerable attention given Neruda's "impure poetry" idea has obscured a much more profound statement. Neruda's reduction of poetry from the divine to the human level is only a part of his total view. For example, in "Los temas" he suggests that beneath a discernible human setting, in "el sitio del corazón," there is a reality that can be perceived only in the darkest night or the most complete isolation. Poetry expresses the fear, the anguish, the infirmity of human existence. Amidst the external trappings of life, the solitary poet, dressed in mourning, writes with a trembling hand. "Conducta y poesía," casts the problem of literary creation in terms of a dichotomy between overly "artistic" poetry and the "canto salobre" of genuine expression. "En la casa de la poesía," asserts Neruda, "no permanece nada sino lo que fue escrito con sangre para ser escuchada por la sangre." "G. A. B." is a prose poem on the centenary of the birth of Bécquer (1836–1936). Neruda suggests again that human experience has depths of mystery and sadness not visible on the surface: "Debajo de los nombres, debajo de los hechos corre un río de aguas de sal sangrienta."

In short, what Neruda seems to suggest in the *Caballo Verde* pieces is that both external reality and internal complexity are to be expressed in poetic form. Thus he goes far beyond his "poesía impura" statement. This much more profound view is borne out by these words from his Nobel Prize acceptance speech:

> Y pienso que la poesía es una acción pasajera o solemne en que entran por parejas medidas la soledad y la solidaridad, el sentimiento y la acción, la intimidad de uno mismo, la intimidad del hombre y la secreta revelación de la naturaleza. Y pienso con no menor fe que todo está sostenido—el hombre y su sombra, el hombre y su actitud, el hombre y su poesía—en una comunidad cada vez más extensa, en un ejercicio que integrará para siempre en nosotros la realidad y los sueños, porque de tal manera los une y los confunde.

We can see clearly that Neruda was not a literary theoretician and did not deliver himself of the sometimes combative manifestoes so much a part of the avant-garde spirit. However, we can also see that he worked from an aesthetic conception of what he considered poetry to be, and on at least a couple of occasions set these views down in writing. With these conclusions in mind, we must consider next the extent to which Neruda involved himself with some of the other principal *vanguardista* figures. As David Bary has already suggested, the avant-garde literary wars take on an unmistakable flavor of the period,[6] and consequently serve well as a backdrop against which to survey Neruda and his participation.

A fascinating point of departure, particularly in view of Neruda's assertions of simplicity and of blasé unconcern about enemies and rivalries, is a second reading of "Conducta y poesía," already mentioned in connection with *Caballo Verde para la Poesía.* In form and language a carefully-worked prose poem, the piece reveals among other things sharp awareness of rivalry and self-interest. There have entered into poetry's house, he suggests, "Los dientes, las uñas y las ramas del feroz árbol del odio." He asserts that the poet should put behind him "Las pequeñas podredumbres, . . . las pequeñas conspiraciones del silencio, . . . los pequeños fríos sucios de la hostilidad," and allow time to erase differences. Neruda mentions no names, but it seems clear that he is referring to the lively controversy brought on by his "impure poetry" statement of a few months before, which ultimately set up a kind of antagonism between him and Juan Ramón Jiménez. What is interesting here is that Neruda is not willing to suffer in total silence the slights and criticism of those who disagree with him, and that he has chosen an indirect poetic form in which to respond. Jiménez answered more directly in 1939: "Siempre tuve a Pablo Neruda . . . por un gran poeta, un gran mal poeta, un gran poeta de la desorganización."[7]

Neruda was not unaware of the avant-garde passion for originality and primacy, and on occasion spoke out against those who competed for position. For example, the following statement was part of a public address in 1954,[8] and has been included in Neruda's memoirs:

> Yo no creo en la originalidad. Es un fetiche más, creado en nuestra época de vertiginoso derrumbe. Creo en la personalidad a través de cualquier lenguaje, de cualquier forma, de cualquier sentido de la creación artística. Pero la originalidad delirante es una invención moderna y un engaño electoral. Hay quienes quieren hacerse elegir Primer Poeta, de su país, de su lengua o del mundo. Entonces corren en busca de electores, insultan a los que creen con posibilidades de disputarles el cetro, y de ese modo la poesía se transforma en una mascarada. (p. 369)

In spite of his comment, however, there is considerable evidence to indicate that Neruda was not averse to jockeying for position and recognition. For example, his reference to "primer poeta" seems a clear allusion to Vicente Huidobro, with whom Neruda maintained "una espectacular guerra de tinta." Neruda found Huidobro arrogant, given to exaggeration, and extremely pretentious when it came to his own place in literary history. For example, Huidobro once stated baldly in an interview "Para mí, la poesía que más me interesa, comienza en mi generación, y para hablar claro, le diré que comienza en mí."[9]

The strong resentment Neruda felt toward the haughty Huidobro comes through clearly in this description of the gulf the younger poet sensed between them:

> Él se confirió a sí mismo el título de Dios de la Poesía y no encontraba justo que yo, mucho más joven que él, formara parte de su Olimpo. Nunca supe bien de qué se trataba en ese Olimpo. La gente de Huidobro creacionaba, surrealizaba, devoraba el último papel de París. Yo era infinitamente inferior, irreductiblemente provinciano, territorial, semisilvestre. (p. 394)

Huidobro measured the gulf with different words, as can be seen in the exchange from the interview already mentioned:

> —¿Qué piensa de Pablo Neruda?
> —¿Con qué intención me hace usted esta pregunta?
> ¿Es forzoso bajar de plano y hablar de cosas mediocres?
> Usted sabe que no me agrada lo calugoso, lo gelatinoso.
> Yo no tengo alma de sobrina de jefe de estación. Estoy a tantas leguas de todo eso . . .
> —¿Cree usted que esa poesía que usted llama gelatinosa puede hacer escuela en América?
> —Es posible, pero sólo entre los mediocres. Es una poesía fácil, bobalicona, al alcance de cualquier plumífero. Es, como dice un amigo mío, la poesía especial para todas las tontas de América.

The rivalry between Huidobro and Neruda, however, seems to have resulted from personal disagreement. In 1935 an accusation circulated by Huidobro in Madrid and Neruda's indignant response degenerated into a kind of semipoetic name-calling. There was considerable discussion, in part at least at the instigation of Neruda himself, of some kind of "desagravio" against Huidobro; the final result was a warm expression of support for Neruda, signed by nearly all of the young Spanish poets, but with no direct mention of Huidobro.[10] In less than impartial terms, Juan Ramón Jiménez mentions the incident in his 1939 caricature of Neruda: "Hago su caricatura estando él vivo, contra mi norma, porque le he oído por teléfono cantar contra mí en coro de necios o beodos, cuando yo no quise firmar su desairado documento de respuesta a Vicente Huidobro."[11] Relations had become so strained by 1937 that on May 1st of that year eleven writers from Europe and Latin America, among them Tristan Tzara, Alejo Carpentier, and César Vallejo, signed a letter calling on both Huidobro and Neruda to forget their differences and to unite in the cause of the Spanish people.[12]

Both Huidobro and Neruda mellowed somewhat with the passing of time. Neruda recalls in his memoirs, for example, that Huidobro visited Isla Negra shortly before his death in 1948, and that the two were able to talk "como poetas, como chilenos y como amigos" (p. 397). However, Neruda was never able to forgive Huidobro's personal arrogance: "Coincidimos que el peor enemigo de Vicente Huidobro fue Vicente Huidobro" (p. 396).

The polemical relationship Neruda maintained with the Spanish poet Juan Larrea needs also to be considered here. Larrea included a segment of Neruda's *Tentativa del hombre infinito* in the second number of his short-lived journal *Favorables—París—Poema* (October 1926). The two were frequently in contact from that time on, in Spain during the Civil War period and afterward in various places in the Americas.[13] In 1944 Larrea wrote a sharp criticism of Neruda's poetry as part of a book on surrealism,[14] and spoke pointedly about what he saw as political propaganda in poetic form. Neruda made no public answer to Larrea's comments, but when in 1954 Larrea repeated many of his same ideas in a newspaper interview,[15] Neruda could not contain himself. He included among the "odas" of his next collection the denunciatory "Oda a Juan Tarrea,"[16] a furious ad hominem attack. Neruda complained about Larrea's profiting from the sale of pre-Columbian artifacts and from his relationship with César Vallejo; he derided Larrea's physical form, his dress, and his writing ability. In the strongest possible terms he demanded that the Spaniard go home and leave him and the New World alone: "Tarrea,/ándate pronto./No me toques. No toques/a Darío, no vendas/a Vallejo, no rasques/la rodilla/de Neruda" (p. 156).

Larrea answered Neruda in kind, devoting the largest part of a subsequent book to similar acrimonious commentary. This short excerpt from his discussion of Neruda's "Alturas de Macchu Picchu" provides an indication of how completely Larrea had given himself to attacking the man rather than commenting on the work: "Evidentemente, el autor habla con autoritaria suficiencia e inescrupuloso ejercicio de su deformación profesional, de lo que ignora por completo. Desconoce, pese a sus melodramatismos, cuándo, cómo y por qué fue construido el para nosotros monumento insigne."[17]

One question remains in this curious exchange. Why did Neruda wait more than ten years to answer Larrea's criticisms? David Bary points out that in the 1954 interview, referring to Neruda, Larrea had said: "Yo fui la primera persona que le publicó un poema en Europa, que lo descubrió, podríamos decir, en 1926."[18] In Bary's opinion, Neruda could accept harsh criticism on his poetry, but as a good *vanguardista,* even in 1954 he could not bear the thought of being "discovered" by one of his enemies.

From the mid-1930's on Neruda was increasingly criticized, generally by people more objective than Juan Larrea, for what many saw as undue concern for his literary image and for indiscriminate confusion of politics and literature. In response to some highly personal opinions on Mexican literature expressed by Neruda in 1943, Octavio Paz wrote a stinging denunciation, calling into question the confusion of Neruda's activities at the moment: "Su literatura está contaminada por la política, su política por la literatura, y su crítica es con frencuencia mera complicidad amistosa."[19] A quarrel in 1952 with the Argentine journal *Sur,* having to do with intemperate criticisms by Neruda in a newspaper interview, made him seem more certain of his political orientation than of his literary and historical facts.[20] Even for Rodríguez Monegal, usually favorably disposed toward Neruda's actions, there developed a very large "image gap": "Neruda es el poeta del pueblo, el compañero fiel de los humildes, el pobre entre pobres, pero al mismo tiempo es un astro de fulgor internacional, vive en delicadas casas de poeta, multiplica sus viajes y sus ediciones numeradas . . . ." (p. 144)

Up to this point we have been looking at Pablo Neruda's connections to *vanguardismo* in relation to his own aesthetic positions and his involvements with various personalities and groups. In both these dimensions, we begin to see the interesting portrait of a man who, on the one hand, makes frequent assertions of simplicity and aloofness but on the other is often moved by the very disagreements that fuel the typical avant-garde polemical spirit. One final question remains to be explored: What can Neruda's own poetic works tell us about the ambiguous relationship between poet and movement developed here?

Again, we might begin with a statement from Neruda himself, made in his memoirs:

> Algunos me creen un poeta surrealista, otros un realista y otros no me creen poeta. Todos ellos tienen un poco de razón y otro poco de sinrazón . . . Me place el libro, la densa materia del trabajo poético, el bosque de la literatura, me place todo, hasta los lomos de los libros, pero no las etiquetas de las escuelas. Quiero libros sin escuelas y sin clasificar, como la vida. (p. 403)

Once more, Neruda's "simple man" position shines through in these words; he wants to have things clear, without labels and classifications, as he sees life around him. Unfortunately, as at several other points in our discussion, observable reality does not seem to square with a somewhat abstracted statement of position. To begin with, several of Neruda's works published in the 1920s and 1930s show clearly the use of the introspective themes and the experimental techniques of avant-garde literature.

Veinte poemas de amor y una canción desesperada (1924) was Neruda's first really successful book. These intense love poems are not in any way as striking in form as the poems of Cesar Vallejo's *Trilce* (1922), for example. There is nonetheless a suggestion of the open-ended stanza structure and the unusual and sometimes hermetic figurative language characteristically used in avant-garde experimentation. These lines, taken from Poem No. 7, can serve as a good example:

> Inclinado en las tardes echo mis tristes redes
> a ese mar que sacude tus ojos oceánicos.
>
> Los pájaros nocturnos picotean las primeras estrellas
> que centellean como mi alma cuando te amo.
>
> Galopa la noche en su yegua sombría
> desparramando espigas azules sobre el campo.

Tentativa del hombre infinito (1926) represents a quantum leap in Neruda's use of avant-garde images and techniques. The entire text of the poem (some ten printed pages in the *Obras completas* version) has no capitalization or punctuation, and is divided into fifteen unnumbered segments separated only by additional spacing.[21] Robert Pring-Mill has called the poem a "self-analytical poetic cycle."[22] Alongside the search for self one finds as well a desperate attempt to attain verbal meaning, very reminiscent of the somewhat later *Altazor* by Vincente Huidobro. Image succeeds image with no sense of real pattern, and the persona of the poem is unable to explain the tumultous flow:

> no sé hacer el canto de los días
> sin querer suelto el canto la alabanza de las noches
> pasó el viento latigándome la espalda alegre saliendo de su huevo
> descienden las estrellas a beber al océano
> tuercen sus velas verdes grandes buques de brasa
> para qué decir eso tan pequeño que escondes canto pequeño
> los planetas dan vuelta como husos entusiastas giran
> el corazón del mundo se repliega y se estira
> con voluntad de columna y fría furia de plumas
> oh los silencios campesinos claveteados de estrellas
> recuerdo los ojos caían en ese pozo inverso
> hacia dónde ascendía la soledad de todos los ruidos espantados

The sense of rapidly shifting mental flow, expressed by discontinuous sequences of obscure images and the interplay of conscious and subconscious patterning, might possibly be called surrealist and ties Neruda at this moment to one of the principal experimental patterns of the period.[23]

Residencia en la tierra (1933, 1935) is one of Neruda's finest works and is especially significant for our discussion here. While one need not go as far as Pring-Mill, who indicates that *Residencia* "remains the finest collection of surrealist poetry in the Spanish language,"[24] it certainly broadens and deepens the thematic assertions and the technical experimentations of *Tentativa.* Related in a very intimate way to Neruda's some five years of rather isolated consular service in a number of cities in the Far East, the poems of *Residencia* turn on obsessive themes of isolation, death, chaos, and disintegration. Neruda's syntax and imagery, in a more studied way than with the frantic circles of *Tentativa,* express solitude and collapse. The difficulties of Neruda's style in this period have already been amply studied,[25] and we need make reference to only one short example in order to appreciate the sequence of development and its relationship to the avant-garde. The following two stanzas represent the complete text of "Sistema sombrío," from the first volume of *Residencia:*

> De cada uno de estos días negros como viejos hierros,
> y abiertos por el sol como grandes bueyes rojos,
> y apenas sostenidos por el aire y por los sueños,
> y desaparecidos irremediablemente y de pronto,
> nada ha substituido mis perturbados orígenes,
> y las desiguales medidas que circulan en mi corazón
> allí se fraguan de día y de noche, solitariamente,
> y abarcan desordenadas y tristes cantidades.
>
> Así, pues, como un vigía tornado insensible y ciego,
> incrédulo y condenado a un doloroso acecho,
> frente a la pared en que cada día del tiempo se une,
> mis rostros diferentes se arriman y encadenan
> como grandes flores pálidas y pesadas
> tenazmente substituidas y difuntas.

The title of the poem suggests a pattern, although one which might be obscured by a surrounding darkness. If there is a pattern, however, it has to be one of indirection, of unequal measures, almost interminably branching away from a central concept or image, one that is never brought full circle into any kind of connection. The long single sentence making up the first stanza, for example, has so many shorter segments connected only by comparatives or conjunctions that one needs some kind of diagram in order to perceive the structure. For example, the first five lines of the stanza can be clarified in this slightly reduced scheme:

	negros (como hierros)	
Nada de estos días	abiertos (como bueyes)	substituye
	apenas sostenidos (aire, sueños)	mis orígenes
	desaparecidos (irremediablemente)	

However, even after going to the trouble of sorting out images and syntactical patterns, one realizes that the meaning is still not clear. In other words, rather than suggesting a surrealistic flow by means of disconnection and unrelated segmentation as he did in *Tentativa,* Neruda deliberately provides connection between individual elements, but expresses at the same time a totality that ultimately has no meaning. Individual days and the poet's multiple faces, as he suggests in the second stanza, are linked together only as dead forms chasing each other in meaningless successions.

Up to this point we have been examining direct connections between Neruda's work of the 1920s and 30s and the avant-garde style in general. *Veinte poemas, Tentativa,* and *Residencia* represent successively greater involvement with the themes, the structure, and the figurative language typical of experimental *vanguardista* literature during those years. This direct involvement did not continue, however, after the mid-1930s. His incandescent poems on the Spanish Civil War, published in 1938 under the title of *España en el corazón,* represent a major turning point in Neruda's work; he moved thereafter through a number of different periods and patterns, never returning completely to the anguished complexities of the 1920's. However, it may be that Neruda's successive styles beyond those years also reflect his unquenchable desire for innovation, or in other words a perennial avant-garde position. The disputations surrounding his political poetry, his Americanist poetry, his "odas elementales," or some of his love poetry to Matilde Urrutia, all indicate that he moved confidently from one style to another, as a good *vanguardista* would do, leaving his critics to trail along behind.

Neruda presented himself on numerous occasions as a man of the people, and in many ways he was one. His poetry and his public utterances often had the rugged simplicity and the telluric quality that support this self-view. At the same time, however, Neruda was an artist who in studied fashion organized his materials in keeping with an accepted aesthetic position. In spite of his protestations to the contrary, he participated fully in the literary wars of his time, and at an early stage in his career was both affected by and contributed to a highly convoluted avant-garde literary style. Perhaps more than the other major figures of his time, Neruda took his own individual way. However, neither Neruda nor *vanguardismo* itself would have been quite the same the one without the other.

University of Illinois,
Urbana-Champaign

1. For more detailed information, consult the following: Oscar Collazos (ed.), *Los vanguardismos en la América Latina* (La Habana: Las Américas, 1970); Merlin H. Forster, "Latin American *vanguardismo*: Chronology and Terminology," *Tradition and Renewal* (Urbana: University of Illinois Press, 1975); *Movimientos literarios de vanguardia en Iberoamérica* (México: Cultura, 1965).

2. A fundamental source of information is the excellent literary biography of Neruda by Emir Rodríguez Monegal, *El viajero inmóvil: Introducción a Pablo Neruda* (Buenos Aires: Losàda, 1966). Neruda's own memoirs, published posthumously as *Confieso que he vivido: Memorias* (Barcelona: Seix Barral, 1974), finally bring together the elements of the poet's autobiography available in scattered places or in the eight numbers of *O Cruzeiro Internacional* (February–June, 1962). The balanced treatment of both external circumstance and internal meaning achieved by Jaime Alazraki in *Poética y poesía de Pablo Neruda* (New York: Las Américas, 1965) is most useful.

3. Text of the speech given on December 13, 1971, is reproduced as "Discurso de Estocolmo" in Robert Pring-Mill, *Pablo Neruda: A Basic Anthology* (London: Dolphin, 1975), pp. 209–18. This passage occurs on p. 213.

4. A recent reprinting of the journal (Mendeln–Liechtenstein: Kraus Reprint, 1974; nota preliminar de J. Lechner) provides easy access to this material.

5. See Juan Cano Ballesta's careful study of the polemic in his chapter "La batalla en torno a la poesía pura," *La poesía española entre pureza y revolución* (Madrid: Gredos, 1972), pp. 201–27.

6. "En torno a las polémicas de vanguardia," *Movimientos literarios de vanguardia en Iberoamérica* (México: Cultura, 1965), p. 23.

7. *Españoles de tres mundos* (Buenos Aires: Losada, 1942), p. 122. On the basis of his own American experience, Jiménez later modified his criticism of Neruda somewhat. See "Carta a Pablo Neruda," dated January 17, 1942, and reproduced in *Selección de cartas* (Barcelona: Picazo, 1973), pp. 134–35.

8. Rodríguez Monegal, *El viajero inmóvil,* p. 153.

9. "Entrevista a Vicente Huidobro," *La Nación* [Santiago de Chile], May 28, 1939. Reproduced in René de Costa (ed.), *Vicente Huidobro y el creacionismo* (Madrid: Taurus, 1975), pp. 83–87.

10. This incident has received commentary from widely differing positions. For example, Cano Ballesta gives it a rather neutral treatment in *La poesía española* (pp. 204–205). Rodríguez Monegal takes a pro-Neruda stance in *El viajero inmóvil* (pp. 84–87), and Juan Larrea takes the side of Huidobro in *Del surrealismo a Machupicchu* (México: Mortiz, 1967), pp. 104–108.

11. *Españoles de tres mundos,* p. 123.

12. Larrea, *Del surrealismo,* pp. 126–30.

13. The most complete account of the relationship between the two poets is found in Larrea's obviously partisan account, written in 1964 as a letter to Raúl Silva Castro. See the published version in *Del surrealismo a Machupicchu,* pp. 103–26.

14. *El surrealismo entre viejo y nuevo mundo* (México: Cuadernos Americanos, 1944). Reprinted in *Del surrealismo a Machupicchu,* pp. 15–100.

15. The interview was conducted in July of 1954 by the Venezuelan poet Rafael Pineda, and was published under the title of "Juan Larrea y el Nuevo Mundo," *El Nacional* [Caracas], July 29, 1954.

16. *Nuevas odas elementales* (Buenos Aires: Losada, 1956), pp. 154–58.

17. *Del surrealismo a Machupicchu,* p. 161.

18. "En torno a las polémicas de vanguardia," p. 24.

19. "Respuesta a un cónsul," *Letras de México.* (August 15, 1943), p. 5.

20. See discussion in Rodríguez Monegal, *El viajero inmóvil,* pp. 142–44.

21. Since I have not seen the first edition, I follow the division suggested by Hernán Loyola in his "Guía bibliográfica" for the *Obras completas.* It is curious to note that the poem as reproduced in the *Obras completas* does not follow the indicated segmentation.

22. *Pablo Neruda,* p. xix.

23. Probably the best discussion of the surrealistic forms of *Tentativa* is to be found in Alazraki, *Poética y poesía de Pablo Neruda,* pp. 137–48.

24. *Pablo Neruda,* p. xxv.

25. Amado Alonso's classic work *Poesía y estilo de Pablo Neruda: Interpretación de una poesía hermética* (Buenos Aires: Losada, 1940) has been reprinted several times, and is a basic source for the *Residencia* volumes. Also useful are Jaime Alazraki, *Poética y poesía de Pablo Neruda,* and Alfredo Lozada, *El monismo agónico de Pablo Neruda: Estructura, significado y filiación de "Residencia en la tierra"* (México: Costa-Amic, 1971).

GENERIC TRADITION AND INNOVATION IN THE *ODAS* OF PABLO NERUDA

David G. Anderson Jr.
Northeast Lousiana University

The ode as a generic term has traditionally signified "the most formal, ceremonious, and complexly organized form of lyric poetry, usually of considerable length".[1] Further, the subject matter deemed appropriate for inclusion in an ode has in general been of the sublime, nonpedestrian type. Familiar examples in the literature of Spanish America are José Joaquín Olmedo's "La victoria de Junín: Canto a Bolívar" and the "Niágara" and "En una tempestad" texts of José María Heredia. With respect to the inner form[2] the genre (with the exception of the Romantic period) has maintained a dominant tendency toward seeking to center not any individualized or egocentric speaker but instead the elevated subject that is invoked for poetic treatment in the text.[3]

Contemporary structuralist literary theorists point out that the meaning of a text is fully grasped only within the context of that larger (or intertextual) system from which the individual work may be seen to emanate. Every text necessarily draws upon the norms of a network of previously existing texts.[4] A literary genre, for example, can serve as a code which permits a variety of individual performances to come under its rubric.[5] No work springs forth *ex nihilo;* each is dependent upon certain prior literary conventions such as those of genre.

Pablo Neruda's four books of odes, all written in the period 1954–59, possess an important generic unity.[6] A significant majority of these short poems carry the word *oda* in their titles.[7] The texts structurally are composed of brief verses-poetic lines that rarely exceed seven syllables in length; some are as short as one syllable. On the level of content virtually all the *Odas* align themselves in praise of something or someone. Usually the praise is directed to a quotidian object-much less often to a prominent historical personage.[8]

If a writer's choice of genre is central to any analysis of his literary system, as Maria Corti has insisted,[9] why does Neruda select the ode as the genre for most of his poetry during this five-year period? To what extent is his *oda* a product of the preexisting generic system? How does the Nerudian ode constitute an innovation and transformation within that system?[10] Answers to these queries can be derived (1) from a look at the most generally accepted views on the ode as genre and (2) from an analysis of the Chilean poet's key programmatic or metapoetic odes for their delineation of his poetic intention in the *Odas.*[11]

General Views on The Ode as Literary Genre

The ode in Western literature has long had an elevated stature accorded it by virtue of its tradition of use for celebrating the sublime in a serious and extended manner. The attitude of the poetic speaker toward his subject has tended toward exaltation and celebration of a notable person, object, or activity. This subject is usually addressed directly, in the manner of an apostrophe, although direct address has not been viewed as an absolute requirement for the genre.[12] The dominant inner form for the ode as genre has focused on public reflextions of general interest, not on personal ruminations. The poet has felt himself to be the spokesman of and for a community, having insight into a topic of group importance.[13] He has in general perpetuated the odic tradition of "public, of formal poetry, of lyric that is objectified to express the sentiments of society, not just of the individual".[14]

The ode as a genre in the present century has not fared well, principally because it has been perceived as too traditional in an age which aspires to originality in relationship to the past. This drive to be unique has meant that many poets reject the concept of genre as a fetter on what they consider to be their individualistic creative impulse – an impulse that is seen to require a completely new form of expression.[15] John Heath-Stubbs has linked the ode's fall from favor to its having been too long associated whith empty rhetoric and formal celebration.[16] John Jump sees its decline related to a fear that the word "ode" seems to promise too much, to project a "magniloquence to which few twentieth century writers have aspired".[17]

In Spanish American poetry the ode form has usually been employed for occasional, civic poetry, intended to reach a wide audience. José María Heredia (Cuba, 1803–39) is the only prominent poet of the past in the genre to have incorporated pointed personal references as central to his poetic speakers. (In this he reflects the Romantic heritage of overriding emphasis on the concerns of the speaker's lyrical *yo*). General praise for native objects and agricultural products is the innovation of Andrés Bello (Venezuela, 1781–1865) in his well known "Silva a la agricultura de la zona tórrida"–to be followed in the twentieth century by the *Odas seculares* of Leopoldo Lugones (Argentina, 1874–1938).[18] Both writers exhibit a public, objective stance in the inner form of their odic texts. The verse form for the ode in Spanish America has been almost exclusively that of the *silva* or the *lira*: variable combinations of verses of seven and eleven syllables.[19]

One may conclude from this overview of the generic intertext that an author who chooses to have his poems perceived as odes is writing "against the grain", in effect, if his speaker is more lyrical and personal than objective and nonobtrusive. This is especially true for a writer in Spanish America, where the heroic ode has been dominant.[20] The contemporary poet who employs the genre in addition runs the risk of being viewed as too wedded to tradition and not original enough in his texts if he has to resort to a form now considered "heavy, old-fashioned, and solemn".[21]

Why, then, has Pablo Neruda made this anachronistic selection of genre? If a function of genre is indeed to permit the encoding of an intention within the text (as Michael Riffaterre has insisted),[22] such an intention can in turn be decoded by the careful reader. Certain of Neruda's so-called programmatic or metapoetic texts give insight on the motive behind this genre choice. Clearly linked to motivation is the question of generic tradition versus innovation in the poems. These odes have intertextual connections to previous writings in the genre, but they also show their originality in a number of ways.

Neruda and the Ode as Genre

Jaime Alazraki has pointed out the dearth of prose by Neruda concerning problems of interpretation and analysis of his own poems. The poet has, on the other hand, authored a number of poetic texts "en los que se asoma como lector y crítico de su propia obra".[23] Alazraki describes how the language of these poems functions as a metalanguage in which Neruda refers to and examines aspects of his poetry that are quite illuminating on his creative process-aspects that other poets with frequency explain only in discursive prose.[24] Much of Neruda's *oeuvre* is therefore a reflection on his poetry, emanating from within the poetic corpus itself. In the four volumes of *Odas*, "El hombre invisible" (placed significantly as the initial ode in the collections and chronologically the second to be written) and "Oda al hombre sencillo" merit close examination from the perspective of the poetic speaker's struggle to suppress his lyrical and personal *yo* in order to adopt the vision of the common man.

"El hombre invisible" serves as a prologue-manifiesto revealing the intention to focus on the manner in which the average man would see material reality.[25] To achieve this goal requires suppressing the Romantic inheritance of employing poetry often as an exclusively personal outpouring of emotions which fails to take societal happenings into account. The speaker scores the self-absorbed attitude of these "viejos poetas", as he calls them:

me sonrío,
siempre dicen "yo",
a cada paso
les sucede algo,
es siempre "yo",

por las calles
sólo ellos andan
o la dulce que aman,
nadie más,
no pasan albañiles,
nadie se cae
de un andamio,
nadie sufre,
nadie ama,
sólo mi pobre hermano,
el poeta,
a él le pasan
todas las cosas.
(*OC* 2,9)

The poet's role in a more objectivist aesthetic is, on the contrary, to function simply as chronicler and disseminator. The duty of the chronicler is to be at the service of both his fellow human beings and material objects:

Yo paso y las cosas
me piden que las cante,
. . . .
Yo quiero
que todos vivan
en mi vida
y canten en mi canto,
yo no tengo importancia,
no tengo tiempo
para mis asuntos,
. . . .
(*OC* 2, 12–13)

The "hombre invisible", then, is the poet himself. He will allow his ego to be backgrounded in deference to the poetic object, be it animate or inanimate. The object will have priority in the poem rather than the textual speaker. This strategy (other things equal) should permit the poetic object to exist more independently of the speaker's subjectivity.[26] But the clear difficulty with this theory of the invisible *yo* is that, if taken too far, it negates the poet's transforming power or insight within the poem. Poetry would then be reduced to the status of a direct communication, losing its identity as an artistic construct.[27] Neruda's poetic praxis fortunately contradicts the theory; near the end of "El hombre invisible" the speaker affirms his status as transformer of the information he receives:

Dadme para mi vida
todas las vidas,
dadme todo el dolor
de todo el mundo,
yo voy a transformarlo
en esperanza. *(OC* 2, 14)

This does not signify, however, that Neruda will revert to the highly individualistic *yo* of his *Residencia en la tierra*—that of a reality existing almost solely in the subjective vision of the speaker.[28] The practice in the elementary odes is, first, to be open to receiving insight from the men and women of the masses; the poetic voice subsequently adds his own perspective or informative interpretation. A key passage from the "Oda al hombre sencillo" best reveals this system:

mi obligación es esa:
ser transparente,
cada día
me educo,
cada día me peino
pensando como piensas,
y ando como tú andas,
como, como tú comes,
tengo en mis brazos a mi amor,
como a tu novia tú,
y entonces
cuando esto está probado,
cuando somos iguales
escribo,
escribo con tu vida y con la mía,
con tu amor y los míos,
con todos tus dolores

y entonces
ya somos diferentes
porque, mi mano en tu hombro,
como viejos amigos
te digo en las orejas:
no sufras,
ya llega el día,
ven,
ven conmigo,
ven
con todos
los que a ti se parecen,
los más sencillos,
ven,
no sufras,
ven conmigo,
porque aunque no lo sepas,
eso yo sí lo sé:
yo sé hacia dónde vamos,
y es ésta la palabra:
no sufras
porque ganaremos,
ganaremos nosotros,
los más sencillos,
ganaremos,
aunque tú no lo creas,
ganaremos. (*OC* 2, 85–86)

The poet as "hombre invisible" is present in the poem as he expresses the common man's perspective. He does not stop there, however, but integrates, into the text his personal vision. Verses central to the transition from the collective view to the personal one are, "y entonces / ya somos diferentes". From this point the speaker begins to establish himself as superior to his addressee, in having certain privileged information regarding an optimistic future.[29] The poem ends on a hortatory note, as the hearer is exhorted to believe in the poet's prophetic powers to reveal what was heretofore unknown to the masses.[30] But in order to identify himself once again with his audience, the lines, "ganaremos nosotros, / los más sencillos", are inserted within the closure.

This look at the two earliest (and programmatic) odes exemplifies the inner form for the majority of texts in the four collections. Most involve a speaker striving to perceive reality from the perspective of a collective point of view, in dialectical opposition to the individual, idiosyncratic vision predominant in lyric poetry since the Romantic era. The result is a synthesis that René de Costa has aptly denominated "public lyricism".[31] These odes to everyday objects are not by any means vehicles for hermetic self-expression; but neither are they transparent, direct communications lacking a personal aesthetic shaping by an individual artist. They instead combine the personal (and superior) artistic vision with a generalized focus aimed at presenting men and elementary objects in such a way that the masses of people might comprehend them.

René Wellek and Austin Warren have stated that a literary genre represents "a sum of aesthetic devices at hand, available to the writer and already intelligible to the reader. The good writer partly conforms to the genre as it exists, partly stretches it".[32] As the explanation of two of Neruda's programmatic odes shows, he is very much within the dominant tendency of the ode historically in seeking to employ an impersonal poetic speaker; the generic tradition generally has been one of objectivity and focus away from the speaker's transcendental ego. A Nerudian innovation within the system is in the dialectical complication resulting from attempting a depersonalized poetic voice while foregrounding the lyrical *yo* as a unique source for insight and guidance to its receivers. The interplay between the two stances underscores the poet's ambivalent attitude before the Romantic conception of the importance of the poetic self, since he seeks to appropriate an aesthetic of objectivity which actually would allow him less freedom to serve as a guiding prophet having privileged information to convey.

Aside from the dialectic of objectivity-subjectivity, Neruda expands the ode as genre in other ways. His odes, instead of celebrating noble men and martial or athletic victories, are dedicated to the "hombre sencillo" or to elementary objects such as the tomato, air, or clothes. "La nobleza del género, su tono épico y celebratorio, su rezumada dignidad, descienden ahora a esos seres y cosas mínimas".[33] This focus on objects has Spanish American intertextual precursors in Bello and Lugones, but Neruda asserts his uniqueness by using short poems whose subject matter is a single object or person, rather than an entire series in which each object is treated only briefly. The result is an in-depth poetic presentation in each odic text—not a catalog of heterogeneous men and objects in an extended and general ode.[34]

The final consideration in this issue of generic tradition versus individual innovation concerns why Neruda is so persistent in designating these short texts from the period of 1954–59 as odes by incorporating the generic term in the majority of their titles. It is signficant that the programmatic "Oda al hombre sencillo" first appeared in print October 16, 1952 (in the Caracas newspaper, *El Nacional*), its original title being "hablando en la calle". The title was changed to the present one for the 1954 Losada edition of *Odas elementales.*[35] This change of title for what was chronologically one of the earliest *odas* to be written is important for two reasons. First, the poetic speaker is deemphasized, in favor of the poem's subject matter. Neruda is attempting to establish a less prominent position for the teller of the poem; the focus should instead be on the person, event, or object to which the poem is directed. The Chilean poet in addition joins with a generic tradition of long standing by having the text received as an ode. But he is appropriating a genre most often viewed in this century as too closely associated with the literary past for most contemporary authors to have had recourse to it.

Michael Riffaterre has stated that the function of a poem's title is to inform about and facilitate access to a text by stating its subject, its genre, or its code.[36] The norm for the ode as genre is that it is nonsubjective—and celebratory of noble men, events, or objects. To call these poems odes consistently is to summon a generic tradition of focus away from the poetic self in the reader's expectation. Neruda can thus rely on the weight of generic tradition to accompany and underscore his intended decentering of the personal speaker, in favor of a focus on the particular extratextual subject matter brought forth for literary treatment. But he is at the same time violating expectations by using the genre to elevate poetically some of the most common objects in material reality, such as the onion, the apple, the spoon. The result clearly reveals the motivation behind the emphasis on genre here. Not unlike the Romantics in ninteenth-century England,[37] Pablo Neruda associates his poetic output (in this five-year period) with a prestigious genre in the literary canon. He achieves the prominent artistic position this generic link can furnish for his "elementary" texts. That he here appropriates this canonical form has the effect of intertextually incorporating these celebratory texts into a prestigious (and quite traditional) generic literary system. He can in this way have his version of the ode received as a worthy component in an established and respected artistic continuum.

The identification with a genre of long standing serving to sanction Neruda's poems within the canon by having them appear under the rubric of the traditional, the poet then proceeds to establish his aesthetic of generic identity with –as well as opposition to– the ode as previously employed. His odes will seek a general focus, to be objective, to adopt the vision of the common man rather than dwelling on the private preoccupations of the poetic speaker's *yo.* But the speaker at the same time refuses to renounce the role of personal guide for this average man– especially with regard to the future. The poems will be celebratory in general; however, they will praise neither sublime phenomena nor well known heroes, elevating instead the commonplace and the everyday to the dignity of literary treatment.

Neruda thus relies intertextually on the generic stature of the ode by using the term consistently in his titles here. That his elementary odes are themselves quite original does not, therefore, erase their reliance on previous poetic discourses. As Robert Scholes has said, "Every literary text is a product of a preexisting set of possibilities, and it is also a transformation of those possibilities".[38] Neruda elects to denominate his short poems not simply as *odas* but as *odas elementales,* an oxymoronic designation signifying both the generic tradition as well as innovation within it. *Oda* connotes the prestige of a canonical genre, with its attendant dominant tendency (when examined diachronically) toward speaker focus on celebration of sublime external objects. The odes of Neuda, on the other hand, position themselves against the grain of tradition by concentrating on common, ordinary things (thus the modifier *elemental);* the elemental and the elementary in everyday reality are accorded the honor of acceptance as fitting subjects for poetic elevation and transformation.

Claudio Guillén has described a literary genre as a "problem-solving model" available to the writer. It is a model that is never fixed in its attributes but instead has been—and can continue to be—modified over time.[39] Neruda associates intertextually his *odas* with the conventional genre because of the status such a connection furnishes. The texts in addition are, on the whole, celebratory (with a few notable exceptions).[40] But he has also modified the conventional ode in order to exhibit his personal poetic bent toward highlighting internally the supreme aesthetic value of the often-overlooked, commonplace things in ordinary reality.[41] The result is a twentieth-century outgrowth from the historical genre, one sufficiently innovatory to merit Neruda's own typological designation of *oda elemental.*

NOTES

1. Alex Preminger, ed., *Princeton Encyclopaedia of Poetry and Poetics,* enlarged ed. (Princeton, N.J.: Princeton University Press, 1974), p. 585.

2. "Inner form" is here used to refer to the attitude or tone of the speaker with regard to his subject. (See René Wellek and Austin Warren, *Theory of Literature,* 3rd ed. [New York: Harcourt, Brace and World, 1956], p. 231).

3. Space does not permit an historical account of the ode as genre. Texts I have found most useful in this area are those of Paul H. Fry, *The Poet's Calling in the English Ode* (New Haven, Conn.: Yale University Press, 1980); John Heath-Stubbs, *The Ode* (London: Oxford University Press, 1969); Gilbert Highet, *The Classical Tradition: Greek and Roman Influences on Western Literature* (London: Oxford University Press, 1970); John Davies Jump, *The Ode* (London: Methuen, 1974); Carol Maddison, *Apollo and the Nine: A History of the Ode* (London: Routledge and Kegan Paul, 1960); George N. Shuster, *The English Ode from Milton to Keats* (Gloucester, Mass.: Peter Smith, 1964). Concerning the ode in Hispanic literature, see José Ramón Miranda's "Origen y desarrollo de la oda en la literatura peninsular e hispanoamericana" (Ph. D. dissertation, Louisiana State University, 1981).

4. See Robert Scholes, *Structuralism in Literature: An Introduction* (New Haven, Conn.: Yale University Press, 1974), p. 15; Yury Lotman, *The Structure of the Artistic Text,* trans. Gail Lenhoff and Ronald Vroon (Ann Arbor: Depart-

ment of Slavic Languages and Literatures of the University of Michigan, 1977), p. 298: "Unlimited possibilities, the absence of all rules, total freedom from limitations imposed by a system are not the ideal for communication, but a death blow".

5. See Thomas G. Winner, "Structural and Semiotic Genre Theory", in *Theories of Literary Genre*, ed. Joseph Strelka (University Park: Pennsylvania State University Press, 1977), pp. 256–57.

6. The four are, in order of publication, *Odas elementales; Nuevas odas elementales; Tercer libro de las odas;* and *Navegaciones y regresos.* Citations from Neruda's poems will come from his *Obras Completas*, 4th ed., 3 vols. (Buenos Aires: Editorial Losada, 1973), hereinafter referred to as *OC;* volume and page numbers will be indicated in parentheses in the text after each citation.

7. Only eighteen of the 236 poems in the four collections do not contain the word in their titles. Sixteen of those eighteen are found in *Navegaciones y regresos*, significantly the last book of odes chronologically–and the one in which generic uniformity becomes less prominent.

8. One may compare "Oda al pan" *(OD* 2, 138) with "Oda a Lenin" *(OC* 2, 763) as examples of the diversity of topics that receive poetic treatment; the former text is more exemplary in terms of subject matter.

9. *An Introduction to Literary Semiotics*, trans. Maria Bogat and Allen Mandelbaum (Bloomington: Indiana University Press, 1978), p. 117.

10. Tzvetan Todorov has described the individual text as the product of a system antedating it; at the same time the text has original features that mark it as unique within the system of norms and conventions. (See his *The Poetics of Prose*, trans. Richard Howard [Ithaca, N.Y.: Cornell University Press, 1977], p. 240).

11. The term "metapoetic" will be used here for poems whose principal subject matter is poetry itself. Neruda is an indefatigable commentator on his own poetic process.

12. Most critics who have studied the ode diachronically agree with Gilbert Highet *(Classical Tradition*, p. 239) that the genre is not exclusively apostrophic: "It is either addressed to one person (human or superhuman) *or* evoked by one occasion of particular significance". (Italics mine).

13. Maddison, *Apollo*, p. 4.

14. Ibid., p. 54.

15. Shuster, *The English Ode*, p. 276.

16. *The Ode*, p. 109.

17. Jump, *The Ode*, p. 55.

18. (Buenos Aires, Editorial Babel, 1923).

19. René de Costa, *The Poetry of Pablo Neruda* (Cambridge: Harvard University Press, 1979), p. 154.

20. See Miranda, "Origen de la oda", pp. 214–215.

21. Fry, *The Poet's Calling*, p. 10.

22. *Semiotics of Poetry* (Bloomington: Indiana University Press, 1978), p. 155.

23. "Punto de vista y recodificación en los poemas de autoexégesis de Pablo Neruda", *Symposium* 32 (1978), 184.

24. Ibid.

25. I find no difficulty in having Neruda's views as author of the programmatic poems coincide with those of his poetic speaker. Although there is always

some distinction between author and speaker in literature, there are times (as in these manifesto-type odes) in which "the poet himself becomes recognizably the speaker" (Scholes, *Structuralism in Literature*, p. 28).

26. Subjective poetry, observes Alain Sicard, "anula su objeto, cuando no lo sustituye" *(El pensamiento poético de Pablo Neruda*, trans Pilar Ruiz Va [Madrid: Editorial Gredos, 1981], p. 609).

27. Ibid., p. 611.

28. The poetic speaker of *Residencia* is discussed in Jaime Alazaraki, *Poética y poesía de Pablo Neruda* (New York: Las Americas, 1965), p. 148.

29. This oscillation between collective and personal visions has also been noted by Eduardo Camacho Guizado, in his *Pablo Neruda: Naturaleza, historia y poética* (Madrid: Sociedad General Española de Librería, 19.78), pp. 322–24.

30. Neruda's prophetic stance in certain of his most significant collections of poems is the object of the perceptive study by Enrico Mario Santí, *Pablo Neruda: The Poetics of Prophecy* (Ithaca, N.Y.: Cornell University Press, 1982). See especially pp. 14–17 for a succinct characterization of the poet as prophet.

31. *Poetry of Pablo Neruda*, p. 160.

32. *Theory of Literature*, p. 235.

33. Jaime Alazraki, "Observaciones sobre la estructura de la *oda elemental*", *Mester* (UCLA) 4, no. 3 (1974), 95.

34. A paradigmatic example of brevity of object focus is the ode, "A los ganados y las mieses" by Lugones. This text refers to numerous phenomena in the course of its more than 1,400 verses; each object receives only cursory treatment. (See *Odas seculares*, pp. 37–112).

35. A detailed chronology of the dates of composition for the earliest *odas* can be found in Robert Pring-Mill, "El Neruda de las *Odas elementales*", in *Coloquio internacional sobre Pablo Neruda (la obra posterior al "Canto general")*, ed. Alain Sicard (Poitiers: Publications du Centre de Recherches Latinoamericaines, 1979), pp. 299–300.

36. *Semiotics of Poetry*, p. 100.

37. A detailed explanation of the ode as genre in England in particular during the Romantic period is found in Maddison, *Apollo*, pp. 361–405; and Heath-Stubbs, *The Ode*, pp. 77–79.

38. *Structuralism in Literature*, p. 128.

39. See his *Literature as System: Essays Toward the Theory of Literary History* (Princeton, N.J.: Princeton University Press, 1971), p. 121.

40. Examples of objects that are denigrated rather than praised in the *Odas* are a small number, but such odes do exist in the four collections. See "Oda a la envidia" *(OC* 2, 58); "Oda a la tristeza" *(OC* 2, 191); "Oda al alambre de púa" *(OC* 2, 213); and "Oda a Juan Tarrea" *(OC* 2, 342).

41. Luis Rosales has praised this unusual bent of the *Odas*: "...esta incorporación de los objetos tradicionalmente desechados constituye una ampliación sin precedentes en el mundo poético" *(La poesía de Neruda* [Madrid: Editora Nacional, 1978] p. 96).

METAPHORICAL *MACHISMO*: NERUDA'S LOVE POETRY

Over the years it has become clear that there is much to disagree with and more still to disagree over in the work of Pablo Neruda. Some find large tracts of his writing highly disagreeable. His texts have promoted more critiques of the assumptions and codes out of which they have been constructed than is the case with most of the poets we study in Spanish in our Anglo-Saxon academic institutions. These undeniably influential texts confront us, and we take stands for good or bad. Within reason, this assumption of attitudes cannot but be a healthy state of affairs: what that limiting reason might be is the main object of enquiry in the pages which follow. One recent, convincing attempt at a definition of a rationale for the kind of confrontational criticising to which many of us subject Neruda's texts is to be found in Robert Scholes' book *Textual Power: Literary Theory and the Teaching of English*.[1] The book is a constructive critique of the deconstructive position and one of its essential arguments is that

> Our presiding institution, the collectivity of academically sponsored scholars and teachers, is ill at ease with criticism . . . We are more at home with interpretation, and we look askance at those of our number who seem to make too many value judgments – especially if they are severe ones . . .
>
> (*Textual Power*, p.35)

"Criticism", for Scholes, is taking a stand, identifying power where it is wielded in a text (as suggestion, pleasure, persuasion; as denial of information, lying, omission, obfuscation) and thus having power over the text (by knowing it for what it is, by recognising its codes, by seeing, as the slang phrase has it, "where it's coming from").

Scholes believes that

> Instead of subordinating their human, ethical and political reactions to some ideal of literary value – pardoning Paul Claudel for "writing well" as modernism would have it – our students should learn finally how to criticise Paul Claudel, or anyone else, from some viewpoint beyond the merely personal – and the merely literary . . .
>
> (*Textual Power*, p.23)

As so often, there is a question of degree here. For many, the really "good" literary work shakes off the adverb "merely", being *per se* constructed so as to take in and generate various viewpoints political, ethical, human and personal. For others, literature is inevitably evasion in some manner. And, of course, literary works can be inclusive and evasive in different degrees, all at once. We can, however, see straightaway what Scholes means by his distinction between values revealed by "criticism" and values revealed by "interpretation". His example is Hemingway. Criticise Hemingway and you find misogyny, self-delusion and nostalgic idealisation of death – different kinds of mystification. Interpret Hemingway and you find rugged beauty, ambiguities, formal perfection, tragedy and pathos (*Textual Power*, pp.39-73).

One of the most vital and compelling problems we face as readers in whatever capacity is that of deciding whether the two sets of values match up; whether, though in opposition, they enrich one another, or whether they lie in such a great imbalance vis-à-vis one another that the work becomes in the fullest sense unreadable. Fascinatingly, some texts never quite let us know and we find ourselves wanting to appreciate the unacceptable and to denigrate the acceptable. The perverse is so often stimulating; the right-minded so often plain.[2]

The majority of those who read and re-read Neruda in the original in this country are women undergraduates (some of them doing so merely because of the unexamined and patriarchal policies of our society's educational authorities, pushing women towards the "arts" and men towards the "sciences"). Sooner or later, these women, asked to discuss, comment on, appreciate or interpret the *Veinte poemas de amor y una canción desesperada*, say, will be offended to some degree or other by what they read. What could otherwise be, and too often is, slightingly thought of as their "merely personal" reactions or "instinct" – their recoil from the text – turns out to be much more precise and analysable phenomena as each reader (in terms borrowed and adapted from Scholes) becomes part of a collectivity of readers, sharing in the power of concensus, creatively taking a critical stance.[3]

The *Veinte poemas* have sold extraordinarily well over the years (often bought as presents for their lovers by men who are thus, of course, presuming to foist on them very much a man's idea of the "ideal" relationship). They have many powerful moments. Some of the poems are forthright, intending to be earthy and frank: others are enigmatic, attractively developing some of the more interesting paradoxes of sexual relations. They are in one sense liberal and liberating, being written as René de Costa has pointed out, in Neruda's student days in Santiago in an atmosphere of Bohemianism and anarchism, where the concept of free love was forming itself in the minds of the intellectual few.[4] However, as we know, and as de Costa says, "the free love movement was basically male chauvinist; it hailed the woman as sex-object" (loc. cit.). Similarly, the forthrightness of a poem like *Poema 1*[5] is essentially – and violently – *machista*:

> Mi cuerpo de labriego salvaje te socava
> y hace saltar el hijo del fondo de la tierra . . .
>
> (I, p.87)

This language – the same language Neruda was to use to condemn imperialistic and economic aggressions in the *Canto general* (of 1950) – is Man Made Language.[6] Its sexual politics are clear: the woman addressed is given a sex-role which simply reflects the man's – men's – self-interest; she is pushed into a conceptual corner, victim of classic false assumptions, labelled "close to nature", "earth-mother", receptor of the male energies; she is responsive physically, but is not articulate; and she is transformed into the mysterious inhabitant of (from the man's point of view) a non-rational sphere of existence. There simply as something to be interpreted by the male speaker according to conventions of men's own making, she is hardly there in any human sense at all. Idealised, she is conveniently put outside the realm of ethical behaviour and does not have to be taken into account, just talked at and about. Equally shocking, looked at critically, and subtler in its violations is the resonant and famous declaration of *Poema 15*,

> Me gustas cuando callas porque estás como ausente . . .
> (p.98)

So she is written off, deprived of discourse (to make the sex easier?), muted.[7] Scholars and biographers have long been preoccupied by Neruda's long-sustained unwillingness to put names to the women in the *Veinte poemas*. As far as I know, though, it has yet to be pointed out that this too plays its not very innocent part in the construction of a power relation in which domination and muting are key strategies (see Spender, pp.76-105 especially). Nor is this confined to the one collection. Women are unnamed in the text of *Crepusculario* (1923), *El hondero entusiasta* (1933: dating from 1923-24) and the *Tentativa del hombre infinito* (1925). In *Residencia en la tierra* (1925-1935), as in *Tentativa*, the woman addressed is made to act as a kind of anchor (a recurrent image) to the angst-ridden male whose own interest in his problematic identity constantly marginalises her.

Most of the *Veinte poemas* brilliantly point up the basic paradox that moments of intensity of sexual feeling tend to exclude the possibility of any simultaneous adequate and articulate communication of that feeling. The poems, however, make no attempt to create a consistent fiction of immediacy as a counter to this state of *incomunicación* (like the Spanish poet Pedro Salinas' *La voz a ti debida* manages to do, for example). The woman is at best only ambiguously present in time and space: the commonest scenario is one where the poet recalls her presence rather than realises it.

The tensions set up between the absence and the presence of the woman, as every reader of these poems knows, give the collection a fascinating power. In *Residencia en la tierra* these tensions become more extreme. In the first section of *Residencia en la tierra: I* "Alianza (Sonata)" (pp.174-75), "Fantasma" (p.180), "Lamento lento" (p.181) and "Serenata" (p.186) emphasise temporal and spatial distance between the poet and the woman – he is on the other side of the world in the Far East, looking back on a relationship (one of the ones described in the *Viente poemas*) – and she becomes retrospectively a kind of anticipatory sign of the existential crisis now facing him. In a way her name becomes a cipher of this crisis. Into an atmosphere built up by the poems where slow, churning waters and muffled sound, verbs of decadence and destruction are signs of infirmity of the spirit, her name comes to him:

la gota de tu nombre lento
en silencio circula y cae
y rompe y desarrolla su agua . . .
("Lamento lento", p.181)

Her name becomes submerged in the language of an experience which excludes her. Even "Juntos nosotros" (pp.184-85) (a poem in which there are some early glimpses of a later Nerudian metaphorical strategy – inclusion of the woman as producer of a discourse) reduces the woman's role in the relationship down to a set of terms in a comparison which leads on to her total dissolution as a human subject:

Qué parecida eres al más largo beso,
su sacudida fija parece nutrirte,
y su empuje de brasa, de bandera revuelta,
va latiendo en tus dominios y subiendo temblando,
y entonces tu cabeza se adelgaza en cabellos,
y su forma guerrera, su círculo seco,
se desploma de súbito en hilos lineales
como filos de espadas o herencias del humo . . .
("Juntos nosotros", p.185)

In the whole of *Residencia* only Josie Bliss is actually named – in the second poem on her, "Josie Bliss" (the final poem of *Residencia en la tierra: II*: pp.252-53). And, as if it were some dangerous utterance, her name appears, even here, only in the poem's title: it is a "Nombre definitivo que cae en las semanas / con un golpe de acero que las mata" (p.252). While the two poems about her convince readers of the intense involvement of the man with this woman, she is written about only after he has run away, and she is kept at a distance by some classic misogynistic myth-making: in "Tango del viudo" (pp.203-04) she is a fury, an enigma, renamed "Maligna" (p.203), almost a witch.[8] In the terms of the text, she is responsible for the poet's existential suffering:

Así como me aflige pensar en el claro día de tus
piernas
. . .
y el perro de furia que asilas en el corazón,
así tambien veo las muertes que están entre nosotros
desde ahora,
y respiro en el aire la ceniza y lo destruido,
el largo, solitario espacio que me rodea para siempre. . . .
(p.204)

In these poems, the charge of erotic hostility is quite as strong as the sexual rapprochement itself had been, and it is the hostility which wins out. Josie is metaphorically murdered and put behind the poet, whose "viudez" guarantees the saving distance. We can only guess across the gap what she felt and gave.

Josie, translated into another sphere – like the idealised woman of "tradition" – is turned, in that familiar misogynistic and egocentric process, into an object which is adequate to the relaying back to the poet of his own view of the affair. She becomes merely emblematic of the impenetrability for the writer of all experience beyond himself, and having become this, she is excluded:

> y la espesa tierra no comprende tu nombre
> hecho de impenetrables sustancias divinas . . .
> ("Tango del viudo", p.204)

The poems of sections (ii) and (iii) of *Residencia II* which deal with the first year's of Neruda's married life with María Antonieta Agenaar Vogelganz, who married him in Batavia in 1930, see the poet's feelings about women take another turn. María simply does not appear at all in the texts, but her exclusion creates a noticeable tension in them. "Melancolía en la familia" (pp.223-24) presents us with a Buñuel-esque interior, "un terrible comedor abandonado":

> con las alcuzas rotas
> y el vinagre corriendo debajo de las sillas,
> un rayo detenido de la luna,
> algo oscuro . . .
> (p.224)

It is a site for *incomunicación* and the rehearsal of pathos:

> Es sólo un comedor abandonado,
> y alrededor hay extensiones,
> fábricas sumergidas, maderas
> que sólo yo conozco,
> porque estoy triste . . .
> (ibid.)

"Maternidad" (pp.225-26) begins by reaching out and addressing an unspecified "tú":

> Por qué te precipitas hacia la maternidad y verificas
> tu ácido oscuro con gramos a menuda fatales? . . .
> (p.225)

But this biological mother is circumvented almost at once, and the poem addresses instead a mysterious, and mystificatory, principle of maternity, or earth-force, a "madre oscura" (p.226) who presides over "este mundo en que no nace nadie" (p.225) and who (or which) has to be ritualistically implored to "call out" (p.226) in the poet's heart and to satisfy his spiritual yearning. Similarly, the poem "Enfermedades en mi casa" (pp.226-28) makes the sorrow over a baby daughter's illness the sole concern and property of the father, and its text continually, though tacitly, emphasises the "mi" of the "mi casa" of the poem's title.

The poem which gives us one of the most important versions of Neruda's emergence from the hell of *incomunicación*, of bitter ironic self-awareness and of absurd self-concern, "Explico algunas cosas" (pp.275-77, in *Tercera residencia*, 1947: first published in *España en el corazón*, 1937), significantly fails to find at the same time an escape from the world of male false consciousness. Remembering the house in Madrid that he and María shared in 1936 and the shattering effects of the Civil War, he calls only on men to witness the change now wrought in him: “Raúl, te acuerdas? / Te acuerdas, Rafael? / Federico, te acuerdas . . . ?” (p.275). Where, then, is María? From this stage on, throughout the *marxisant* years to 1958, women are rarely there in the texts.

The one major exception is *Los versos del capitán* (1952): it marks the beginnings of a new awareness in Neruda. Before turning to it, though, I wish to make it plain that this new awareness by no means ousts Neruda's *machismo*: as in many a process of personal moral improvement, the fault is still there, jogging along beside. In Neruda's work it forms a disturbing counterpoint to a growing alternative tradition, a tradition which, in the love poems, seeks to establish a more equitable, honest and loving power relationship.

Neruda's most misogynistic text, for example, must be *La espada encendida* (1970). It is a startling late reactionary resurgence of *machismo*. The reader will see there what she (to give the right pronoun) so often sees in Hispanic texts – the constructed archetypes of the passive woman, there to be exploited, there to gratify, there to be a convenient myth (as earth-mother, love-goddess, listener, consoler, *puta*, object of desire):

> Rosía desnuda en la agricultura enmarañada,
> Rosía blanca y azul, fina de pétalos,
> clara de muslos, sombría de cabellos,
> se abrió para que entrara Rhodo en ella
> y un estertor o un trueno
> manifestó la tierra: . . .
>
> (VIII, “El amor”, *La espada*, pp.20-21, p.20)

The old fantasy of the male being capable of “making the earth move” by penetration – built on heaving structures of telluro-eroticism reminiscent of the manner of the Spanish poet Vicente Aleixandre – is combined with a reusing of the Eden myth. Emphasis is on the man as doer, maker, owner, genitor and on the woman as spare rib.[9] Rosía “speaks”:

> Aquí estoy más inmóvil que el muro de metal
> sostenida por una enredadera o amor,
> levantada, arrastrada, combatida
> por la ola que crece desde tus manos de hombre.
>
> Cuando hacías el mundo me llamaste a ser mujer,
> y acudí . . .
>
> Y fui mujer desde que me tocaste . . .
>
> (XXIV, “La virgen”: pp.45-46, p.4

Asking, “Y mi voz no venía de tu boca?” (p.47), she becomes a slave of the text's assumptions, identifiable only in the terms of the male:

> No eres tú gran espejo, Rhodo, en que yo me miro
> y por primera vez yo sé quien soy? . . .
>
> (XXIX, “Habla Rosía”: pp.52-53, p.52)

Rhodo, of course, sees in Rosía not Rosía but “su propio amor salvaje” (IX, “El hallazgo”: pp.22-23, p.23) – rather like the poet of the *Veinte poemas*. Eden is a man's world. With the flaming phallic sword in the background and fire-ejaculating volcanoes all about (see LXXI, "La espada encendida", pp.123-24, and the poems named "Volcán", passim), Rosía remains "encadenada" (as Rhodo himself happily points out: XXVIII, pp.50-51, p.51), and clay in his hands. The entry into a new existence which is their "liberation", in the terms of the text, is no more than an ejection into an even more patriarchal world. This world dawns (in LXXXV, "Amanecer": p.146) with a *Liebestod* scene where Rhodo is again, characteristically, on top of Rosía, in the old role: her "freedom" is intimately linked to bearing children (a hundred of them):

> Dice Rhodo: Me darás cien hijos.
> Dice Rosía: Rompimos la cadena.
> (LXXXVII, "Dicen y vivirán", the final poem, p.148)

She could not be more wrong.

La espada encendida forcefully reminds the reader of that Nerudian world picture which Eliana Rivero has described succinctly thus:

> Por encima de toda clasificación, y sin guiarnos por más credos que el poético, Neruda *ama* al Hombre, *ama* al Mundo y lo que éste contiene: la tierra, los bosques, la mujer y la Mujer, el mar, las piedras, el vino... [10]

Allowing herself to be guided by credos other than "poetic" ones and in complementary addition to them, the reader of Neruda can critically recognise and may question the hierarchy which Rivero's interpretation reveals: poet, Man, World, and then, within the world, women and Woman – as objects and as emblem – on a par with wine and stones, there to be "loved", consumed or contemplated. What the reader is so often required to value by interpretation in Neruda's works – the unifying and/or allegorising metaphorical structures of a *cosmovisión* – can be, looked at critically and at certain stages in his development, something against which she might wish to take a stand rather than something by which she is prepared to be persuaded or pleasured.

On the other hand, and sometimes even while reacting against the text, readers accept, appreciate and acclaim what Rivero, in her discussion of the *Canto general*, has called "la verdad de su verso" (p.138), "ese amor cósmico suyo... que sirve de dulce materia para su creación..." (ibid.). It is a pleasurable discovery to read those verses where "América es amada de tierra, tierra sensual que existe para ser bebida como mágico bebedizo por los labios del poeta" (ibid.). We should be fools if, after a certain amount of training in sensibility, we did not recognise such "magic". Equally we should be fools if we did not recognise the need also to deconstruct it, even if socio-political principles might disincline us to participate in such a project. Rivero herself is quick to point out that the magic of love is a "proceso estilístico" (p.139). Alain Sicard, in his magisterial study on Neruda,[11] also sees love as a central concept and goes further than Rivero in viewing it as part of a political process: love looms large owing to its "función de catalizador de la conciencia histórica" (*Pensamiento*, p.547), "la conciencia amorosa es, para Neruda, la conciencia que se sabe material" (p.546). Love is a Marxist materialist dialectical process.

The erotic, then, stylistically and conceptually, is seen to be the site and source of brilliant imaginative construction, productive of a wealth of far-reaching ambiguities as well as of a coherent and plainly stated world-view. Yet the erotic is also, in the critical gaze, the producer of a discourse of imposition, possession, exploitation, mystification and self-delusion.

This kind of ambivalence is all part of "the difficulty of teaching students to be critics, to resist the very texts from which they derive textual pleasure" (Scholes, *Textual Power*, p.62). In the texts I have forefronted so far there is sex and imposition, desire and self-analysis, the image of a man in man-made language, but no give and take, no power sharing, no words from the "other side", no hint that the text might have a centre which extends into another person's domain. It is because the pleasure – the power – of Neruda's texts is so enormous for such a significant number of readers that it asks to be "resisted" through analysis: the more we know the text's power for what it is and the better we understand our position vis-à-vis its assumptions, then the more sharply defined will the pleasure be. We can read in such a way that it is not simply that from reading we get pleasure (passively, if you like) but that in it we (actively) take pleasure. The fascination of a text, when it is analysed, far from being destroyed – as lazy or apprentice readers so often querulously claim – can be maintained at a unique pitch precisely by being held at arm's length (as it literally is). It is after all one of the more complex pleasures, and alongside the straightforward satisfactions afforded by good old-fashioned interpretation (in the recognition of patterns, in the "discovery" of unifying factors, in empathetic reactions to the "humanity" of a given text, say) we ought to be able to place those less complaisant, less complacent movements of the mind, those which are prompted by the ever growing knowledge that there are no such things as innocent pleasures.

In a crude way (a more schooled feminist, and a woman at that, is needed for subtler analyses) I have resisted some plainly offensive texts of Neruda's. Obviously, though, the suggestion that Neruda can be altogether written off would be cruder still. (Although this he has been, and will be, both by some right-wing readers who find that they have to stand so much against the pseudo-marxist assumptions of some of Neruda's writing that all his texts become unreadable to them and by some left-wing readers for whom Neruda's pseudo-romantic individualism taints the œuvre with unreadability.)

I have played down my own reactions of pleasure in my reading of the poems. I have also left until now a reminder of the well-recorded fact that Neruda's stance shifts constantly in his œuvre, and sometimes within the same collection or poem.[12] He is an intelligent questioner of his own behaviour, and though never truly aware of his own *machismo* is nearly always aware of some absurdity or fault in his attitudes to others and in his own state of mind. "Poema 20" of the *Veinte poemas*, is a salutary ironic questioning of the attitudes of some of the more archetypally neo-Romantic attitudes of the collection, for example, and it is partly a demystification of love the lie-maker. Neruda's equivocal "Puedo escribir los versos más tristes esta noche. / Escribir por ejemplo . . . " (*Obras*, I, p.103), has a sub-text saying "I would do so if I wanted, but if it's really so easy, then where would be the sincerity?". Even the violence and exploitation of the penetrative "Poema 1" is to a certain extent palliated by the recognition that desire turns the tables on the man – "Pero cae la hora de la venganza y te amo" (p.87). The poems about sexual feelings in *Residencia*, in so far as they chart, as de Costa has suggested, Neruda's "passage from the delicate sentimentalism of his earlier work to . . . assertive anti-lyricism" (*The Poetry*, p.73), ask some searching questions about self-knowledge and the relation of the self to the world. What we read in *Residencia* is a difficult text of new discoveries where, if women are degraded, it is not only because of their subordination by man-made language to one man's obsessive preoccupation with himself but also because, progressively, eroticism itself in all its aspects is degraded in the poems. The poet is, often, humiliated in the face of the generalised collapse of language and of old assumptions here. The shock of Josie Bliss' own magnificent "venganza" – "Tango del viudo" (q.v.) tells us how she would prowl around Neruda's bed at night armed with a knife[13] – was itself a blow to the old male certainties. The man is haunted, symbolically emasculated, by "el ruido de espadas inútiles que se oye en mi alma" (p.204). And in "Josie Bliss" the vision is one which puts eroticism into a totally new perspective: "Ahí están, ahí están / los besos arrastrados por el polvo junto a un triste navío" (p.253). This sort of experience begins to disallow cocksure loving of a dominating kind to occupy much space in subsequent writing.

In the later years, it is the figure of Matilde Urrutia which so much alters the pattern of Neruda's writing.[14] In 1952, a transitional volume appeared, *Los versos del capitán*. The rule of silence still pertained – Matilde is not named in the collection. Its initially anonymous publication (to avoid scandal: Neruda was still married to Delia del Carril) seems to completely "explain" this omission, but the silencing (Neruda never did revise the text to include her name) is coupled with other muting features recognisable as being the legacy of the *Veinte poemas*: the woman is objectified, possessed, deified and mythified. At the same time, however, the ground is laid here for Matilde's emergence from slavery. In the "Oda y germinaciones" (I, pp.981-88) in particular it becomes clear that Matilde is to become a major source of textual power. The poet begins to identify a renewal of his literary life and powers seeing it as coming primarily from her – "eres en mí profunda primavera / vuelvo a saber en ti cómo germino", he declares (p.983). "En mí", "en ti" – a metaphorical dialogue is set up, and love is no longer an aggressive one-way process: Matilde begins to act as collaborator in what is to become one of the most important quests of the later texts, the quest for "pureza" or aesthetic (and erotic) wholeness: "Y aquí sobrevivimos" / puros, con la pureza que nosotros creamos" (p.983).

However, in *Los versos*, the woman is used more often as a sign of the poet's own new energies, a cipher for his surging political commitment, a comrade at arms, a piece in the jig-saw of a new poetics. But when, in 1958, in the collection *Estravagario*, the silence is broken and Matilde is named, *Los versos* are revealed as having taken one politically crucial step forward the old strategy of metaphorically equating the woman with the earth and "natural" forces. From being merely like certain natural features (as she was like a field to be ploughed in the *Veinte poemas*) and having a language imposed on her by being described in telluric terms, the woman begins to become the maker of a language in her own right and by a major shift in the writer's imagination it is she who produces love, involvement and commitment.

In "Testamento de otoño", *Estravagario* (II, pp.171-80), we begin to see the reverse side of the poetics of what might be called "machismo creacionista"; unlike Rosía in *La espada encendida*, Matilde gives life rather than receives it, and is an image maker, not the silenced object of the male's own talk:

pero tú trajiste del bosque
todos los secretos perfumes
. . .
. . . tu boca me traía
antepasados manantiales,
citas de bosque en otra edad,
oscuros tambores mojados:
de pronto oí que me llamaban:
era de lejos y de cuando:
me acerqué al antiguo follaje
y besé mi sangre en tu boca . . .

(p.176)

The consequence of this is the sincere declaration that

Todo te lo debo a ti . . .

(p.177)

The change is not absolute (as I have already suggested) and Neruda remains *machista* to a degree. Matilde is still wrapped about in telluric mystification; but now she owns a language, she has its secret, and she begins to have control over a world which was hitherto exclusively the poet's to exult and lament in.

Moral ambiguity persists in the *Cien sonetos de amor*, composed in parallel to the poems of *Estravagario* and published in 1959. They take away with one hand what they give with the other. Restrictively, they cast Matilde as wife and faithful companion; they idealise her as the muse; they ascribe to her, in that conventional back-handed gesture, the role of éminence grise; they keep her out by sheer force of words. On the other hand, as the inhabitant of these sonnets, "pequeñas casas de catorce tablas" Neruda calls them in his

"Dedicatoria" (p.287), she does get a share of the textual power. Like Salinas in *La voz a ti debida* and *Razón de amor* (1934 and 1936), Neruda takes over and radically adapts the conventions of Petrarchan love. In the "Dedicatoria" to the *Cien sonetos* Neruda begins with a courteous "Señora mía, bienamada" (ibid.); sonnet XIV starts "Me falta tiempo para celebrar tus cabellos" (p.296); sonnet XXIII has echoes of Quevedo, in "Sin ti, sin mí, sin luz ya no seremos . . . " (p.301); sonnet LXVI plays on the verb *querer* in courtly style (p.323); "muerte" and "amor" are in constant juxtaposition in the section "Noche" (pp.330-41). Sonnets XXV, XXVIII, and LVI (II, pp.301-02, 303 and 318) are very close to Salinas in manner. The conventional dependence on the woman becomes transmuted, until, like Salinas (and after Garcilaso), Neruda can declare to his loved one that his voice is "la voz a ti debida":

> No quiere más la sílaba tardía,
> lo que trae y retrae el arrecife
> de mis recuerdos, la irritada espuma,
>
> no quiere sino escribir tu nombre. . . .
>
> (XCVIII: p.340)

The more she is named the more she becomes productive of the text's meanings and the writing's reason for being. Quite unlike the power relations of *La espada encendida* are those constructed out of the old conventions here:

> Tal vez no ser es ser sin que tú seas,
> sin que vayas cortando el mediodía
> como una flor azul . . .
>
> (LXIX: p.325)

Making things over to her, and freeing himself from the obsessive and exclusive self-searching of the past, the poet can now say to the woman "soy porque tú eres" (ibid.) with the minimum of male false-consciousness. The light which, conventionally, comes from her eyes (as in sonnet XC: p.336) is also an enlightenment.

Matilde is given a name, given words and given textual power: because of her the pleasures of the later texts are quite new, and critically we can take a different stand. The book where most insistently that "sílaba tardía" of which Neruda speaks in sonnet XCVIII (above) is brought up on the reef of memory is the posthumously published *El mar y las campanas* (1973). Here the grandiose and mystifying manner of earlier years has disappeared and the object of Neruda's love is allowed to be more a creative subject and less a mere reflection of male preoccupations: the more that new and conscientious desire to "escribir tu nombre" is fulfilled the more Matilde prompts reinterpretations of the texts of the past.

On reaching the end of the collection and reading "Final " (*El mar*, pp.107-08) – "Matilde . . . ", it begins, as if making over to her the contents of the entire book – one sees with a jolt of recognition that much of *El mar* has been a rewriting of the will made at the end of *Estravagario*, in "Testamento de otoño" (q.v.):

Matilde Urrutia, aquí te dejo
lo que tuve y lo que no tuve,
lo que soy y lo que no soy. . . .

(*Obras*, II, p.175)

There are three poems obviously addressed to Matilde in *El mar* – "[Cuando yo decidí quedarme claro]" (pp.17-18), "Cada día Matilde" (p.33) and "Final" which look back to *Estravagario* and take its lessons further. Another, "[Sí, camarada, es hora de jardín]" (pp.67-68) looks back to *Los versos* and makes a vital attempt to authentically inscribe Matilde into the socio-political life of the poet.

This last can be read as a plain statement of commitment to the cause of socialism addressed to a comrade who is an undifferentiated member of the collectivity and, indeed, the poem loses considerable significance if such a reading is ignored.

Sí, camarada, es hora de jardín
y es hora de batalla, cada día
es sucesión de flor o sangre:
nuestro tiempo nos entregó amarrados
a regar los jazmines
o a desangrarnos en una calle oscura: . . . (lines 1-6)

Yet there are some curious personal touches here, and a series of references to flowers and a tended garden which associate the poem with Neruda's love life – in particular the beginnings of the affair with Matilde in *Los versos* – and to the whole tradition of Western love poetry:

Por eso es éste el llamado penúltimo,
el décimo sincero
toque de mi campana:
al jardín, camarada, a la azucena,
al manzano, al clavel intransigente,
a la fragancia de los azahares,
y luego a los deberes de la guerra.

Delgada es nuestra patria
y en su desnudo filo de cuchillo
arde nuestra bandera delicada

(lines 20 to end)

One of the directions that the poem takes is right back to the Edenic moments that Pablo and Matilde spent on Capri, described in *Los Versos* and to the first time that the poet's duty called him and Matilde into service together. In "[Sí, camarada, es hora de jardín]" the call to battle, set against the more comfortable life of the garden, recalls the poet's semi-ironic words to Matilde in "El amor del soldado" (*Obras*: I, p.975-76).

Ya no puedes volver a bailar
con tu traje de seda en la sala . . .
Bésame de nuevo, querida
. . .
Limpia ese fusil camarada. (loc.cit.)

Semi-ironic only there because while they do recognise that their case is overstated, that their contrasts are gently absurd, they do not altogether denounce the caricature's presuppositions (the picture of the woman as "vagabunda", an aimless, dressed-up dancing partner, and of the man as rifle-wielding, "shit-work"-dispensing warmonger, is impenitently *machista*). He now speaks, in "[Sí, camarada, es hora de jardín]" of "el décimo sincero toque de mi campana" in recognition of many prior instances of this kind of demand but also, this time fully ironically, in recognition of how things have changed. In *Los versos* Neruda had spoken of "la zona trepidante / en que amor y martirio son gemelos / como dos campanas de incendio" ("Oda y germinaciones: p.985), but the bell rung now is subtler. Similarly, whereas before, in "La bandera" (*Los versos*, pp.974-75), the woman is urged to act as subordinate, a substitute brother in arms, left, says the poet, "alzando mi bandera" (p.975), insultingly told by the male that she is "recién nacida de mi propia arcilla" (ibid.), now the flag is "nuestra bandera delicada" (the final line of "[Sí, camarada, es hora de jardín]"). These are the priorities now:

al jardín, camarada, a la azucena,
al manzano, al clavel intransigente,
a la fragancia de los azahares,
y luego a los deberes de la guerra . . .

Tending the garden is, in this time of crisis, peculiarly vital. Conventionally enough, the language of flowers, gardens, growth and nurture was always a rich source for Neruda's love poems to draw on. From the beginning of the relationship with Matilde, as has been seen, such a language had specific effects on the way the poet came to view her.

Memory is the stuff of Neruda's late work, and its guarantor is Matilde. Being the very reason for the presence of the all-important aromas of the past (q.v. "Testamento de otoño"), she holds the key. In "[Sí, camarada es hora de jardín]", the flowers that the *camarada* is urged to tend signify time's passing and the *camarada* is urged to look to "la azucena" and "el clavel" like a lady addressed in a seventeenth-century sonnet and encouraged to sieze the hour. In doing so, she is to redeem time for both herself and the poet. The scented "jazmines" (line 5), the "manzano" and "azahares" are more personal reminders of transcience and prompt Proustian recall in Neruda, the apple tree being similar to Dylan Thomas's in "Fern Hill" – a vivid and pungent reminder of being "young and easy" – and the orange blossom and jasmine recalling erotic adventure and initiations.[15] It is Matilde who activates and "tends" these symbols of hope. The battle now is a battle against time, and as such one which she principally must wage. For the opening poem of *El mar*, "Inicial" (*El mar*, pp.7-8) leaves no doubts about the relative powerlessness of the poet. It leaves him in a classic religio-philosophical position, naked as he stands ready to leave the world, on the symbolic shore, left with no choice as to where he might be and what he might do:

De tantas cosas que tuve,
andando de rodillas por el mundo,
aquí, desnudo,
no tengo más que el duro mediodía
del mar, y una campana. . . .

(p.8)

It is in the love poems that other, less grim associations of the seashore – love, peace and a sense of purpose – come to the fore. These redeeming associations and their particular values are made over to Matilde, placed in her hands.

"[Cuando yo decidí quedarme claro]" (pp.17-18), like many poems in the earlier *Estravagario*, records a decision, freely made, to come to live by the sea which contrasts with the presentation of the seashore in "Inicial":

Cuando yo decidí quedarme claro
y buscar mano a mano la desdicha
para jugar a los dados,
encontré la mujer que me acompaña
a troche y moche y noche,
a nube y a silencio.

Matilde es ésta,
ésta se llama así
desde Chillán,
y llueva
o truene o salga
el día con su pelo azul
o la noche delgada,
ella,
déle que déle,
lista para mi piel,
para mi espacio,
abriendo todas las ventanas del mar
para que vuele la palabra escrita,
para que se llenen los muebles
de signos silenciosos,
de fuego verde.

Odd, flighty leaps of the imagination (in lines 1-3 especially); a kind of free associating word-play (in line 5); extravagant touches (lines 11-12); the colloquial "déle que déle": these details make this the first sustained release of tension in the sequence of the book. Countering the bleakness in other poems in the collection, this has a vigour and sense of decision which, in *Estravagario*, was definitively associated with Matilde's presence.[16]

In "[Cuando yo decidí quedarme claro]" the poet sees Matilde as a source of great confidence quite simply because she is so elementally there, a right and whole part of the place. The second stanza recalls the *odas* of the 50s metrically, and it also has their sense of the rightness and full sufficiency of the things eulogised there. Saying "Matilde es ésta, / ésta se llama así" (lines 7-8) immediately confers strong identity on her (by naming) and suggests that no more need be added, her presence says all. Moreover, the fact that "ésta se llama así / desde Chillán" (lines 8-9) makes her a fundamental stabilising influence underpinning the gaiety of the poem. Her name, constantly calling from the South – the poet's own spiritual home – is a signal of the poet's solidarity with his past as well as an indication of how this name is gaining power in the text. By the middle of the stanza, there she is, quite simply of unique and central importance:

ella.

It is due to her that the poem comes so easefully to answer the most serious of questions, the question of what is to be done by a poet in Neruda's situation, face to face, as he is, with an empty expanse of water which, when all's said and done, prefigures his own extinction.

In the last five lines of the poem, as she opens the seaward windows, Matilde takes control: the sea is transformed. Its invasion, which in other contexts and other moments is so threatening (there is a hint of that in the thunder of line 11), becomes a homely filling up of empty places, a bright influx of an attractive deposit of light which rests on the furniture. Its silence is not the appalling silence faced in "Inicial" (q.v.); instead there is an amusing picture of letters lifting off the page of manuscript to be blown like droplets of bright green ink (a favourite writing material of Neruda's) to settle in the house of poetry. The "fuego verde" is not just words – it is the green fire of the breaking wave, of the "océano encendido" (as it was called in "Plenos poderes", *Plenos poderes* (1962): II, pp.488-89, p.489). But, movingly, those earlier *plenos poderes* are remembered and transfigured into gentler signs, redeemed out of time by Matilde, "ella", made more comforting than the earlier roaring flood of light and meaning.

Profoundly comforting too is the quiet and significant little poem "Cada día Matilde" (*El mar*, p.33):

Hoy a ti: larga eres
como el cuerpo de Chile, y delicada
como una flor de anís,
y en cada rama guardas testimonio
de nuestras indelebles primaveras:
Qué día es hoy? Tu día.
Y mañana es ayer, no ha sucedido,
no se fue ningún día de tus manos:
guardas el sol, la tierra, las violetas
en tu pequeña sombra cuando duermes.
Y así cada mañana
me regalas la vida.

Here, more than being simply the guarantor of memories, Matilde has the power to possess time, to hold it still, and even reverse it, cancelling out death's dark night: "guardas el sol, la tierra, las violetas / en tu pequeña sombra cuando duermes". If she does this at night, in shadows, asleep, when the sun has gone, when the earth cannot be seen and the violets have closed up, then she represents – in a way she *is* – a perpetual memory of all daylight things. The statements "guardas testimonio" (line 4) and "guardas el sol" (line 8) confer on Matilde powers once the poet's only: it was his characteristic role, in the *Canto general*, to bear witness (see "Amor América (1400)", *Obras*, I, pp.319-20), and in the *Odas elementales* he it was who brought the metaphorical sunlight to dark corners (see the "Oda a la claridad": pp.1035-20). Her gift of life to him ("así me regalas la vida") is proof of his intention to make over his (textual) powers to her.

The gentleness and the comforting quality of "Cada día Matilde" and "[Cuando yo decidí quedarme claro]" are, when seen in the context of other poems in *El mar*, clearly grounded in more forceful textual powers. In the text, Matilde is able to stand, no less, against advancing death, against pain and against solitude. In "Cada día Matilde", with the day being an accumulation of perpetually shining gifts in her hand, and time's progress having been halted by her intervention, "el día" – that unit of life – is redemptively unlike that of "Inicial" where "hora por hora no es el día / es dolor por dolor". With Matilde as co-operator, the poet is quite unlike the man standing on the shores of time there with "sólo / su campana" (*El mar*, p.8). In its perspectives on "hoy", too, "Cada día Matilde" is quite different to a poem like "[Hoy cuántas horas van cayendo]" (pp.27-28) where the opening word "hoy" is soon filled with a sense of confusion and loss of memories, with an acid darkness – a chilling "noche inversa" (p.28) – which breaks down time itself. Far from such a dark night of the soul is this privileged space where Matilde preserves "el sol, la tierra, las violetas . . . ".

It is also thankfully distant from the evocation of spring days gone by in the poem "Con Quevedo, en primavera" (pp. 31-32) – one of the strongest texts in *El mar* – where the poet is the recipient of gifts which are, ironically, scattered in his arms as "corola y ramo roto de pesares" (p.32). In "Cada día Matilde", "cada rama" remains whole and bright and is, as the rhyme suggests, the inseparable characteristic of "cada mañana". In "Con Quevedo, en primavera" spring was out of reach and there were "primaveras extinguidas" revealed beneath the surface of things (ibid.): here, Neruda is able to say) "en cada rama guardas testimonio / de nuestras indelebles primaveras".

It is as if Matilde's hands – the hands that order and expedite words in "[Cuando yo decidí quedarme claro]" – were able to reach out beyond the normal confines of time to gather in those "indelebles primaveras", to bring them into a protective environment where they are free from the cycle of the seasons, free from yesterday, free from today, and, above all, free from the surrounding winter of life.

In "Final" (pp.107-08) her name and her life-giving hands are again in the foreground of the poet's imagination. This time though, the privileged moment is not one of miraculously protracted daylight, but one set in "el mundo . . . de noche".

Nowhere in Neruda's poetry are we in a more private world and nowhere closer to that "sencillez central" which Neruda so values in the poem "Rama" (a poem, again, closely associated with Matilde: p.79) and which is the chief characteristic of *El mar*. Even more than "Cada día Matilde" this poem seems to want to come to rest in a protective present moment. "[Cuando yo decidí quedarme claro]" and "[Sí, camarada, es hora de jardín]" both had active verbs in the preterite deliberately remembering the past. "Cada día Matilde", although it denies the existence of tomorrow, invents its own continuity and looks to the past for its vital gift. "Final", simply and quietly, leads to a moment of finality in which Matilda is strength and Pablo weakness:

Matilde, años o días
dormidos, afiebrados,
aquí o allá,
clavando,
rompiendo el espinazo,
sangrando sangre verdadera,
despertando tal vez
o perdido, dormido:
camas clínicas, ventanas extranjeras,
vestidos blancos de la sigilosas,
la torpeza en los pies.

Luego estos viajes
y el mío mar de nuevo:
tu cabeza en la cabecera,
tus manos voladoras
en la luz,
sobre mi tierra.

Fue tan bello vivir
cuando vivías!

El mundo es más azul y más terrestre
de noche, cuando duermo
enorme, adentro de tus breves manos.

The single most significant structural feature of this poem has been sharply observed by Carmen Díaz Castañón: "diecisiete versos sin verbo en forma personal, y así el poema se estructura entre el *fue* de la entrega total a otro ser y el *es* en que esa entrega ha convertido el mundo . . . ".[17] It is as if the statement "fue tan bello vivir" were the only thing now remaining clear about the past. The verb retrospectively gives temporal direction to the experiences sketched in lines 1-17. Everything falls into perspective with the dual realisation that the past is indeed past (and this makes the poem and its emotive power different from its companion love poems in *El mar*) and that life had really been a series of lives on a time-scale not the poet's own. What is described in the first stanza is like a feverish dream – as if unreal and now over. In fact it is a record of the immediate past, of bedridden days of actual fever and finally admission to hospital, of illness in France, an exploratory operation in Moscow.[18] Time is distorted, the years are cramped together into days (in line 1), the lack of active verbs disallows any sense of sequence.

75

The poet is "perdido". The awakening from this time (when time itself was drowsy and sick, as lines 1-2 say) begins at line 12. "Luego" suggests the return to sequential time, and over the next three lines there is a happy recovery of familiar territory. "Estos viajes" and the encounter with "el mío mar" (the Chilean Pacific litoral at Isla Negra), while referring to the same immediate past as the first stanza also break free of its nightmares. The return puts an end to spatial disorientation, with the linguistic oddness of "el mío mar" wanting to signal the special nature of the return. The return is also to the deeply comforting security of the familiarity of "tu cabeza en la cabecera", as if Neruda were just waking to the realisation of where he is after a bad dream. The past is a painful realm of chaos. The present, by contrast, is a moment of ultimate fulfilment and final dependence, a moment owing entirely to Matilde as she has emerged in the poems. The sea is real and so familiar as to be emphatically "el mío mar", but it is also a symbolic sea which is Matilde's by association – it is the place of final unity, the place where pain ends as well as where it begins, the place where all comes right, where the poet can "quedarse claro" and implicitly, but most importantly, "quedarse con Matilde".

The poem "Llama el océano" (in *Jardín de invierno*, 1973: pp.43-45) had anticipated a return (from France) to "el mío mar, la artillería / del océano golpeando las orillas / . . . / la espuma donde muere el poderío" (p.44) and brought a compelling, frightening vision of death: "a lo largo / del túnel que me lleva prisionero / oigo remotamente un trueno verde, un cataclismo de botellas rotas, / un susurro de sal y de agonía" (pp.44-45). "Final" is clearly both the fulfilment of and the challenge to that prophetic vision. Such is the redeeming power of the "sencillez central" associated with Matilde that both the roaring, whispering nightmare of the tunnel and the terror anticipated on emergence from it are, in the end, not there. All that is there is gentle death, sleep, a handing over of things. The simplest and most moving fact about this last poem is that, thanks to Matilde, Pablo has been able to emerge into a space almost devoid of pain and of the sadness of remembrance, a region far removed from the cold *soledad* of some of the other poems of old age. He is there, at the centre of the world, but accompanied – and accompanied, at that, by that world's creator and preserver, a woman now much more like the "amada" of Pedro Salinas. The poem effortlessly takes for granted all the powers which are Matilde's, hardly needing to mention them now. Because her hands *are* there holding him, making him sure at last of having arrived and quite certain of the significance of the moment, then they *must* have those powers. The light is her light, "la luz", "mi luz". The text's power is properly shared. The curiously powerful, unexpected epithet "enorme" – on one level a last poignant sally of *Estravagario* humour and self-deprecation – equivocally signals both a sense of grandeur and a sense of helplessness. Puffed up with a proper pride in a lifetime's achievement, the poet is also brought low by being trapped in a bloated, pain-wracked body.

Being placed, though, "adentro de tus breves manos", both pain and vanity are reduced. Everything is in her hands.

The last poem moves into a world far away from the seashore, and insists that something exists beyond even the highly significant sea and bells. Beginning as it does with "Matilde . . . ", and depending on the name and the person as it does, it looks back beyond "Inicial" to the first time her name was mentioned in a poem in print, to "Pido silencio" where the poet had said

> Matilda mía, beinamada
> no quiero dormir sin tus ojos. . . . (II, p.74)

Now he does sleep with her watching over him, as if in fulfilment of his wish in the first of the *Cien sonetos*, "en tu nombre déjame navegar y dormir" (p.289). He had said in the "Testamento de otoño"

> Matilde Urrutia, aquí te dejo
> lo que tuve y lo que no tuve,
> lo que soy y lo que no soy.
> Mi amor es un niño que llora,
> no quiere salir de tus brazos
> . . .
> qué haría sin tus manos breves?
> Dónde andaría caminando
> sin corazón y sin objeto?
> En qué lejanos autobuses,
> enfermo de fuego o de nieve?
> . . .
> Todo te lo debo a ti . . . (pp.175-77)

The same holds true in "Final". In the "Testamento" a time was conceived of when perhaps the two of them might cease to be and Neruda had supposed that "estaremos juntos, amor / extrañamente confundidos" (ibid.). As if wishing to assure himself of the persistence of their love "más allá de la muerte" he attributes the fact of his own dying to her having died – "Fue tan bello vivir / cuando vivías" – thus, in the most moving, simple, authentic and significant way possible making a final affirmation of his debt to her.[19]

Here, right at the end of the poet's life, the balance of power is altered at last. The assumptions of a lifetime are reinterpreted – in the face of death and silence – and that all important question, "qué haría sin tus breves manos?", becomes filled out with critical significance. The texts of Neruda's later years invite radical re-readings of the œuvre which precedes them. Such re-readings, where the love poems are concerned, are essential for our accurate identification, appreciation, interpretation and criticism of the power behind and in the texts. Neruda's work is, in the end, *machista*; but it has the power to put that *machismo* into perspective and eventually to demolish, albeit partially, the structures which support it. Critical deconstruction, in this case as in so many, is a labour of true love.

CHRISTOPHER PERRIAM

Durham

NOTES

[1] Robert Scholes, *Textual Power: Literary Theory and the Teaching of English* (New Haven and London, 1985).

[2] For two succinct accounts of the problems and politics of pleasure in reading, see Fredric Jameson, "Pleasure: a political issue" and Terry Eagleton, "Poetry, pleasure and politics" in Fredric Jameson, et al, *Formations of Pleasure* (London, 1983), pp.1-14 and 59-65.

[3] One of the fullest guides to date to the particular collectivity of readers to which I am referring here is Elaine Showalter, ed., *The New Feminist Criticism: Essays on Women, Literature and Theory* (London, 1986).

[4] René de Costa, *The Poetry of Pablo Neruda* (Cambridge, Mass., 1980), p.23.

[5] References are to the *Obras completas*, third augmented edition, 2 vols (Buenos Aires: Losada, 1967), e.g *Obras*, I, p.213; or, in the case of works not included in this edition, to the first Losada edition (dates given in text): e.g. *El mar*, p.8, for *El mar y las campanas*.

[6] For a full discussion of this concept, see Dale Spender, *Man Made Language*, 2nd ed. (London, 1980).

[7] For a clear, but brief precedent to my own approach here, see Toña García de Léon, "Veinte poemas de desamor y una canción desesperada" in *Ozono* (Madrid), año 4, núm. 35 (agosto de 1978), p.32. García de León observes that the manner of the Neruda of the *Veinte poemas* is, in fact, "la manera de tantos hombres que han nutrido su inconciencia de unas tales circunstancias históricas, económicas y sociales que construyen a la mujer como silencio y la convivencia entre ambos sexos como unas francas relaciones de *animación-sumisión*" (loc.cit.). An earlier and longer approach is John Felstiner's "A feminist reading of Neruda", *Parnassus* 3 (1975), no.2, pp.90-112 (also in I. J. Lévy and J. Loveluck eds. *Simposio Pablo Neruda. Actas* (New York, 1975), pp.317-38). Felstiner's reading, incongruously, is neo-Freudian and much concerned with Neruda's supposed quest for the womb of the true earth-mother. From the perspective of the late 1980s it seems hardly to be feminist at all.

[8] For a discussion of this type of portrayal, see H. R. Hays, *The Dangerous Sex: The Myth of Feminine Evil* (London, 1966).

[9] On misogyny in the Eden myth, see Katherine M. Rogers, *The Troublesome Helpmate: A History of Misogyny in Literature* (Seattle and London, 1966), pp.3-14, Kate Millett, *Sexual Politics* (London, 1985, first published London, 1971), pp.51-53, and Spender, *Man Made Language*, pp.165-71.

[10] Eliana Rivero, *El gran amor de Pablo Neruda: Estudio crítico de su poesía* (Madrid, 1971), p.16.

[11] Alain Sicard, *El pensamiento poético de Pablo Neruda* (Madrid, 1980).

[12] For one revealing, detailed study of this tendency, see Jacqueline Tauzin, "Sobre *Estravagario*: el desacato", in Alain Sicard, ed., *Coloquio internacional sobre Pablo Neruda. La obra posterior al "Canto general"* (Poitiers, 1979), pp.337-59. De Costa, *The Poetry* also makes this point.

[13] On "Tango del viudo" and "Josie Bliss" and the knife incident, see Enrico Mario Santí, *Pablo Neruda. The Poetics of Prophecy* (London & Ithaca, 1982), pp.90-96.

[14] For a straightforward biographico-literary treatment of this, see Hernán Loyola, "El ciclo nerudiano 1958-1967: tres aspectos", *Anales de la Universidad de Chile* (Santiago de Chile), nos.157-160 (Jan-Dec 1971), pp.235-53.

[15] See, for example, "Amores Terusa: I" in *Memorial de Isla Negra* (*Obras*, II, pp.523-27).

[16] See "Pido silencio", "Con ella", "Aquí vivimos", "Por fin se fueron", "Diurno con llave nocturna" (II, pp.74-75, 86, 106-07, 128-30, 143-45) and the "Testamento de otoño".

[17] Carmen Díaz Castañón, "La poesía póstuma de Pablo Neruda", *Archivum* (Oviedo) XXIX-XXX (1979-1980), pp.191-252, p.245.

[18] See Volodia Teitelboim, *Neruda* (Madrid, 1984), pp.365-95.

[19] Matilde Urrutia died on 5 January 1985.

THE PARTING OF THE WATERS

R. González Echevarría

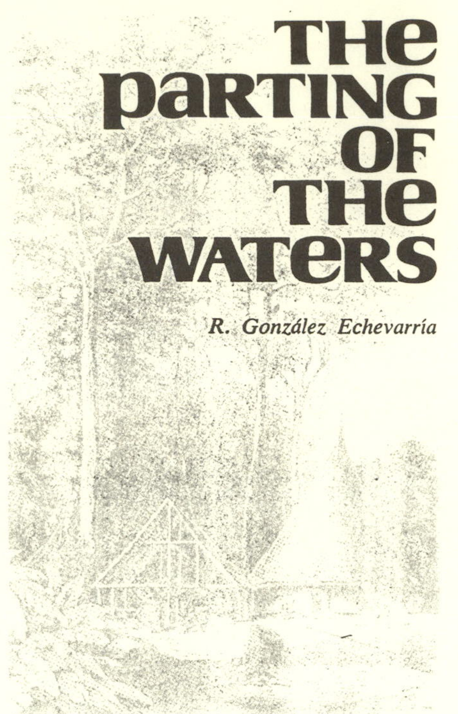

***Historia y mito en la obra de Alejo Carpentier*. Ed. Nora Mazziotti. Buenos Aires: Fernando García Cambeiro, 1972.**

The discovery of Carpentier in the past ten years or so deserves some attention, for, in an oblique way, it underscores certain key elements in his works. Not that Carpentier was totally unknown before. *The Kingdom of this World* was very well received in France; *The Lost Steps* found favor among Anglo-Saxon critics and a film based on the novel was in the planning stages in Hollywood for some time during the fifties; *Manhunt* also had its public and there was talk of a film based on it for some time. Rumor of a Nobel Prize for Carpentier began in the fifties (see Charles Poore, "Books of the Times," *The New York Times,* June 20, 1957; p. 27) and lingered through the sixties and early seventies as Asturias and Neruda won theirs. In Latin America, on the other hand, interest in Carpentier was sporadic before the sixties, and in academic circles his work was generally neglected until quite recently. Some peripheral factors contributed to Carpentier's relative oblivion in Latin America. First, he spent a good portion of his early career in France (1928-1939); second, between 1945 and 1959 he lived in Caracas, working for an advertising agency, sidelined from the fray of movements and countermovements in Latin American literature (the Venezuelan capital is not one of the most active cultural centers in the New World). More importantly, the works produced by Carpentier from the thirties on fell outside the preconceived notions that academicians and critics had about what Latin American literature, particularly the narrative, ought to be: a literature of primitive rejoicing or of protest against primitiveness. Carpentier was too French, too much the child of the European avant garde for some groups, and too uncommitted for others. In the southern part of the hemisphere, under the spell of Borges' deceptively limpid prose, he was found to be too baroque and, paradoxically, too concerned with issues such as Latin American identity (in other words, not European enough). Until the early sixties, Carpentier had the dubious distinction of being an important writer of the sort that is hardly ever read.

Both political and literary factors contributed to Carpentier's discovery in the early sixties. One was the Cuban Revolution, to which Carpentier gave his allegiance; the other, the so-called "boom" of the new Latin American novel. The first made Carpentier an object of curiosity: how could such an exquisite writer, concerned with the temporality and musical structure of his works, claim now to be the follower of a Marxist revolution? The "boom" made him a precursor: if, in many instances, the boom was the belated assimilation of the post-modern novel within a Latin American context, then Carpentier had to be considered a predecessor. The publication of *Tientos y diferencias* in 1964, a book that gathered essays going back to 1948, and which dealt precisely with problems such as the political conscience of the Latin American writer and the absorption of the European avant garde, did much to further interest in Carpentier, at a time when critics were looking for the basis of the new literary explosion. Both of these factors, the political and the literary, lead to the core of the problematics that subtend Carpentier's literary enterprise.

It is undeniable that Carpentier's political position has appeared ambiguous. He spent the most turbulent decade of pre-revolutionary Cuban political history, the thirties, in Europe; he spent the years of struggle against Batista, the fifties, in Caracas. He mingled with writers of the left, yet worked for an advertising agency, and though hailed in Cuba now, his most persistent critic has been the brilliant Cuban Marxist Juan Marinello, who criticized Carpentier's very first novel for its slavish aping of avant garde techniques and who later attacked *Manhunt* for its abstract presentation of human problems.[1] More recently, Neruda called Carpentier (no doubt prompted by Carpentier's signature on a letter condemning him for at-

R. González Echevarría teaches Spanish and Latin American literature at Cornell, is an editor of *Diacritics* and is presently writing a book on Carpentier.

[1] *See Juan Marinello, "Una novela cubana,"* Literatura hispanoamericana *(Mexico: Ediciones de la Universidad de México, 1937); p. 167-78, and "A propósito de tres novelas recientes,"* Meditación americana (Cinco ensayos) *(Buenos Aires: Editorial Procyón, 1959); pp. 59-77.*

tending a Pen Club meeting in New York) "one of the most [politically] neutral men I have ever known"; Neruda even turned an old weapon against him by referring to Carpentier as a "French writer" (*Confieso que he vivido. Memorias.* Barcelona: Barral, 1974; pp. 176-77)—in the thirties, Marinello had already called Carpentier a "cubano-francés" writer and spoken of his "curious indefinition" ("Una novela cubana," p. 171). It is equally true that Carpentier has been a major figure in the complex assimilation of post-modern European literature in Latin America. But in this capacity of two-way translator of "exemplary" European techniques and Latin American "essences," as Carpentier once defined his own role (*Carteles,* June 28, 1931; p. 30), he has been—perhaps of necessity given his own definition—a Janus-like figure, attempting to underplay the strong presence of the European tradition in his works and vehemently underscoring the "Latinamericanness" of his enterprise.

The discovery of Carpentier has been followed by the full-scale colonization of his works by academic critics. This process, as *Historia y mito en la obra de Alejo Carpentier* shows, has not yet been fruitful, and it is symptomatic that general introductions to Carpentier (as various essays in this book confess, or turn out, to be) are written when the bulk of his work has been available for many decades. It would be easy to dismiss the weaknesses of the articles in *Historia* by saying that they simply represent the laborious ways of academic criticism: facile comparisons, bits of erudition without critical justification, study of influences, uncritical application of sundry theories, and the like. It would be as easy to state some particular malaise of Hispanic criticism, such as the gleeful discovery of European modernism, seventy years later; the fever of a first reading of Camus or Sartre; a mind-flattening encounter with Mircea Eliade and the myth of the eternal return. But in the criticism of Carpentier's work, something more interesting has been taking place, which transcends the specific naïveté of this or that essay. Weaknesses in criticism of Carpentier's fiction spring more often than not from the author's own mystifications about his work. Distance is, of course, not a new problem in criticism, but it is surprising to note how docilely critics follow Carpentier when writing about Carpentier. Most, if not all the articles in *Historia y mito* begin by paying homage to *Tientos y diferencias,* before undertaking the tautological exercise of reading one or several of Carpentier's novels or stories, within the framework provided by him.

Various reasons may be advanced to account for this. There is a wide gap between the Carpentier who emerges from his novels and the one who writes essays and grants interviews. The gap is manifest in the radical questioning to which the various doctrines about primitiveness sustaining Latin American culture are subjected in his fiction, and the enthusiastic endorsement of those very same doctrines in essays and other statements. This ambivalence is perhaps related to Carpentier's alleged lack of clear political definition, as well as to the alienation to which he has been subjected (and which he has internalized) because of his French background and the long periods that he has spent in France. It is this ambivalence that condemns Carpentier first to praiseful neglect, later to banal and tautological criticism. The neglect was due to Carpentier's marginality within the marginality of Latin American literature. His works revealed too disturbingly that in literature, autonomy predicated on a differentiated form of presence was an illusion, and that the contrived image of Latin America which appeared in his works, laden with utopian myths taken from the storehouse of Western traditions, belonged to the very dialectics of writing from Latin America. Marinello was the first to voice alarm over this in his often-quoted characterization of a Carpentier "just as anxious for primitivism as a slave to refinements" ("Una novela cubana," p. 171). More recently, Guillermo Cabrera Infante has said that "Carpentier deals with contexts, I deal with texts. The context in Carpentier is well-known beforehand, not only explored territory, but even mapped and illustrated" (*Mundo Nuevo,* 25, July, 1968; p. 45.). Because of the marginality unveiled by his texts, Carpentier's statements about the very doctrines that would condemn his work to polite oblivion have been redolent with pious allegiance and commitment. Whereas Borges (who prides himself on the long and patrician history of his family) assumed the loss of identity in writing as a given, Carpentier has struggled to cover that loss by creating an image of himself that often contradicts the one projected by his literature. Critics have acquiesced and the results have been tranquilizing since, by this procedure, the rich prolegomena of his texts is evaded in order to further enhance the image that Carpentier sought to create beyond his fiction. A homogeneous view of the totality of Carpentier's *oeuvre* emerges from such exercises—a totality whose only visible alteration would be Carpentier's gradual acquisition of technical or formal mastery. A more suggestive approach, it seems, would allow the contradictions that Carpentier's literary enterprise harbors to play themselves out, allowing an insertion of critical commentary through the cracks of his monumental work. No text of his offers this opportunity more readily than *The Lost Steps,* a novel whose centrality in the field of Latin American literature is determined precisely by the dialectics of loss and gain that constitutes it.

X "I wrote *The Lost Steps* three times," Carpentier said recently in an interview. "The first time I didn't like it; the second time I was disenchanted with it. Then I went through a period of reflection about my work and wrote it for the third time. At that moment I was satisfied" (*Bohemia,* March 26, 1971; p. 6). A few years before, Carpentier had made a similar confession in an autobiographical essay: "Three times I rewrote it completely" (*Insula,* No. 218, 1965; p. 13). Though it is known that Carpentier polishes his prose with Flaubertian anxiety, it is still difficult to accept that those three versions of his most ambitious novel are the result merely of his striving to achieve stylistic perfection. Besides, Carpentier speaks not only of corrections or revisions, but of a period of reflection (*recapacitación;* taking stock) about his work in general and of rewritings. We do not have the two versions that preceded, according to Carpentier, the final text of *The Lost Steps,* but there are two other versions which show that the writing of this novel represents a major break in the course of his work. The hesitations, rewritings and revisions undergone by *The Lost Steps,* mirrored within the text of the novel itself, are the manifestation of a point of closure as well as a new point of departure, a point from which the totality of Carpentier's production may be viewed advantageously, as he seems to have done in composing the novel. Totality, of course, not in the sense of a closed system, nor of a homogeneous whole. Instead, the field of breaks and shifts in Carpentier's production away from various key metaphors strategically linked to philosophical positions which attempt to locate Latin America and Carpentier's own discourse within Western history and writing, or, more often, without. The two other versions are some chapters of an unfinished book of travels *(El Libro de la Gran Sabana)* written during the summer of 1947 and published in newspapers and magazines during that same year and the beginnings of the next; and second, Carpentier's own published recollections in interviews and other public statements about the writing of the novel. Given the first-person, autobiographical form of *The Lost Steps* and Carpentier's repeated suggestions that it reflects in part his own experiences, as well as the novel's own speculations about writing and artistic creation, consideration of these texts as versions of the novel seems justified.

There are many indications of a new Carpentier in *The Lost Steps.* To begin with, this is the first work of his that Carpentier explicitly calls a novel (the title page of the original reads: *Los pasos perdidos. Novela*). Prior to 1953, when *The Lost Steps* appeared in Mexico, Carpentier had published *¡Ecue-Yamba-O!* (1933), subtitled *Historia Afro-Cubana;* a series of short stories later published together as *War of Time* (1957); and, most notably, *The Kingdom of this World* (1949), a book commonly referred to as a novel, but which Carpentier subtitled *relato* (French *récit*). The distinction is noteworthy. Leaving aside his youthful and now disclaimed *Ecue-Yamba-O,* the stories and *The Kingdom of this World* are fragmentary accounts of lives caught up in the swirl of history represented as a series of repetitions and circularities. (Following Spengler, Carpentier views the historical process, in these stories, as one of cyclical repetitions, homologous to nature.) The emphasis falls on the *telos* of the narrative, on the formal interrelation of the various scenes, not on the characters' lives nor on the motivation of their actions; the characters are hieratic figures in a large historical tapestry. All of the stories are set in the eighteenth and nineteenth centuries (with the exception of "Like Night") and are inscribed within recognizable historical events, or within easily recognizable social circumstances. *The Kingdom of this World,* for example, occurs during the revolts that began in Haiti after the French Revolution which culminated with that country's independence and the accession to power of the first native dictators—two historical cycles that bisect the novel at all levels mirroring each other as much in the chronological as in the formal structure of the narrative. But the paradigm of fragmentation and discontinuity at the level of the characters may be found in "Like Night," where one same soldier appears in six extraordinary historical events separated by over two thousand years—from the day in which the fleet that sets out to rescue Helen of Troy sails, to D-Day in 1944. Viewed against Carpentier's previous production, *The Lost Steps* represents an attempt at unification and synthesis, if only because it is centered on a continuous narrative presence—a narrator-protagonist who brings before the reader a totality of his life and experience in our times, instead of a series of fragments projected against a background of monumental and dwarfing historical events. Not since *¡Ecue-Yamba-O!* had Carpentier set his narrative in his own time, with the exception of two episodes in "Like Night" (a story that also prefigures, paradoxically, *The Lost Steps*). And never before had he attempted a narrative with a complex relationship between character, setting and action—a narrative in which the characters would appear as active agents within, and reflectors of, history.

Whereas Carpentier wove his previous fictions around the lives of obscure historical figures, in *The Lost Steps* he himself is the object of the biography, and the writing of the novel becomes a subject of the narrative. The impersonal, even hieratic, tone of the earlier works is abandoned in favor of a self-reflexiveness that is connected to the autobiographical nature of the novel. Furthermore, the ideological framework of earlier works is set off against a different and conflicting conception of man and history: Sartrean existentialism. In spite of negative comments about Sartre in the prologue to *The Kingdom of this World* and in journalistic pieces that precede and follow *The Lost Steps,* Sartrean concepts like "authenticity," to mention only one, continually surface in this novel, and the predicament of the protagonist, caught between a search for his essence in the past and a commitment to the present-in-history, is again Sartrean. The clash of these concepts in *The Lost Steps* is evidence of its recollective, stock-taking quality—as is the title itself, a translation of Breton's, that might allude to Carpentier's surrealist past (the title of the French translation of the novel had to be changed to *Le Partage des eaux*). On a purely textual level, there are abstracted versions of earlier stories of Carpentier's, such as "Return to the Seed," as well as echoes and excerpts of his journalistic work in the forties. Beyond this, the novel shows a totalizing desire on both the level of personal and world history; as the protagonist moves through the jungle, he believes he is moving across all of man's history, as if his voyage were not through landscape but through an imaginary museum, or through a book containing the entire history of mankind, but read backwards. His voyage is also through individual memory, across all the stages of his past life, to childhood and ultimately his own birth. The overall movement is towards a point where both of these voyages will merge in a true synthesis of the totality of history and the self.

In the prologue to *The Kingdom of this World* (first published as an essay in 1948), Carpentier outlined the directions of his own work, and attempted to define Latin American literature. This text was to have a strong (though belated, through the version published in *Tientos y diferencias*) impact on Latin American literature and criticism and was instrumental in the creation and dissemination of a critical concept that came to be known as "magical realism," or "American marvelous reality" *(Lo real maravilloso americano)*. Carpentier, writing against his old friends and Surrealists, claimed that American writers need not look for the fantastic or the marvelous in flights of the imagination, nor in codes of the fantastic where sewing machines and umbrellas chance to meet on operating tables, because the fantastic was part of everyday reality in the New Continent, as well as part of its history. History and reality, infused with the fantastic and the marvelous, "wrote themselves" through American writers who, unreflexively and in a state of pious belief, allowed it to be ciphered in their works (more than simply a re-working of Surrealist dogma, this idea harked back, through Spengler, to the Romantic notion of the holy marriage of Nature and Mind in visionary poets discussed by M. H. Abrams in *Natural Supernaturalism. Tradition and Revolution in Romantic Literature*. New York: Norton, 1971; p. 31). *The Kingdom of this World,* Carpentier added, was evidence of such phenomenon, for without conscious planning, a series of magical correspondences and repetitions appeared in the sequence of historical events narrated (the two mirror-like cycles mentioned). To all but the most skeptical reader, *The Kingdom of this World* is indeed the apotheosis of such a new Latin American literature. It is a painstakingly researched historical narrative in which Carpentier seems to have followed the recorded history of the Caribbean; in fact, this history is at times just lifted from the texts that contain it and grafted onto his own text—a history that unveils on close reading an uncanny system of cabbalistic numerical correspondences, similar in many ways to the one found in the structure of Dante's *Commedia*. But this system is strategically rigged by means of omissions, errors and anachronisms that betray a deliberate composition. The errors and anachronisms constitute a surplus that points to the presence of a creative consciousness that mediates the alleged complicity between nature, history and writing. The novelistic bad faith implicit in this is emblematically represented by the figure that ultimately rules the kingdom of this world, the devil—the diabolical Romantic force that makes possible the literary alchemy that binds together the disparate textual elements, and with whom the author must be metaphorically identified.

Carpentier's doctrine is but one manifestation of a whole movement in Latin American literature whose supreme fiction is the search for that lost origin, that edenic beginning of beginnings destroyed by the violent birth of history with the European invasion, that supreme fiction evoked by Neruda in the opening lines of his *General Song:*

> Before wig and frock coat
> were the rivers, the arterial rivers,
> the cordilleras on whose scraped escarpments
> the condor or the snow seemed immobile
> humidity and density, the thunderclap
> not-yet-named, the planetary pampas.
> Man was earth, a vessel, the eyelid
> of the quivering clay, a shape of potter's earth,
> Carib spout, Chibcha stone,
> Imperial cup or Araucanian silica:
> he was gentle and bloody, but on the hilt
> of his wetted glass weapon
> the earth's initials were
> written.
> No one
> could later recall them: the wind
> forgot, the water's idiom
> was buried, the code was lost
> or inundated by silence or blood.

(tr. Anthony Kerrigan, in *Pablo Neruda. Selected Poems*, ed. Nathaniel Tarn. New York: Delta Book, 1970; p. 164)

That literature, of which Carpentier's famous prologue to *The Kingdom of this World* was a sort of manifesto, was one of remembrance—of *re-call*. But, given that the fusion of nature and creative consciousness as exemplified by that text was a strategy devised in dusty libraries, Carpentier now sets out to look for that utopic moment where all begins in the sidereal silence of the great savannas. His voyage to the jungle and the attempt to write *El Libro de la Gran Sabana* constitute the search, on a personal, unmediated, biographical level, for that inscription of the earth's initials—for a writing that precedes writing. This is perhaps the reason why Carpentier chose to fictionalize his life and cast it within such grandiose literary myths (Ulysses, Prometheus, the search for El Dorado, etc.), *nel mezzo del cammin' della sua vita.*

The anecdotal parallels between *The Lost Steps* and Carpentier's biography are numerous and many of them well-known, for Carpentier himself has often drawn them, beginning with a note appended to the novel in which it is suggested that some of the adventures in the book were experienced by the author. In 1945 Carpentier moved from Havana to Caracas to take a position similar to that of his protagonist in an advertising agency; like his protagonist Carpentier is a composer and musicologist (in the thirties Carpentier had also worked in radio broadcasting in Paris). Carpentier had barely time to settle in the Venezuelan capital when, in October 1945, a military *coup* toppled the government. For several days Carpentier and his wife were trapped in a hotel as shooting went on around them, much as the protagonist and Mouche during the Revolution in the Latin American Capital. Chronicles by Márquez Rodríguez (*La obra narrativa de Alejo Carpentier,* Caracas: Ediciones de la Biblioteca de la Universidad Central de Venezuela, 1970) and Müller-Bergh (included in *Historia y mito*), based largely on Carpentier's own accounts, as well as statements by Carpentier himself, indicate that, while in Venezuela, more specifically in 1947, he traveled to the jungle and that, during this trip, he conceived the idea of writing *The Lost Steps,* in the same fashion as his composer-protagonist begins work in the jungle on his piece based on Shelley's *Prometheus Unbound*. Further details attest to even more significant autobiographical elements in *The Lost Steps*—notably the similarity, between the protagonist's Latin American childhood, which he attempts to recover upon his return from many years abroad, and Carpentier's own return to Cuba in 1939 after more than ten years in France; the protagonist's European father and Carpentier's—

a French architect and musician.

However, if the novel were autobiographical in the direct and almost literal way in which criticism (and recently Carpentier himself) wants to make us believe, what can we make of the ending? The protagonist's quest ends in failure. When he is able to organize a return, he can never return to Santa Mónica de los Venados (a name that seems to allude to Augustine's *Confessions* and is associated with the return to the mother in the progression Ruth-Mouche-Rosario-María del Carmen): he learns that Rosario has married Marcos and that it is impossible to find the village because the inscription on a tree marking the secret duct in the river has been obliterated by the rising waters. He has to return, dejected, to the Latin American Capital and, like a sane Don Quixote on his death-bed, realizes that his journey is impossible, that the return in time is an illusion, for he has a consciousness of history that Rosario and the others, who live in an unmediated present, do without. Thus the novel ends with the protagonist's realization that only the present-in-history is given him and that he must assume historicity and temporality as the conditions of his existence (the historicity that he did not want to assume by killing the leper, the time that forces him to record his music on paper). Such a realization at the end would entail paradoxically a liberation from the past, a Romantic shedding of disguises:

> The loathsome mask has fallen, the man remains—
> Scepterless, free, uncircumscribed—but man:
> Equal, unclassed, tribeless, and nationless,
> Exempt from awe, justice, degree, the king
> Over himself [. . .]
>
> (*Prometheus Unbound,* Act IV)

But it is precisely because of that liberation, denying the teleological or eschatological validity of the quest that it simultaneously affirms, that the progression towards such a moment of freedom—the novel—must be seen as shattered—the picture of Man as a "many sided mirror" (*Prometheus Unbound,* Act IV), not a unified presence that gains entrance to a privileged world without temporal dimensions. It is only from this moment of self-denial that the various selves of the narrator-protagonist should be considered as nothing but a succession of predicates attached by linguistic convention to the unassertive I of the narrative. This unassertiveness is made more poignant in the Spanish original by the possibility of omitting the pronoun and by the identical verb forms of the first and third person singular that, particularly in the first two pages, make it difficult to ascertain whether the narrative is first- or third-person (the lack of assertiveness is further underscored by the namelessness of the protagonist and by the fact that there is no fixed time of narration—at no moment does the reader know just when the narrator set down what he is reading). This lack of center generates the baroqueness of the style—the excessive accumulation of predicates attempting to define an ever absent subject—and the repetitious and open-ended nature of the text. As in Proust, the ending is the announcement of a new beginning, but this in itself, of course, problematizes the autobiographical status of the text.

Discrepancies as well as insights into the more complex autobiographical nature of the novel arise if we shift our focus to what I have called the third version of *The Lost Steps,* Carpentier's reminiscences about its composition. In 1964 he said to César Leante in an interview:

> Knowing Venezuela completed my vision of America. There, one can find the great rivers, the endless plains, the gigantic mountains, the jungle. The Venezuelan landscape was for me a way of coming into contact with the soil of America, and to penetrate its jungles was to come to know the fourth day of creation. I made a trip to the Upper Orinoco and lived there for a month with the most primitive tribes in the New World. Then, the first idea of writing *The Lost Steps* was born in me [*nació en mí*]. Going up the Orinoco is like going back in time. My character in *The Lost Steps* travels up river to the roots of life, but when he wants to find them again he is unable to, for he has lost the door that leads to authentic life.
>
> (*Cuba,* 3, 1964; p. 30)

A year later, Carpentier said more or less the same in a radio program recorded by Müller-Bergh: "In 1947, finding myself in Venezuela, I had the desire to go into the virgin jungle, that is to say, to the landscape of the fourth day of creation. For that purpose, I left Caracas, crossed an important region of the country, and arrived at Ciudad Bolívar, on the banks of the Orinoco [as] I journeyed up the Orinoco I realized that there is an American space-time [as] we moved forward during that twenty-day navigation [. . .] civilization disappeared and one entered into a life that seemed like the European middle ages" (*Historia y mito,* pp. 33-34).

Carpentier's statements and even his choice of words (to *complete* a vision) indicate a totalizing desire only possible from a privileged position in time, one which harks back to notions that *The Lost Steps* had undermined: the statements echo the protagonist's belief that his journey takes him through all the stages of man's history, the Romantic attempt at totality and classification that underlies Alexander von Humboldt's *Kosmos.* Placing the birth of the novel ("born in me") in the midst of the jungle is also part of such mystifications; like his fictional character, Carpentier found in a Valley-of-Time-Detained, he tells us, the strength and vigor of creativity, the fertility of the holy marriage of creative consciousness and virginal nature. But in the novel, the narrator-protagonist never finishes his musical composition—he runs out of paper—just as Carpentier left unfinished the *Libro de la Gran Sabana;* there are, in fact, no true geneses in *The Lost Steps,* only repetitions and rediscoveries. When the protagonist begins to compose music in Santa Mónica de los Venados, it is insinuated that Rosario has become pregnant by him, but he never knows for sure, and then she marries Marcos, and Ruth, his own wife, only feigns a pregnancy.

Carpentier's insistence on identifying his own voyage with that of the protagonist of *The Lost Steps* in his third version has created a curious and revealing and proliferating novelistic network, with a host of unsuspecting co-authors among critics. Luis Harss, contradicting elementary notions of South American geography, has said that *The Lost Steps* "describes

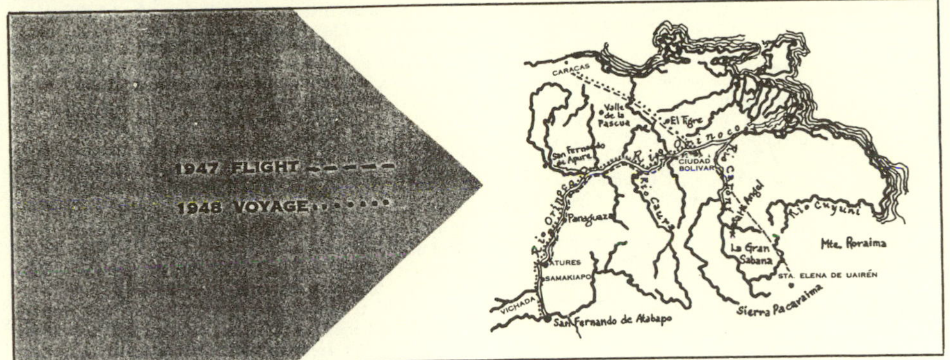

a trip the author took up the Orinoco River to the great savannas, the old terrestrial paradise of the conquistadors" (*Into the Mainstream. Conversations with Latin American Writers.* New York: Harper and Row, 1967; p. 52). It would be difficult to reach the great savannas traveling up the Orinoco, since these are found southeast of the Orinoco Valley (reachable through the Caroní, a tributary), in the bordering region between Venezuela and British Guiana, while the river leads to the southwest regions of Venezuela and the Colombian and Brazilian border. But Harss' error is not without basis, for Carpentier had taken the trouble to point out in the note appended to *The Lost Steps* that "the landscape [in the novel] changes from the Upper Orinoco to the Great Savanna, the vision of which is offered in various passages in chapters III and IV." The translation of the "Author's Note" does not make the transition quite clear: I am quoting here my own translation of the Spanish. The English translation reads: "From that point on, the landscape becomes that of the Great Savanna, a vision of which is to be found in different portions of Chapters iii and iv" [p. xvi]: *becomes* indicates a progression only possible in the fiction, while in geographic terms it has to be *changes.*[2] But, why did Carpentier choose to describe Santa Mónica de los Venados after Santa Elena de Uairén and not after San Fernando de Atabapo, or any of the other missions in the Upper Orinoco that he visited (and which were described by Alexander von Humboldt in chapter XXII of his *Travels to the Equinoctial Regions of America,* a book often quoted by Carpentier)? And why, when evoking his trip and the composition of the novel years later, does he omit the savannas, choosing instead the admittedly more richly symbolic voyage up river? Why does he not finish *El Libro de la Gran Sabana,* writing instead *The Lost Steps?*

Although in interviews and statements Carpentier speaks of only one trip to the interior of Venezuela, there were two such trips, undertaken during his summer vacations; in July 1947 and in September 1948. We have the evidence of the first in the *Libro de la Gran Sabana;* of the second (other than the novel itself) there is only a brief account given in a highly ironic article by the Venezuelan writer Guillermo Meneses ("Carpentier Returned from the Jungle" is the title of this mock-heroic piece that appeared in *El Nacional* of Caracas on September 12, 1948; p. 4). Carpentier insists on 1947 as the year when the idea of the novel first came to him, and even a cursory reading of the *Libro de la Gran Sabana* reveals that this is the primitive text of the novel: paragraphs, scenes, images, characters have been incorporated almost untouched from the travel journal into the novelistic text. More important, the perspective of Carpentier in writing his journal parallels that of the narrator-protagonist: there is a sense of discovery and astonishment; more importantly there is a contradictory desire to describe the landscape in terms of metaphors and similes whereby the new realities portrayed are identified through allusions to Western tradition, while at the same time there is an attempt to preserve their originality and uniqueness. The tension is that of a language in search of the proper, though ever elusive forms of expression in a movement that clearly parallels the novel's plot—the return to origins, to paradisiacal beginnings in a desire to abolish the gaps and differences that metaphor and simile attempt to bridge, but never close. The desire to name for the first time (origin-ality) is what modernism (Mallarmé, Rimbaud) inherited from the Romantics—the wish, in Shelley's words, to make language "a perpetual orphic song,/which rules with Daedal harmony a throng/ Of thoughts and forms, which else senseless and shapeless were" (*Prometheus Unbound,* Act IV).

An editorial note that accompanies the first installment of *El Libro de la Gran Sabana* reveals much about the 1947 trip and the book that Carpentier thought of writing:

> In the past month of July, our contributor, Alejo Carpentier, made one of the most extraordinary voyages that can be undertaken in South America. Departing from Ciudad Bolívar, he flew [. . .] to the Great Savanna, over the peaks of the Caroní, in a special plane furnished by the Ministry of Communications of Venezuela. After a stay at the Mission of Santa Elena de Uairén, of Franciscan monks, the writer returned to Ciudad Bolívar, travelling later up the Orinoco River to Puerto Ayacucho, whence he proceeded by launch to the Atures Falls, cov-

[2] *I am quoting from* The Lost Steps, *tr. Harriet de Onís, 2nd ed. (New York: Alfred A. Knopf, 1967).*

ering, therefore, a great portion of von Humboldt's route.
(*Carteles*, January 25, 1948; p. 35)

The anonymous note goes on to explain, in what sounds now very much like Carpentier's own prose, the gestation and nature of the book: "Profoundly impressed by the revelation of a virginal world, inhabited by men who continue living as in the days of the Conquest and are still motivated by the same forces, Alejo Carpentier wrote a book entitled *El Libro de la Gran Sabana*, in which the description of nature, beings and things is accompanied by a series of reflections about the history, myths and realities of America." The *Libro* was going to be, then, very much like *The Lost Steps* (criticism has often objected to the "essays" that appear in the course of the narrative), except that the narrator-protagonist was going to be Carpentier.

Other observations may be drawn from the contents of that note, which begin to answer tentatively some of the questions raised above, or at least to cast them in a different context. The most startling is that the region to which the action of the novel is displaced as the characters approach the innermost recesses of the jungle, was seen by Carpentier from the air: it was not part of that direct observation and experience that he remembers in the third version and that the minute descriptions of the novel would allow one to assume on the part of the author. This is not an empiricist's quibble, for there is more here than the question of recording "real" events. It is a matter of conflicting reports. The note goes on to explain that, in spite of the proverbial inaccessibility of the region, the Great Savanna had been the object of explorations dating back to the nineteenth century, as well as the subject of various written accounts by those explorers, not to mention that Conan Doyle placed there the action of his *Lost World*. The same contradictory gestures found in the language of both the *Libro* and the novel are at work here: the region is untouched and inaccessible, yet it has been the object of literary as well as real explorations. Carpentier speaks of the 1947 trip as the genetic one, yet we find that it was in 1948 that he made a voyage up river that could conceivably be compared to that of the narrator-protagonist in *The Lost Steps*.[3] Meneses corroborates this: "He crossed a mysterious duct. He came to know a secret river. He discovered obscure signals that mark the way to the *guahiba* villages. He crossed silvery waterways hidden under the trees. He brought back rare experiences of his life with the *cuibas*." Of this marvelous voyage, Carpentier did not write one line, except for the novel: why was *El Libro de la Gran Sabana* abandoned in favor of *The Lost Steps* between 1947 and 1948?

The first page of *El Libro de la Gran Sabana* contains the following passage which sets the tone mentioned before:

The routines of my Western imagination make me evoke, immediately, Macbeth's castle. But no. In the entrails of virginal America these images are too limiting and inadmissible. These towers of steely rock, very lightly translucent, are too tall to constitute a stage décor: they are too inaccessible, too husky, under this dramatically turbulent sky . . . Never would [the Indians] commit the sin of reducing the vision [of this landscape], following a chain of ideas, to the scale of the scenery of a theater, as I was about to do, I, a man shackled to the printed letter. [. . .] Here the man of the Sixth Day of Creation contemplates the landscape that is given him as his own home. No literary evocation. No myths framed by the Alexandrian line . . .
(*El Nacional*, November 19, 1947; p. 10)

In spite of the self-deprecation and the struggle to escape from the routines of the imagination, *El Libro de la Gran Sabana* is full of allusions to the vast literature of paradise and utopia, from Pedro Mártir de Anglería to Milton, from the Bible to Alexander von Humboldt and Blake, from Lope de Vega to the Schomburgk brothers. Instead of the unmediated presence that Carpentier seeks in his voyage to the sources of time and history, he finds that road to paradise littered with texts that form an unpliable and dense memory from which he can find no release, at the risk of silence (the paradox of being in "the entrails of virginal America"—the product of a fatherless, unmediated conception, of an originality denying repetition). His attempt to inscribe his autobiographical "I" within the evidence of the past turns into a sifting through the endless versions of that myth of origins. It may well be for this reason that the *Libro de la Gran Sabana* was never finished and gave way instead to *The Lost Steps*, where the autobiographical "I" who suffers the defeat is passed on to a fictionalized "I" who must attempt the futile quest for the one inscription on the bark of the mythical tree in the garden of Eden.

Only within this process of discovery and concealment can the displacement of the action of the novel from the Upper Orinoco to the Great Savanna

[3] *In reply to a query by the author Carpentier sent the following addendum in a letter:*
"Added:
With respect to the trip (or trips):
1) Great Savanna, by plane, in a craft of the Department of Cartography—that is to say = it went through narrow passages and canyons, flying over *unexplored places*.
2) Same trip = Two days in Santa Elena, with journey to Icabaru.
3) Same trip = Flight over the Orinoco, at very low altitude, to Puerto Ayacucho.
[*Written in margin:* 1947]

Second trip
1) By land to Ciudad Bolívar (by bus). I pass through "El Tigre" (the-Valley-of-Flames")—
2) Attempt to board "El Meta," immobilized by an engine break-down. Trip, finally, in a cattle launch carrying breeding bulls, to the Upper Orinoco (nine days)—
3) I continue the trip to Samariapo, in a small launch, up to San Fernando del Atabapo—
4) Entrance to the jungle (through the Guacharaca channel) by the spot where the sign v is engraved (the three v's one inside the other).
5) Return to Caracas at the end of the trip—
Study of Schomburgk, of Koch-Grünberg, etc.—(National Library, Caracas). I have about three hundred photographs (that I took myself with a bad camera, where all the places where the action [of the novel] takes place appear)—
. . . I believe that I have little to add—"
[*Written in margin:* 1948]

AC

be explained. In the second installment of the *Libro de la Gran Sabana* there is a long paragraph devoted to two German explorers, Richard and Robert Schomburgk, who traveled in the area bordering British Guiana and Venezuela during the nineteenth century, and a series of quotations from the extraordinary book that Richard wrote recounting their experiences in the Great Savanna.[4] Here is the source of the language and problematics of the *Libro de la Gran Sabana* and *The Lost Steps*—the text that supplies Carpentier with an appropriate setting for chapters III and IV in the novel. Schomburgk's Romantic version of the Great Savanna, his constant though fertile resistance to describe the landscape in terms of a Western frame of reference, his struggle to preserve its newness and uniqueness, is similar to that of both Carpentier books. *Travels in British Guiana* is the secret source, the element which is suppressed when Carpentier reminisces about the gestation of the novel, and, to be sure, one of the "thousand books" (p. 107) that separate him, according to the protagonist, from Rosario (the mother-lover, the true, innaccessible source)—source in more than the trivial sense of Carpentier having taken from Schomburgk the plot of the novel, for if anything should be beyond question it is that *the* source of *The Lost Steps* does not exist as such. (The novel falls within so vast a literary and paraliterary tradition of travel journals that listing one or many books which it resembles is as futile as the protagonist's quest.) The point is that Schomburgk's book embodies the Romantic problematics within which Carpentier is working and, ultimately, against which he is working. The repeated allusions to "forms" in the *Libro de la Gran Sabana, The Lost Steps* and *Travels in British Guiana* are not coincidence. Although variously rendered in English as "shapes" or "forms," these are echoes of Goethe's theory of *Urformen* (Shelley's "thoughts and forms,/which else senseless and shapeless were," and Neruda's "shape of potter's earth") and, ultimately, of Romantic monism—the emergence of master forms in the desired communion of Mind and Nature.

The addition of Schomburgk's account of his own lost steps creates yet another version (to which Harss' and others that follow Carpentier's novel could be also added) and begins to produce a sort of Gidian (before Borges) or Cervantian *composition en abîme*—a series of infinitely repeated and receding sequences, evoked in the text by the V's set within each other that mark the entrance to the Valley-of-Time-Detained. This is the kind of infinite regression that is found in the novel itself, a novel which is, ostensibly, in some parts that are dated, the travel journal written by the narrator-protagonist, but which could also be the newspaper accounts that he plans to write at one point for profit, or even the novel he also says he might write. One is inclined to believe the latter when, upon close examination, "errors" are found in the dating of the journal that allow the construction of a complex numerological system which, barring the wild workings of change, points to the presence of a creative consciousness that orders the life of the protagonist (see Eduardo González, "*Los pasos perdidos:* el azar y la aventura," *Revista Iberoamericana*, 38, 1972; pp. 585-614). The

[4] *The scope of Carpentier's readings of explorations, anthropological accounts and travel journals in the Orinoco Valley cannot be limited to classical books such as von Humboldt's, Schomburgk's, Koch-Grünberg or Gumilla's, and in this respect the "topicality" of the Orinoco at the time the novel was being written cannot be discounted. The contemporary relevance of Schomburgk's account may be measured by the fact that Carpentier's first voyage was made in a plane of the Department of Cartography of Venezuela; the Schomburgk brothers had been the ones to draw the famous, and in Venezuela infamous, Schomburgk line, dividing the territories of Venezuela and British Guiana (they had undertaken their expedition at von Humboldt's urging, but under the auspices of the British Crown). Furthermore, the sources of the Orinoco had been discovered in the last days of 1951, creating a great deal of interest in the region, fanned by the publications of the earlier Franco-Venezuelan expedition of 1948-1950. Any review of periodicals of the time shows that in 1950, Venezuela was aswarm with speculation as to the possible success of the expedition to the sources of the Orinoco (see the account by its commander, Col. Dem. Franz A. Risquez-Iribarren,* Donde nace el Orinoco *[Caracas: Ediciones Greco, 1962]). Two of the publications issuing from the 1948-1950 expedition bear particular relevance to* The Lost Steps: *one, the recordings of native instruments made by Pierre Gaisseau (see Carpentier's commentary in* El Nacional, *May 23, 1954) and Alain Geerbrant's account and photographs of paintings and petroglyphs found in the Guaviare region (Carpentier devoted two articles to the book in* El Nacional *on May 14 and 24, 1952. Carpentier also devotes two articles to essays by Lévi-Strauss, mentioning in one of them* Tristes tropiques *("magnificent and undeceived book"), a work whose remarkable parallelisms with* The Lost Steps *were first noted by John Freccero ("Reader's Report,"* Cornell University. John M. Olin Library Bookmark Series, *No. 36, April 1968) and developed more fully in Eduardo González' unpublished doctoral dissertation (Indiana).*

The Lost Steps, *pp. 171-72.*

With aching limbs, I stepped out of the cabin, looked, and stood speechless, my mouth filled with exclamations that did nothing to relieve my amazement. Beyond the gigantic trees rose masses of black rock, enormous, thick, plummet-sheer, which were the presence and testimony of fabulous monuments. My memory had to recall the world of Bosch, the imaginary Babels of painters of the fantastic, the most hallucinated illustrators of the temptations of saints, to find anything like what I was seeing. And even when I hit upon a similarity, I had to discount it immediately because of the proportions. What I was gazing upon was a Titan's city—a city of multiple and spaced constructions—with Cyclopean stairways, mausoleums touching the clouds, vast terraces guarded by strange fortresses of obsidian without battlements or loop-holes whose role seemed to be to guard the entrance of some forbidden kingdom against man. There, against a background of light clouds towered the Capital of Forms: an incredible mile-high Gothic cathedral, its two towers, nave, apse, and buttresses situated on conical rock of rare composition touched with dark iridescence of coal. The belfries were swept by thick mists that swirled as they broke against the granite edges.

In the proportions of these Forms, ending in dizzying terraces, flanked by organ pipes, there was something so not of this world—the mansion of gods, thrones, and stairs designed for some Last Judgment—that the bewildered mind sought no interpretation of that disconcerting telluric architecture, accepting, without reasoning, its vertical, inexorable beauty. The sun was casting quicksilver reflec-

unity of self sought in the return to origins is lost and fragmented, the fusion of self and history in the Valley-of-Time-Detained proves illusory, both in the process that led to the composition of the novel and within the novel itself. Individual memory and origins are dispersed in a collective memory—writing. The self-reflexive emblem of these multiple refractions within the text of the novel could be the oft-mentioned Baroque mirror in which the protagonist sees himself in the Curator's office: "In the familiar mirror with its heavy rococo frame crowned by the Esterházy coat of arms, I saw myself sitting stiffly like a child taken visiting" (p. 16); "The mirror showed me the rueful face of a cardsharper caught with marked cards up his sleeve, my own face at the moment" (p. 21); "And when the alarm went off, the pointless awakening would follow the fear of meeting the person who emerged from myself and waited for me each year on the threshold of my vacation. The person full of reproach and bitter upbraiding whom I had glimpsed hours before in the Curator's baroque mirror, ready to rake over the old ashes" (p. 33).

The autobiographical nature of *The Lost Steps*, in all its ambiguity, is both cause and effect of the strategic position that this novel occupies in the totality of Carpentier's production. Its recollective and synthesizing attempt, both at a biographical and literary level, bear the mark of the conversion. John Freccero has this to say in a remarkable paragraph about what he calls the "novel of the self" (the pattern of which would have been established by Augustine's *Confessions*):

Conversion in Pauline terms was a burial of the "old man" and a putting on of the new. Similarly, this detachment of the self that *was* from the self that *is* constitutes the first requirement of any literature of the self that pretends to sincerity. This is most apparent in some modern forms of the literature of the self which end not in synthesis, but in infinite regressions—a series of attempts to grasp the truth about oneself which are constantly being replaced by fresh attempts: the novel, the journal on the novel, the journal on the journal. In such cases there is no real detachment, no gap between *persona* who was and author who is. Because of the essential continuity of subject and object, of observer and the self which is observed, there is no place to stand from which the flow of consciousness can be measured, let alone judged, because both subject and object are swept along by the flow of time. Only death can close the series, lock the door of the self so that inventory may be taken. Death being what it is, however, it is impossible for the self to "take stock" of itself. It is the anguish of the novelist that he can know himself with sufficient detachment only when he is all that he can ever be, at which point he ceases to know anything at all. For this very simple reason bad faith and self-deception seem built into the genre, and modern "confessions" usually wind up in protestations of innocence.

(*Dante. A Collection of Critical Essays*. Englewood Cliffs: Prentice Hall, 1965; p. 5)

Such is clearly the case in *The Lost Steps* and in the process of its composition, though the last version, when Carpentier appears to revert to the mystifications of 1947, may show through the "bad faith" built into the genre that the continuity between subject and object is not an essential one, but that the

tions on that impossible temple suspended from heaven rather than resting on earth. On different planes, defined by the light or shadow, other Forms could be distinguished, belonging to the same geological family, from whose edges hung cascades of a hundred falls that finally dissolved in spray before they reached the treetops.

Travels in British Guiana, *tr. Walter E. Roth, Georgetown, B. G.: Published by Authority "Daily Chronicle," 1922, Vol. I.*
I have never since met with more bizzare rocky masses, nor again with valleys or hills that could in the slightest degree compare with those included in our journey today. Though on previous occasions I had perforce smiled at the wealth of imagination displayed by the Indians, and bewailed my northern materialism, when they pointed out a human being in this rock here, and some animal or other in that one there, I nevertheless now fancied that I had been transported to a veritable fairyland where the world now turned into stone was passionately awaiting the wizard's wand for deliverance so as to resume undisturbed once more the active life that a mysterious spell had brought to a sudden stop. The summits of the collective circle of hills ran out into black masses of granite, gneiss, and quartz, of the most peculiar shapes, whilst the quartz, on account of the reflected solar rays over the dark foliage of the valley, shed a lustre that only increased the illusion still further. It was not long before the thought of losing oneself in this rocky labyrinth gave me an uncanny shudder (p. 52-53). In a real labyrinth of mountains, wrestling with, and towering over one another, there suddenly spread out before us the picturesque mountain-chain from the base of which the 2 to 300 foot high Piatzang Rock, bare of all vegetation, raised itself and its two giant granite watchtowers: a stone wall some 50 to 60 feet in height, resembling the crumbling masonry of an old feudal castle, had built itself up around it. My first glimpse at this wonderful picture called to mind a hundred memories of the homeland, such as Sachsenburg (Thuringia) with its two old towers, of the narrow Pass where the River Unstrut fights its way to the golden meadows . . . for its hoary granite towers became so transformed with each stroke of the paddle that sometimes the ruins just referred to, or the crumbling and cracked tower of Kyffhäuser, or again one of the old castles along the Rhine, stood before my enraptured gaze (p. 144). The mountains in our immediate vicinity rose in mighty terraces that could not have been laid more skillfully by human hands and here and there even jutted out into the most regular bastions of which the mathematical precision of slope and sharply corresponding angles could hardly upset the belief that the square and plummet have been used in their construction [. . .] *With eyes continually directed on Roraima and taking but scanty notice of anything else in form and close by, we finally reached the base of the mountain itself and started to climb it, over one of the moats devoid of forest, between huge sandstone boulders of the most fantastic shapes.*

Libro de la Gran Sabana, El Nacional *(Caracas), October 19, 1947, p.10.*
We are entering now the dominion of the Great Monuments. On the left, over the sea of trees, two gigantic mausoleums, of such barbarous architecture that they remind one of certain pyramids with angles worn out by the work of centuries, rise up [. . .] *Those masses, situated parallel to each other but separated by a great distance, offer a grandiose and funereal appearance. It is as if under shrouds of stone sculpted and polished by millennia of storms and rains, the corpses of titans lay, with their profiles turned toward the raising sun* [. . .] *But our astonishment is far from vanishing. New before such a new*

positing of such a continuity *is* essential. At any rate, if every fresh attempt at self-examination and recall turns into a new version multiplying the lost steps into infinity, where then is the conversion?

The stories written before 1953 hinged on the metaphor binding history and writing into an uninterrupted continuum, a flow from the same source—nature—lost in the past, but subject to recall. The attempt to return to that source shows in *The Lost Steps* that no such unity exists; that writing unveils not the truth, nor the true origins, but a series of repeated gestures and ever-renewed beginnings (all the theatrical allusions in the novel point to this). After 1953, Carpentier's fiction assumes another origin, discarding the metaphor of natural writing and fantastic literature. In *Manhunt* (1956), two narrator-protagonists who never meet are caught in the deadly game of political turmoil in a city that is clearly the Havana of the thirties and forties—the historico-political conditions being those that Carpentier experienced from Paris and Caracas, the background to today's Cuba. And in *Explosion in the Cathedral* (1962), Carpentier returns to the eighteenth century in the Caribbean as a means of telescoping into the present and beyond (by means of strategic anachronisms) the historico-political processes undergone by the New Continent. In *The Kingdom of this World,* dealing with the same period,

landscape, as little used as could have been to the first man the landscape of Genesis, the Revelation of Forms continues in front of us. What has arisen to our right has nothing to do with the mausoleums. Imagine a cluster of organ pipes about four hundred meters high, tied together, soldered and planted vertically on a foundation of pebbles, like an isolated monument, a lunar fortress, in the center of the first plain to appear after so much jungle [. . .]

Carpentier finished his narrative with a "green wind," an unchecked natural force that wipes out the work of men as if divinely ordered to frame in a natural cycle the historical process. *Explosion in the Cathedral* ends in the streets of Madrid on May 2, 1808—with the character's resolve to do something and with the implied prophecy of the Latin American wars of independence and revolutions yet to come. The quest for origins in the natural fusion of history and consciousness in a utopic past is abandoned in favor of a political history, whose origins are to be found in the dissemination of the texts of the French Revolution throughout the New World. The genesis is now a political one. The myth of a past utopia has been replaced by the correlative myth of the future, when all versions of history will at last be one, and all steps will be finally found.

SOBRE LA TEORIA DE LA CREACION ARTISTICA EN **LOS PASOS PERDIDOS**, DE ALEJO CARPENTIER

Por *Irlemar* CHIAMPI
UNIVERSIDAD DE SÃO PAULO, BRASIL

ALEJO CARPENTIER ha promovido la integración de la música a diferentes planos de sus textos de ficción. La terminología musical o las referencias a obras y compositores eruditos o populares aparecen con notable regularidad en descripciones de objetos, situaciones o espacios; danzas, himnos, cantos, ritmos, instrumentos musicales forman subtemas bien anclados en sus relatos para indiciar ambientes y costumbres, épocas y modos de vida, vivencias culturales e históricas; óperas, carnavales, conciertos acompañan momentos cruciales en la acción novelesca. Un estudio exhaustivo de esa multifuncionalidad en la Obra carpenteriana permitiría comprobar, sin duda, una suerte de *crescendo* de la integración de lo musical en lo literario, desde la mera referencia que enmarca la enunciación con el vasto saber autoral, al uso del elemento musical como motivo configurador del decorado; de esa tematización al ingreso en las esferas de acción narrativa y de ahí al total aprovechamiento de una partitura musical en el sintagma narrativo, tal como Carpentier lo realizó en su novela *El acoso* (1956) con respecto a la *Heroica* de Beethoven.

Autor de una investigación tan rigurosa y apasionada como *La música en Cuba* (1946) y de numerosísimos artículos de crítica musical en periódicos europeos y latinoamericanos, Carpentier colaboró, además, con el compositor cubano Amadeo Roldán (1930-1939) escribiendo el texto para el ballet colonial *La rebambaramba* (1928) y *El milagro de Aniquillé* (1929), ambos de tema afrocubano. Era natural, pues, que esa amplia experiencia como crítico y musicólogo sobrepasara la dimensión del mero refinamiento estético para convertirse en materia invertida en su concepción del arte. Era natural, sobre todo, que como novelista Carpentier buscara la íntima afinidad entre la música y la literatura para delinear una concepción totalizadora de la creación artística en su obra ficcional. Nos referimos a la dimensión metatextual y crítica que cobra la confluencia músico-literaria en Carpentier, en un ejemplo privilegiado como *Los pasos perdidos* (1953). En esta novela, que cuenta con notorios elementos autobiográficos, el autor elabora una teoría de la creación artística como acto de recuperación del vínculo primordial entre palabra y sonido, literatura y música.

El episodio que vamos a comentar aquí comprende las partes XXIX a XXXII del Capítulo Quinto de *Los pasos*, cuando el protagonista, un musicólogo y compositor, tras realizar un viaje por la selva amazónica, logra su máxima aspiración: componer la obra —el *Treno*— como un texto moderno que restituye la fusión verbal-sonora de la *poiesis* de los orígenes. Para mejor verificar el significado metatextual de ese episodio conviene primero situar en la estructura narrativa las motivaciones que generan la composición de la Obra, así como su estatuto funcional en el relato.

En el gran sintagma narrativo de *Los pasos* —en el cual podemos identificar integralmente la morfología del cuento maravilloso definida por el folklorista eslavo Vladimir Propp[1]— la creación artística corresponde a la última etapa de la *reparación* (función XIX), o sea, el Daño inicial es reparado o la carencia colmada. Es el momento en que el relato alcanza su culminación: el héroe, tras superar la prueba principal, o Combate contra el Agresor, alcanza la Victoria y recibe como recompensa por sus empeños el objeto de su búsqueda. En *Los pasos*, la actualización de esos elementos de la estructura mítico-maravillosa se da bajo la forma de triplicación (prevista en la morfología proppiana) funcional. Tres pruebas enfrenta el héroe para alcanzar la Victoria: la primera corresponde al Combate contra Mouche, la amante del protagonista que le había infligido el Daño inicial de hacerlo cómplice del fraude en el contrato para la obtención de los instrumentos musicales requisitados por el Curador (el Donante y Mandatario del cuento) de la Universidad. La eliminación de ese adversario se da de modo compatible con el sistema novelesco (realista y moderno), a través del *acto sexual* entre el héroe y la mestiza Rosario (en el papel de la "princesa" del cuento maravilloso...). Mouche asiste indignada al acoplamiento de la pareja, reaccionando con furia en una lucha cor-

[1] El contenido esencial del texto que se va a leer aquí corresponde, con ligeras alteraciones y algunas inclusiones bibliográficas sobre musicología, a extractos de algunos capítulos de mi libro (inédito), *La novela entre el mito y la historia. Análisis morfo-semiológico* de *Los pasos perdidos*. En él analizamos en detalle la estructura funcional de lo maravilloso en la novela de Carpentier siguiendo el método de Vladimir Propp, en sus dos libros *Morfología del Cuento* (1928) y *Raíces históricas del cuento* (1946), ambos traducidos al español por Fundamentos, Madrid, en 1971 y 1972 respectivamente.

poral que la derrota definitivamente (*cf.* parte XVII, cap. tercero).[2] Vencido el enemigo (Mouche es luego despachada de regreso a la civilización), el héroe toma posesión de Rosario, como en un ritual primitivo de matrimonio, en el que la "confluencia de sangres" (p. 147) sella la unión como una marca iniciática.

La segunda prueba consiste en la entrada a la selva por la puerta secreta (marcada con tres "V" superpuestas), el "angosto túnel" que debe ser traspasado sin dejarse vencer por el "trastorno de las apariencias" —los espejismos provocados por el imponente mundo vegetal-acuático (parte XIX, cap. cuarto). Como en el cuento maravilloso, el héroe debe demostrar valor, pertinacia y poder para diferenciarse de los comunes mortales y, conforme a esa tradición narrativa, la empresa es difícil. En *Los pasos,* el héroe logra superar la locura y el miedo, la desorientación y el vértigo que lo amenazan en esa *competición entre el hombre* y *la naturaleza.* Su victoria será recompensada con la contemplación y el disfrute de lo real maravilloso, el prodigio del mundo selvático: "compartía en esta hora con los millares de hombres que vivían en las inexploradas cabeceras de lo Grandes Ríos, la primordial sensación de belleza, de belleza físicamente percibida, gozada igualmente por el cuerpo y el entendimiento" (p. 157).

La tercera prueba se da con el cruce del Río Mayor, en el Combate que amplifica la entrada en la selva (parte XXI, cap. cuarto). Allí, el riesgo consiste en atravesar, durante la noche y bajo la tormenta, el gran torrente de "raudales y remolinos", que le infunde el horror a la muerte (*cf.* pp. 162-164). Sobreviene la Victoria en ese nuevo enfrentamiento con las fuerzas telúricas, cuando el grupo capitaneado por el Adelantado (el ayudante del cuento maravilloso) desembarca en una ensenada segura. La recompensa inmediata será, otra vez, la contemplación de lo real maravilloso, ahora encarnado en la "Capital de las Formas", una inmensa mole geológica que asombra al protagonista por su extraña belleza (*cf.* pp. 165-166). Pero será principalmente la obtención de los instrumentos musicales indígenas, la preciosa "reliquia" que habrá de colmar la misión del viaje (*cf.* pp. 167-168) con el sentido de una "consagración" del destino heroico, corroborado por la misa solemne rezada en plena selva (*cf.* pp. 168-172).

Si la lógica de consecusión y consecuencia entre las pruebas o combates con sus recompensas nos muestra la perfecta trabazón novelesca en cuanto al estatuto funcional-diacrónico del relato, no menos notable es la exacta correlación poética entre las adquisicio-

[2] La edición de *Los pasos perdidos* que citaremos de aquí en adelante en el texto, indicando sólo las páginas, es la de Arca, Montevideo, 1968.

nes heroicas y la situación de carencia del protagonista en la apertura de la fábula. La posesión de Rosario, el conocimiento de lo real maravilloso y la obtención de los instrumentos indígenas marcan una inversión del conjunto sémico negativo que constituye la serie de privaciones del héroe en su sociedad al inicio del relato. Las tres recompensas son la serie paralela positiva de liquidación de la carencia mediante las adquisiciones individual y colectiva que restituyen los valores "robados" al héroe.[3] Recuérdese que en su situación inicial éste padecía la condición enajenada de la sociedad moderna, representada por el "reino decadente" de la gran urbe (Nueva York), y el automatismo de sus relaciones conyugales que lo habían arrojado al adulterio, el alcoholismo, la soledad y la evasión (*cf.* pp. 9-15). Al héroe le faltaba, pues, la Mujer, en tanto compañera en la plena comunicación amorosa, bien como la participación en la realidad natural-cósmica y cultural que el viaje a los orígenes americanos le habría de propiciar. Hay, sin embargo, otro elemento fundamental en el conjunto sémico negativo ya apuntado: la pérdida de la creatividad poética, tras el abandono de la cantata *Prometheus Unbound,* el proyecto de composición musical sobre el texto homónimo de Shelley (*cf.* p. 16).

La carencia del hacer (poético) se presenta como el resultado de la claudicación del ideal artístico en favor de las "artes del siglo" (el cine y la radio), con las cuales el "artista enajenado" garantizaba su seguridad material. La opción por la publicidad se desdobla, además, en la sujeción del artista a los intereses capitalistas (el vehículo ideológico en favor de las clases dominantes —o el público de las "Altas Alacenas"—), a las novedades formales de los *mass media* y la tecnología alienante y la renuncia a la individualidad artística por el trabajo en equipo (*cf.* pp. 28-32). En el detenido análisis crítico que Carpentier proporciona de las "artes del siglo", se hace evidente que la degradación del artista moderno se subsume en la atadura del arte con el historicismo, entendido éste como un proceso de enajenación de la identidad creadora. La lógica simétrica de la fábula exigirá, pues, que se incluya también la inversión de ese estatuto enajenado de la creación artística, para restituir el arte intemporal bajo la forma de un "texto original", despojado de las marcas de la historia. ¿Cómo se produce tal inversión de lo negativo a lo positivo?

Una segunda serie de reparación del Daño y supresión de la Carencia —o si se prefiere, una amplificación de la gran secuencia reparatoria-supresiva— es narrada en *Los pasos,* precisamente des-

---

[3] Conforme la interpretación de A. J. Greimas de la estructura mítica del cuento maravilloso, *Sémantique structurale,* París; Larousse, 1969, p. 201.

pués de la posesión de la Mujer, el conocimiento de lo real maravilloso americano y la obtención de los instrumentos musicales indígenas. El destino heroico requiere el rescate de la identidad poética perdida (robada) en (por) la historia, la cual exige profundizar el redescubrimiento de los pasos perdidos con nuevas andanzas que complementen las liquidaciones de las carencias ya descritas. Su misión como ente individual y colectivo sólo habrá de completarse con el reencuentro de la *poiesis*, la que requiere la total inmersión en el mundo primigenio. Este requerimiento constituye tal vez el núcleo ideológico más sobresaliente en la teoría de la creación artística que Carpentier desarrolla a lo largo de su novela hasta el momento de la composición del *Treno*, en el capítulo V. Lo que antecede al acto creador es justamente la vivencia, posterior a la toma de conocimiento señalada, de lo maravilloso como un viaje en el tiempo.

El esquema narrativo de *Los pasos* se articula como un doble viaje, real y maravilloso: es progresivo por el espacio (con la notación realista de los lugares geográficos) y regresivo por el tiempo (un viaje "no-natural", que se torna verosímil por la realidad espacial). Hasta el ingreso en la selva, ese retroceso se somete a etapas bien definidas: el capítulo primero corresponde al siglo XX (Nueva York); el capítulo segundo al siglo XIX y al XVIII (Caracas y Los Altos); el capítulo tercero al siglo XVI (La Hoya), al siglo XV (Valle de las Llamas, Tierras del Caballo) y Medievo (Santiago de los Aguinaldos y Puerto Anunciación). Tras el paso por la "puerta secreta" de la selva y el cruce por el Río Mayor, se celebra la misa por Fray Pedro de Henestrosa (cap. cuarto), en una circunstancia que retrotrae al siglo XVI, la época de la Conquista de América ("Acaso transcurre el año 1540", p. 170), que el narrador cuida de identificar con el mundo medieval ("Porque no es el hombre renacentista quien realiza el Descubrimiento y la Conquista, sino el hombre medieval..."). De ese punto en adelante (más bien: hacia atrás) el relato procesa una vertiginosa sucesión de edades históricas en dirección a la prehistoria. La referencia a la agricultura y luego a los instrumentos rudimentarios de sonido, caza y pesca en piedra pulida o huesos (p. 172) indicia que la aldea indígena visitada por el héroe vive en el último estadio de la etapa paleolítica superior (entre 8 000 y 5 000 a.C.).[4]

[4] Más adelante el narrador se refiere a esos indios como pertenecientes a una cultura paralela a la magdaleniense y aurignaciense (*cf.*, p. 174). La primera corresponde al período de 8 000 a.C., la última etapa del Paleolítico Superior, pero la segunda a unos 40 000 a.C., al comienzo de esa misma era. Por los datos textuales (*v.g.* el cultivo), sólo se podría

De aquí alcanzará aún la paleolítica inferior, donde encontrará a los primeros hombres, los que remedan los felinos, gentes que *están desnudas sin saberlo,* que comen alimentos crudos, larvas, gusanos o la misma tierra. Es en ese remoto comienzo de la prehistoria, en esa "noche de las edades" (p. 174), que podemos situar entre 500 000 años a.C. (cuando surgió el hombre sobre la faz de la tierra), cuando Carpentier hace arribar su personaje —musicólogo— a un sitio donde asistirá al ritual del exorcismo de la muerte como el "Nacimiento de la Música" (la importancia de ese episodio para la teoría de la creación artística será comentada más adelante). El *non plus ultra* del retroceso, allende el Terciario, será luego alcanzado por el héroe en las "Grandes Mesetas", cuyo paisaje de imponentes rocas, cascadas y abismos parece recién salido de las manos del Creador. Ese "mundo anterior al hombre", el mundo del Génesis o del "Cuarto Día de la Creación" (p. 179) será el *locus* de la vivencia edénica que propiciará que el héroe reconquiste la creatividad artística.

En esa conjunción de la creación cósmica y la artística se verifica, desde luego, la proposición carpenteriana de que la plena restitución de los valores enajenados al hombre (al artista moderno) supone la absoluta anulación de los desastres de la historia mediante la revivificación del mito del Paraíso terrenal. En Santa Mónica de los Venados, el lugar elegido para situar la conquista de la identidad y de la obra, figura, ciertamente, el Edén, pero es asimismo notorio que Carpentier realiza esa figuración mediante los *topoi* de la "visión del Paraíso" que aparecen en los cronistas de la Conquista.[5] Esa mediación conlleva, por supuesto, la perspectiva ideológica que Carpentier imprime al origen mítico (el Edén) al identificarlo con el origen histórico del continente. Santa Mónica figura como el lugar genesiaco en cuanto primera ciudad fundada por los conquistadores y su descripción se despliega, paralelamente

situar dicha cultura al final del Paleolítico, ya casi en el Neolítico. (*Cf.* A. Ubieto *et al.*, *Introducción a la historia de España,* Barcelona, Teide, 1964, pp. 4-11).

[5] A pesar de que el narrador de *Los pasos* insista que "no hay fingimiento edénico" en Santa Mónica (p. 188), su figuración recorre los *topoi* del *locus amoenus,* dentro de los patrones descriptivos de los relatos cronísticos tales como: las fragancias del aire (p. 181), el agua fresca, la brisa y la luz (p. 189), el carácter saludable de la vida selvática (p. 201), la flora y la fauna exóticas (pp. 184 y 194-195). Tales *topoi* provienen del Génesis (2,9-25 y 3,1-24) y de *Las Metamorfosis* de Ovidio (La Edad de Oro), sobre todo. Sergio Buarque de Holanda estudió detalladamente esa tópica en los cronistas portugueses y españoles, en su *A visão do Paraíso. Os motivos edênicos no descobrimento e colonização do Brasil,* São Paulo, Nacional, 1969 (1a. ed. 1959).

a la tópica edénica, como una *polis* utópica conforme a la tradición filosófica y literaria de las utopías de Occidente en el terreno de la ficción política.[6]

No es menos notable el resultado estético que Santa Mónica condensa al nivel de la fábula de *Los pasos.* Sea un Edén o una Utopía, la ciudad selvática se subsume en la función y los atributos del "reino lejano" (*Tridesyatoe zarstvo,* en ruso) de la antiquísima tradición del cuento maravilloso: es el lugar hacia donde se desplaza el héroe para hacer efectiva su búsqueda, conducido en general por un guía (en *Los pasos,* el Adelantado); está situado a una distancia fabulosa, aislado por un bosque espeso, el mar, un río de fuego o un abismo.[7] Motivo indispensable para la lógica narrativa del cuento maravilloso es el "otro lugar", el "reino encantado" o "extraordinario" donde debe arribar el héroe para reparar el Mal. La simplicidad de ese motivo tan arraigado en el imaginario popular se ajusta no sólo a los objetivos americanistas y modernos de Carpentier, conforme ya se dijo, sino que conlleva la adaptación a los requerimientos teóricos sobre el lenguaje que informan la novela: el "reino lejano" de Santa Mónica es el lugar del conocimiento, donde el héroe al captar el sentido de lo real maravilloso alcanza el "supremo entendimiento de lo creado" (p. 201) que lo prepara para el *poder-hacer* artístico. En una escena memorable de la novela, el narrador-protagonista refiere ese aprendizaje, vale decir su *adquisición del saber*:[8] "Un día, los hombres descubrirán un

[6] Como ciudad ideal (utópica y ucrónica), Santa Mónica responde a los patrones característicos que están en la *República* de Platón, el *Telémaco* de Fenelon, la *Utopía* de Thomás Moro, *La Ciudad del sol* de Campanella y la *Icaria* de Cabet. Son ejemplos de esa condición su situación fuera del mundo conocido, bajo el signo de la polarización "aquí/allá" (*Los pasos,* pp. 185-186), es planificada topográfica y socialmente (pp. 181-182), sus leyes son claras y distintas (pp. 197 y 199), las tareas son distribuidas (p. 198), no hay propiedad privada (p. 198), la divinidad es la naturaleza (p. 186), se encuentra aislada (p. 200), prevalece la libre unión (p. 215) y la liberación de las restricciones morales (pp. 189 y 201). Para los elementos recurrentes en las ficciones utópicas, véase C. G. Dubois, "Problèmes de l'utopie", en *Archives des Lettres Modernes* (París), 85 (1968).

[7] Sobre el "reino lejano", véase en Propp la función XV de la *Morfología* y *Las raíces históricas del cuento,* pp. 415-440.

[8] En el recorrido sintáctico de las *performances* del héroe, conforme la gramática narrativa de Greimas, la adquisición del valor modal del *saber* tiene como consecuencia la atribución del *poder-hacer.* "Eléments d'une grammaire narrative", en *Du Sens. Essais sémiotiques,* Paris, Seuil, 1970, p. 179. En *Los pasos,* la comprensión de lo real maravilloso (la naturaleza americana) es la mediación necesaria para llegar a la actualización del *hacer* (poético).

alfabeto en los ojos de las calcedonias, en los pardos terciopelos de la falena, y entonces se sabrá con asombro que cada caracol manchado era, desde siempre, un poema". (pp. 201-202).

La creación artística

VISTAS las motivaciones que preparan el episodio de la creación artística en el sistema novelesco de *Los pasos,* resalta clara su posición estratégica en el gran sintagma: es la culminación del proceso reparador, que suprimirá, por último, la carencia primera del héroe (el *querer*). Como etapa final en él, significará la atribución de un valor objetivo: el *hacer* (poético) como *acto* en que se invierten definitivamente los valores modales del *saber* y el *poder* heroicos. La importancia de ese significado en el plano funcional y semántico permitirá entender cómo Carpentier, mediante la contextualización narrativa, despliega el sentido crítico y metacrítico del acto creador.

Veamos, para empezar, cómo se registra en la novela el surgimiento de la obra, durante una de las noches del Diluvio en Santa Mónica de los Venados:

> Al cabo de algún tiempo de sueño ... me despierto con una rara sensación de que, en mi mente, acaba de realizarse un gran trabajo: algo como la maduración y la compactación de elementos informes, disgregados, sin sentido al estar dispersos, y que, de pronto, al ordenarse, cobran un significado preciso. Una obra se ha construido en mi espíritu: es "cosa" para mis ojos abiertos o cerrados, suena en mis oídos, asombrándome por la lógica de su ordenación. Una obra inscrita dentro de mí mismo, y que podría hacer salir sin dificultad, haciéndola texto, partitura, algo que todos palparan, leyeran, entendieran. (p. 203).

Este momento describe lo que se suele designar como *inspiración,* ese momento singular de la experiencia poética que la tradición literaria occidental ha celebrado ora como una manifestación del poder divino, ora como un fenómeno de la subjetividad del poeta. Carpentier retoma uno de los motivos persistentes de esa tradición —la nocturnidad y la soledad— pero tratará de racionalizar el proceso de concepción de la Obra, al margen de la perspectiva teológica clásica y de la subjetividad romántica, y, más concretamente, en el marco de una *polémique cachée* con el surrealismo. El artista de *Los pasos,* en el momento de la inspiración, se encuentra despierto y lúcido, contrariando ciertos postulados centrales (bretonianos) sobre la escritura automática: se abstiene de aquella semiconsciencia del estado onírico, y tampoco lo afecta cualquier "pérdida de identidad" o deslizamiento del yo, mediante su desvinculación del mundo exterior. Su estado de inspiración no es "receptivo", dentro de aquella pasividad que Breton postuló como necesaria para la irrupción, sin mediaciones, de la poesía como presencia afortunada e "inmediata".[9] El artista carpenteriano, por el contrario, se encuentra en plena posesión de su yo (en una "euforia [que] se nutre de conciencia", conforme dice más adelante) y señala que la Obra se le manifiesta como el producto de una "maduración y compactación de elementos informes". O sea: es el *trabajo* del individuo, ordenado y resultante de su experiencia y conocimiento de la realidad circundante (lo real maravilloso, de ahí la importancia del aprendizaje, la adquisición del *saber,* como veníamos señalando). Verifíquese, además, cómo Carpentier insiste en la concretez (visual, auditiva) de la Obra, precisamente para contrariar la irracionalidad de la escritura irreflexiva de los surrealistas. Y en una alusión más directa a los desórdenes mentales provocados por los surrealistas para "dejar que la mano escribiera" sin interferencias y como una potencia independiente, dice el narrador-protagonista: "y hay ya, en mi cerebro, una mano que tacha, enmienda, delimita, subraya. No tengo que regresar de una embriaguez para poder concretar mi pensamiento ..." (p. 203).

Si la polémica de Carpentier con el surrealismo había significado, desde la publicación del famoso Prólogo a *El reino de este mundo* (1949), una toma de posición ideológica dentro del americanismo,[10] en *Los pasos* el tema de la creación artística permitirá transfigurar esa posición en un mimodrama crítico con elaborada simbología narrativa. Los atributos y la predicación de Mouche son un ejemplo de ese proyecto: es la astróloga que "se había formado intelectualmente en el gran baratillo surrealista" (p. 27) y performará la fábula el papel de agente del Daño, al inducir al protagonista a firmar un contrato fraudulento con la universidad. Representa así la fuerza enajenadora que en el cuento maravilloso es encarnada por el Agresor. La connotación cultural de esa figura logra su máximo efecto crítico y poético precisamente en el acto

[9] Sobre los postulados de la escritura automática de Breton, véanse, además de los *Manifiestos* de 1924 y 1930, sus *Entretiens,* París, Gallimard, 1952. Sobre la inspiración y los surrealistas véanse los dos hermosos ensayos de Maurice Blanchot en *L'espace littéraire,* París, Gallimard, 1955, pp. 235-240, y *La part du feu,* París, Gallimard, 1949, p. 99 ss.

[10] Sobre esa cuestión, véase mi "Carpentier y el surrealismo", en *Revista de la Universidad* (México), 5 (1981), pp. 2-10.

creador: por ser éste una forma de reparación del Daño, se manifiesta como una consecuencia de la Victoria sobre el Agresor. Escribir, componer una obra, contrariando los postulados básicos del movimiento surrealista sobre la inspiración, se performa simbólicamente, como una actividad que rescata el Bien contra las fuerzas del Mal.

Pero es acaso en la dimensión antropológica que Carpentier inscribe su teoría de la creación artística como una confrontación con las búsquedas surrealistas. Si en éstas la escritura automática pretendía alcanzar la pureza del lenguaje, la palabra en estado puro por el dictado de la interioridad, Carpentier señala el camino inverso. El artista de *Los pasos* desea, igualmente, la palabra original y trata de reivindicarla en la partitura del *Treno* que comienza como "un poema muy simple, hecho con vocablos de uso corriente, sustantivos como *hombre, mujer, casa, agua, nube, árbol,* y otros que por su elocuencia primordial no necesitarán del adjetivo. Aquello sería como un verbo-génesis". (p. 204). Ese desnudamiento del lenguaje implica la tentativa de recuperar el Origen, mediante la momentánea (re)identificación de la palabra con su referente en una perfecta unidad.[11] Pero esa búsqueda toma como paradigma un hecho cultural concreto, el canto del hechicero, escuchado por el protagonista con el asombro de un regreso a la "noche de las edades", allá en el Paleolítico redescubierto en la selva tropical. "Ante la visión de un auténtico treno —dice el narrador— renació en mí la idea del *Treno* con su enunciado de la palabra-célula, su exorcismo verbal que se transformaba en música al necesitar más de una entonación vocal, más de una nota, para alcanzar su forma —una forma que era, en ese caso, la reclamada por su función mágica..." (p. 206). El artista moderno no puede, obviamente, recuperar esa función mágica de la palabra-célula del ritual, pero sí puede sustituirla por la función estética, que permite legitimar su inserción en la combinatoria de un nuevo discurso. Se podrá alegar que Carpentier no hace más que tematizar las ilusiones que derivan del dilema del artista moderno consciente de la ruina del lenguaje, pero no se puede soslayar que su teorización se reviste de un argumento del orden referencial (implícito, por supuesto, en la ficción novelesca), cuya validez estaba vigente en los años de la escritura

[11] Con perspectiva psicoanalítica, al analizar *Los pasos*, Eduardo González aborda la relación entre el deseo de erradicar la reflexividad (mediante la "adecuación entre lo nombrado, el nombre y su función") con el tema de la culpabilidad y el deseo de usurpar el lugar paterno. El episodio de la composición del *Treno,* el autor lo interpreta como "la fase final del asedio al *lugar del padre*", *Alejo Carpentier, tiempo del hombre,* Caracas, Monte Ávila, 1978, pp. 144-146 y 154-156.

de *Los Pasos.* El "embrión de sonata" que el protagonista reconoce en el canto del hechicero —el cual aparece convenientemente situado en una época muy anterior al surgimiento del *homo sapiens,* conforme lo señalamos anteriormente— no es otra cosa que el *arquetipo del arte musical*, que Carpentier utiliza para ilustrar una específica tesis de musicología. Se trata del "origen de la música", formulado por Jules Combarieu en su *La musique et la magie* (1909), quien lo sitúa en los encantamientos mágicos observables entre los pueblos primitivos de África y América.[12] Entre los tipos de encantamiento que enumera el musicólogo francés, Carpentier elige uno de los más universales —por ser transhistórico y transgeográfico—, que usan los hechiceros para curar la mordedura de un crótalo. La tesis musicológica de Combarieu, dramatizada en el episodio del "Nacimiento de la Música" en *Los pasos,* consiste en identificar, en el paso de la palabra al canto, el estado embrionario de la música.[13] El canto mágico —anota Combarieu— tiene como característica principal la unión de la melodía a palabras ininteligibles al iniciado y añade:

> dans sa structure musicale, il obéit... à une des lois les plus importantes en matière, encore observée par des compositeurs modernes: *l'imitation* (au sens aristotélicien du mot) en vue d'une action à exercer sur le semblable par le semblable... Il contient, à l'état embryonnaire, tout ce qui, plus tard, constituera l'art proprement dit.

---

[12] Entre los varios tratados de Jules Combarieu sobre la música, no hemos podido dar con *La musique et la magie* (París, A. Picard, 1909), que contiene el texto musical de diversos encantamientos. Nuestras referencias se limitan aquí a *La musique. Ses lois, son évolution,* París, Flammarion, 1907, capítulo V, pp. 93-112 y, sobre todo a su *Histoire de la musique,* París, Armand Colin, 1913, tomo I. En éste, la abundante documentación sobre los rituales mágicos —tanto de los pueblos antiguos como de los primitivos "modernos" (pp. 10-21)—, permite confrontarlos satisfactoriamente con el que describe Carpentier al final de la jornada XXIII de *Los pasos* (pp. 176-177).

[13] A nuestro entender, tendría escaso resultado crítico discutir si la escena que allí describe Carpentier es libresca o se basa en su experiencia real, de sus viajes de 1947 ó 1948 a la selva venezolana. Por cierto, él mismo registra en la "Nota" al final de *Los pasos* que "Un explorador grabó fonográficamente —en disco que obra en los archivos del folklore venezolano— el Treno del Hechicero" (p. 268). Pero la verdad referencial de ese dato autobiográfico es para nosotros menos relevante que el hecho de que Carpentier haya autenticado la escena que describe en la verdad referencial científica de la tesis de Combarieu. O sea, nos interesa la *actitud cultural* del autor, antes que comprobar sus biografemas en el texto de la novela.

> Une de ses régles essentielles, restée fodamentales dans la musique moderne c'est la repetition des formules, le rythme.[14]

Recuperación del origen, no ya en el sentido metafísico sino histórico, mediante el conocimiento de la realidad antropológica de América, el *Treno* es el texto moderno que pretende restituir la voz de los comienzos, en la primigenia unión de la poesía y la música que se hallaba en el canto mágico, encantador, de los pueblos primitivos.[15] Así, tanto por sus implicaciones culturales (americanistas), como por esta asociación originaria entre la palabra y el canto, el texto que compone/escribe el héroe en la selva configura una *summa* de los proyectos ideológico y estético del propio Carpentier en *Los pasos*. Para examinar esa función metatextual del episodio de la creación artística —y sobra decir que contiene elementos autobiográficos— veamos primero cómo el narrador describe la estructura del *Treno* para luego verificar su correspondencia especular con la novela.

El texto musical que se inspira en el encantamiento mágico se estructura a partir de un "verbo-génesis", pronunciado por un corifeo que, acentuando y repitiendo ciertas palabras, crea un ritmo. El coro tratará de generalizar tal ritmo, y la orquesta, de diversificarlo y matizarlo. En ese esquema formal, se prevé la polifonía del coro para enriquecer el movimiento contrapuntístico. Como síntesis de los principios estructurales de ese texto, cuyo fin es "acoplar la palabra y la música", el narrador formula "la coexistencia de la escritura polifónica y la de tipo armónico, concertadas, machihembradas, según las leyes más auténticas de la música" (p. 205). En cuanto al aspecto pragmático de su discurso musical (de comunicación con el destinatario), el autor prevé, por la simplicidad del enunciado, la fácil percepción de la simultaneidad de planos, generada por un desarrollo lógico de la palabra-célula (*cf.* pp. 205-206).

---

[14] J. Combarieu, *Histoire de la musique*, p. 8. En la descripción de cómo se produce el canto a partir de las palabras, el musicólogo francés explica la función de las simetrías en las entonaciones y alteraciones de sonidos, los sacudimientos de las unidades frásicas, aliteraciones, choques y entrechoques de sílabas (*Ibidem*, p. 11, sobre todo).

[15] Al respecto, dice Combarieu: "La musique et la poésie, tour à tour divergentes et parallèles, sortent de la magie orale comme les cornes de la lyre sortent de la base de l'instrument". (*Ibid.*, p. 3). Y confirma ese origen común en la etimología: verso, canto, magia (*carmen, canere, charme*) son la misma palabra. El paso de la encantación a la poesía tuvo el ritmo como base y fueron los primeros poemas obras religiosas, cantadas y dotadas de ritmo, como las fórmulas mágicas (*ibid.*, p. 7).

Sin pretender realizar aquí una correlación término a término entre la cantata y el discurso novelesco,[16] pueden entreverse, sin embargo, algunas similitudes en cuanto al principio estructural de combinación de la polifonía con la armonía. En el discurso novelesco de *Los pasos,* el juego contrapuntístico puede verse en el diálogo entre el esquema fabular del cuento maravilloso con las transformaciones realistas que "modernizan" las funciones proppianas. El doble viaje —progresivo por el espacio y regresivo por el tiempo— pone en juego dos códigos, el realista y el maravilloso, para lograr una combinatoria no disyuntiva en el discurso novelesco, como si fueran dos "voces" en fuga, concertadas para performar una totalidad.[17] A ese contrapunto básico (de dos modalidades narrativas, una arcaica, otra moderna) deben agregarse una serie de otras "voces" (textos) que se intersecan en el discurso novelesco: desde los mitos de Sísifo y Prometeo, el *Popol-Vuh, El libro de los libros del Chilam-Balam, la Odisea,* la crónica de la Conquista, la utopía clásica, los viajes exploratorios por la selva venezolana, hasta las obras de ficción contemporáneas que tomaron la selva como escenario, el surrealismo, los ensayos sobre la cultura americana, los tratados de musicología... El inventario del *corpus* literario anterior o sincrónico, intertextualizado en *Los pasos* parece interminable.

Novela polifónica, de pluralidad de voces, opuesta a la unidad de conciencia de la novela monológica, según la definición de Bajtin, *Los pasos* es un contrapunto de textos, un mosaico de citas que

---

[16] Profundo conocedor de musicología, Carpentier realizará el acoplamiento de la música y la palabra en *El acoso* (1956), novela cuya acción se desarrolla al compás de la *heroica* de Beethoven. Conforme él declaró, esta novela tiene "la forma de sonata: primera parte, exposición, tres temas, diecisiete variaciones y conclusión o coda". ("Confesiones sencillas de un escritor barroco", entrevista en Cuba, abril, 1964, p. 33). El cotejo preciso del texto de *El acoso* con la *forma-sonata* fue realizada por Emil Volek, quien ha descodificado los temas, variaciones y juegos contrapuntísticos del desarrollo del enunciado narrativo con las frases musicales (*Cf.* "Análisis del sistema de estructuras musicales e interpretación de *El acoso,* de Alejo Carpentier", *Philologica Pragensia,* 1 (1969), pp. 1-24).

[17] Guy Michaud considera la fuga como la estructura temática más compleja e inteligente que la música ofrece y sugiere sus analogías con la novela: "Il suffira d'identifier les principaux thèmes d'un roman avec le sujet, le contre-sujet et la réponse et de les rattacher aux différentes voix qui les présentent tour à tour réconstituer le schéma fugué de ce roman". *L'oeuvre et ses techniques,* París, Nizet, 1957, pp. 129-130. La sugerencia que hacemos del contrapunto narrativo es una relación de frase y contrafrase en una perspectiva funcional macroestructural, que recorta los dos grandes "temas" de la novela: el mito y la historia.

recorren, como el propio héroe, los senderos de la cultura occidental e indígena.[18]

Así como en la composición musical las variaciones instrumentales del elemento melódico se someten a las leyes de la armonía —conforme el artista-narrador propone para su *Treno* (p. 205)—, la narrativa también se deja regir por las leyes más auténticas del relato, la consecución y la consecuencia. La disposición acorde de los sonidos en aquélla se convierte en el ordenamiento lógico de las funciones en ésta; la armonía musical se traduce en la sucesión causal de los acontecimientos, que obedecen a una limitación (pero mantienen cierta libertad) del número de funciones de la morfología proppiana, así como el orden de sucesión de las mismas.

También en el plano del contenido se descubren las analogías entre la cantata y la novela. El "verbo-génesis" que da forma al contenido es el texto de la *Odisea,* en español y aliviado de su retórica solemne (*cf.* pp. 208-209). El título de la obra se correlaciona con el mensaje, conforme al propósito del artista: el exorcismo de la muerte del canto fúnebre se adapta al sentido de resurrección, de vuelta a la vida, de fuga de "allá" (p. 207), o sea, de la civilización, que permite al Autor conservar el sentido de liberación prometeica de su viejo proyecto de composición (el *Prometheus Unbound*). Del mismo modo que el canto del hechicero, el texto de Homero se presta a la configuración del contenido del discurso musical: se asocia al regreso del héroe a los orígenes, tras muchas pruebas y peripecias.[19] Como en la novela misma, que narra la aventura del héroe en las jornadas de un diario, el proyecto de la cantata es autobiográfico: contar un viaje de regreso, de fuga de las fuerzas aniquiladoras.

---

[18] Sobre el concepto de polifonía/dialogismo, véase Mijail Bajtin, *La poétique de Dostoievski,* París, Seuil, 1970, caps. I y V. Sobre las lecturas de Carpentier intertextualizadas en *Los pasos* interesan los estudios de Klaus Müller-Bergh, *Alejo Carpentier. Estudio biográfico-crítico,* Nueva York, Las Américas Publishing Co., 1972 y Roberto González Echevarría, *Alejo Carpentier: The Pilgrim at Home,* Ithaca, Cornell University Press, 1977.

[19] Aunque el narrador atribuya a la falta de opción el uso de *La Odisea,* regalada por el griego Yannes, en realidad la novela "prepara" en varios pasajes la elección del texto de Homero: un verso recitado por Yannes le estimula al héroe la aproximación a Rosario (p. 128); Polifemo es el nombre del dogo tuerto de los mineros (pp. 136-137); las andanzas de Yannes le evocan el espíritu aventurero de Ulises (p. 146); el modo como el griego prepara la carne para asar reproduce el gesto arcaico de Eumeo (p. 150); la partida de Yannes, con el remo al hombro le recuerda otra vez la estampa de Ulises (p. 180); el goce edénico en la selva sugiere equivalencias con las delicias de los marineros en el país de los lotófagos (p. 190).

Pueden aún verificarse otras analogías entre el *Treno* y la novela: en uno y otra hay el *dux,* la voz que conduce el enunciado, el corifeo-narrador, de signo personal en la narración y el canto; el título *Treno* de la cantata tampoco es fortuito: además de la idea de regreso, ya apuntada, hay conexión histórica entre los elogios fúnebres y la prosa. Los trenos de la Antigüedad tuvieron un papel relevante para la codificación de este género. Señalan el pasaje del verso a la prosa y, con esos cantos fúnebres, ésta tiene acceso al estatuto literario, que antes del siglo v sólo se concedía a la poesía. El género epidíctico que constituyeron los trenos se caracterizó, conforme explica Roland Barthes, por el aspecto ornamental de la prosa y, en la era moderna, es la novela el género que incorpora esa "prosa-espectáculo".[20]

Las sucesivas pistas de identificación del texto musical (una cantata que restituye la prosa primera, de canto fúnebre) con el texto novelesco (la prosa-espectáculo cuyo origen es el mismo canto) dejan una cuestión en suspenso: ¿por qué "disfrazaría" Carpentier la verdadera identidad del texto que escribe? ¿Por qué es la novela sustituida por otra obra? Recuérdese que, al comienzo del capítulo cuarto, el narrador revela que está escribiendo una novela durante el viaje, sin volver a mencionarla después. ¿Se habría olvidado de este detalle o la inclusión del *Treno* se presta a otros objetivos?

En primer lugar, se puede aducir la necesidad lógica de correlación en el relato, a nivel funcional: la alienación programada en la apertura de la novela incluía, como ya vimos, el abandono de la cantata *Prometheus Unbound,* lo cual genera la expectativa de una reparación-supresión correlativa al motivo introducido (escribir una pieza musical). Por eso, la escritura de una novela no cumpliría cabalmente la propuesta motivacional de la fábula. En el plano predicativo es igualmente necesaria la correlación: el héroe de *Los pasos* es un musicólogo y compositor, no un novelista, lo que hace previsible y verosímil la creación de una obra de su esfera cualificativa. Siendo así, escribir una novela se convertiría

[20] Barthes atribuye a Gorgias la autenticación de los trenos como discurso sabio y objeto estético: "Les Éloges funèbres (thrènes) composés d'abord en vers, passent à la prose . . .; ils sont, sinon écrits (au sens modernes du mot), du moins appris, c'est à dire, d'une certaine manière, fixés; ainsi naît un troisième genre (après le judiciaire et le déliberatif), *l'épidictique*: c'est l'ávénement d'une prose, décorative d'une prose spectacle. Dans ce passage du vers à la prose, le mètre et la musique se perdent". ("L'ancienne rhétorique", *Communications* 16 (1970), p. 176), J. Combarieu, en el capítulo VII, de su *Histoire de la musique* (pp. 61-82), indica diversos ejemplos de trenos en la antigüedad griega.

en un "ruido" en la comunicación textual, como si la novela "desentonara".

Esas explicaciones sólo atienden, sin embargo, a una parte de la cuestión. Resta saber por qué el deliberado propósito de Carpentier de constituir con la creación artística un *analogon* de su propio texto. La finalidad estética parece justificar la inserción de la obra-dentro-de-la-obra: el autor de la novela promueve, mediante el texto de su personaje, una analogía temático-estructural con el texto que escribe, de modo que active nuestra percepción de su sentido y de su forma. Especie de miniatura del texto que la contiene, la cantata condensa, con simetrías y paralelismos, como en el proceso metafórico, la totalidad significante del universo novelesco. Dispositivo de la lectura, pues, que faculta al lector el pleno "entendimiento de lo creado", al aproximarlo a la experiencia poética de su autor con el simulacro de la de su personaje.

Los resultados estéticos de esa teoría de la creación artística incluyen la dimensión autorreflexiva del trabajo escritural de *Los pasos perdidos.* Como metatexto, la cantata instala un segundo grado en el territorio de la ficción, para comentar el propio acto productor de la misma y poner de relieve las intenciones significantes de la novela.[21] Carpentier, musicólogo y novelista, retoma el procedimiento de la "repetición en abismo" del relato en el relato —de tan larga tradición literal— para tematizar su posición americanista en un texto que se remonta a la confluencia entre el canto y la palabra, y compendiar así su máxima ambición creadora. El episodio de la composición artística es una manera del texto novelesco de autodecirse y, al reducir a cero la distancia entre lo producido y la producción, proporciona una notable correlación entre la forma y el contenido. Es el momento en que la reparación del Daño infligido al héroe aparece decididamente absorbida en la narración. En el punto terminal de la búsqueda heroica de la identidad en lo real maravilloso americano, *contar* (escribir/componer) se transfigura en la más plena restitución de los valores enajenados.

[21] Hay otro momento metalingüístico en *Los pasos,* relativo a la asociación texto/música, cuando el protagonista trata de identificar su experiencia selvática con "una sinfonía que estamos leyendo al revés" (p. 174). El episodio de la composición del Treno es, sin embargo, el momento de la plena reflexividad mediante la práctica de la "mise en abyme". Sobre este procedimiento y sus efectos metadiegéticos o metaficcionales, hay numerosos estudios, entre ellos: G. Genette, *Figures II* y *Figures III,* ambos por: París, Seuil, 1969 y 1972. Lucien Dällenbach, *Le récit spéculaire,* París, Seuil, 1977 y Linda Hutcheon, *Narcissistic Narrative. The Metaficcional Paradox,* Nueva York, Methuen, 1984, 1a. ed., 1980.

Onetti: "La novia (carta) robada (a Faulkner)"

JOSEFINA LUDMER

A Ricardo Piglia, ladrón de novias

En la selva de "La novia robada", donde se confunden el goce del reconocimiento (leer una vez más a Onetti) y el terror de lo ilegible (un delirio que penetra de insensatez el relato) es posible pensar, por lo menos, en tres lógicas madres de la literatura: la del otro texto, la de las cadenas verbales y la del sueño-deseo.

I. Bisinidem

El relato se dice una carta dirigida a la novia muerta-robada: "La carta planeada en una isla que no se llama Santa María, que tiene un nombre que se pronuncia con una efe de la garganta, aunque tal vez sólo se llame Bisinidem" [1].

La carta —la forma epistolar— exhibe ciertos elementos que fundan la escritura. Es, ante todo, un diálogo escrito con lo que queda del otro (su palabra-voz, resonando) cuando se ausenta; en verdad exige del otro la desaparición elocutoria —el silencio: esa forma de la muerte— para incluirlo como destinatario y lector. Si toda escritura implica un público interno contradictorio, una figura a la cual se dedica: otro yo, modelo plagiado, padre, que se trata de seducir y destruir a la vez, la carta manifiesta en su forma misma este conocido juego del dual: supone la muerte de ese público y la suscita, pero requiere su resurrección en el momento de la lectura, que acarreará la muerte correlativa de su autor. Toda carta es una cita alternada con la muerte (de los pronombres en la correlación de subjetividad) ; como en el duelo, como en el juego, lleva al extremo la inversión permanente de las funciones de los participantes. Pero toda carta forma parte de una cadena que puede extenderse indefinidamente hacia ambos lados: siempre es posible responder-escribir, ser lector-autor; el juego y el duelo (el desafío: la muerte del otro y su resurrección) pueden proseguirse sin que nada cambie, en un intercambio repetitivo y circulatorio; sin represalias. En realidad, la car-

[1] Juan Carlos Onetti, "La novia robada", en *Obras completas*, México, Aguilar, 1970, p. 1405. Las citas de *Juntacadáveres* remiten a esta misma edición.

ta es el modelo del discurso bivocal: se orienta no sólo hacia lo que dice sino hacia otro relato, incluye la palabra del otro y hace presente la cita —elíptica o tácita— del discurso de su destinatario: la otra palabra escinde y desposee al que escribe, que resulta yo (y su palabra) y otro que yo (la palabra del otro). La oscilación entre texto propio y texto (discurso, voz) del otro que produce el propio, la posibilidad de reversiones constantes en el campo de los pronombres personales, la necesidad de absorber el relato del otro para poder replicar y de suponer siempre otra carta (anterior o futura) para poder escribir, hacen de la foma epistolar un depósito de las propiedades de la escritura en el campo de la propiedad: no se sabe de quién es la carta, si de aquél que la escribió, dijo yo y citó al otro, o de quien la recibe y la detenta, de quien lee yo. "La novia robada" cuenta esa variante del despojo, constitutiva de la palabra bivocal; esa dialéctica de muerte y resurrección, de apropiación-cita del discurso del otro y de voluntaria despropiación: "La novia robada" dice que toda carta —toda escritura— es una carta robada. Como toda novia: el padre la entrega (él, que la engendró y le dio el nombre) a otro, en un pacto de sacrificio y deuda.

Entonces es coherente que la carta —"La novia robada"— disperse los pronombres de la enunciación, suponga la muerte de su destinataria, le cuente su propia historia (no la del que escribe sino la de Moncha, la novia) y se produzca en un diálogo intertextual. Disperse los pronombres: el texto parte de un "yo", una firma: J. C. O., dirigido al "tú" de Moncha; pasa al "nosotros" (se trata de un "nosotros" exclusivo: "yo más ellos", los notables, y no de la inclusión 'yo más tú"), y se borra para dejar lugar a "él", el médico (el otro, el doble que es finalmente quien consuma la carta. Supone la muerte de su destinataria y le cuenta su propia historia, acentuando el hecho de la despropiación: el que escribe desaparece y se dispersa para (y porque) dar al otro lo que es suyo, su propio relato. Y todo el relato se produce en un diálogo intertextual, en un tejido de la palabra "propia" y de la palabra "del otro", según el modelo de la carta; "La novia robada" se genera en el juego de dos textos: uno propio, *Juntacadáveres,* y un cuento de Faulkner, "Una rosa para Emily".

El procedimiento es, en los dos casos, casi el mismo: una cita y/o reminiscencia del otro texto y un trabajo de transformación diseminado en todo el relato. "La novia robada" alude directamente a *Juntacadáveres*[2] y a Lanza, que allí narra la historia del falansterio, la prehistoria de "La novia": Marcos joven era novio de "la chica de Insurralde, casi compatriota mía. Tengo para

[2] "Para entonces, después del indudable suplicio de meses que se llamaron, llamamos los notables para olvidar, *Juntacadáveres*" (p. 1413). La primera edición de *Juntacadáveres* es de 1964; la de *La novia* de 1968.

mí que el verdadero apellido debe ser Insaurralde" [3]. Las palabras de Lanza son citadas textualmente en "La novia" a propósito de la descripción de Moncha: "una mirada desafiante, una boca sensual y desdeñosa, la fuerza de la mandíbula" [4]. Pero el centro del robo de *Juntacadáveres* consiste en un personaje, Julita Malabia, que padece la misma demencia que Moncha, la novia robada y, como ella, se suicida [5]. Julita pierde a su marido y enloquece, Moncha, a su novio; Julita era hermana de Marcos, el novio muerto de "La novia robada": Marcos aparece en "La novia" con la misma función de Federico Malabia, su cuñado, en *Juntacadáveres* (los dos son el muerto), así como Moncha aparece con la misma función que Julita (su cuñada si se hubiera casado). "La novia robada" y *Juntacadáveres* son relatos hermanos y complementarios: en "La novia" la muerte de Moncha ya ha ocurrido desde el principio, en *Juntacadáveres* se produce al final del relato; en "La novia" se trata de un novio muerto (y lo que le falta a la novia, eso de lo cual ha sido robada, es la boda, el rito), en *Juntacadáveres* de un marido muerto (y lo que falta a Julita, lo que alucina, es el hijo). Pero en *Juntacadáveres* el muerto tiene un sustituto: su hermano Jorge Malabia, que sostiene en el relato la función de la escritura [6] (es el poeta, el artista adolescente que se encierra a escribir), como si esa función fuera, precisamente, la suplencia de lo que falta. Los sustitutos del muerto, de los muertos, puesto que son dos en "La novia", parecen ser (como en *Juntacadáveres*) los dos "escritores" del texto: el "yo" de "J. C. O." y el médico Díaz Grey. Pero esos muertos de "La novia" "reaparecen" en la relación productiva que establece el cuento con *Juntacadáveres*: el "robo" a *Juntacadáveres* implica moverse con un texto paterno (anterior, mayor, que narra una prehistoria) respecto de "La novia", y al mismo tiempo con un texto hermano, propio, del mismo autor: "La novia" y *Juntacadáveres* son dos

[3] *Juntacadáveres*, p. 882. Moncha escapó de la circulación corporal del falansterio en un "caballo robado", pasó por Santa María y se fue a Europa, según cuenta Lanza a Jorge Malabia en el capítulo XVI de *Juntacadáveres*, p. 882 y ss. En *Juntacadáveres* se encuentran los personajes de *La novia* (Barthé, el mancebo de la farmacia, el médico Díaz Grey, Marcos y el padre Bergner) y los mismos tipos de narradores: el yo (de Jorge Malabia), el nosotros (de la comunidad) y un yo tácito que cuenta la historia del prostíbulo, Larsen y las prostitutas.

[4] "La novia robada", p. 1405, y *Juntacadáveres*, p. 884: en "La novia" se reemplaza "una mirada desafiante, una boca sensual" por "la mirada desafiante, la boca sensual", citando y corrigiendo al mismo tiempo. "La novia" cuenta, además, otro episodio de *Juntacadáveres*, el del desfile de las jóvenes con el cartel que reza "Queremos novios castos y maridos sanos" en la campaña contra el prostíbulo.

[5] Dice "La novia" (p. 1409): "Otra loca, otra dulce y trágica loquita, otra Julita Malabia".

[6] La función de la escritura en Onetti es siempre la construcción de la prótesis de lo que falta. Jorge Malabia, de *Juntacadáveres*, figura del escritor, es absolutamente análogo (en su estructura y funciones en el interior del relato) al Brausen de *La vida breve*, que debe escribir para fabricar el pecho que falta en Gertrudis.

Onetti, como los muertos que faltan, *dos Bergner, tío y sobrino*. Esa relación de producción entre los dos textos reproduce, en otro registro, la misma relación que une a los ausentes de "La novia".

La isla de la "efe de la garganta" alude a Faulkner (y a Yoknaphatapha), pero "La novia" no menciona su nombre ni el título de ningún relato de Faulkner; sin embargo, lo cita en una cita que, cuarenta años después, tendría Moncha con Marcos: "...alguien, alguno puede jurar que vio, cuarenta años después de escrita esta historia, a Moncha Insaurralde en la esquina del Plaza. (...) Mucho más pequeña, con el vestido de novia teñido de luto, con un sombrero, un canotier con cintas opacas (...) apoyada casi en un delgado bastón de ébano, con el forzoso mango de plata" (pp. 1419-1420); ese anacronismo reitera la descripción de Emily en Faulkner: pequeña, de negro, con el bastón de mango de oro [7]. La "cita" (y aquí Onetti introduce su ope-

[7] William Faulkner, "Una rosa para Emily", en *Estos trece*, Buenos Aires, Losada, 1956, p. 128: "una mujer baja, gorda, de negro, con una fina cadena de oro que le bajaba hasta el talle y se perdía en la cintura, apoyada en un bastón de ébano con puño de oro opaco" (la variante oro/plata del puño del bastón es, en Onetti, una figura de inversión).

El cuento de Faulkner narra que Emily Grierson negó la muerte de su padre; no quiso pagar impuestos en una ciudad que el paso del tiempo había transformado en otra (y para ello apeló a otro muerto, el coronel Sartoris); se encerró, siempre vestida de negro, con un negro sirviente; tuvo un novio yanqui con inclinaciones homosexuales; compró el ajuar para el novio —que un día desapareció del pueblo—; compró veneno; la casa sucia de Emily despedía un olor insoportable y fue necesaria una excursión nocturna de algunos hombres para arrojar cal; Emily fue vista, desde entonces, en contadas ocasiones hasta su muerte. Había llegado a ser obesa y su pelo color gris hierro; una vez sepultada, el pueblo descubre (un pueblo que la juzgó loca, como a una antepasada suya, pero que se apiadó de ella y hasta estaba dispuesto a aceptarle el nefasto novio) que en la habitación del piso superior de la casa, clausurado, se encontraban los restos del novio, a quien Emily había envenenado, en el lecho nupcial; en la almohada junto a él había un pelo gris hierro.

En Faulkner el relato se abre y cierra con la muerte de Emily; las mujeres de la ciudad acuden al entierro para ver el interior de la casa; "La novia" está, del mismo modo, enmarcado con la muerte de Moncha; las mujeres concurren pero no curiosas por la casa sino por la desnudez de Moncha.

Tanto en Faulkner como en Onetti narra un nosotros; en Faulkner esa persona no parece diferenciarse del conjunto del pueblo, ni los muy jóvenes ni demasiado viejos; en Onetti son los notables, los que juegan al póker en el Club, los viejos que conocen los antecedentes y la historia del pueblo.

Tanto Emily como Moncha pertenecen a familias tradicionales; en los dos relatos hay un progreso de la ciudad, que se opone a las anacrónicas historias de las mujeres. Las dos niegan el transcurso del tiempo y se encierran en sus casas: a Emily sólo la acompaña un negro; Moncha aparece siempre sola, aunque se alude a un chofer, ama de llaves, jardinero, peones y peonas. Moncha muere en el sótano y Emily en el piso bajo de la casa.

Emily niega la muerte de su padre y del coronel Sartoris; con su novio realiza otro tipo de negación: consuma su boda después de matarlo. Moncha niega la muerte del "padre" (cura) Bergner y de su novio Marcos Bergner.

El olor del cadáver de Homer Barron, en Faulkner, invade el pueblo, que ignora que se trata de un cadáver y lo atribuye a falta de limpieza; en Onetti

ración favorita, la asociación por homonimia) preside la relación de producción con el otro texto. Los datos de "Una rosa para Emily" que se transforman en ejes de "La novia" siguen dos reglas fundamentales: la inversión y el desplazamiento.

Inversiones. Faulkner supone siempre el negro, lo negro; Emily se viste de negro y es acompañada y servida por un negro. En "La novia" el blanco —lo blanco— aparece amplificado y disperso a lo largo de todo el relato, dominándolo: se dice constantemente de algo blanco que se tiñe de amarillo por suciedad o vejez, de un blanco puro y de la caducidad de lo blanco (en Faulkner el color signo de la caducidad es el pelo gris hierro de Emily). Pero el eje de lo banco en "La novia" es el vestido de novia, ensuciado, envejecido, arrastrado. Y ese eje se enlaza con el texto de Faulkner en una segunda inversión: Emily compró un ajuar de hombre para Homer Barron, su novio; en Onetti sólo se alude al ajuar —el traje de novia— de la mujer, de Moncha. El dato de color aparece, pues, invertido (y la inversión es polar, una vuelta en su contrario), así como aparece invertido en su contrario el "género" del ajuar, masculino/femenino.

La otra inversión central atañe al asesinato del novio en Faulkner, por envenenamiento, que es suicidio de la novia en Onetti. Emily pretende comprar arsénico en la botica, el veneno más rápido y fuerte; Moncha se "envenena" lentamente, tomando "algunos —pero no bastantes— seconales" (p. 1421); Barthé a cuya farmacia va Moncha todas las noches a jugar tarot, se queja de que Moncha no haya robado veneno ("por qué no robó veneno, que de ninguna manera hubiera sido robar, y terminó más rápido y con menor desdicha", p. 1416). Matar al novio/matarse la novia, envenenar/no tomar veneno, son otros modos de la inversión en la relación intertextual.

Desplazamientos. El novio imposible de Emily tenía inclinaciones homosexuales; en "La novia" la homosexualidad se desplaza hacia la botica, hacia Barthé y el mancebo/manceba, y a un relato de la misma Moncha sobre una noche en Barcelona [8]. El desplazamiento de la homosexualidad, que deja impoluto al novio muerto, a Marcos (digno de ella: como ella, de una de las fami-

---

se alude a los pies amarillos de Moncha, ya muerta, sucios y sin olor, y a "la primera, tímida, casi grata avanzada de tu podredumbre" (pp. 1404-1405).

Emily no cumple con el pueblo, no paga impuestos; Moncha cumple estrictamente con fechas y aniversarios, aun con los que requerían ser olvidados.

En Faulkner los hombres fuerzan la puerta del dormitorio del piso alto, clausurado, cuando muere la mujer; en Onetti el médico, que escribe la carta, se niega a abrir las ventanas ante el cadáver. Es evidente la relación entre los dos relatos: varios datos comunes y muchos otros que aparecen invertidos.

[8] "Y después, o fue antes, una noche en Barcelona; el muchacho que bailó, vestido de torero (. . .) los dos muchachos bailando juntos, muy apretados (. . .) y el dueño que me ofrecía una pareja y el susto que tenía, no sabiendo si me ofrecía un hombre o una mujer" (pp. 1414-1413).

lias principales de Santa María, y no como el novio de Emily, indigno, yanqui), está enlazado por una cadena fonética: el novio de Emily se llama Homer Bar*ron,* el boticario homosexual de "La novia" se llama Bar*thé,* y la noche de los bailarines transcurre en *Bar*celona; la repetición del significante liga el sentido y su viaje.

Emily es asesina, loca y perversa: consuma su boda con ése a quien mata; se acuesta y duerme a su lado, durante *cuarenta años,* con el cadáver putrefacto. La habitación nupcial, con el ajuar que ella misma compró al novio, está intacta cuando entran los hombres —Emily ya ha sido sepultada— forzando la puerta; esa habitación fuera del tiempo fue para Homer Barron ataúd y sepulcro, para Emily cámara matrimonial (ella había negado la muerte de su padre; lo mismo hizo con la de su novio; lo mató para negar su muerte). En Onetti esa habitación nupcial, dormitorio, ataúd, sepulcro y clausura, se transforma en vestido de novia de Moncha: una coraza, un disfraz que resulta "vestido, salto de cama, camisón y mortaja" (p. 1421): los dos continentes conservan la misma función; los dos sirven para, dentro de ellos, casarse, dormir, yacer, morir: sólo ocurre el desplazamiento de la cobertura, que encierra a sus personajes interponiendo el velo de la ficción [9].

"La carta planeada en una isla que no se llama Santa María, que tiene un nombre que se pronuncia con una efe de la garganta, aunque tal vez sólo se llame Bisinidem". Quizá Bis-in-idem, dos veces en lo mismo, sea la palabra clave de "La novia robada": reunir otros dos textos en el mismo relato; lo mismo propio y lo mismo otro; la novia robada a Faulkner y la loca sustraída a Onetti; la carta robada al "yo" y escrita por "él", el otro. Y en el interior de ese juego de reiteraciones, otro: a *Juntacadáveres,* el texto propio, se lo repite y cita textualmente, y de Julita se hace otro personaje, una hermana, su reedición: "Otra loca, otra dulce y trágica loquita, *otra Julita Malabia*" (p. 1409, el subrayado es nuestro). Al contrario, de la Emily de Faulkner se hace *otra Moncha*: "Me dijeron, Moncha, que esta historia ya había sido escrita y también, lo que importa menos, vivida por *otra Moncha,* en el sur que liberaron y deshicieron los yanquis" (p. 1403, el subrayado es nuestro). Del mismo modo ocurre con "la visión" de la novia cuarenta años después: una Moncha envejecida, enlutada, deformada y desplazada, otra Moncha pero nunca Emily, a pesar de su descripción (p. 1419). En este juego de reediciones y robos se desposee el relato propio, actual ("La novia robada") en favor de otro texto hermano, anterior (pero otro Onetti), y se desposee el relato del otro, de Faulkner, en favor

9 La diferencia consiste en que no se sospechó que Emily yaciera allí (la habitación se clausuró y no fue vista por nadie durante cuarenta años); Moncha, en cambio, se desplaza con su vestido ante los ojos del pueblo.

del texto actual: como si Emily debiera escribirse después, cuarenta años después, cuando Moncha envejezca y pueda reeditarse en *otra* Moncha. Y si *Juntacadáveres* es citado y reiterado, "Una rosa para Emily" es transformado, invertido, desplazado: la novia debe disfrazarse con el traje de novia porque es una novia robada. Como en todo robo, en la relación intertextual se fragmentan, diseminan y perturban los rasgos del objeto sustraído; se disfraza a la novia, se la maquilla como una máscara para hacerla irreconocible porque es otra, de otro; reducir el otro a mí (a mío) es negarlo como otro, matarlo. La deformación de un texto es como un crimen.

La repetición y la cita "literal" sólo puede ser propia (sólo puede corresponder a un uso "propio" de la palabra "cita") y ejercerse en el campo Onetti; el robo abre, en cambio, el uso "figurado" de la "cita" y, a partir de allí, el vértigo de la transformación-desfiguración; abre, en realidad, un discurso segundo, paródico, donde se simula el disimulo del objeto robado, donde se da a creer que la Moncha robada es madre de la Emily del otro, ese padre. El choque y la dialéctica entre texto propio (y su cita y repetición) y texto ajeno (y su robo y transformación) determina en "La novia robada", texto desposeído, carta, una oscilación básica: las locas se dividen en dos (Moncha y Julita Malabia), las novias se funden en una (sólo Moncha). "La novia robada" parodia al mismo tiempo la forma epistolar, la relación de apropiación intertextual y el rito del matrimonio, donde entre dos sujetos, hombres, circula esa forma híbrida, disfrazada, codificada, que es una carta, un relato, una novia [10].

II. La lógica del delirio

"La novia robada" corta varias veces el relato e introduce sintagmas, frases, párrafos extraños; esos cortocircuitos del hilo y la lógica narrativa acarrean un asomo de delirio: es fácil leerlos como arbitrarios, encuentros con el sin sentido, momentos incohe-

[10] Pero Bisinidem alude, además, al sistema de repeticiones que saturan el texto: reiteraciones lexicales, sintácticas, juegos etimológicos, paralelismos, variantes verbales y pronominales, anáforas. El juego de la repetición (característico de los textos de Onetti producidos a partir de la figura de la muerte) sigue la misma ley que el del intertexto: se reitera haciendo de "lo mismo" algo "otro" y viceversa: "me dijeron" "dije", "te lo digo" (p. 1403); "papeles de seda, sedosos" (p. 1403); "nada (...) tiene importancia", "nada importa" (p. 1404); "Volvió, como volvieron, vuelven todos" (p. 1405); "la primera, tímida, casi grata"; "el primer tímido casi inocente" (p. 1405); "Sabíamos, se supo" (p. 1407); "cada noche clara", "cada inexorable noche blanca" (p. 1408); "que se llamaron, llamamos los notables" (p. 1415); "Sin embargo, alguien, alguno" (p. 1419). En la "crónica social" de la boda se reitera cuatro veces la descripción del vestido, variando los datos (p. 1411); en el acta de defunción se repite "Santa María" tres veces (p. 1422).

rentes. Pero "La novia" sigue rigurosamente otra lógica, la de la escritura y la ficción, la llamada lógica poética: la ley que indiferencia verdadero/falso, que incluye al tercero excluido, que piensa contradictoriamente la contradicción, que obliga a coexistir lo concreto con la universalidad, que repite sin querer decir lo mismo, que identifica realidad y ficción: que afirma la existencia de una no existencia. Esa ley anómala niega constantemente una lógica —la del discurso, la de la lógica— en la cual, sin embargo, se inscribe, y se basa en operaciones significantes (del significante) multívocas, en un sistema que rechaza toda arbitrariedad y todo gesto decorativo. Los "delirios" de "La novia robada" son legibles no desde sus significados sino en su engendramiento, su producción. Es posible aislar en el relato una cadena vertical que lo recorre y enlaza, en su articulación, algunos de esos saltos insensatos dejando leer los puntos donde se constituyen; esa cadena (una de las teóricamente indefinidas que recorren el texto) dice una vez más que la significación puede producirse y leerse más allá de toda fortaleza subjetiva; que las conexiones están culturalizadas, aunque la escritura parezca instituirlas; que la imaginación no podría inventar (ni reconocer) metáforas si la lengua y la cultura no le brindaran una red subyacente de contigüidades estipuladas: es allí donde lo imaginario de un escritor, el mito de su imaginario (y el narcisismo que le es correlativo: la gracia de la imaginación de un yo divinizado que se permite la extravagancia espiritual) se anula para transformarse en una pura función productiva (y por lo tanto social) aplicada a las funciones del lenguaje.

A partir del siguiente sintagma se puede leer la producción y el sentido de dos momentos "delirantes" del relato [11], "(. . .) tan suave como el Kleenex que llevan y esconden las mujeres en sus carteras, tan suave como el papel, los papeles de seda, sedosos, arrastrándose entre nalgas" (p. 1403).

Papeles (por lo general blancos) que limpian y *se ensucian* tomando el color del otoño, la estación del relato: amarillento, amarronado, de *hojas caducas*. Los pañuelos son usados por las mujeres en el velorio de Moncha: "sólo dejaban de hablar para mirarte, Moncha, para ir al baño o sorberse los mocos detrás de un pañuelo" (p. 1404). Esta variante del pañuelo o del "ir al baño" introduce una escisión, fundamental en el texto: las mujeres hablan *o* miran; acentúa, además, la nariz: el olor es un motivo en el relato. En realidad: las mujeres hablan o miran, hablan o

[11] En nuestro punto de partida porque es el primero que se lee (se encuentra en el segundo párrafo del relato), pero no es necesariamente el punto de partida productivo: se podría llegar a este mismo sintagma desde otro. Es decir, este segmento no es causa ni origen de la cadena —y no se puede decir cuál surgió primero—; se trata de un sistema de producciones mutuas y múltiples, de una relación dialéctica. Por lo general lo primero que se lee fue escrito después, y Onetti lo sabe muy bien cuando trabaja con histerologías.

usan pañuelos/papeles higiénicos. El narrador "yo" huele en el velorio los pies amarillos de la muerta, "curiosamente sucios y sin olor" (p. 1404) y, al final, el médico: "No quiso abrir las ventanas, aceptó respirar el mismo olor a mugre rancia, a final" (p. 1422). El olor y la suciedad abren y cierran el relato, acompañando la escritura; el narrador-que-escribe es el que, ante la muerta, tema de su relato, mira-huele-usa papeles: es el que no habla.

Pero el centro de la productividad se encuentra en las nalgas, en el "papel (...) arrastrándose entre nalgas". Las nalgas son "la cola" en la expresión y uso familiar; la palabra "cola" (a contigüidad por identidad de significados, por sinonimia) no se escribe en el texto en este sentido; "cola" es el término elidido, el término familiar, popular, obsceno, que se debe borrar en la escritura de Onetti para que actúe operando la metonimia que permite el salto a la metáfora (en Onetti lo familiar —en todos sus posibles sentidos, incluido el de "la familia"—, junto con lo obsceno y/o popular, que le son contiguos, constituyen el puente, indispensable pero que debe volarse, para posibilitar la inmersión en el otro mundo de la literatura). La equivalencia familiar nalgas = "cola" y el papel de seda que se arrastra ensuciándose llevan directamente a la cola del vestido de novia (sedas, encajes) que se arrastra y ensucia a lo largo del relato.

Y la cola del vestido de novia arrastrándose (Moncha muestra "la cola", no la esconde, y quizás allí resida su demencia) conduce a dos metáforas explícitas como tales en el texto: la del insecto y la de la sirena "puesta sin compasión fuera del agua" (pp. 1415-1416). El insecto, aéreo (como el aire viciado que se huele), con su "caparazón de blancura caduca", aparece "arrastrando sin prisas y torpe la cola larga". Y la sirena (sin pies para besar ni oler sino solamente con cola), que produce las dos secuencias donde parecía reinar lo arbitrario y el sin sentido en la primera lectura:

Alrededor del novio muerto se teje una fábula, una mentira que acepta el pueblo: "Siempre estaba Marcos Bergner volviendo con su yate de costas fabulosas, siempre atado al palo mayor en las tormentas ineludibles y cada vez vencidas, cada día o noche" (p. 1410). Aquí Marcos se liga con Ulises y el episodio de las sirenas (*Odisea*, canto 12, versos 154-200): para no entregarse al canto-encanto de las sirenas, que prometen la sabiduría y devoran a los que caen en sus redes, Ulises se ata al mástil de la nave y pone, por consejo de Circe, cera en los oídos de sus compañeros (que ven y no oyen) [12]. Pero Marcos = Ulises, el esperado, no sólo contrapone aquí otra vez, mediante esa reminiscencia

[12] Toda esta reminiscencia opera, precisamente, elidida; no se escribe en el texto. Pero la palabra "cera" no falta, y se liga con "velas": "Si hay nardos y jazmines, si hay cera o velas" (p. 1420).

clásica (que lleva a Joyce), el ver y el escuchar (que equivale a hablar), sino que remite nuevamente a "Una rosa para Emily", donde el novio se llama *Homer* Barron. No debe prestarse oídos al canto de las sirenas, a su "hablar" (como en Homero); en cambio, puede mirarse su cola.

La otra secuencia "arbitraria" engendrada por la sirena es una irrupción: "Santa María tiene un río, tiene barcos (...) los barcos usan bocinas, sirenas" (p. 1417) donde, por homonimia, la sirena es la bocina del barco; aquí las sirenas llaman y este párrafo es, de hecho, un llamado al lector (susceptible de ser encantado): "Con su sombrilla, su bata, su traje de baño, canasta de alimentos, esposa y niños, *usted,* en un instante enseguida olvidado de imaginación o debilidad, puede, pudo, podría pensar en el tierno y bronco gemido del ballenato llamando a su madre, en el bronco, temeroso llamado de la ballena madre" (pp. 1417-1418, el subrayado es nuestro). Pero esto sucede "cuando la niebla apaga el río", es decir, cuando se enceguece, no se ve (todo se esconde, como los Kleenex "que llevan y esconden las mujeres en sus carteras"); allí emerge el sonido, la audición, cuyo fondo es el *velo,* el "tul de ilusión" del velo de la novia que esconde su rostro a las miradas. Esta secuencia *invierte* la relación ver/oír-hablar que aparecía, tácita y como reminiscencia, en la fábula de Marcos; allí se trataba de no escuchar el encanto de las sirenas y, sin embargo, de la posibilidad de verlas (ver su cola); aquí se trata de oír las sirenas de los barcos (los dos motivos se enlazan, además, por lo acuático y el tema de la navegación) pero sobre un fondo ciego, de oscurecimiento de la visión; antes se apelaba a las fabulosas sirenas, a la "literatura" y a la mentira; aquí se trata de la familia ("esposa y niños") y de lo familiar; antes el esperado, el que faltaba era el novio (loque le falta a Moncha es el padre-cura y el novio), aquí es la madre (ballena) y el hijo que se buscan y llaman: no se ven las colas.

El llamado al lector aparece, pues, en una situación de no lectura (la niebla); aparece, entonces, lo oído (y lo hablado) y la familia (del lector y de la ballena); es decir: sobre el fondo de la antiliteratura, de "la realidad" (y del limpio traje de baño que oculta la cola) se pretende irónicamente encantar a un antilector que no tiene nada de fabuloso; el narrador, por antítesis, se encuentra del lado del olor, la suciedad y la visión, en la posición del que ve la cola y usa los papeles higiénicos de hojas caducas (que se tiran) para escribir su carta. El texto se dice, de este modo, un texto anal, ligado con todos los atributos de ese reino: "la cola", la suciedad, el color, el olor, la visión de eso, el robo y el don.

El "delirio", "la imaginación", opera, pues, con: 1) los sentidos idénticos o semejantes que el significante puede cubrir (sus homónimos; cola, sirena); 2) los sentidos idénticos o semejantes al significado de ese significante (sus sinónimos: nalgas = cola; niebla, velo, esconder, no leer), y 3) la remisión a otros textos o corpus (aquí literarios: Homero y Faulkner) [13]

III. Un loco deseo...

Sustraerse al principio de realidad: en esa estrategia de la locura se sostiene la posición del discurso literario [14] erigido (en una aparente paradoja) como defensa contra la locura que lo sitia y alimenta; en *otra carta* (de Kafka a Max Brod) se lee: "Un escritor que no escribe en una provocación a la locura". Y los elementos del sistema defensivo que construye la práctica literaria deben buscarse en el campo mismo de eso contra lo cual se defiende: no por azar la rima hermana escritura-locura; el que escribe "La novia robada" es hermano de Moncha, *la loca por su palabra.* Si la locura de Moncha consiste en negar dos muertes —la de su novio Marcos y la del cura que debía casarlos— es porque debe cumplir con lo que *prometió por carta;* Moncha debe casarse necesariamente porque su palabra es palabra de vasco; allí, en esa palabra (la materia del relato) se encuentra tal vez el nudo productor más importante del texto: "la validez indudable, inconstable de la palabra o promesa de un Insaurralde, palabra vasca o de vasco" (p. 1410) [15]. La boda es inexcusable, más allá

[13] Las cadenas pueden seguirse indefinidamente; con Marcos regresando siempre se anuda la historia de los que vuelven a Santa María después de la inevitable estadía en Europa y "hoy vagan, vegetan (...) tan lejos y alejados de Europa, que se nombra París, tan lejos del sueño, el gran sueño" (pp. 1405-1406); ese sueño se liga con el sueño de Moncha o la boda, el morir en sueños, etcétera. Por otra parte, la escisión ver/oír (o hablar), rige en el juego de póker de los notables, que pueden decir "veo" pero no hablar (y que no ven a Moncha encerrada —escondida— en la farmacia), en la referencia del primer narrador a su carta dirigida a Moncha: "Muchos serán llamados a leerlas, pero sólo tú, y ahora, elegida para escucharlas" (p. 1403), etcétera.

Pero los papeles blancos que se arrastran a lo largo del relato y se ensucian en tanto escritos, impresos o firmados, aparecen en cada una de las secuencias narrativas:

—la carta, las cartas = naipes (póker, tarot); la carta mediante la cual Moncha convino su boda con Marcos;

—la receta que Moncha pide al médico cuando lo visita;

—las etiquetas de los frascos de la farmacia;

—el contrato que firman Barthé y el mancebo por el cual éste se apropia de parte de la botica;

—la cuenta que el maître lleva a Moncha en el restaurant;

—el cartelón del desfile de las jóvenes en su campaña contra el prostíbulo;

—las notas sociales de los periódicos;

—el certificado o acta de defunción que escribe finalmente el médico.

[14] Lo cual no quiere decir que lo real no retorne y anide constantemente en él.

[15] No solamente el lugar común, "familiar" (como en la mayoría de los relatos de Onetti), de *la palabra de un vasco,* mueve el sistema productivo del texto, sino que éste imita muchas veces, en arranques "delirantes", la concordancia vizcaína; la práctica de la brujería con el tarot añade otro elemento al tema de lo vasco.

de la muerte y de la realidad, porque lo único cierto es la promesa de la prometida: *la otra carta* —el relato— llevará a "realidad" esa palabra; "La novia robada" casa y no casa a Moncha a la vez: en el modo de escribir la contradicción centellea el núcleo de verdad de la escritura de Onetti.

Moncha es la loca de (por) la palabra dicha por carta; el relato enloquece respondiendo con otra carta escrita por dos sujetos: un yo y un él; el texto disocia el intercambio separando a los participantes: responde aquél a quien la carta de Moncha no fue dirigida; se escribe a la que no responderá (y como Moncha, que escribió a un muerto, se escribe a Moncha muerta) ; se hace concluir por uno el gesto comenzado por otro; en esta cadena abierta donde el mosaico de la enunciación se rompe perpetuamente se realiza la ritual repetición de lo que no ha tenido lugar; el texto dice, en cada momento, la ceremonia de la boda; cumple el deseo y la promesa de Moncha reproduciendo el mismo sistema abierto de la enunciación: se separan los participantes del rito, se diseminan sus funciones, se intercambian los sujetos, se fragmenta, desplaza, disfraza, condensa y combina el sueño, la promesa y el deseo llevados a la satisfacción mediante dos procedimientos: la realización del rito nupcial en los momentos en que aparece Moncha, y la equivalencia de casarse, dormir, morir.

Los cuatro momentos.

Moncha vuelve de Europa, se encierra y el relato narra la "leyenda tan remota y blanca": una ceremonia fantástica donde

la mujer baja "del coche de cuatro caballos",
avanza por el jardín exótico
"colgada siempre y sin peso del brazo del padrino";
éste "murmura palabras rituales, insinceras y antiguas
para entregarla, sin violencia",
"al novio"; sigue
"cada noche clara, la ceremonia de la mano"
"a la espera del anillo";
en el otro parque, el "real" de Moncha, "solitario y helado,
ella, de rodillas",
"escuchando las ingastables palabras en latín"
"Amar y obedecer"
"hasta que la muerte nos separe" (pp. 1407-1408).

Éste es el sueño que el texto erige en modelo de la boda, mientras Moncha se pasea cada noche por el jardín. A partir de ese momento del relato, los movimientos de Moncha y de los otros personajes realizarán el rito en cuatro etapas sucesivas: la visita al médico, el relato de su paso por Venecia, los encierros en la botica y la cena en el restaurant.

La visita al médico. Es "casi enseguida de su regreso de Europa", antes del vestido y de la "clausura entre los muros" (p. 1498). Moncha fue al médico no por enfermedad sino porque: "Mi padre fue amigo suyo". Díaz Grey es, pues, un sustituto del padre, pero no solamente del padre de Moncha sino del "padre" Bergner, el cura muerto. El médico puede ser padrino y cura a la vez; el médico piensa: "Loca, *sin cura,* sin posibilidad de preguntas" (p. 1409). Pero Moncha paga para que "me recete, me cure, repita conmigo: me voy a casar, me voy a morir"; el médico *recita* sólo la primera parte: "Usted se va a casar —recitó dócil". Díaz Grey receta/recita y "cura"; en esas palabras rituales el sacerdote es Moncha. que las emite, mientras el padrino las recita y repite: Pero la novia está distribuida entre los dos sujetos: Díaz Grey es el que tiene "la túnica tan blanca, tan almidonada", y Moncha el velo: una máscara de maquillaje que le oculta el rostro; el médico piensa: "Si pudiera lavarte la cara y auscultarla, nada más que eso, tu cara invisible". Puede decirse, entonces, que el médico *no vio* la cara de Moncha.

Y en coche se dirigen, la novia con el padrino, al hotel; allí "Díaz Grey fue y vio como un padre" mientras le roza los codos, acaricia distraído la nuca de Moncha y tropieza con un pecho: ese padrino equívoco (como un novio) ve las telas ("el secreto") aún no cortadas y acepta la verdad de Moncha, la bendice. "Moncha se puso de rodillas para besar los encajes".

En esta escena se encuentran momentos, elementos, funciones, significantes del rito: una túnica blanca, palabras repetidas, telas y encajes, el coche en el que se trasladan, el contacto de los brazos, la novia arrodillada. El médico no receta sino recita; no cura pero es como un padre; no vio y le roza un pecho; Moncha escucha las palabras repetidas por Díaz Grey, lleva un velo de maquillaje y cae de rodillas.

Después (en el hilo sucesivo del relato) Moncha va a la Capital y Mme. Caron corta las telas del vestido; cuando regresa cuenta algunos episodios de su viaje a Europa.

La llegada a Venecia. Moncha narra que llegó al *alba* a Venecia: baja del tren, camina por las calles casi vacías y se encuentra con "el San *Marcos*"; como una sonámbula, llora y: "era como si la soledad, *verlo* tan perfecto como esperaba, *lo convirtiese en parte mía* para siempre" (p. 1412, el subrayado es nuestro). Allí, en esa visita, Moncha se apropia (posee mediante la visión) de Marcos, su novio muerto, en un "sueño despierto"; por eso debe decir *el* San Marcos y no *la* basílica o *la* Plaza San Marcos. En esta escena onírica, de viaje de bodas y de fusión de cuerpos, de posesión y de éxtasis, un lugar, un santo, una plaza, una iglesia son al mismo tiempo, por el nombre, un novio y un esposo. El blanco reaparece en la forma del alba, de lo albo; los encajes del vestido de novia eran venecianos: "y el amarillo se insinuó en los bordes de los encajes venecianos" (p. 1403).

Los juegos de cartas y la ceremonia en la farmacia. Se trata de un rito secreto, en encierro; de una práctica mágica que implica la creencia en la omnipotencia del pensamiento, realizada "cada noche" como el sueño de la boda, donde los participantes son tres: el boticario Barthé, ya viejo, el mancebo/a semidesnudo y Moncha con su traje de novia. Allí juegan tarot; en el Club los notables juegan a los naipes. Esas dos escenas en contrapunto, ligadas por las cartas, juegan —otra vez— con la palabra y la visión: Moncha se encierra en la farmacia y es imposible ver qué hacen, a qué juegos se entregan; los notables no pueden ver sino sólo decir: "Veo", "No veo. Me voy", "Veo y diez más" (p. 1413 y pensar "sin voz: los tres; dos, y uno mira, dos y mira el que dijo estoy servido, me voy, no veo pero siempre mirando" (p. 1414). En la farmacia hay, como en la boda, dos hombres y una mujer; el rito del traspaso de la propiedad se desplaza a la propiedad de la farmacia; allí se narra cómo el mancebo exigió la firma del contrato y cómo Barthé había pensado que esa sociedad sería un "tardío regalo de bodas" impuesto por el amor y no por la extorsión. Ese robo legal, sin violencia (como el padrino que entrega "sin violencia" la novia) escribe, una vez más, el rito de la boda: el joven toma posesión de la botica, antes propiedad del viejo. En esa escena, en medio de esa escena puesto que no importa que la firma del contrato haya ocurrido antes, del mismo modo que no importa que el relato de la llegada a Venecia haya ocurrido antes, si en el texto se los narra y lee después [16], Moncha se pasea por la farmacia vestida de novia; no sólo se encuentran allí un hombre mayor y un joven, sino además *etiquetas* blancas de los frascos de la farmacia, escritas con palabras "todas o casi incomprensibles" (en el mismo latín, quizá, de las palabras de la iglesia). Y el relato afirma que Moncha es la única viva y actuante, puesto que los otros dos hombres están muertos: "habían dejado de pertenecer a la novela, a la verdad indiscutible"; muertos como los dos Bergner, el cura y el novio. Moncha, encerrada en la farmacia con dos muertos, escucha "las promesas susurradas por el tarot", del mismo modo que los cuatro notables que juegan repiten "con indiferencia voces arrastradas, monótonas y aburridas" (p. 1414) : las voces del rito, las palabras ceremoniales y el tarot que legisla los destinos.

La homosexualidad de Barthé lo enlaza con el padre Bergner que se despide eternamente en el Vaticano: "siempre dicien-

[16] Lo que cuenta en este caso es el relato como sucesión; una cadena donde los antes y los después no tienen en cuenta los tiempos ni modos verbales; se borran también, para esta lectura, los "como" ("como un padre") y los "parecía" ("Parecía bendecir"), se borran en la identidad del ser; en esa intemporalidad y amodalidad (*como si sólo se tratara de nombres*: infinitos y sustantivos) hay una sucesión ritual: el relato y la ceremonia de la boda, el relato de la ceremonia.

do adiós a cardenales, obispos, sotanas de seda, *una teoría infinita de efebos* con ropas de monaguillos" (p. 1410, el subrayado es nuestro), y el timbre violeta de la farmacia ("las luces violetas que anunciaban el servicio nocturno"), junto con el blanco y el amarillo, reiterados en el relato, dibujan lo papal, la curia.

En estos juegos las cartas están sobre la mesa: un robo legal, sin violencia (y la novia es allí la farmacia), un padrino ligado con el sacerdote por los efebos y mancebos que lo acompañan; Moncha y su traje de novia, las etiquetas escritas en un idioma incomprensible, las promesas; pero el velo cubre a los tres participantes que se encierran cada noche y es posible decir, otra vez, que quien narra *no vio*.

La cena en el restaurant. Allí todos la ven; el invisible es el novio, Marcos; ahora el velo de la locura hace ver a Moncha lo que no está. Ella llega al hotel de Plaza *en el coche, avanza arrastrando* su traje hasta la mesa de dos cubiertos; habla a la nada; el maître trae el papel blanco, la cuenta, y la deja entre ella y el invisible: el maître "Parecía bendecir y consagrar, parecía habituado. El smoking de verano otoño también pudo ser entendido como un sobrepelliz convincente" (p. 1419). El maître oficia la boda; la consagra de etiqueta. (Y aquí se elide "carta" por menú o carta de vinos; la "carta" está presente en la visita al médico —Moncha cuenta que arregló su boda por carta—, y en los juegos de póker y tarot.) El "novio" gira alrededor del "vino" (novio que vino), el vino favorito de Marcos: "vino que ya no existía, ya que no nos llegaba, vino que había sido vendido en botellas alargadas que ofrecían *etiquetas* confusas" (p. 1419, el subrayado es nuestro).

Después de la consagración de la boda y de la cena nupcial sólo queda dormir, soñar, morir... pero el relato insiste en la realización imaginaria de la promesa instaurando una cadena de equivalencias: casarse, dormir, morir (parece resonar, por debajo, el juego shakespeariano con *to lie*: mentir, yacer, morir, tener relaciones sexuales). Casi lo identifica, y en varios niveles los hace intercambiables.

Casarse, morirse: los únicos momentos del relato en que aparece otro código, el uso de una palabra convencional, la apelación a la fórmula y la parodia que la acompaña son la crónica social que describe el traje de novia el día de la boda (p. 1411) —boda reiterada cuatro veces con la repetición, en medio de las variantes del vestido y la iglesia, de velo de "tul de ilusión"— y el acta de defunción que cierra el relato. Casarse, morirse, aparecen como en otro registro, puestos en otra palabra, en la escritura de otro... Pero "me voy a casar, me voy a morir" (p. 1409) dice la misma Moncha ante el médico; éste sólo repite la primera parte de la fórmula. La segunda la escribe al final, en el acta de defunción (y allí es médico, así como antes fue padre y sacerdote; es médico, testigo y juez).

Casarse, morirse, dormirse: el vestido de novia es "vestido, salto de cama, camisón y mortaja" (p. 1421); el texto dice, además, "Y se echó a morir" (p. 1421), utilizando el familiar "echarse a dormir" para operar una sustitución que anuda los dos verbos. En otra parte los compara: "Sabíamos, se supo que dormía como muerta" (p. 1407).

Morir durmiendo, soñando, yaciendo (*lying*); así ocurrió a los dos muertos del texto, el cura y el novio: "El cura había muerto en sueños dos años antes; Marcos había muerto seis meses atrás, después de comida y alcohol, encima de una mujer" (p. 1410). Moncha los condensa; muere en sueños, entregada a su sueño, el de su boda, dormida ("con algunos —pero no bastantes— seconales" (p. 1421), envuelta, debajo de su vestido (que fue de ensueño), debajo de la casa, casada, en el sótano, después de la cena, con alcohol, en el restaurant.

El relato, con esta última equivalencia que llega a los bordes de la identificación, construye una coexistencia contradictoria, una serie de alternativas no excluyentes [17], del mismo modo que son no excluyentes sino concomitantes la realización reiterada de la boda y la no existencia de boda a lo largo del texto; el relato piensa así, simultáneamente, el deseo, llevado por el sueño de palabras a la imaginaria satisfacción, y lo real y su imposibilidad radical; piensa el rito y su potencia simbólica, los mecanismos de la ilusión y la creencia: el creo, pero; el veo, sin embargo; el texto piensa con un sistema que trasciende toda lógica lineal y escribe dos relatos a la vez, superpuestos, donde "lo que ocurrió realmente" y "lo que ella deseaba que ocurriera porque lo escribió" se funden en el murmullo del discurso.

Es allí donde el loco y el escritor se alejan y diferencian; contra una ideología que intenta libertariamente fundirlos en la misma empresa transgresiva, es necesario levantar este texto de Onetti, ejemplar, donde el trabajo textual parte de la psicosis y se hunde en ella alucinando lo imposible, pero al mismo tiempo, en tanto trabajo, práctica, *poiesis,* no se identifica con ella sino que se sitúa y narra lo que tuvo lugar "realmente" en el mundo de la ficción; narra y transforma los signos, signa y deja su marca —robo y don— en nuestra lengua.

¿Es necesario escribir que *lo que falta* es el anillo, "la ceremonia de la mano"? ¿Y predicar que el texto tiene una forma

[17] Todo el relato juega, mediante el uso reiterado de la disyuntiva "o", con la coexistencia de posibilidades excluyentes (es decir, con la disyunción no exclusiva): palabra vasca o de vasco, Insaurralde o Insurralde, carta de amor o cariño o respeto o lealtad; este juego está ya escrito en el segundo párrafo del relato: "Sin consonantes, aquel otoño que padecí en Santa María" (p. 1403): "otoño" sin consonantes es o-o-o.

anular, cerrada (muerte de Moncha al principio/al final; alusión a la carta al principio/al final) ; que el uso reiterado de una letra, la "o", es garantía suficiente de su presencia; que la ceremonia de la mano es lo que se arrastra a todo lo largo del relato, la mano en su escritura; que se trata, otra vez y finalmente, de un texto anal, pero que toda sublimación es anal? [18]

[18] El tema del encierro en el interior del vestido, en el sótano para morir, del encierro de Moncha "con llave" en su casa de muros altos, del encierro en la botica, de la fantástica cita con Marcos que se prolongaba hasta que todo quedaba cerrado; la utilización permanente de términos como llave, clave, clausura, secreto sellado, hermético, guardián, relacionan el vestido de novia y la ceremonia de la boda con la virginidad, una virginidad que no llegó a romperse. Pero el relato aludió antes a una Moncha diferente: "recuerdo y sé qué regimientos te vieron y usaron desnuda. Que te abriste sin otra violencia que la tuya" (p. 1404): se trata del conocido juego onettiano cuyo eje es la palabra "loca": demente y prostituta; este tema adelanta el de la otra locura. La virginidad, no tocada en el texto, es otro núcelo ligado con el robo, el ensuciarse, cierto placer perverso con la basura, con los olores: compárese esta temática anal de la virginidad y el robo que la acompaña, que acompaña toda temática anal, con otro relato excepcional: *La virginidad* de Witold Gombrowicz.

Acknowledgments

Ruffinelli, Jorge. "*Los de abajo* y sus contemporáneos: Mariano Azuela y los límites del liberalismo." *Literatura mexicana* 1, no.1 (1990): 41–64. Reprinted with the permission of *Literatura mexicana*.

Griffin, Clive. "The Structure of *Los de abajo*." *Revista canadiense de estudios hispánicos* 6 (1981): 25–41. Reprinted with the permission of *Revista canadiense de estudios hispánicos*.

Leante, Cesar. "Horacio Quiroga: el juicio del futuro." *Cuadernos Hispanoamericanos* 383 (1982): 367–80. Reprinted with the permission of the Instituto de Cooperación Iberoamericana.

Pearson, Lon. "Horacio Quiroga's Obsessions with Abnormal Psychology and Medicine as Reflected in 'La Gallina Degollada.'" *Literature and Psychology* 32 (1986): 32–46. Reprinted with the permission of *Literature and Psychology*.

Cuneo Macchiavello, Ana María. "Hacia la determinación del *Arte poética* de Gabriela Mistral: El origen del canto poetico." *Revista chilena de literatura* 29 (1987): 57–68. Reprinted with the permission of Universidad de Chile.

Horan, Elizabeth Rosa. "Matrilineage, Matrilanguage: Gabriela Mistral's Intimate Audience of Women." *Revista canadiense de estudios hispánicos* 14 (1990): 447–57. Reprinted with the permission of *Revista canadiense de estudios hispánicos*.

Hart, Stephen. "The World Upside–Down in the Work of César Vallejo." *Bulletin of Hispanic Studies* 62 (1985): 163–77. Reprinted with the permission of the *Bulletin of Hispanic Studies*.

Ballón Aguirre, Enrique. "Poética del intersticio." *Lexis* 5 (1981): 147–69. Reprinted with the permission of the Pontificia Universidad Catolica del Peru.

Dowling, Lee H. "Metalanguage in Huidobro's *Altazor*." *Language and Style* 15 (1982): 253–66. Reprinted with the permission of Queens College Press.

Pizarro, Ana. "Sobre la vanguardia en América Latina: Vicente Huidobro." *Revista de crítica literaria latinoamericana* 8, no.15 (1982): 109–21. Reprinted with the permission of *Revista de crítica literaria latinoamericana*.

Prieto, René. "The New American Idion of Miguel Ángel Asturias." *Hispanic Review* 56 (1988): 191–208. Reprinted with the permission of *Hispanic Review*.

Rodríguez Monegal, Emir. "Borges, the Reader." *Diacritics* 4, no.4 (1974): 41–49. Reprinted with the permission of Johns Hopkins University Press.

Aizenberg, Edna. "Borges, Postcolonial Precursor." *World Literature Today* 66 (1992): 21–26. Reprinted with the permission of *World Literature Today*.

Lunsford, Kern L. "Jorge Luis Borges's 'Tlön, Uqbar, Orbis Tertius': Epistemology and History; Language and Literary Creation." *Cincinnati Romance Review* 8 (1989): 101–09. Reprinted with the permisison of the *Cincinnati Romance Review*.

Brant, Herbert J. "The Mask of the Phallus: Homoerotic Desire in Borges's 'La forma de la espada.'" *Chasqui* 25 (1996): 25–38. Reprinted with the permission of *Chasqui*.

Ellis, Keith. "Género e ideología en la poesía de Nicolás Guillén." *Revista canadiense de estudios hispánicos* 15 (1991): 563–73. Reprinted with the permission of *Revista canadiense de estudios hispánicos*

Martín-Rodríguez, Manuel. "El fondo angustiado de los 'Nocturnos' de Xavier Villaurrutia." *Revista iberoamericana* 55, no.146–147 (1989): 1119–28. Reprinted with the permission of the International Institute of Ibero-American Literature.

Forster, Merlin H. "Pablo Neruda and the Avant-Garde." *Symposium* 32 (1978): 208–20. Reprinted with the permission of Heldref Publications.

Anderson, David G., Jr. "Generic Tradition and Innovation in the *Odas* of Pablo Neruda." *Discurso literario: revista de temas hispánicos* 6 (1988): 113–25. Reprinted with the permission of Ediciones y arte s.r.l.

Perriam, Christopher. "Metaphorical *machismo*: Neruda's Love Poetry." *Forum for Modern Language Studies* 24 (1988): 58–77. Reprinted with the permission of Oxford University Press.

González Echevarría, R. "The Parting of the Waters." *Diacritics* 4, no.4 (1974): 8–17. Reprinted with the permission of Johns Hopkins University Press.

Chiampi, Irlemar. "Sobre la teoría de la creación artística en *Los pasos perdidos,* de Alejo Carpentier." *Cuadernos americanos* 3, no.14 (1989): 101–16. Reprinted with the permission of the Universidad Autonoma de Mexico.

Ludmer, Josefina. "Onetti: 'La novia (carta) robada (a Faulkner).'" *Hispamérica* 9 (1975): 3–19. Reprinted with the permission of *Hispamérica*.